Swantje Lingenberg

Europäische Publikumsöffentlichkeiten

# Medien – Kultur – Kommunikation

Herausgegeben von
Andreas Hepp
Friedrich Krotz
Waldemar Vogelgesang

Kulturen sind heute nicht mehr jenseits von Medien vorstellbar: Ob wir an unsere eigene Kultur oder ‚fremde' Kulturen denken, diese sind umfassend mit Prozessen der Medienkommunikation durchdrungen. Doch welchem Wandel sind Kulturen damit ausgesetzt? In welcher Beziehung stehen verschiedene Medien wie Film, Fernsehen, das Internet oder die Mobilkommunikation zu unterschiedlichen kulturellen Formen? Wie verändert sich Alltag unter dem Einfluss einer zunehmend globalisierten Medienkommunikation? Welche Medienkompetenzen sind notwendig, um sich in Gesellschaften zurecht zu finden, die von Medien durchdrungen sind? Es sind solche auf medialen und kulturellen Wandel und damit verbundene Herausforderungen und Konflikte bezogene Fragen, mit denen sich die Bände der Reihe „Medien – Kultur – Kommunikation" auseinandersetzen wollen. Dieses Themenfeld überschreitet dabei die Grenzen verschiedener sozial- und kulturwissenschaftlicher Disziplinen wie der Kommunikations- und Medienwissenschaft, der Soziologie, der Politikwissenschaft, der Anthropologie und der Sprach- und Literaturwissenschaften. Die verschiedenen Bände der Reihe zielen darauf, ausgehend von unterschiedlichen theoretischen und empirischen Zugängen das komplexe Interdependenzverhältnis von Medien, Kultur und Kommunikation in einer breiten sozialwissenschaftlichen Perspektive zu fassen. Dabei soll die Reihe sowohl aktuelle Forschungen als auch Überblicksdarstellungen in diesem Bereich zugänglich machen.

Swantje Lingenberg

# Europäische Publikums-
# öffentlichkeiten

Ein pragmatischer Ansatz

**VS VERLAG** FÜR SOZIALWISSENSCHAFTEN

Bibliografische Information der Deutschen Nationalbibliothek
Die Deutsche Nationalbibliothek verzeichnet diese Publikation in der
Deutschen Nationalbibliografie; detaillierte bibliografische Daten sind im Internet über
<http://dnb.d-nb.de> abrufbar.

Zugl. Dissertation an der Universität Erfurt, 2009

1. Auflage 2010

Alle Rechte vorbehalten
© VS Verlag für Sozialwissenschaften | GWV Fachverlage GmbH, Wiesbaden 2010

Lektorat: Katrin Emmerich / Tanja Köhler

VS Verlag für Sozialwissenschaften ist Teil der Fachverlagsgruppe
Springer Science+Business Media.
www.vs-verlag.de

Umschlaggestaltung: KünkelLopka Medienentwicklung, Heidelberg
Druck und buchbinderische Verarbeitung: Rosch-Buch, Scheßlitz
Gedruckt auf säurefreiem und chlorfrei gebleichtem Papier
Printed in Germany

ISBN 978-3-531-17166-1

*„Europa, das kann man nicht oft genug wiederholen, ist kein Ort, sondern eine Idee"*
*(Bernard-Henri Lévy)*


*„It is not our human nature that is universal, but our capacity to create cultural*
*realities, and then to act in terms of them"*
*(Sidney Mintz)*


*„Es ist wohl nicht so schlimm mit dem Nichtverstehenkönnen. Gewiss, zwei Völker*
*und zwei Sprachen werden einander nie sich so verständlich und so intim mitteilen kön-*
*nen wie zwei einzelne, die derselben Nation und Sprache angehören. Aber das ist kein*
*Grund, auf Verständigung und Mitteilung zu verzichten. Auch zwischen Volks- und*
*Sprachgenossen stehen Schranken, die eine volle Mitteilung und ein volles gegenseitiges*
*Verstehen verhindern, Schranken der Bildung, der Erziehung, der Begabung, der Indi-*
*vidualität. Man kann behaupten, jeder Mensch auf Erden könne grundsätzlich mit je-*
*dem andern sich aussprechen und man kann behaupten, es gebe überhaupt keine zwei*
*Menschen in der Welt, zwischen denen eine echte, lückenlose, intime Mitteilung und*
*Verständigung möglich sei – eines ist so wahr wie das andere"*
*(Hermann Hesse)*

# Dank

Das vorliegende Buch ist die in Teilen gekürzte Fassung meiner Promotions-schrift, die im Oktober 2008 an der Philosophischen Fakultät der Universität Erfurt (Seminar für Medien- und Kommunikationswissenschaft) eingereicht wurde. In den zurückliegenden Jahren des Denkens, Lernens und Analysieren haben mich viele Menschen unterstützt, motiviert und inspiriert.

Danken möchte ich an erster Stelle meinem Doktorvater Friedrich Krotz. Von Anfang an hat er mein Forschungsvorhaben unermüdlich und mit kon-struktiver Kritik begleitet. Er hat meine Neugier und Begeisterung für die Wis-senschaft geweckt, mir die Freiheit gelassen, meine eigenen Ideen zu entwickeln und mich mit seinen Fragen stets zum Weiterdenken gebracht. Seine Klarheit, sein kritischer Blick und sein Engagement waren und sind mir ein motivieren-des Vorbild. Herzlich danken möchte ich auch meinem Zweitgutachter Patrick Rössler für seine ideenreiche, weltoffene und unkomplizierte Unterstützung.

Mein Dank geht darüber hinaus an das Forschungsteam des DFG-Projekts zur Transnationalisierung von Öffentlichkeit in Europa am Sonderforschungs-bereich ‚Staatlichkeit im Wandel' in Bremen, das mir in der Abschlussphase der Dissertation, die zugleich die Einstiegsphase ins Projekt war, große Freiräume gewährte und in vielen Diskussionen über Öffentlichkeit, Demokratie und em-pirische Forschung neue Perspektiven eröffnete. Allen voran danke ich dem Projektleiter Andreas Hepp, dessen Arbeiten mir stets eine große Quelle der Inspiration waren und sind.

Zum Gelingen des Forschungsvorhabens haben weiterhin viele Freunde und Kollegen beigetragen, denen ich an dieser Stelle herzlich danken will. Für ein überaus inspirierendes und motivierendes Umfeld am Erfurter Seminar für Medien- und Kommunikationswissenschaft, für zahlreiche Gespräche und Kol-loquiumsdiskussionen, für die sorgfältige Lektüre und Kommentierung ver-schiedener Fragmente meiner Arbeit, für viel Aufmunterung in manch schwie-riger Phase und für all die gemeinsamen Campus-Café-Besuche und Ausflüge nach Mühlberg danke ich Kathleen Arendt, Iren Schulz, Maren Hartmann, Isabel Schlote, Helena Bilandzic, Carola Richter und Julian Gebhardt. Sehr hilfreiches Feedback, anregende Diskussionen und viel Motivation bescherte mir auch die Teilnahme an einer ECREA-European Doctoral Summer School in Tartu im Sommer 2006. Dankbar bin ich dabei vor allem Peter Dahlgren und Nico Carpentier.

Ein großer Dank geht schließlich an all diejenigen, die mir die praktische Durchführung des Forschungsvorhabens ermöglicht haben: Gefördert wurde die Arbeit durch ein Promotionsstipendium der Thüringer Landesgraduiertenförderung, und der Sonderforschungsbereich ‚Staatlichkeit im Wandel' in Bremen übernahm großzügig die Drucklegung des Buches. Ein Dankeschön auch an Samuel Rothenpieler für die glänzende Schlussredaktion und den erfolgreichen Kampf mit der Formatvorlage. Nicht zuletzt möchte ich all den vielen Interviewpartnern in Frankreich, Italien und Deutschland danken, die die empirischen Fallstudien mit Leben gefüllt und überhaupt erst möglich gemacht haben.

Grundlegend für die Entstehung des Werkes und für die Möglichkeit, meinen Weg zu finden und zu gehen, sind meine Familie und meine Freunde. Unbeirrbar und bedingungslos haben sie mich unterstützt und motiviert, erfrischend fachfremde Blicke auf meine Arbeit geworfen, Korrektur gelesen, kritische Fragen gestellt, Telefonseelsorge geleistet, mich in den richtigen Momenten immer wieder aus der Arbeit herausgerissen und mich in den vergangenen Monaten noch mit ihrem kritischen Denken und Wissensdurst neu inspiriert. Ganz besonders und von ganzem Herzen danke ich meinen Eltern Karla und Burkhard, meinem Bruder Patrick und meinem Freund Heiko. Danke, dass es Euch gibt!

Bremen, im September 2009                                             Swantje Lingenberg

# Inhalt

## TEIL II: THEORETISIERUNG EUROPÄISCHER ÖFFENTLICHKEIT

## TEIL III: EMPIRISCHE FALLSTUDIEN ZUR EUROPÄISCHEN VERFASSUNGSDEBATTE

# 1   Einleitung

*„The public sphere does not begin and end when media content reaches an audience; this is but one step in larger communication and cultural chains that include how the media output is received, discussed made sense of, re-interpreted, circulated among and utilized by publics, that is, citizens"* (Dahlgren 2009: 74)

Europa scheint uns in mancherlei Hinsicht schon so selbstverständliche Realität zu sein, dass wir über die historische Besonderheit dieser Realität gar nicht mehr nachdenken. Wir können problemlos in unsere europäischen Nachbarländer verreisen und müssen dabei noch nicht einmal den Reisepass oder entsprechende Devisen mitnehmen. Wir können einen Job in Belgien, Finnland oder Portugal annehmen, und ein Schüleraustausch oder ein Auslandssemester in London, Paris oder Mailand sind schon lange keine Besonderheiten mehr. Dass wir die Staatsgrenze eines anderen EU-Landes überqueren, merken wir mitunter nur noch daran, dass das Handy uns mit einem neuen Netzanbieter begrüßt. So selbstverständlich uns der europäische Einigungsprozess also in mancherlei Hinsicht schon ist, so fremd und unverständlich erscheint uns zuweilen das europapolitische Entscheidungs- und Regierungshandeln der EU-Akteure in Brüssel. Als ‚Raumschiff' wird das Brüsseler Machtzentrum bisweilen auch bezeichnet – so weit weg und entrückt scheint es seinen Bürgern zu sein. Tatsache ist, dass mittlerweile rund 70 Prozent der nationalen Gesetze auf politische Entscheidungen in Brüssel zurückzuführen sind, Tatsache ist aber zugleich auch, dass sich zwei Drittel der Unionsbürger nicht gut über die EU informiert fühlen und dass gerade einmal vier von zehn Unionsbürgern Vertrauen zur Europäischen Union haben (vgl. Europäische Kommission 2003: 29, 2004a: 10; Meyer 2005: 1). In Anbetracht solcher Befunde sowie der Tatsache, dass die Beteiligung an den Europawahlen seit 1979 kontinuierlich gesunken ist, wird häufig von einem Demokratie- und Legitimationsdefizit der EU gesprochen, welches von einem Mangel an politischer Öffentlichkeit begleitet wird. Fest steht, dass Öffentlichkeit zur Grundausstattung einer jeden Demokratie gehört, fungiert sie doch als legitimatorischer Resonanzboden für die politischen Entscheidungsträger. Bezogen auf den europäischen Kontext muss allerdings erst einmal geklärt werden, wie eine europäische Öffentlichkeit eigentlich aussehen kann, wie sie funktioniert und ob es sie überhaupt gibt. Spätestens seit der Maastricht-Krise von 1992, sprich dem ablehnenden Volksreferendum in Dänemark sowie der nur hauchdünnen Vertragszustimmung Frankreichs beschäftigen sich Wissenschaftler unterschiedlicher Disziplinen mit der Frage nach der Möglichkeit, Beschaffenheit und Existenz einer europäischen Öffentlichkeit. Die Antworten fallen dabei äußerst ambivalent aus. Gemein ist den existierenden Arbeiten zum Thema europäische Öffentlichkeit indes ein außerordentlicher – sowohl theoretischer als auch empirischer Medienzentrismus. Die hier vorliegende Arbeit möchte sich unter einem anderen Blickwinkel auf das Forschungsfeld einer europäischen Öffentlichkeit begeben. So soll nicht nur der Frage nachgegangen werden, was eine europäische Öffentlichkeit ist, ob es sie geben kann und wie sie zu konzeptualisieren ist. Sondern darüber hinaus soll aus einer kommunikationswissenschaftlichen Perspektive heraus der Annahme Rechnung getragen werden, dass (europäische) Öffentlichkeit mehr ist als eine reine Medienöffentlichkeit. Es wird angenommen, dass Öffentlichkeit als ein soziales Konstrukt oder ein symbolischer Raum letztlich in den kommunikativen Praktiken und Handlungen der Menschen auf der Basis ihrer Medienrezeptionen und Bedeutungskonstruktionen hervorgebracht, (re)produziert und tradiert wird.

## 1.1  Problemstellung und Forschungsziele

Den Ausgangspunkt dieser Arbeit bildet die Annahme, dass Öffentlichkeit ein soziales Konstrukt darstellt, das in den kommunikativen Praktiken und Interaktionen der Menschen hervorgebracht und tradiert wird (vgl. Dahlgren 1995: 135, 2005b: 321, 2009: 72ff.; Eriksen 2004: 1; Krotz 1998a: 97). Europäische Öffentlichkeit entsteht somit nicht allein durch die Generierung und massenmediale Vermittlung europapolitischer Themen, sondern auch und schlussendlich im kommunikativen Interagieren der Menschen untereinander – freilich auf der Basis rezipierter Medieninhalte. Existierende Arbeiten zum Thema europäische Öffentlichkeit fokussieren vornehmlich die Medienebene, sprich die europapolitische Berichterstattung und lassen dabei die Publikumsebene beziehungsweise die kommunikativen Beteiligungen, Aneignungsprozesse und Anschlusshandlungen der Menschen sowohl theoretisch als auch empirisch weitgehend unberücksichtigt (vgl. Kantner 2004: 147; Trenz 2005c: 367). Das Hauptaugenmerk dieser Arbeit gilt demgegenüber der Publikumsebene einer europäischen Öffentlichkeit. Die Forschungsziele bestehen darin, die Bedeutung der Publika und Mediennutzer, also der Unionsbürger, für die Konstituierung von Öffentlichkeit in Europa einmal theoretisch zu reflektieren und zu konzeptualisieren sowie die kommunikativen Beteiligungen und Sinngebungsprozesse auf Seiten der Bürger in einem weiteren Schritt empirisch zu untersuchen. Ersteres wird im Rahmen eines dreidimensionalen und auf John Deweys Öffentlichkeitsbegriff (1927) rekurrierenden pragmatischen Ansatzes europäischer Öffentlichkeit bewerkstelligt. Die erste Dimension umfasst dabei den Raumbezug öffentlicher Kommunikationsprozesse in Europa. Indem dieser themen- und ereignisbezogen sowie in Abhängigkeit von wahrgenommenen Handlungsfolgen definiert wird, ist europäische Öffentlichkeit losgelöst von territorialstaatlichen, sprachlichen, medialen und kulturellen Entitäten denkbar. Die politischen Zielfunktionen, die auch auf europäischer Ebene Gültigkeit besitzen müssen, bilden sodann die zweite Dimension, und die dritte Dimension schließlich bezieht sich auf die Publikumsebene und ihre Bedeutung für die Konstituierung europäischer Öffentlichkeit. Indem John Dewey die Entstehung von Öffentlichkeit an die Wahrnehmung, Interpretation und Bewertung von indirekten Handlungsfolgen koppelt, hat er das Publikum in seinem Konzept bereits inkludiert. In diesem Sinne wird hier sowohl im Anschluss an Dewey als auch an sozialkonstruktivistische und Cultural Studies-orientierte Ansätze argumentiert. Die empirische Untersuchung der Beteiligungen, Aneignungs- und Sinngebungsprozesse durch das Publikum erfolgt sodann am Beispiel der europäischen Verfassungsdebatte beziehungsweise der den Ratifizierungsprozess begleitenden öffentlichen Debatten im Jahre 2005 in Frankreich, Italien und Deutschland. In Anlehnung an das theoretische Gerüst beziehungsweise den zu entwickelnden Begriff europäischer Öffentlichkeit wird dabei auf die Wahrnehmung von Betroffenheit und Interdependenz im EU-Verfassungsprozess, auf eine Konvergenz der rekurrierten Themen und Argumente über die Länder hinweg sowie auf kulturelle Differenzen beziehungsweise Spezifika bei der Aneignung und Lokalisierung der Debatte zwischen den Ländern abgestellt.

## 1.2  Relevanz und Forschungsstand

Die Relevanz einer wissenschaftlichen Beschäftigung mit dem Thema europäische Öffentlichkeit ergibt sich vor allem aus demokratietheoretischen Überlegungen. So besteht der übergeordnete Sinn von Öffentlichkeit darin, zu einer normativ begründeten Demokratietheorie beizutragen. Auf europäischer Ebene erscheint ein solches Forschungsdesiderat umso dringlicher, als sich im transnationalen Kontext der Europäischen Union, die auch als ein politisches Gebilde

sui generis bezeichnet wird (vgl. Kohler-Koch 1999: 14f.), ein Wandel von Demokratie und Öffentlichkeit abzeichnet, der mit nationalstaatlich geprägten
Begriffsapparaten nicht länger zu greifen und zu erklären ist. So scheinen territoriale Bezugspunkte wie der Nationalstaat, aber auch kulturelle, sprachliche
und mediensystemische Entitäten, auf die gängige Konzepte von Öffentlichkeit,
Demokratie und Gesellschaft rekurrieren, nicht mehr auszureichen, um die
emergenten Sphären transnationaler öffentlicher Kommunikation in Europa,
die eben kreuz und quer zu den genannten Entitäten verlaufen können, adäquat
theoretisch zu fassen. Folgerichtig ist hier eine Reflektion und Revision gängiger
Öffentlichkeitsvorstellungen vonnöten, um nicht immer wieder ein mit nationalstaatlichen Maßstäben gemessenes Defizit an europäischer Öffentlichkeit
beziehungsweise eine Inkompatibilität gängiger Öffentlichkeitsvorstellungen mit
Europa problematisieren zu müssen[1] (vgl. Baerns/Raupp 2000: 40; Koller 2004:
193ff.; Volkmer 2002: 825).

Seit Anfang der 1990er Jahre beschäftigen sich Wissenschaftler von politik-
, rechts- und sozialwissenschaftlicher Warte aus mit Fragen einer europäischen
Öffentlichkeit und Demokratie. Neben einer eher politikwissenschaftlich geprägten Debatte um supranationale Demokratie sowie das vermeintliche De-
mokratie- und Legitimitätsdefizit der Europäischen Union (vgl. z.B. Benz
1998a, 1998b; Beierwaltes 1999; Kohler-Koch 1998, 1999; Maurer 2002; Steffani 1995), gibt es recht detaillierte Analysen zur strukturellen Diversität der verschiedenen Medienöffentlichkeiten und -systeme in Europa (vgl. z.B. Kopper
1997; Holtz-Bacha 2006). Was das Forschungsfeld europäischer Öffentlichkeit
anbelangt, so gibt es hier eine stetig wachsende Anzahl von Reflektionen und
Untersuchungen. Der wissenschaftliche Diskurs zeichnet sich allerdings nach
wie vor durch eine große Ambivalenz im Hinblick darauf aus, was eine europäische Öffentlichkeit überhaupt ist, ob und wie sie existiert, funktioniert oder zu
konzeptualisieren ist. In diesem Sinne formuliert Splichal treffend: „There are
not many things that can be reliably said about the (European) public sphere.
The most obvious is that there is little consensus [...] concerning what it is,
[and] how it is established" (Splichal 2006: 695). Fest steht lediglich, dass Demokratie und Öffentlichkeit untrennbar zusammengehören, und sofern die

---

[1] Sinnvoll erscheint es in diesem Zusammenhang, Anleihen bei der wissenschaftlichen Globalisierungsdebatte zu machen. Hat sich die Konzeptualisierung einer transnationalen europäischen Öffentlichkeit doch mit ganz ähnlichen Strukturaspekten herumzuschlagen wie dies
mit Blick auf eine Theorie globaler Öffentlichkeit vonnöten ist (vgl. dazu etwa die Ausführungen in Kapitel 4.2). Wohlgemerkt muss man mit der Rede von einer globalen Öffentlichkeit vorsichtig sein, fehlt ihr doch ein eindeutiger politischer Bezugsrahmen wie die EU ihn
aufweisen kann.

Europäische Union für sich selbst den Anspruch erhebt, ein demokratisches politisches Gebilde darzustellen (vgl. Europäische Gemeinschaften 2005), kann sie auf Öffentlichkeit nicht verzichten. Nun wurden gängige Theorien von Öffentlichkeit allerdings im nationalstaatlichen Kontext entwickelt, und die EU unterscheidet sich hier in mindestens zweifacher Hinsicht. Erstens gibt es auf europäischer Ebene eine Reihe von Strukturbedingungen, die im Nationalstaat so nicht vorzufinden sind – etwa die Vielfalt der Sprachen, Medien, Kulturen und Identitäten. Diese Aspekte muss eine Theorie europäischer Öffentlichkeit berücksichtigen und implementieren können. Und zweitens stellt die EU ein politisches Gebilde sui generis dar, in dem Regieren als eine Art mehrdimensionales Netzwerkhandeln realisiert wird, „dem sich keines der bekannten, im Nationalstaat bewährten Modelle überstülpen lässt" (Trenz/Klein/Koopmanns 2003: 8). Das Fehlen einer anerkannten Demokratietheorie für die europapolitische Ordnung kann dementsprechend auch als Ursache oder besser Korrelat der Schwierigkeiten einer Konzeptualisierung europäischer Öffentlichkeit gewertet werden. (Vgl. Latzer/Saurwein 2006: 37; Peters 1999: 665) Vorliegende Arbeiten zum Thema europäische Öffentlichkeit zeichnen sich aber nicht nur durch wenig Konsens in Bezug auf die Frage ihrer Existenz und Beschaffenheit aus, sondern sie sind darüber hinaus auch von einem überaus großen Medienzentrismus geprägt. Das heißt die allermeisten empirischen Studien fokussieren die europapolitische Berichterstattung in den Printmedien[2], messen die entsprechenden Inhalte im Verhältnis zur restlichen national- oder auslandspolitischen Berichterstattung, zählen und analysieren Verweise auf EU-Institutionen und andere Unionsländer oder untersuchen eine etwaige Konvergenz bei der Diskussion europapolitischer Themen über verschiedene nationale Medienarenen hinweg (vgl. zusammenfassend z.B. Kantner 2004: 155ff.; Latzer/Saurwein 2006: 20ff.; Risse 2002: 16ff., 2004: 141). Sofern im Rahmen dieser Arbeit aber davon ausgegangen wird, dass europäische Öffentlichkeit eben nicht allein in den Massenmedien aufgeht beziehungsweise auf der Medienebene entsteht, sondern stattdessen im situativen Wechselspiel zwischen Medien, Kommunikatoren und Publika entsteht und stattfindet, müssen – um viable Aussagen über die Existenz und den Zustand europäischer Öffentlichkeit treffen zu können – neben der Medienebene auch die Kommunikator- und die Publikumsebene betrachtet werden. Während es mittlerweile einige Arbeiten gibt, die sich mit

---

[2] Erstaunlicherweise gibt es kaum Untersuchungen zur europapolitischen Berichterstattung im Fernsehen. Stellt das Fernsehen laut einer Eurobarometerumfrage doch das von den Unionsbürgern meistgenutzte Medium der Information über EU-Angelegenheiten dar (vgl. Europäische Kommission 2003: B5).

der Kommunikatorebene europäischer Öffentlichkeit beschäftigen und deren Beitrag zum Prozess der Konstituierung einer europäischen Öffentlichkeit untersuchen (vgl. z.B. Brüggemann 2005, 2008; Lingenberg 2004, 2006c), sind die Publikumsebene beziehungsweise die Bedeutung der kommunikativen Praktiken und Anschlusshandlungen der Menschen beziehungsweise Unionsbürger[3] in ihrem Alltag für die Emergenz einer europäischen Öffentlichkeit bislang weitgehend unberücksichtigt geblieben[4].

> „Das meiste, das wir über ein europäisches Publikum wissen, wissen wir von den Produzenten des Eurobarometers: insofern können wir Aussagen über die demoskopisch ermittelbare Bevölkerungsmeinung treffen[5]. Spezifisch auf europapolitische oder europäisierte Themen ausgerichtete [...] Studien, die uns Auskunft darüber geben könnten, ob und wenn ja wie die EU-Bürger über europäische Politik reden, ob und wenn ja wie weit sich ihr alltäglicher politischer Problemwahrnehmungshorizont [...] nach Europa ausrichtet, welche spezifisch europäischen Debatten die Bürger wie intensiv wahrnehmen [...], wurden kaum publiziert" (Kantner 2004: 133).

Dementsprechend sind „im Bereich der Europäisierung des Alltags zivilgesellschaftlichen Engagements [...] noch fast alle Fragen unbeantwortet" (Kantner 2004: 147; vgl. auch Latzer/Saurwein 2006: 38; Nanz/Steffek 2005: 38; Trenz 2005c: 367ff.). Wie Peter Dahlgren herausstreicht, ist die theoretische und empirische Unterbelichtung der Publikumsebene von Öffentlichkeit jedoch auch im nationalstaatlichen Kontext anzutreffen. So stehen empirische Rezeptionsstudien sehr weit oben auf der Agenda der kommunikations- und medienwis-

---

[3] Im Folgenden wird der besseren Lesbarkeit halber auf eine explizite Verwendung weiblicher und männlicher Begriffsformen verzichtet. Nichtsdestotrotz aber beinhalten Begriffe wie Bürger, Mediennutzer u.ä. selbstverständlich auch Bürgerinnen und Mediennutzerinnen.
[4] Neben einigen Arbeiten, die sich mit ,organisierten' Akteuren auf der Publikumsebene beziehungsweise mit sozialen Bewegungen im Kontext europäischer Öffentlichkeit befassen (vgl. Doerr 2005, 2006), kann hier noch eine Studie genannt werden, die den Zusammenhang von medialer EU-Beobachtung und Akzeptanz des europäischen Integrationsprozesses in einer Grenzregion – der Südpfalz – untersucht (vgl. Tenscher/Schmidt 2004).
[5] Die Standard Eurobarometer-Umfragen sind halbjährlich durchgeführte repräsentative Befragungen eines Samples europäischer Bürger mit gleichlautendem Fragebogen. Erhoben werden dabei Daten zum Wissensstand über die EU und ihre Institutionen sowie zur europabezogenen Einstellung. Wie Kantner kritisch anmerkt, zielen diese Umfragen jedoch zu stark auf Faktenwissen sowie auf generelle Befindlichkeiten ab. Die Meinungen der Bürger zu konkreten EU-Themen ebenso wie entsprechende Begründungen kommen jedoch meist zu kurz, „was auch einen gewissen schönfärberischen Effekt auf die erzielten Ergebnisse hat" (Kantner 2004: 134) hat.

senschaftlichen Forschung, aber der Zusammenhang mit einer Etablierung von Öffentlichkeit im kommunikativen Handeln der Menschen beziehungsweise die Bedeutung und Gestaltung der interaktionistischen Dimension von Öffentlichkeit, die eben zumeist auf der Basis von Medienrezeption stattfindet, ist in der öffentlichkeitsbezogenen Reflektion bislang zu kurz gekommen. In diesem Sinne muss die Medienrezeption viel stärker als ein Moment von Bürgerschaft und Öffentlichkeit begriffen und entsprechend untersucht werden: „The dimension of interaction needs emphasis, as this element tends often to be neglected, given the mediacentrism that colors most discussions of the public sphere" (Dahlgren 2005b: 320, vgl. auch ders. 1995: 19ff., 121f.).

## 1.3 Forschungsdesign

Das Forschungsdesign dieser Arbeit, sprich die theoretischen Argumentationslinien ebenso wie die empirische Vorgehensweise zielen in erster Linie auf die Erreichung der gesteckten Forschungsziele ab, das heißt die Bedeutung der Publika und Mediennutzer für die Entstehung europäischer Öffentlichkeit herauszuarbeiten und die Aneignungs- und Sinngebungsprozesse ebendieser Publika im Rahmen von Fallstudien zur europäischen Verfassungsdebatte in Frankreich, Italien und Deutschland zu untersuchen.

Im ersten Teil der Arbeit geht es um die *Grundlagen, Kontextualisierungen und Zugänge* zum Forschungsfeld. Dabei wird in Kapitel 2 eine Annäherung an den Untersuchungsgegenstand dergestalt unternommen, dass zunächst ein Überblick über einige theoretische und für die Forschungsziele relevante Grundlagen wie den Begriff der Öffentlichkeit, seine normativen Konzeptionen – jeweils mit Blick auf die dem Publikum beziehungsweise der Zivilgesellschaft[6] zugeschriebene Funktion und Bedeutung – sowie einige Aspekte von Öffentlichkeit in modernen Gesellschaften gegeben wird. Diese Aspekte von Öffentlichkeit in modernen Gesellschaften betreffen sowohl die verschiedenen Ebenen von Öffentlichkeit – Kommunikator-, Medien- und Publikumsebene – als auch die im Zuge von Digitalisierungs-, Differenzierungs- und Transnationalisierungsprozessen fortschreitende Pluralisierung, Fragmentierung und Entgrenzung von Öffentlichkeit. In Kapitel 3 werden sodann der Sinn europäischer öffentlicher

---

[6] Die Zivilgesellschaft kann als „diskursiv strukturierte, selbstgesteuerte und an die Lebenswelt angebundene, gemeinwohlorientierte Publikumskonstellation" (Eilders/Hasebrink/Herzog 2006: 355) definiert werden. Sie bildet den Ort für bürgerliches Engagement, Interessenartikulationen und Problematisierungen sowie zugleich die abstrakte Einheit, aus der sich öffentlichkeitsrelevante Bürgerpublika rekrutieren (vgl. dazu ausführlich Kapitel 4.4).

Kommunikationsprozesse ebenso wie einige relevante Strukturmerkmale – die Vielfalt der Sprachen, Medien und Kulturen sowie Fragen einer europäischen Identität, Demokratie und Zivilgesellschaft – reflektiert und diskutiert. Und daran anschließend werden verschiedene Erklärungsansätze, die sich im Rahmen der wissenschaftlichen Debatte um die Existenz, Strukturbedingungen und Beschaffenheit europäischer Öffentlichkeit herausgebildet haben (supranationale europäische Öffentlichkeit, Europäisierung nationaler Öffentlichkeiten, Netzwerk themen- und ereigniszentrierter Teilöffentlichkeiten), vorgestellt und kritisch diskutiert.

In dem mit *Theoretisierung europäischer Öffentlichkeit* überschriebenen zweiten Teil der Arbeit erfolgt die Entfaltung des pragmatischen Ansatzes europäischer Öffentlichkeit. Dieser Ansatz stützt sich auf den pragmatischen Öffentlichkeitsbegriff von John Dewey (1927) und umfasst drei Dimensionen: Erstens den Raumbezug, zweitens die politischen Zielfunktionen sowie drittens die Publikumsebene europäischer öffentlicher Kommunikationsprozesse. In Kapitel 4.1 geht es zunächst darum, das pragmatische Öffentlichkeitskonzept von John Dewey vorzustellen und mit Blick auf seine Übertragbarkeit auf den europäischen Kontext hin zu reflektieren. Europäische Öffentlichkeit wird sodann auf der Grundlage der Diskussion existierender Erklärungsansätze sowie im Anschluss an Dewey als ein dynamisches und translokales Netzwerk themen- und ereigniszentrierter Teilöffentlichkeiten definiert, welches durch europapolitische Diskurse konstituiert wird und genau dann existiert, wenn eine Konvergenz und Synchronität diskutierter Themen und Argumente anzutreffen ist und wenn die Unionsbürger ihre Betroffenheit und Interdependenz von und in europapolitischen Entscheidungs- und Problemzusammenhängen wahrnehmen und in entsprechende Diskurse eintreten. Während Diskurse dabei auf strukturierte thematische Zusammenhänge verweisen, die durch Äußerung und Gegenäußerung konstituiert werden und in gesellschaftlicher Praxis verankert sind[7], verweisen Teilöffentlichkeiten auf über thematisch abgrenzbare Diskurse konstituierte und strukturierte Felder verdichteter Kommunikation. Der Raumbezug europäischer Öffentlichkeit – die erste Dimension des pragmatischen Ansatzes – bildet den Mittelpunkt der Ausführungen in Kapitel 4.2. Unter Rekurs auf soziologische und vor allem in der wissenschaftlichen Globalisierungsdebatte aktualisierte Raumkonzepte wird der Kommunikationsraum Europa als ein diskursiv konstituierter, sprich im kommunikativen Handeln und Interagie-

---

[7] Diskurse werden hier also nicht rein normativ im Sinne der Habermas'schen Diskursethik (1991) verstanden, sondern stattdessen wird davon ausgegangen, dass Fragen der Macht immer eine Rolle spielen und nicht ausgeblendet werden können (vgl. Foucault 2001).

ren der Menschen aufgespannter und abgesteckter Interaktionsraum beschrieben. In Kapitel 4.3 geht es dann um die zweite Dimension, sprich die politischen Zielfunktionen europäischer Öffentlichkeit. Diese orientieren sich im Sinne Deweys an den in diskursiven Demokratie- und Öffentlichkeitstheorien beschriebenen politischen Zielfunktionen. Dabei wird argumentiert, dass sich die Funktionstüchtigkeit europäischer öffentlicher Kommunikation kaum an bestimmten institutionellen Arrangements ablesen lässt, sondern stattdessen muss sie sich immer wieder aufs Neue und in Bezug auf konkrete Sach-, Problem- und Entscheidungszusammenhänge beweisen. In Kapitel 4.4 geht es schließlich um die Rolle des ‚europäischen' Publikums im Prozess der Konstituierung europäischer Öffentlichkeit. Die konstitutive Rolle des Publikums wird dabei sowohl im Anschluss an Dewey als auch an sozialkonstruktivistische und Cultural Studies-orientierte Ansätze herausgearbeitet. Indem aus einer Prozessperspektive heraus zwischen Medienpublika und öffentlichkeitsrelevanten Bürgerpublika unterschieden sowie das Konzept einer diskursiven Aneignung europapolitischer Diskurse entwickelt wird, kann die Medienrezeption hier als ein potentielles Moment von Öffentlichkeit und Bürgerschaft greifbar gemacht werden.

Der dritte und letzte Teil der Arbeit umfasst schließlich die *empirischen Fallstudien* zur europäischen Verfassungsdebatte in Frankreich, Italien und Deutschland. Dabei geht es weniger um die Frage, *wer* an dieser Debatte teilnimmt, als vielmehr um das *Wie* der Beteiligung. Im Mittelpunkt steht also die Analyse der spezifischen Betroffenheiten und Deutungsschemata, vermittels derer sich die Menschen den europäischen Verfassungsdiskurs zu Eigen machen und in ihren kulturellen und nationalpolitischen Kontexten lokalisieren. Anknüpfend an den entwickelten pragmatischen Ansatz lauten die forschungsleitenden Fragen dabei wie folgt: Wie fühlen sich die Menschen vom Prozess der europäischen Verfassungsgebung betroffen? Inwiefern nehmen sie die Folgen dieses Prozesses ebenso wie wechselseitige Interdependenzen mit den Menschen beziehungsweise den politischen Vorgängen in den anderen Mitgliedstaaten wahr? Vermittels welcher Argumente und Themenbezüge nehmen sie an der Debatte teil? Und inwiefern ist dabei eine Konvergenz über die drei Länder hinweg feststellbar? Und schließlich: Wie wird die Verfassungsdebatte von den Bürgen in den verschiedenen Ländern kulturell lokalisiert? Worin bestehen also die länder- und kulturspezifischen Besonderheiten und Differenzen im Rahmen der Sinngebungs- und Aneignungsprozesse durch das Publikum? Den Fallstudien wird ein qualitativ-exploratives Vorgehen zu Grunde gelegt, und es wird die sozialwissenschaftliche Methode des Leitfadeninterviews für die Gespräche mit den

Bürgern zum Einsatz gebracht[8]. Determiniert durch das französische Referendum am 29. Mai 2005 wurden die Fallstudien zunächst in Frankreich sowie im Anschluss in Italien und Deutschland durchgeführt. Nach einer detaillierten Beschreibung des Untersuchungsdesigns in Kapitel 5.1, sprich der empirischen Fragestellungen, der methodischen Vorgehensweise, der Materialbasis sowie der Auswertungsstrategie werden in Kapitel 5.2 einige historische und politische Hintergründe zum europäischen Verfassungsvertrag, zu seiner Erarbeitung und Ratifizierung beleuchtet. In Kapitel 5.3 geht es dann um die Darstellung der leitfadengestützten Interviews mit den Bürgern in Frankreich, Italien und Deutschland. Die Datenanalyse ebenso wie die Ergebnisdarstellung orientiert sich dabei an drei, aus den Forschungsfragen abgeleiteten Analyseebenen: Erstens die Wahrnehmung von Betroffenheit und Interdependenz durch und im europäischen Verfassungsprozess, zweitens eine etwaige Konvergenz von Themen und Argumentationshaushalten über die Länder hinweg sowie drittens kulturelle Differenzen in der Aneignung und Lokalisierung der Debatte zwischen den Ländern. In Kapitel 5.4 werden schließlich eine Zusammenfassung der Ergebnisse geliefert und einige theoretische und praktische Konsequenzen aufgezeigt.

Das abschließende Kapitel 6 beinhaltet sodann ein Resümee der theoretischen Argumentationslinien ebenso wie der empirischen Fallstudien zur europäischen Verfassungsdebatte, es zeichnet also den Weg zur Erreichung der gesteckten Forschungsziele noch einmal nach und zeigt darüber hinaus weitergehende Forschungsperspektiven auf und reflektiert die Brauchbarkeit, Aussagekraft und Implikationen des entwickelten pragmatischen Ansatzes mitsamt der empirischen Forschungsergebnisse in einem größeren und weiterführenden Zusammenhang.

---

[8] In der an der Universität Erfurt eingereichten Promotionsschrift, auf der dieses Buch basiert, wurden neben der Publikumsebene auch die Kommunikator- und Medienebene berücksichtigt. Das heißt die empirischen Fallstudien umfassten neben den Bürger-Interviews auch Experteninterviews mit Vertretern der EU-Institutionen (Parlament und Kommission), mit Redakteuren der jeweils größten nationalen Qualitätszeitungen (*Le Monde, Le Figaro, Libération, Il Corriere della Sera, La Repubblica, Frankfurter Allgemeine Zeitung, Süddeutsche Zeitung*) sowie mit einer Vertreterin der zivilgesellschaftlichen Organisation Attac. Die leitfadengestützten Interviews zielten dabei auf die Beleuchtung der jeweiligen verfassungsbezogenen Aktivitäten, Botschaften und Perspektiven ab.

# TEIL I

## GRUNDLAGEN, KONTEXTUALISIERUNGEN, ZUGÄNGE

# 2 Öffentlichkeit

*„The public sphere is a central feature of modern society, so much so that even where it is in fact suppressed or manipulated it has to be faked" (Taylor 2004: 83)*

## 2.1 Zum Begriff der Öffentlichkeit

Der Begriff der Öffentlichkeit zeichnet sich durch eine Vielzahl an Definitionen, theoretischen Konzepten, Funktionszuweisungen und Konnotationen aus. So wird Öffentlichkeit etwa als „Netzwerk für die Kommunikation von Inhalten und Stellungnahmen" (Habermas 1998: 436) oder als „offenes Kommunikationsforum für alle, die etwas sagen oder das, was andere sagen, hören wollen" (Neidhardt 1994a: 7) bezeichnet. Öffentlichkeit meint des Weiteren einen Raum des Zwischen, ein intermediäres Vermittlungssystem für die Aushandlung von Interessen und die Bereitstellung anschlussfähiger Kommunikationen oder, ganz fundamental, eine Kategorie moderner Gesellschaften. In der öffentlichen Sphäre können Prozesse der gesellschaftlichen Selbstregulierung, Problembearbeitung und Wissensvermittlung realisiert werden, und die Gesellschaft als Kollektivsubjekt wird für ihre Mitglieder erfahr- und vorstellbar. Das Resultat von Öffentlichkeit ist die öffentliche Meinung, verstanden als kollektives Produkt von Kommunikation, welches die herrschende Meinung darstellt und Anschlusskommunikation strukturiert. (Vgl. z.B. Manheim 1933; Peters 1994; Gerhards/Neidhardt 1991; Pöttker 2001; Imhof 1993)

Etymologisch ist der Begriff ‚Öffentlichkeit' auf das Wort ‚öffentlich' zurückzuführen. Dieses ging im Althochdeutschen aus dem Wort ‚offen' hervor und wurde bis ins 16. Jahrhundert im Sinne von ‚offenbar' und ‚offensichtlich' verwendet. Im 17. Jahrhundert verschob sich die Bedeutung des Begriffs ‚öffentlich' dergestalt, dass er nun zusammen mit dem lateinischen Terminus ‚publicus' die Bedeutung ‚staatlich' annahm. Das Öffentliche war von da an staatlichen Angelegenheiten und Institutionen verhaftet, und der König sowie bestimmte Personen adeliger Abstammung waren dementsprechend öffentliche Personen, die öffentliche Ämter bekleideten und öffentliche Aufgaben erfüllten. Im Zuge der Aufklärung und der Entstehung bürgerlicher Gesellschaften im 18.

Jahrhundert gab es dann eine weitere semantische Verschiebung, sodass ‚Öffentlichkeit' fortan nicht mehr das Staatliche, sondern die dem Staat gegenüber stehende beziehungsweise die dem staatlichen und privaten Bereich zwischengelagerte, für jedermann frei zugängliche kommunikative Sphäre bezeichnete. Öffentlichkeit ermöglicht nun die Beobachtung und Kontrolle des Staates durch die Zivilgesellschaft und umgekehrt der Zivilgesellschaft durch den Staat. So können die Bürger einerseits das politische Entscheidungshandeln kontrollieren und ihre politischen und sonstigen Entscheidungen informiert treffen. Die politischen Herrschaftsträger andererseits können ihr Entscheidungshandeln auf die wahrgenommenen Interessen der Zivilgesellschaft abstimmen und so die Legitimität ihres Handelns sicherstellen. (Vgl. Beetz 2005: 15; Hohendahl 2000: 5f., 24) Die Zeit der Aufklärung kann somit als Geburtsstunde der modernen Lesart von Öffentlichkeit betrachtet werden[9] (vgl. Peters 2001: 669; Schneider 1992: 138ff.).

Aus semantischer Perspektive lässt sich eine Annäherung an den Öffentlichkeitsbegriff über die Antonyme privat und geheim bewerkstelligen. So stellt der Privatbereich eine vor staatlichen Eingriffen zu schützende Sphäre dar. Hier können die Gesellschaftsmitglieder „ihre Ziele und Lebensprojekte verfolgen [.], ohne sich kollektiven Entscheidungen unterwerfen zu müssen" (Peters 1994: 43). Öffentlichkeit und Privatheit bilden allerdings keinen Gegensatz, sondern vielmehr setzt Öffentlichkeit die Existenz von Privatheit voraus (Kant 1923: 467). Dementsprechend bezieht die Öffentlichkeit „ihre Impulse aus der privaten Verarbeitung lebensgeschichtlich resonierender gesellschaftlicher Problemlagen" (Habermas 1998: 442f.), wurzelt also im Privaten, und zugleich erlangt sie ihre Realität und Existenz erst im privaten Gespräch am Stammtisch oder auf dem Fußballplatz. (Vgl. Arendt 1996: 63; Habermas 1990: 57; Klaus 1998: 135) Oder wie McKee formuliert:

> „If we think about the way issues are circulated in our culture, processed by individuals and institutions and then recirculated until we reach some kind of agreement about what to do about them, it's not only the media that are involved in this process. We hear a story on the news, and then we talk about it

---

[9] Allerdings hielt die Öffentlichkeit als Raum der politischen Deliberation bereits in der Antike eine zentrale Bedeutung inne. So bezeichnete sie in der griechischen Polis etwa die Agora – einen öffentlichen Ort, an dem die Menschen sich trafen, um öffentliche Angelegenheiten zu debattieren. Aristoteles definierte das politische Handeln dementsprechend als herrschaftsfreies Räsonnement der aus ihrer Privatheit (Oikos) heraustretenden Bürger; denn nur so könne dem Postulat der Vernünftigkeit (Logos) Rechnung getragen werden. (Vgl. Arendt 1996: 33ff.; Luhmann 1979: 45; Schneider 1992: 20ff.).

with friends; we exchange ideas in email groups, down the pub, at the hair-dresser; we telephone a talkback radio station, write a letter to a magazine, stop buying a newspaper because we disagree with its political stance. These human interactions are all part of the public sphere (McKee 2005: 5f.).

Als geheim können dagegen nicht frei zugängliche Wissensbestände bezeichnet werden. Insofern damit vor allem auf das im Zuge der gesellschaftlichen Um-wandlungsprozesse im 18. Jahrhundert herbeigeführte Ende der Arkanpolitik und die Offenlegung politischen Agierens abgestellt wird, tritt auch hier die vornehmlich politische Konnotation des Öffentlichkeitsbegriffs zu Tage (vgl. Hölscher 1979: 74, 135; Marschall 1999a: 27f.). Im Sinne einer weiteren Bedeu-tungsfacette wird Öffentlichkeit darüber hinaus auch als Synonym für Publizität verwendet, wobei hier vor allem das Kriterium der allgemeinen Wahrnehmbar-keit gemeint ist (vgl. Merten 1987: 333). Wohlgemerkt greift eine solche ‚Veröf-fentlichkeit' ebenso wie deren empirische Analyse zu kurz, um Aussagen über die Natur und den Zustand von Öffentlichkeit als solche treffen zu können. Schließlich hängt die Existenz von Öffentlichkeit nicht unwesentlich von der kommunikativen Beteiligung der Menschen an entsprechenden Diskursen ab. Erst im kommunikativen Handeln und Interagieren der Menschen – heutzutage freilich primär auf der Grundlage von Medienrezeption – wird Öffentlichkeit schlussendlich konstituiert und verstetigt (vgl. Dahlgren 2005a: 149, 2009: 72ff.; Dewey 1927: 218f.; Krotz 1998a: 97).

Dass der Begriff Öffentlichkeit vornehmlich politisch konnotiert und in entsprechenden Zusammenhängen diskutiert wird, ist bereits angeklungen. Dies muss vor allem auf ihre demokratietheoretische Bedeutung beziehungsweise Unverzichtbarkeit zurückgeführt werden[10]. Öffentlichkeit gehört zur Grundaus-stattung einer jeden Demokratie, fungiert sie doch als legitimatorischer Reso-nanzboden für die politischen Entscheidungsträger und macht deren Handeln transparent und kontrollierbar für die Zivilgesellschaft (vgl. Peters 1994, 2001). In modernen Massendemokratien finden sich dementsprechend institutionelle Regelungen zur Sicherung von Rede-, Meinungs- und Pressefreiheit – den for-malen Voraussetzungen für eine funktionierende Öffentlichkeit (vgl. Blöbaum 2000: 135; Raupp 2004: 226). Neben der politischen Öffentlichkeit können zwar auch andere Formen, wie zum Beispiel die Kunst-, Wissenschafts- oder Sportöffentlichkeit, unterschieden werden, jedoch wird der politischen Öffent-

---

[10] Darüber hinaus stelle die politische Öffentlichkeit denjenigen Teil von Öffentlichkeit dar, der – auch unter den Bedingungen gesellschaftlicher Ausdifferenzierungsprozesse – noch am stärksten die Integrationsfunktion öffentlicher Kommunikation zu erfüllen vermag (vgl. Wessler 1999a: 38).

lichkeit insofern eine Sonderstellung in modernen Gesellschaften zugeschrieben, als sie sowohl als Problemlösungsadressat als auch als Problemlösungsinstanz für alle anderen gesellschaftlichen Teilsysteme fungiert (vgl. Gerhards/Neidhardt 1991: 40). Die demokratietheoretische Bedeutung und Unverzichtbarkeit von Öffentlichkeit ist nicht zuletzt auch der Motor für die Suche und Konzeptualisierung von Öffentlichkeit auf europäischer Ebene.

Die charakteristischen Merkmale von Öffentlichkeit sind nach dieser kurzen Zusammenschau von Definitionsansätzen und Bedeutungskonnotationen schon sichtbar geworden. So stellt Öffentlichkeit einen durch Kommunikation strukturierten Raum dar, in dem durch Interaktionsprozesse Sinn hergestellt und reproduziert wird (vgl. Westerbarkey 1999: 147ff.). Konstitutiv und zugleich normatives Postulat ist dabei die Offenheit für Teilnehmer und Themen, denn „die bürgerliche Öffentlichkeit, von der angebbare Gruppen eo ipso ausgeschlossen wären, ist nicht etwa nur unvollständig, sie ist vielmehr gar keine Öffentlichkeit" (Habermas 1990: 156). Darüber hinaus ist Öffentlichkeit heute vor allem massenmedial vermittelt[11]. Das heißt, sie ist nicht länger an die Ortsgebundenheit ihrer Akteure und Publika gekoppelt, sondern bildet einen metaphorischen Raum. Öffentlichkeit ist somit „an sich nicht greifbar, sie hat keinen Ort und ist eigentlich dezentral" (Franz 2000: 7) – oder wie Calhoun formuliert: „the term public sphere is a spatial metaphor for a largely nonspatial phenomenon" (Calhoun 2003: 243)[12]. Des Weiteren und angesichts fortschreitender gesellschaftlicher Differenzierungsprozesse sowie der Tatsache, dass Öffentlichkeit maßgeblich durch die sie konstituierenden Diskurse[13] und die darin behandelten Themen strukturiert wird, erscheint die Rede von *einer* Öffentlichkeit unangebracht. Vielmehr muss die Öffentlichkeit moderner Gesellschaften im Plural gedacht werden. Unter Rekurs auf Habermas kann sie dementsprechend auch als hochkomplexes Netzwerk vielzähliger Teilöffentlichkeiten beschrieben werden, das sich über verschiedene Räume, Ebenen und Entfernungen erstreckt (vgl. Habermas 1998: 451f.). Diese mehr oder minder miteinander vernetzten Teilöffentlichkeiten gruppieren sich um bestimmte Themen[14], Prob-

---

[11] Auf der Medienebene vollzieht sich öffentliche Kommunikation am folgen- und umfangreichsten (vgl. Gerhards/Neidhardt 1991: 54). Zu den verschiedenen Ebenen von Öffentlichkeit und deren Interaktionen vgl. Kapitel 2.3.

[12] Zum Raumbezug von Öffentlichkeit, der v.a. im transnationalen Kontext virulent wird, vgl. Kapitel 4.2.

[13] Diskurse können als strukturierte Bedeutungsnetze verstanden werden, die sich über eine Vielzahl von Aussagen konstituieren (Foucault 1994: 52).

[14] Themen werden hier als mehr oder weniger spezifische und entwicklungsfähige Sinnkomplexe verstanden.

lembereiche und Ereignisse und können als „Felder verdichteter Kommunikation" (Peters 1994: 56) beschrieben werden. Eine solche themenspezifische und plurale Konzeptualisierung führt konsequenterweise zu einem dynamischen, von Prozesshaftigkeit und Volatilität geprägten Verständnis von Öffentlichkeit[15]: „Such issue-publics [.] emerge, exist for varying durations and then eventually dissolve. Thus the public sphere can be seen as being comprised of a multiplicity of dynamic, interactional constellations, some relatively more permanent, others more fleeting" (Dahlgren 2006a: 274f.). (Vgl. Wessler 1999a: 39f.)[16]

Zusammenfassend lässt sich sagen, dass Öffentlichkeit einen kommunikativen Raum beziehungsweise eine Vermittlungsinstanz für die Zirkulation von Ideen und Argumenten sowie für die Aushandlung von Interessen zwischen politischen Entscheidungsträgern und Zivilgesellschaft darstellt. Sie bildet ein konstitutives Element demokratisch verfasster Gesellschaften, und sie wird dementsprechend zumeist – wie auch hier – in politischen Kontexten diskutiert. Obwohl Öffentlichkeit heutzutage vor allem massenmedial vermittelt ist, geht sie „weder im Hinblick auf ihre politisch-rechtlichen und sozialintegrativen noch hinsichtlich ihrer deliberativen Bedeutungsfelder in den Medien auf" (Imhof 2003: 50). Öffentlichkeit darf also nicht auf ihre medialen Inhalte oder, wie dies im Hinblick auf die Herausbildung transnationaler Öffentlichkeiten zuweilen der Fall ist, auf die Reichweite der sie vermittelnden Medien verkürzt werden. Vielmehr muss Öffentlichkeit umfassender gedacht werden. Bedarf es doch eines Zusammenwirkens von Kommunikatoren, die anschlussfähige Kommunikate zur Verfügung stellen, von massenmedialen Vermittlern und schließlich eines Publikums, das mit seinen kommunikativen Anschlusshandlungen Öffentlichkeit mit Leben füllt und damit erst zur Realität verhilft. Öffentlichkeit lässt sich somit am besten als symbolischer Raum beziehungsweise soziales Konstrukt beschreiben, das in ganz verschiedenen, formellen und informellen, Arenen[17] und Kontexten realisiert wird und schlussendlich beziehungsweise überhaupt nur in den kommunikativen Praktiken der Menschen emergiert und existiert. (Vgl. Dahlgren 2005b, Lingenberg 2006a, 2008).

---

[15] Für eine umfassende Ausarbeitung des Prozesscharakters von Öffentlichkeit am Beispiel des Diskurses zur Drogenberichterstattung in Deutschland vgl. Wessler (1999).

[16] Zur Debatte um Entdifferenzierungsprozesse sowie die Möglichkeit einer Integration von Teilöffentlichkeiten vgl. Lyotard (1986), Tietz (2004), Peters (1994: 69f.), Kantner (2004: 50ff.) sowie Kapitel 2.3.3.

[17] Fraser unterscheidet hier zwischen ‚weak' und ‚strong publics', wobei erstere die Zivilgesellschaft und deren diskursive Praxis und letztere die entscheidungsfindenden Kommunikationsprozesse in den Parlamenten und politischen Gremien meinen (Fraser 1992: 129).

## 2.2  Normative Öffentlichkeitsmodelle

Insofern die Konzepte Öffentlichkeit und Demokratie eng miteinander verknüpft sind, können entlang verschiedener Demokratietheorien unterschiedliche normative Modelle von Öffentlichkeit differenziert werden. Diese Modelle
unterscheiden sich vor allem im Hinblick auf ihre Funktionszuweisungen und -
anforderungen an Öffentlichkeit. Gleichwohl ist es, wie Benhabib in Bezug auf
eine Darstellung dreier Modelle des öffentlichen Raums feststellt, immer ein
schwieriges Unterfangen, solche Unterteilungen vorzunehmen: „Distinctions
can enlighten as well as cloud an issue. Also, one is always vulnerable to objec-
tions concerning the correct classification of the thought of certain thinkers"
(Benhabib 1992: 73). Insofern es hier aber nicht um eine allumfassende historische Interpretation und demokratietheoretische Verortung von Öffentlichkeitskonzepten geht, sollen im Folgenden und vor dem Hintergrund des Forschungsziels dieser Arbeit – nämlich die Rolle des Publikums bei der Konstitution von Öffentlichkeit zu untersuchen – lediglich zwei normative Öffentlichkeitsmodelle unterschieden und diskutiert werden[18]. Und zwar das liberale (Kapitel 2.2.1) sowie das diskursive Öffentlichkeitsmodell (Kapitel 2.2.2). Während
ersteres die Transparenz- und Beobachtungsfunktion von Öffentlichkeit in den
Vordergrund rückt, betont letzteres stärker den Prozess öffentlicher Kommunikation, sprich den kommunikativen Austausch zwischen gesellschaftlichen Akteuren. Dieser Austausch wird mit speziellen normativen Forderungen belegt,
und es werden darüber hinaus gewisse Erwartungen gegenüber seinem Ergebnis
gehegt. In der kritischen Diskussion beider Modelle wird deutlich werden, dass
zudem auch unterschiedliche Vorstellungen über den Grad sowie die Art und
Weise der Beteiligung des Publikums beziehungsweise der Zivilgesellschaft am
politischen Prozess und öffentlichen Diskurs bestehen. Während das liberale
Modell die Partizipation der Menschen nämlich vornehmlich auf den Wahlakt
beschränkt, alternative und auch außerhalb der Massenmedien stattfindende
Formen von Öffentlichkeit und politischem Engagement aber weitgehend unberücksichtigt lässt, bindet das diskursive Modell die Legitimität politischen
Entscheidungshandelns an einen umfassenden politischen Diskurs sowie an
eine kontinuierliche Beteiligung der Zivilgesellschaft. Gleichwohl – so die Kritik
des Modells – werden die für die öffentliche Meinungsbildung bedeutsamen
Aneignungs-, Sinngebungs- und Interaktionsprozesse auf Seiten des Publikums

---

[18] Diese Unterscheidung erscheint auch vor dem Hintergrund des für den eigenen Ansatz als
theoretische Matrize gewählten Öffentlichkeitskonzepts von John Dewey (1927) sinnvoll
(vgl. Kapitel 4).

dabei weitgehend ausgeblendet. (Vgl. Peters 2002; Wessler 1999a; Neidhardt 1994a; Gerhards 1997; Imhof 2003)[19]

## 2.2.1 Das liberal-repräsentative Modell der Öffentlichkeit

Das liberale Öffentlichkeitsmodell, auch ,Spiegelmodell' genannt (vgl. Peters 2002: 23), steht in der Tradition liberal-repräsentativer Demokratietheorien, fußt auf systemtheoretischen Vorstellungen von Öffentlichkeit und Gesellschaft und rückt die Transparenz- und Beobachtungsfunktion in den Mittelpunkt (Ackerman 1989; Rawls 1993; Schumpeter 1943; Luhmann 1979, 1984, 1996). Ausgehend von der Annahme einer funktionalen Differenzierung moderner Gesellschaften, also der Herausbildung spezialisierter, autonom handelnder Teilsysteme mit je eigenen Sinnorientierungen, Strukturen und Bezugsproblemen, sowie der resultierenden Frage nach einer möglichen Rückkopplung und Integration dieser Teilsysteme, stellt Öffentlichkeit in dieser Perspektive ein für alle Teilsysteme zugängliches Beobachtungssystem dar. Qua Veröffentlichung von Themen ermöglicht es der Gesellschaft die Beobachtung ihrer selbst und damit die Integration der ausdifferenzierten Teilbereiche[20] (vgl. Marcinkowski 1993: 118ff.; Gerhards 1994: 87f.). In der Öffentlichkeit wird die vorhandene Akteurs- und Meinungsvielfalt abgebildet und für die Gesamtgesellschaft beobachtbar. Die Spiegelmetapher veranschaulicht dabei zum einen die Beobachtungsfunktion zweiter Ordnung, und sie postuliert zum anderen die Vorstellung einer realistischen beziehungsweise proportionalen Abbildung gesellschaftlicher Interessens- und Problemlagen, sodass Öffentlichkeit als ein „Spiegel der kommunizierten Beiträge einer pluralistischen Gesellschaft" (Gerhards 1997: 11) erscheint.

---

[19] Wohlgemerkt finden sich in der Literatur auch andere Einteilungen und Titulierungen von Öffentlichkeitskonzepten. So werden das liberale und das diskursive bzw. deliberative Modell (vgl. z.B. Wessler 1999a; Peters 1994; Gerhards 1994; Gerhards/Neidhardt/Rucht 1998) zuweilen durch ein drittes, agonistisches Konzept (vgl. Benhabib 1992; Habermas 1990; Kantner 2004) ergänzt. Ferree et al. (2002a, 2002b) sowie Latzer und Saurwein (2006) unternehmen dagegen eine Einteilung in liberal-repräsentative, pluralistisch-partizipative und deliberative Öffentlichkeitstheorien.
[20] Luhmann beschreibt Öffentlichkeit als gesellschaftliches Reflexionsmedium zur Beobachtungsbeobachtung und definiert sie als „gesellschaftsinterne Umwelt der gesellschaftlichen Teilsysteme, also aller Interaktionen und Organisationen" (Luhmann 1996: 184). Die Thematisierungsfunktion von Öffentlichkeit wird dabei insofern betont, als Öffentlichkeit auch „als die Unterstellbarkeit der Akzeptiertheit von Themen" (ders. 1979: 46) bezeichnet wird.

Im Sinne der Systemtheorie können sich autopoietische Handlungssysteme nicht gegenseitig determinieren. Sie können sich per Umweltbeobachtung lediglich selbst irritieren und ihre Reproduktion sodann selbstinduziert und nach systemeigenen Maßstäben bewerkstelligen (vgl. Maturana 1985: 251ff.; Luhmann 1984: 63f., 279). Direkte und reziproke Adressierungen beziehungsweise kommunikative Austauschbeziehungen zwischen den gesellschaftlichen Teilsystemen finden im liberalen Öffentlichkeitsmodell dementsprechend keine Berücksichtigung. Und somit werden „über die diskursive Validierung und Orientierung durch überzeugende Argumente keine Aussagen gemacht" (Jarren/Donges 2002: 114). Stattdessen wird lediglich die Forderung erhoben, dass die beteiligten Akteure sich und ihre Meinungen respektieren und anerkennen. Die Verfahren und Ergebnisse öffentlicher Kommunikationsprozesse sind in diesem Sinne mit geringeren normativen Anforderungen belegt als dies im deliberativen Öffentlichkeitsmodell der Fall ist. (Vgl. Ackerman 1989: 9, 12; Gerhards/Neidhardt/Rucht 1998: 29f.; Schmalz-Bruns 1995b: 47)

Dem politischen System wird ob seiner Zuständigkeit und Problemlösungskompetenz für die Externalitäten aller übrigen Teilsysteme eine gesellschaftliche Sonderstellung zugeschrieben. In der Folge ergibt sich daraus die Frage nach der Kontrolle der politischen Herrschaftsträger. In demokratisch verfassten Gesellschaften obliegt diese Kontrolle dem Volkssouverän, denn dieser erteilt mit seiner Wahlentscheidung befristete Herrschaftschancen ebenso wie Legitimität für die politischen Akteure, bindet diese also an die Bevölkerungsinteressen. Um jedoch eine begründete und vernünftige Wahlentscheidung treffen zu können, müssen die Bürger einen unverstellten Blick auf die existierenden und konkurrierenden Interessen und Positionen in der Gesellschaft werfen können. Das Beobachtungs- und Kommunikationssystem Öffentlichkeit kann diese Leistung erbringen, dient es doch als intermediäre Vermittlungsinstanz zwischen politischen Entscheidungsträgern und Zivilgesellschaft der „Aufnahme, Verarbeitung und Artikulation von Informationen, Meinungen und Interessen" (Gerhards/Neidhardt 1991: 39). Die Bürger können darüber das Handeln der politischen Herrschaftsträger beobachten und kontrollieren, und die politischen Akteure zugleich und andererseits die in der Öffentlichkeit sichtbar werdenden Bedürfnispräferenzen der Bürger beobachten, ihr Handeln dementsprechend orientieren und rechtfertigen beziehungsweise auf eine entsprechende Legitimierung bei den nächsten Wahlen hinarbeiten. Damit Öffentlichkeit diese Beobachtungs-, Transparenz- und Kontrollfunktionen erfüllen kann, muss sie freilich offen sein für jedwede Form von Input. Folglich besteht die wichtigste normative Forderung des liberalen Konzepts in einer prinzipiellen Offenheit für Teilnehmer und Themen auf der Inputseite[21]. (Vgl. ebd.: 45; Koller 2004: 117; Wessler 1999a: 31)

> „An important criterion of good public discourse is its transparency. It should reveal what citizens need to know about the workings of their government, the parties that aggregate and represent their interests, and the office-holders that they have elected to make policy on their behalf. Inclusion is important, not in the sense of giving ordinary citizens a chance to be heard, but in the sense that their representatives should have the time and space to present their contrasting positions fully and accurately" (Ferree/Gamson/Gerhards/Rucht 2002a: 207).

Die Herstellung von Konsens- oder Mehrheitsentscheidungen fällt im liberalen Modell nicht in den Aufgabenbereich von Öffentlichkeit. Diese Aufgabe wird stattdessen den ausdifferenzierten, und über Wahlen mit Legitimität versehenen politischen Entscheidungsinstanzen zugeschrieben. Eine kontinuierliche Beteiligung der Zivilgesellschaft am politischen Prozess ebenso wie eine kollektive Willensbildung im öffentlichen Diskurs sind dementsprechend nicht vorgesehen. Vielmehr wird eine generelle Partizipation auf den Wahlakt beschränkt und bestenfalls als Wunschvorstellung angesehen[22]. (Vgl. Ferree/Gamson/Gerhards/Rucht 2002b: 290ff.)

Jürgen Gerhards und Friedhelm Neidhardt (1991) haben in Anlehnung an Luhmanns Theorie der öffentlichen Meinung ein kybernetisches Öffentlichkeitsmodell entwickelt, in dem die Funktionen von Öffentlichkeit synthetisiert und auf mehreren Ebenen strukturiert werden. Sofern dieses Modell die bislang zusammengetragenen Elemente und Aspekte des liberalen Konzepts gut zusammenfasst, wird dieses Modell im Folgenden grob skizziert: Gerhards und Neidhardt unterscheiden darin drei relevante Prozesse öffentlicher Kommunikation: Informationssammlung (Input), Informationsverarbeitung (Throughput) und Informationsanwendung (Output) (vgl. Gerhards/Neidhardt 1991: 42ff.; vgl. auch Etzioni 1969: 143ff.). Auf der Inputseite geht es zunächst um die

---

[21] Peters verweist in diesem Zusammenhang auf reell existierende Zutrittsbarrieren für die Sprecher öffentlicher Kommunikationen und plädiert stattdessen für eine sachbezogene Offenheit, also eine „Chancengleichheit für Themen, Perspektiven, Interpretationen, Ideen und Argumente" (Peters 2002: 28; vgl. auch ders. 1994: 47).

[22] Zuweilen wird sie gar als kontraproduktiv oder gefährdend für den politischen Prozess bewertet (vgl. Schumpeter 1943: 283; Lippmann 1925: 39; Wilson 1933: 390). Gleichwohl lässt sich im Rahmen liberaler Demokratietheorien eine gewisse Spannbreite an Partizipationschancen für die Bürger verorten (vgl. hierzu ausführlicher Ferree/Gamson/Gerhards/Rucht 2002a: 206).

Beobachtungsfunktion von Öffentlichkeit, für die das Kriterium der Offenheit und Sensibilität in Bezug auf Themen und Teilnehmer als Qualitätsmerkmal postuliert wird. Die so erzeugte Transparenz für Probleme, Problemlösungsansprüche und darauf bezogene Entscheidungen ermöglicht den politischen Akteuren ebenso wie dem Publikum, sich selbst und gegenseitig zu beobachten. Im Zuge der Informationsverarbeitung kommen sodann Synthetisierungsmechanismen zum Einsatz, die die Kommunikate verdichten, Zusammenhänge herstellen und damit sozusagen ‚Ordnung' schaffen. Der Output des Öffentlichkeitssystems soll schließlich die Anwendung der Informationen ermöglichen, wobei unter ‚Anwendung' „die Übersetzung von Informationen in Entscheidungen" (Gerhards/Neidhardt 1991: 43) verstanden wird. Das Ergebnis öffentlicher Kommunikation – die öffentliche Meinung – leistet damit Orientierungsfunktionen für die Bürger und das politische System, sodass „Öffentlichkeit erkennbar macht, welche Probleme sozial virulent sind und welche Problemlösungen aus welchen Gründen bei wem auf hinreichende Akzeptanz stoßen – und welche nicht" (Neidhardt 1994b: 26).

Im Hinblick auf die Zahl der Kommunikationsteilnehmer sowie den Grad struktureller Verankerung unterscheiden Gerhards und Neidhardt des Weiteren drei Formen beziehungsweise Ebenen von Öffentlichkeit. Diese Ebenen repräsentieren dabei „verschiedene Schritte der Ausdifferenzierung eines autonomen Systems Öffentlichkeit" (Gerhards/Neidhardt 1991: 49). Auf der ersten Ebene können die so genannten Encounter-Öffentlichkeiten angesiedelt werden. Diese zeichnen sich durch einen geringen Grad struktureller Verankerung, einen mehr oder weniger zufälligen Episodencharakter sowie eine geringe Teilnehmerzahl aus. Gemeint sind damit vor allem mündliche face-to-face Kommunikationen ‚au trottoir', also zum Beispiel auf der Straße, im Bus oder im Kaffeehaus. Eine Kontinuität der Themenführung ist hier kaum festzustellen, und dementsprechend sind „Synthetisierungen von Themen und Meinungen und damit Akkumulationseffekte der Meinungsgenerierung [.] unwahrscheinlich" (ebd.: 51). Auf der zweiten Ebene lassen sich thematisch zentrierte Versammlungsöffentlichkeiten im Rahmen von politischen Veranstaltungen, Demonstrationen, Konferenzen oder ähnlichem verorten. Hier ist bereits ein erhöhtes Maß an thematischer Strukturierung vorzufinden, und die Teilnahme ist grundsätzlich unbeschränkt. Ein gewisses Themeninteresse ist gleichwohl vorauszusetzen. Auf der Ebene der Massenkommunikation schließlich ist die strukturelle Verankerung am weitesten fortgeschritten, wird doch die Existenz einer technischen und professionellen Infrastruktur zur Bedingung. Es kommt zu einer Ausdifferenzierung von Leistungs- und Publikumsrollen, wobei die Leistungsrollen in Form von Kommunikatoren einer zunehmenden Professionalisierung unterliegen, während das Publikum zunehmend abstrakter, größer und auch handlungsunfähiger wird. Der im liberalen Modell erhobenen Forderung nach Offenheit des Systems Öffentlichkeit kann hier nur noch durch eine umfassende Pluralität der Medien im Sinne einer realitätsgetreuen Repräsentanz der in einer Gesellschaft virulenten Themen und Meinungen sowie der politischen Machtverhältnisse Rechnung getragen werden. Gerhards und Neidhardt zufolge hat Öffentlichkeit erst auf dieser dritten Ebene ihre gesamtgesellschaftlich folgenreichste, dauerhafteste und auch leistungsfähigste Form im Hinblick auf die Sammlung, Verarbeitung und Anwendung von Informationen erreicht (vgl. ebd.: 55f.; Gerhards 1994: 84). Obgleich die drei Ebenen unterschiedliche Entwicklungsschritte im Prozess der Ausdifferenzierung des Kommunikationssystems Öffentlichkeit darstellen, existieren sie doch parallel zueinander und stehen im Sinne einer Selektion von Informationen und Themen in einem Interdependenzverhältnis:

> „Um authentisch zu bleiben, braucht die Massenkommunikation den Informationsinput und die Kontrolle aus der sozialen Infrastruktur kleiner und mittlerer Öffentlichkeiten. Um selber öffentliche Meinung nachhaltig beeinflussen zu können, muß sie ‚unten‘ in einfachen Interaktionen und Veranstaltungen ankommen. Umgekehrt brauchen diese Ebenen den Zugang zur ‚großen‘ Öffentlichkeit, um sowohl informiert als auch selber wirksam zu werden" (Gerhards/Neidhardt 1991: 56).

Zur Veranschaulichung der Struktur massenmedialer Öffentlichkeit skizzieren Gerhards und Neidhardt des Weiteren ein Arenenmodell, das in die Bereiche Arena und Galerie gegliedert ist. Während die Akteure der Öffentlichkeit – Sprecher und Medien – in der Arena agieren, ihre Positionen zu verteidigen suchen und um die Gunst des Publikums buhlen, versammelt sich letzteres auf der Galerie und entscheidet von dort über den Erfolg der Arenenakteure. Diese Autorität besitzt das Publikum insofern, als es für die Binnenstruktur der Öffentlichkeit, in der die Akteure auftreten können, konstitutiv ist. In modernen, pluralistischen Gesellschaften vollzieht sich Öffentlichkeit allerdings nicht nur in einer Arena, sondern in einer „Vielzahl kleiner und großer Foren, die nur teilweise miteinander vernetzt sind" (Gerhards/Neidhardt 1991.: 49) und in denen sich teilsystem- und ebenenspezifisch thematische Diskurse herausbilden. Die abnehmende Zahl der Arenenakteure auf der Ebene der Massenkommunikation geht dabei mit einer Professionalisierung der Sprecherrollen einher, sodass diese qua strategischer Institutionalisierung von Themen öffentliche Meinung erzeugen und mit Hilfe von Sponsoren und Ressourcen wie Prestige, Geld

oder Macht ihren Erfolg in der Öffentlichkeitsarena beeinflussen können[23].
(Vgl. ebd.: 57f.; Gerhards 1993b: 33f.; Gerhards/Neidhardt/Rucht 1998: 38ff.)
Zusammenfassend kann für das liberal-repräsentative Modell festgehalten
werden, dass Öffentlichkeit darin vor allem die Aufgabe zufällt, die in einer
pluralistischen Gesellschaft vorhandenen Themen und Meinungen zu repräsentieren und so für alle Gesellschaftsmitglieder sicht- und beobachtbar zu machen. Öffentlichkeit erfüllt damit Beobachtungs- und Transparenzfunktionen,
und sie fungiert darüber hinaus als Vermittlungsinstanz zwischen Zivilgesellschaft und politischem System, indem sie den auf Legitimation angewiesenen
politischen Herrschaftsträgern eine Abstimmung ihres Handelns auf die in der
Öffentlichkeit sichtbar werdenden Bürgerinteressen sowie eine Vorbereitung
und Rechtfertigung entsprechender Entscheidungen ermöglicht. Auf der anderen Seite können die Bürger das politische Geschehen in der Öffentlichkeit
beobachten, kontrollieren und in der Folge begründete Wahlentscheidungen
treffen. Öffentlichkeit erfüllt also nicht nur Beobachtungs-, sondern auch Kon-
troll- und Legitimationsfunktionen. Mit Hilfe ihres Produkts schließlich – der
öffentlichen Meinung – erbringt Öffentlichkeit ferner Orientierungs- und Integ-
rationsleistungen für die Gesamtgesellschaft. Weitgehend unberücksichtigt
bleibt im liberalen Öffentlichkeitsmodell allerdings das *Wie* öffentlicher Kommunikationsprozesse. Sofern kommunikative Austauschbeziehungen zwischen
den ausdifferenzierten und autonom handelnden Gesellschaftssystemen außerhalb des systemtheoretisch entlehnten Theoriehorizonts liegen, bleiben diese im
liberalen Modell weitgehend unberücksichtigt beziehungsweise werden nicht
thematisiert. In diesem Sinne wird angenommen, dass die Erzielung von Konsens über den diskursiven Austausch von Argumenten in pluralistischen Gesellschaften unwahrscheinlich ist und demnach von Öffentlichkeit auch nicht geleistet werden kann (vgl. Gerhards 1997: 9). Vielmehr erfüllt Öffentlichkeit
„Transparenzfunktionen [..], und ihre Publizität ist schon ihre Leistung" (Neidhardt 1994a: 9). Was nun die Ergebnisse und Verfahren öffentlicher Kommunikation anbelangt, so müssen diese lediglich der Forderung einer gegenseitigen
Anerkennung der Kommunikationsteilnehmer und -beiträge genügen, sodass
sich laut Imhof „normativ betrachtet [..] in diesem Modell nur die Forderung
nach Offenheit auf der Inputseite und das Öffentlichkeitsprinzip staatlicher
Institutionen ableiten" (Imhof 2003: 46) lassen. (Vgl. auch Wessler 1999a: 31)

---

[23] Ein solches strategisches Verhalten der Arenenakteure beschreibt Neidhardt später als
Verlautbarungs- oder Agitationsmodelle öffentlicher Kommunikation (vgl. Neidhardt 1994b:
25).

Die Tatsache, dass eine kontinuierliche Beteiligung der Zivilgesellschaft am öffentlichen Diskurs und politischen Prozess im liberal-repräsentativen Modell nicht vorgesehen beziehungsweise thematisiert ist, soll im Folgenden und mit Blick auf die Realität politischen Geschehens einmal kritisch hinterfragt werden. Wie Gerhards argumentiert, lassen strukturelle Asymmetrien in den Kommunikationsverhältnissen moderner Gesellschaften – man denke etwa an soziale Stratifikation und Machtverteilung sowie an die Heterogenität des Publikums – wenig Platz für empirische Belege, die einer diskursiven Praxis öffentlicher Kommunikation wie sie etwa das diskursive Konzept postuliert, gerecht werden könnten (vgl. Gerhards 1997; Gerhards/Neidhardt/Rucht 1998). Wie Klein kritisch anmerkt, prallen damit „an der letztlich mit einem massenmedial vermittelten Kommunikationssystem gleichgesetzten Öffentlichkeit die Ansprüche einer deliberativen Validierung öffentlicher Meinungsäußerung ab" (Klein 2001: 329). Betrachtet man die Wirklichkeit einer komplexen und zunehmend transnational vernetzten Welt jedoch genauer, so ergeben sich ambivalente Bewertungsmöglichkeiten: Strukturelle Beschränkungen der Teilnehmerchancen sind in der massenmedialen Kommunikation zwar gegeben, doch gibt es durchaus Evidenzen für eine lebendige und auch folgenreiche diskursive Öffentlichkeit ,unterhalb' der traditionellen Massenmedien sowie ,außerhalb' des politischen Zentrums – man denke etwa an soziale Bewegungen, NGOs, Online-Diskussionsforen oder Weblogs (vgl. z.B. Downey/Fenton 2003: 187). Öffentlichkeit geht also „nicht nahtlos auf in den strukturellen Restriktionen und funktionalen Abläufen der Massenkommunikation" (Klein 2001: 330), und dementsprechend müssen auch die Effekte individueller Kommunikationsnetzwerke auf die Medienrezeption[24], die öffentliche Bedeutung von Themen jenseits des Agenda Settings ebenso wie die öffentliche Bedeutung sozialer Bewegungen und Versammlungsöffentlichkeiten berücksichtigt werden. (Vgl. Rössler 1997: 362f.; Schenk/Rössler 1994: 293; Schmalz-Bruns 1995a: 94f.)

„Das Partizipationspotential, das thematisch spezialisierte Teilöffentlichkeiten im Gegensatz zu einer undifferenzierten großen Öffentlichkeit strukturell eröffnen, läßt sich nur durch institutionelle Arrangements auch aktualisieren, die

---

[24] Die Schweigespirale von Noelle-Neumann (1972) kann als Spezialfall des liberalen Öffentlichkeitsmodells bezeichnet werden, geht sie doch von einer repräsentativen Abbildung der Bevölkerungsmeinung in der Öffentlichkeit aus und versteht Öffentlichkeit als ,Tribunal', vor dem jeder einzelne sicht- und kontrollierbar wird. Die Isolationsfurcht des Menschen wird somit zum Integrations- und Steuerungsmechanismus für die öffentliche Meinungsbildung, und die deliberative Vernunft verliert an Bedeutung. (Vgl. Koller 2004: 119ff.; Imhof 2003: 43f.)

die Anwendungsbedingungen diskursiver Prinzipien verbessern und die öffentliche Willensbildung und politisch-administrative Entscheidungsfindung besser
miteinander verzahnen" (Schmalz-Bruns 1995a: 98).

Eine Theorie der Öffentlichkeit, möchte sie denn helfen, soziale Realität zu
erklären, muss also der „Tatsache einer Pluralität von Öffentlichkeitsformen,
der Vielfalt des Medienangebots und der differenzierten Nutzung dieser Formen und Angebote im Prozeß der öffentlichen Meinungsbildung Rechnung
tragen" (Schmalz-Bruns 1995a: 91). Und darüber hinaus muss sie partizipieren-
de gesellschaftliche Kräfte außerhalb des politischen Systems stärker berücksichtigen können[25]. Ein solcher Blickwinkel weist entschieden über den im
liberalen Modell angelegten begrifflichen Bezugrahmen hinaus und kann einem
den Diskurs der Zivilgesellschaft einbeziehenden Öffentlichkeitsmodell – wie
Habermas es mit seinem diskursiven Konzept formuliert hat – Rückhalt geben
(vgl. Klein 2001: 329ff.). Schmalz-Bruns schlägt dementsprechend vor, Öffentlichkeit „über den engen Kreis institutioneller Akteure hinaus zu erweitern und
die Produkte einer aufgeklärten öffentlichen Meinungs- und Willensbildung als
Legitimationsressourcen und Rationalisierungsreserven in die im engeren Sinne
politische Entscheidungsfindung zurückzuspeisen" (Schmalz-Bruns 1995a:
92)[26]. Zwar erachten Gerhards und Neidhardt die in ihrem Modell unterschiedenen Öffentlichkeitsebenen als prinzipiell gleichrangig (vgl. Ger-
hards/Neidhardt 1991: 56), doch schöpfen sie das inhärente Deutungspotential
der Interdependenzen zwischen Encounter-, Versammlungs- und massenmedialen Öffentlichkeiten nicht voll aus. Werden die Prozesse öffentlicher Meinungsbildung doch hierarchisch im Sinne der Eigengesetzlichkeit massenmedialer Kommunikation geordnet und damit unterkomplex ‚vertikalisiert', während
partizipative Bürgerkulturen und politisch aktive Minderheiten nur unzureichend berücksichtigt werden (vgl. Schmalz-Bruns 1995a: 96). Die feministische
Kritik am Liberalismus hat diese systematische Nicht-Berücksichtigung be-

---

[25] Dieser Kritikpunkt gewinnt vor allem im Hinblick auf die Theorie und Wirklichkeit einer
europäischen Öffentlichkeit Relevanz. Denn hier ist ein Aufgehen europäischer Gesellschaft
sowie europapolitischen Handelns kaum in den Massenmedien zu erwarten. Und das liegt
nicht allein in der Tatsache begründet, dass es bislang keine funktionierenden europaweiten
Massenmedien gibt, sondern vielmehr in dem empirisch beobachtbaren Umstand, dass soziale Bewegungen und außerinstitutionelles bürgerliches Engagement zunehmend an Bedeutung
und Einfluss auf die politischen Institutionen gewinnen (vgl. z.B. Mouffe 2005: 38ff.).
[26] Ganz ähnlich plädiert Mouffe angesichts fortschreitender Globalisierungs- und Individuali-
sierungsprozesse für eine Reformulierung des Politischen. Und zwar dergestalt, dass fortan
die verschiedenen Orte, Ebenen, Konstellationen und Diskurse an denen Politik gestaltet
wird, stärker mit einbezogen werden müssen (vgl. Mouffe 2005: 38ff.).

stimmter Gesellschaftsgruppen in einer repräsentativ gedachten Öffentlichkeit überzeugend herausgearbeitet (vgl. z.B. Benhabib 1991; Fraser 2001). Insofern das System der Massenmedien im liberalen Modell als wichtigste Aggregatform öffentlicher Kommunikation angesehen wird, kann dieses im Hinblick auf seine Repräsentativität und Egalität von Zugangschancen kritisch hinterfragt werden. Wie Schmalz-Bruns herausstreicht, erscheint das Mediensystem eher geschlossen denn offen, muss es doch unter den Bedingungen der Ausdifferenzierung und Professionalisierung von Darsteller- und Publikumsrollen sowie der Generierung von Gatekeeper-Rollen ständig Selektionsentscheidungen und damit Annahmen über die Beschaffenheit des gesellschaftlichen Themen- und Meinungsspektrums treffen, sodass es sich letztlich als hierarchisches und grenzerhaltendes System reproduziert (vgl. Schmalz-Bruns 1995a: 95). In der Konsequenz bleiben die Potentiale und Folgen kommunikativer Prozesse ‚unterhalb' der Massenmedien weitgehend unterbelichtet beziehungsweise unterschätzt. Laut Benhabib werden ethische Fragen des Zugangs zur Öffentlichkeit ob der unzureichenden Differenzsensibilität der Massenmedien schlichtweg ausgeblendet, schließlich könne über Fragen der Gerechtigkeit „nicht durch eine Art moralische Geometrie vorentschieden werden, vielmehr wird uns der Prozeß des uneingeschränkten öffentlichen Dialogs selbst helfen, die Natur der Fragen zu definieren, über die wir streiten" (Benhabib 1991: 155). Eine weiterreichende Inklusion gesellschaftlicher Teilbereiche und -gruppierungen scheint das im Folgenden darzustellende Diskursmodell der Öffentlichkeit besser bewerkstelligen zu können. (Vgl. auch Peters 2001: 675, 2002: 28; Ferree/Gamson/Gerhards/Rucht 2002b: 291)

### 2.2.2 Das Diskursmodell der Öffentlichkeit nach Habermas

Das Diskursmodell der Öffentlichkeit[27], in der Tradition deliberativer Demokratietheorien stehend und wesentlich durch die Arbeiten Jürgen Habermas' (1990, 1996, 1998) geprägt, rückt die prozeduralen und damit institutionellen Bedingungen öffentlicher Kommunikation in den Vordergrund. Indem der Verfahrensbegriff deliberativer Politik zum normativen Kernstück erhoben wird, stützt es sich auf die Kommunikationsbedingungen, „unter denen der politische Prozeß die Vermutung für sich hat, vernünftige Resultate zu erzeu-

---

[27] Zuweilen auch als deliberatives Modell bezeichnet (vgl. z.B. Peters 2001; Gerhards/Neidhardt/Rucht 1998).

gen, weil er sich dann auf ganzer Breite in einem deliberativen Modus vollzieht"
(Habermas 1996: 285).

Der öffentliche Raum wird im Diskursmodell als „the creation of proce-
dures whereby those affected by general social norms and collective political
decisions can have a say in their formulation, stipulation, and adoption" (Benhabib 1992: 87) verstanden. Nach Peters ist die Öffentlichkeit damit als „Medium der kollektiven Selbstverständigung und Selbstaufklärung, und öffentliche
politische Debatten bilden oder schaffen eine Legitimationsgrundlage politischer Ordnungen und Entscheidungen" (Peters 2001: 655) konzipiert. Öffentlichkeit stellt demnach eine intermediäre Vermittlungsstruktur zwischen dem
politischen System einerseits und dem privaten Sektor der zivilgesellschaftlichen
Lebenswelten andererseits dar. Sofern das diskursive Modell die Legitimität
politischen Agierens erst durch eine vorangegangene und für jedermann zugängliche öffentliche Diskussion gewährleistet sieht – also nicht nur durch einen Wahl- und Repräsentationsmechanismus wie im liberalen Modell – wird ein
umfassendes Verständnis diskursiver Willensbildung leitend für die Herstellung
kollektiv bindender Entscheidungen. Genau dies stellt die prozedurale Neue-
rung im Diskursmodell der Öffentlichkeit dar (vgl. Kantner 2004: 44).

> „The notion of a deliberative democracy is rooted in the in the intuitive ideal
> of a democratic association in which justification of the terms and conditions
> of association proceeds through public argument and reasoning among equal
> citizens" (Cohen 1989: 17f.).

Deliberation, verstanden als Entscheidungshandeln durch Diskussion statt
durch Befehl, hat in diesem Sinne eine „kooperative Wissenserzeugung und
gemeinschaftliche Problemlösung zwischen unterschiedlichen Akteuren"
(Nanz/Steffek 2005: 81) wie etwa dem Staat, zivilgesellschaftlichen Akteuren,
Experten und Unternehmen zum Ziel[28]. Auf diese Weise können bei allen Beteiligten Lernprozesse in Gang gesetzt werden, sodass eine Rationalitätssteigerung der öffentlichen Meinungs- und Willensbildung – qua Rationalisierung des
öffentlichen Argumentationshaushalts – und schließlich des politischen Ent-

---

[28] Imhof unterscheidet zwei dem Terminus ‚Deliberation' inhärente und miteinander ver-
knüpfte Bedeutungselemente: Während die *intersubjektive* Kommunikation auf die gemeinsame Beratung von Interpretations- und Handlungsalternativen abstellt, meint die *intrasubjektive*
Kommunikation eine introspektive Validierung dieser Interpretations- und Handlungsalternativen auf individueller Ebene (vgl. Imhof 2003: 27). Ersteres ist dabei die Voraussetzung
für letzteres, denn „nur die öffentlich praktizierte Vernunft verhilft dem Individuum zur
persönlichen Mündigkeit" (ebd.).

scheidungshandelns, welches eng an die öffentliche Meinung gebunden sein soll, zu erwarten ist (vgl. Peters 2001: 657; Habermas 1998: 367ff.). Rationalität hat dabei „weniger mit dem Haben von Erkenntnis als damit zu tun, wie sprach- und handlungsfähige Subjekte Wissen erwerben und verwenden" (ders. 1987a: 25). Für die Strukturierung der öffentlichen Meinung gewinnen folglich die Regeln einer gemeinsam befolgten Kommunikationspraxis sowie die Verfahren, mit deren Hilfe der öffentliche Raum institutionalisiert und abgesichert wird, an Bedeutung (vgl. ebd.: 438). Zu diesen Regeln gehört zunächst einmal das Kriterium der prinzipiellen Offenheit, denn ohne sie ist Öffentlichkeit nicht nur „unvollständig, sie ist vielmehr gar keine Öffentlichkeit" (ders. 1990: 156). Auf der Inputseite geht es demnach genau wie im liberalen Modell um die Herstellung und Sicherung von Transparenz: „The central value here is in the process of deliberation with popular inclusion being desirable because it supports the valued process" (Ferree/Gamson/Gerhards/Rucht 2002b: 300). Mit dem Postulat der Offenheit hängt sodann die Gleichheit von Teilnahmechancen und Artikulationsmöglichkeiten[29] zusammen. Denn nur in einem umfassenden Diskurs können sich am Ende die besseren Argumente – gleichviel von wem sie vorgetragen werden – durchsetzen. Der ‚zwanglose Zwang' des besseren Arguments kommt nach Habermas immer dann zum Tragen, wenn Individuen sich gegenseitig zu überzeugen suchen anstatt zu befehlen oder strategisch zu verhandeln (vgl. Habermas 1998: 436f.)[30]. Die Beiträge des öffentlichen Diskurses müssen also argumentativ begründet und dialogisch aufeinander bezogen sein, sodass Kritik und Revisionen von Meinungen möglich sind, und Differenzen im Hinblick auf Status und Macht der Beteiligten sollen keine Rolle spielen. „There must be mutual and reciprocal recognition of each by all the autonomous, rational subjects whose claims will be accepted if supported by valid arguments" (Ferree/Gamson/Gerhards/Rucht 2002a: 217f.). Was das Kriterium der gesellschaftlichen Inklusion anbelangt, so ist dieses im diskursiven Modell weiter gefasst als im liberalen. Geht es doch weniger um eine adäquate Repräsentanz gesellschaftlicher Interessen und Meinungen in der Öffentlichkeit, als um eine „ungezwungene Meinungs- und Willensbildung der Mitglieder einer demokratischen politischen Gemeinschaft über die Regelung der öffentlichen Angelegenheiten" (Peters 1994: 45; vgl. Heming 1997: 267). Somit steht der Prozess der kollektiven Willens- und Entscheidungsfindung qua öffentlicher

---

[29] Peters reduziert diesen Egalitätsanspruch angesichts real vorhandener struktureller Zugangsbarrieren auf das Kriterium der Offenheit für Themen und Beiträge (vgl. Peters 1994: 47, 2002: 28).
[30] Die ‚Vermachtung' der bürgerlichen Öffentlichkeit durch Politik und Ökonomie beschreibt Habermas (1990) – wie später noch genauer dargestellt wird – als Verfallsszenario.

Diskussion im Zentrum des Diskursmodells. Und dabei soll die Zivilgesellschaft nicht bloß repräsentiert, sondern aktiv am Diskurs beteiligt sein. Es wird angenommen, dass politische Entscheidungen auf diese Weise besser legitimiert sind, die Gesellschaftsmitglieder besser integriert werden und vermittels der sich herausbildenden öffentlichen Meinung[31] Orientierung erhalten. (Vgl. Peters 2001: 655ff., 2002: 27ff.; Wessler 1999a: 31f.; Gerhards/Neidhardt/Rucht 1998: 36) Die Konstitution und Reproduktion des öffentlichen Raums vollzieht sich schließlich im kommunikativen Handeln der Menschen untereinander, wobei Handlungen nach Habermas genau dann kommunikativ sind, „wenn die Handlungspläne der beteiligten Aktoren nicht über egozentrische Erfolgskalküle, sondern über Akte der Verständigung koordiniert werden" (Habermas 1987a: 385)[32].

Insofern die Arbeiten von Jürgen Habermas – insbesondere der ‚Strukturwandel der Öffentlichkeit' (1962) sowie ‚Faktizität und Geltung (1992) – prägend für das Diskursmodell der Öffentlichkeit sind, werden die Kernaussagen dieser Arbeiten im Folgenden kurz dargestellt und diskutiert[33]. In seiner Habilitationsschrift ‚Strukturwandel der Öffentlichkeit' (1962) entwirft Jürgen Habermas ein kapitalismuskritisches, in der Tradition der Frankfurter Schule[34] stehendes und an die Kulturindustrie-Thesen Adornos angelehntes Verfallsszenario der bürgerlichen Öffentlichkeit[35]. Diesen Verfall beziehungsweise Struk-

---

[31] Die Qualität der öffentlichen Meinung bemisst sich Habermas zufolge nicht nach repräsentativen Gesichtspunkten, sondern vielmehr nach der Qualität des Prozesses ihres Zustandekommens (vgl. Habermas 1998: 438f.).

[32] Der Sprechakt im Sinne kommunikativen Handelns soll den drei Kriterien (a) Richtigkeit, „die der Sprecher für seine Aussage im Hinblick auf den normativen Kontext [...] beansprucht", (b) Wahrhaftigkeit seiner Äußerung und (c) Wahrheit, die der Sprecher mit „seiner Äußerung für eine Aussage beansprucht" (Habermas 1987a: 412) gerecht werden.

[33] Für eine ausführliche und kritische Auseinandersetzung mit Habermas' Öffentlichkeitsbegriff vgl. z.B. Heming 1997 sowie den Sammelband von Calhoun 1992.

[34] Imhof fasst die Hauptaussagen der Frankfurter Schule in drei Thesen zusammen: Erstens führe „die umfassende Ökonomisierung [.] zu Konformität, zur Standardisierung und zur Trivialisierung der medienvermittelten Massenkultur" (Imhof 2003: 41). Zweitens erhalten Kulturprodukte samt ihrer Repräsentanten durch „die Dominanz des Verwertungs- und Tauschprinzips [...] ‚Warencharakter', d.h. die affektiv gesteuerte Zuwendung des Publikums ist Ausdruck des ökonomischen Erfolgs" (ebd.). Und drittens sorge „diese warenproduzierende Kulturindustrie [ob ihrer Bedeutung für die Wirklichkeitskonstruktion und gesellschaftliche Sinnvermittlung] für ein ‚falsches Bewusstsein' im Sinne affirmativer Bewusstseinsstrukturen und dadurch für die Regression des Politischen wie der Kulturproduktion und -rezeption" (ebd.).

[35] Die bürgerliche Öffentlichkeit definiert Habermas als die „Sphäre der zum Publikum versammelten Privatleute [.]; diese beanspruchen die obrigkeitlich reglementierte Öffentlich-

turwandel von Öffentlichkeit beschreibt Habermas in der Form einer zunehmenden Durchsetzung und Vermachtung der aus der Aufklärung hervorgegangenen öffentlichen Sphäre der Salons, Kaffeehäuser und Tischgesellschaften durch Ökonomie und Politik im Zuge der Industrialisierungsprozesse ab Ende des 18. Jahrhunderts[36]. Das Publikum degeneriert dabei von einem kulturräsonierendem zu einem kulturkonsumierenden Publikum (vgl. Habermas 1990: 248ff.). Als Hauptursache für diese Transformationen sieht Habermas die Angleichung und Verschränkung zweier bis dato getrennter Sphären – nämlich der privaten und der öffentlichen Sphäre. Zwar steht die Zivilgesellschaft insgesamt der öffentlichen Gewalt, sprich den politischen Institutionen gegenüber, und die öffentliche Sphäre des politischen Räsonnements wird als dem Privatbereich zugehörig beschrieben – schließlich handelt es sich um „eine Öffentlichkeit von Privatleuten" (ebd.: 90), gleichwohl wird zwischen der Privatsphäre einerseits, in der die bürgerliche Gesellschaft (Warenverkehr und Arbeit) und die familiäre Intimsphäre verortet sind, und der politischen Öffentlichkeit andererseits, in der sich die Privatleute zum politischen Diskurs zusammenfinden, differenziert. Die öffentliche Sphäre scheidet dabei die „fundamentale Trennlinie zwischen Staat und Gesellschaft" (ebd.: 89). Indem die Öffentlichkeit als in den privaten Lebenswelten der Bürger wurzelnd gedacht wird, entspricht deren Kolonialisierung durch die Gesetze des Marktes, der Massenmedien sowie der Politik ihrer Entpolitisierung. In der Folge wird der gesamte Privatbereich gleichsam unterminiert, sodass „der Kulturkonsum [.] in den Dienst ökonomischer und politischer Werbung" (ebd.: 269) tritt.

> „Wenn die Gesetze des Marktes, die die Sphäre des Warenverkehrs und der gesellschaftlichen Arbeit beherrschen, auch in die den Privatleuten als Publikum vorbehaltene Sphäre eindringen, wandelt sich das Räsonnement tendenziell in Konsum, und der Zusammenhang öffentlicher Kommunikation zerfällt in die wie immer gleichförmig geprägten Akte vereinzelter Rezeption" (ebd.: 249).

---

keit alsbald gegen die öffentliche Gewalt selbst, um sich mit dieser über die allgemeinen Regeln des Verkehrs in der grundsätzlich privatisierten, aber öffentlich relevanten Sphäre des Warenverkehrs und der gesellschaftlichen Arbeit auseinanderzusetzen" (Habermas 1990: 86). Das Medium der politischen Auseinandersetzung ist dabei das öffentliche Räsonnement.

[36] Obgleich Habermas seine Analyse am Beispiel dreier europäischer Länder – England, Frankreich und Deutschland – durchführt, so stellt er doch keine Überlegungen zu der Möglichkeit, Relevanz oder Beschaffenheit einer transnationalen Öffentlichkeit an.

Die bürgerliche Öffentlichkeit wird damit zum „Einfallstor für die, über die konsumkulturelle Öffentlichkeit der Massenmedien in den kleinfamilialen Binnenraum eingeschleusten sozialen Kräfte. Der entprivatisierte Intimbereich wird publizistisch ausgehöhlt" (Habermas 1990: 250), sodass sich der Strukturwandel der Öffentlichkeit als ihr Zerfall zu einer nur noch zum Zwecke der Akklamation und Legitimationsbeschaffung inszenierten Öffentlichkeit darstellt (vgl. Heming 1997: 76). Das Aufkommen der Massenmedien provoziert laut Habermas also eine ‚Entpolitisierung' des Publikums,

> „ziehen [sie] das Publikum als Hörende und Sehende [doch] in ihren Bann, nehmen ihm aber zugleich die Distanz der ‚Mündigkeit', die Chance nämlich, sprechen und widersprechen zu können. Das Räsonnement eines Lesepublikums weicht tendenziell dem ‚Geschmacks-, und ‚Neigungsaustausch' von Konsumenten" (Habermas 1990: 261).

Kritisiert wurde und wird Habermas' Beschreibung des Strukturwandels der Öffentlichkeit von vielerlei Seiten. Auf all diese Kritiken kann hier freilich nicht eingegangen werden, nichtsdestotrotz sollen zumindest zwei Kritikpunkte angesprochen werden. Diese betreffen erstens die Überstilisierung der zum Ausgangspunkte gewählten bürgerlichen Öffentlichkeit samt ihrer Rationalitätspotentiale sowie zweitens die Beschreibung des Publikums als eher passiv beziehungsweise wehrlos gegenüber den Einflüssen der Massenmedien. Laut Imhof resultiert Habermas' Verfallsthese gar aus einer Verwechslung des Ideal- und Realtypus von Öffentlichkeit, münden doch die Titulierung des ersteren als real historischer Ausgangspunkt sowie die analytische Beschreibung des letzteren als aktuelle Realität moderner Industriegesellschaften zwangsläufig in einem Niedergangsszenario (vgl. Imhof 2003: 43). Der überstilisierten bürgerlichen Öffentlichkeit entgeht dabei allerdings die Heterogenität des Publikums ebenso wie die Existenz verschiedener Gegenöffentlichkeiten, die gegen Ende des 18. und zu Beginn des 19. Jahrhunderts in der Form von Demonstrationen, Streiks und Plünderungen durchaus politischen Einfluss übten (vgl. Heming 1997: 45f.; Negt/Kluge 1972). Im Vorwort der 1990 erschienenen Neuauflage von ‚Strukturwandel der Öffentlichkeit' reagiert Habermas auf diese Kritiken und nimmt revidierend Stellung:

> „Kurzum, meine Diagnose einer geradlinigen Entwicklung vom politisch aktiven und privatistischen, ‚vom kulturräsonnierenden zum kulturkonsumierenden Publikum' greift zu kurz. Die Resistenzfähigkeit und vor allem das kritische Potential eines in seinen kulturellen Gewohnheiten aus Klassenschranken

hervortretenden, pluralistischen, nach innen weit differenzierten Massenpublikums habe ich seinerzeit zu pessimistisch beurteilt" (Habermas 1990: 30).

Das Publikum, so räumt er ein, habe er als zu passiv und der Produktivkraft medienwirksamer Kommunikation als zu hörig eingeschätzt. Dies sei angesichts der Erkenntnisse kommunikationssoziologischer Forschung zur Medienrezeption und -aneignung nicht länger und in dieser Art haltbar (vgl. ebd.: 30f.)[37]. Und die Bedeutung alternativer zivilgesellschaftlicher, subkultureller oder klassenspezifischer Assoziationen und Öffentlichkeiten habe er darüber hinaus unterschätzt. Schließlich habe die Vorstellung der Gesellschaft als Einheit, „die über die Medien Recht und politische Macht auf sich selbst einwirkt, [.] angesichts des Komplexitätsgrades funktional differenzierter Gesellschaften jede Plausibilität verloren" (Habermas 1990: 35). Mit diesen Revisionen lässt Habermas bereits eine stärkere und später in ,Faktizität und Geltung' (1992) ausformulierte Hinwendung zu den Bedingungen öffentlicher Kommunikation, unter denen eine freie und diskursive Meinungs- und Willenbildung in pluralistischen und funktional differenzierten Gesellschaften zustande kommen kann, erkennen (vgl. ebd.: 40ff.).

In ,Faktizität und Geltung' erweitert Habermas seinen Ansatz zu einer prozeduralen und demokratietheoretisch verankerten Diskurstheorie. Dabei entwickelt er einen Verfahrensbegriff deliberativer Politik, bei dem Öffentlichkeit die Rationalisierung politischen Herrschaftshandelns vermittels eines gemeinwohlorientierten Diskurses gewährleistet. Und in Anlehnung an Über-legungen von Bernhard Peters (1993: 322ff.) skizziert er zudem ein Schleusenmodell zur Darstellung des demokratischen Machtkreislaufes. Dieses gliedert sich einerseits in ein politisches Zentrum, zu dem Regierung, Administration, Parlament und Parteien gezählt werden, sowie andererseits in eine zivilgesellschaftliche Peripherie[38], die sich aus allen übrigen Gesellschaftsmitgliedern zusammensetzt. Diese Peripherie ist ferner in eine ,innere' und einer ,äußere' Peripherie unterteilt, wobei erstere diverse mit „Selbstverwaltungsrechten oder delegierten staatlichen Kontroll- und Hoheitsfunktionen" (Habermas 1998: 430) ausgestattete Institutionen wie Policy-Netzwerke und Verhandlungssysteme umfasst und

---

[37] Hier verweist Habermas insbesondere auf die Arbeiten von Stuart Hall und David Morley (vgl. Habermas 1990: 30f.; Hall 1980; Morley 1988).
[38] Die Zivilgesellschaft setzt sich nach Habermas „aus jenen mehr oder weniger spontan entstandenen Vereinigungen, Organisationen und Bewegungen zusammen, welche die Resonanz, die die gesellschaftlichen Problemlagen in den privaten Lebensbereichen finden, aufnehmen, kondensieren und lautverstärkend an die politische Öffentlichkeit weiterleiten" (Habermas 1998: 443).

einen effektiven Output der politischen Steuerung im Sinne einer erfolgreichen Implementation gewährleistet. Die ‚äußere' Peripherie hingegen setzt sich aus gesellschaftlichen Gruppen, Assoziationen und Verbänden zusammen, die „gegenüber Parlamenten und Verwaltungen [...] gesellschaftliche Probleme zur Sprache bringen, politische Forderungen stellen, Interessen oder Bedürfnisse artikulieren und auf die Formulierung von Gesetzesvorhaben oder Politiken Einfluß nehmen" (ebd.). Die Legitimität kollektiv bindender Entscheidungen wird im Schleusenmodell über die Anbindung des politischen Zentrums an die Meinungs- und Willensbildungsprozesse beziehungsweise den im Diskurs artikulierten Entdeckungszusammenhang der Peripherie sichergestellt: „Bindende Entscheidungen [müssen], um legitim zu sein, von Kommunikationsflüssen gesteuert sein, die von der Peripherie ausgehen und die Schleusen demokratischer und rechtsstaatlicher Verfahren am Eingang des parlamentarischen Komplexes oder der Gerichte [...] passieren" (ebd.: 432). Gleichwohl, so merkt Habermas an, läuft das politische Entscheidungshandeln im Zentrum größtenteils nach Routinen, das heißt ohne Rückkopplung mit der Peripherie ab[39]. Sobald allerdings wichtige normative und problematische Fragen anstehen, darf sich die öffentliche Diskussion nicht allein auf die politischen Akteure beschränken. Sondern vielmehr müssen auch die Akteure der Peripherie mit einbezogen werden. Entscheidend ist also, dass die eingespielten Routinen des politischen Herrschaftsbereichs offen bleiben für Impulse aus der Zivilgesellschaft, sodass ein Umschalten vom ‚Routine-' in den ‚Problemmodus' jederzeit möglich ist. Öffentlichkeit fungiert dementsprechend als ein „Warnsystem mit unspezialisierten, aber gesellschaftsweit empfindlichen Sensoren" (ebd.: 435). Die Wahrnehmung und Identifizierung von Problemen muss allerdings mit einer überzeugenden und einflussreichen Thematisierung einhergehen, damit der parlamentarische Komplex tatsächlich unter Handlungsdruck gerät. Indem die Öffentlichkeit als „weitgespanntes Netz von Sensoren" (Habermas 1996: 290) im privaten Lebensbereich der Bürger wurzelt beziehungsweise sich aus diesem speist, verfügt es über eine im Vergleich zum politischen Zentrum größere Sensibilität für die Wahrnehmung aktueller gesellschaftlicher Problemlagen (vgl. ders. 1998: 460)[40]. Wenn sich die zivilgesellschaftlichen Akteure dann zusam-

---

[39] Wie Habermas unter Rekurs auf Cohen und Arato argumentiert, dürfe die Zivilgesellschaft ohnehin nicht als ‚der' Fokus betrachtet werden, auf den sich jedwede gesellschaftliche Selbstorganisation konzentriert. Vielmehr bedarf es einer gewissen ‚Selbstbegrenzung' der radikaldemokratischen Praxis, sodass die Zivilgesellschaft zwar Einfluss, nicht aber politische Macht erwerben kann. (Vgl. ausführlicher Habermas 1998. 449f.; Cohen/Arato 1992: 482ff.)
[40] In seiner Auseinandersetzung mit Lippmann plädierte schon Dewey für eine Demokratie, in der die Menschen aktiv an den Diskursen über gesellschaftliche Problemlagen beteiligt

menfinden, organisieren und ihre Themen lautstark – notfalls vermittels bürgerlichen Ungehorsams – propagieren, können sie die Kräfteverhältnisse der politischen Öffentlichkeit im Routinemodus dergestalt verschieben, dass Resonanz und Reaktion bei den politischen Entscheidungsträgern hervorgerufen werden (vgl. ebd.: 461ff.). Dementsprechend ruhen „die Institutionen und rechtlichen Gewährleistungen der freien Meinungsbildung [.] auf dem schwankenden Boden der politischen Kommunikation derer, die sie, indem sie davon Gebrauch machen, zugleich in ihrem normativen Gehalt interpretieren, verteidigen – und radikalisieren" (ebd.: 447). An diese Überlegungen anknüpfend stellt Habermas sodann auf die Notwendigkeit eines Kommunikationszusammenhangs von Betroffenen ab. Schließlich könne Öffentlichkeit die Wahrnehmung und Thematisierung gesellschaftlicher Probleme nur soweit gewährleisten, „wie sie sich aus den Kommunikationszusammenhängen der *potentiell Betroffenen* bildet" (ebd.: 441). Zur Konstitution und Aufrechterhaltung von Öffentlichkeit bedarf es folgerichtig einer lebendigen, sprich über gesamtgesellschaftliche Problemlagen diskutierenden Bürgergesellschaft.

Zusammenfassend lässt sich sagen, dass das von Habermas entworfene diskurstheoretische Modell der Öffentlichkeit, in dem politische Prozesse im Wechselspiel zwischen Zivilgesellschaft und Herrschaftsträgern vonstatten gehen, und in dem Partizipation weiter gefasst ist als im liberalen Modell, durchaus angemessen erscheint für die Beschreibung komplexer Gesellschaften (vgl. Kantner 2004: 43). So gehen „die Prozeduralisierung der Volkssouveränität und die Rückbindung des politischen Systems an die peripheren Netzwerke der politischen Öffentlichkeit [.] zusammen mit dem Bild einer dezentrierten Gesellschaft" (Habermas 1998: 362). Die Öffentlichkeit erscheint somit als

> „hochkomplexes Netzwerk [.], das sich räumlich in eine Vielzahl von überlappenden [...] Arenen verzweigt; das sich sachlich nach funktionalen Gesichtspunkten, Themenschwerpunkten, Politikbereichen usw. in mehr oder weniger spezialisierte, aber für ein Laienpublikum noch zugängliche Öffentlichkeiten [...] gliedert; und das sich nach Kommunikationsdichte, Organisationskomplexität und Reichweite nach Ebenen differenziert [...]. Trotz dieser vielfältigen Differenzierungen bleiben aber alle umgangssprachlich konstituierten Teilöffentlichkeiten porös füreinander. Soziale Binnengrenzen zerstückeln den einen, radial in alle Richtungen ausgreifenden und kontinuierlich fortgeschriebenen Text ‚der' Öffentlichkeit in beliebig kleine Texte, für die dann alles übri-

---

sind, schließlich könnten nur die Bürger relevante Problemlagen identifizieren, aufzeigen und den politischen Entscheidungsträgern zur Bearbeitung zuführen (vgl. Dewey 1927: 207).

ge Kontext ist; aber immer lassen sich von einem Text zum nächsten hermeneutische Brücken bauen" (ebd.: 451f.).

Während systemtheoretische und liberale Vorstellungen Habermas zufolge
Gefahr laufen, angesichts zunehmender gesellschaftlicher Komplexität und
Differenzierung die Integration ihrer Teilsysteme nicht mehr plausibel erklären
zu können, weil es irgendwann „keine gemeinsame Sprache mehr [gibt], in der
sich die Einheit der Gesellschaft für alle in *derselben* Weise repräsentieren ließe"
(Habermas 1998: 416)[41], rechnet die Diskurstheorie mit einer „höherstufigen
Intersubjektivität von Verständigungsprozessen" (ders. 1996: 288). Die vielzähligen Teilöffentlichkeiten müssen dabei allerdings füreinander durchlässig und
damit anschlussfähig bleiben[42].

Was nun die Kritik des Habermas'schen Diskursmodells anbelangt, so wird
diese vor allem hinsichtlich dreier Aspekte formuliert: die vermeintliche Diskre-
panz von Norm und Wirklichkeit, die Plausibilität des postulierten Ergebnisses
öffentlicher Deliberation – nämlich diskursiv erzeugter Konsens – sowie das zu
Grunde liegende Verständnis der Inklusion des Publikums. Mit Blick auf das
wahrgenommene Spannungsfeld zwischen Realität und normativem Anspruch
wird Kritik dahingehend in Anschlag gebracht, dass die vornehmlich massenmedial vermittelte Öffentlichkeit moderner Massendemokratien den normativen Ansprüchen des Diskursmodells kaum gerecht werden kann. Zu groß
scheinen die Zugangsbarrieren zur Medienöffentlichkeit und zu unwahrscheinlich eine allzeit argumentative Aushandlung von Interessen unter Gleichberech-
tigten. Stattdessen müsse davon ausgegangen werden, dass öffentliche Kommunikation mehr von Verlautbarung und Agitation denn von Diskursivität
geprägt sei, sodass sich die Orientierungskraft der öffentlichen Meinung eben
nicht immer aus der Überzeugungsmacht des besseren Arguments speist (vgl.
Wessler 1999a: 32f.; Neidhardt 1994a: 20ff.; Peters 2002: 27f.). Bei aller Plausibilität dieser Kritik, darf man allerdings die eigentliche Funktion eines normati-

---

[41] Gleichwohl liefert die Systemtheorie durchaus hilfreiche Ansätze zur Erklärung von Weltgesellschaft – also gesellschaftlicher Integration jenseits des Nationalstaats. Nach Luhmann
ereignet sich Gesellschaft nämlich immer vor dem Hintergrund eines gegebenen Welthorizonts, sodass jede Interaktion ein ‚Und so weiter' anderer Kontakte der Partner impliziert
(vgl. Luhmann 1991a: 54, 1997: 150; Görke 2005: 54ff.). Inwiefern dies jedoch hilfreich für
die Reflexion von Globalisierungsprozessen und deren Bedeutung für die Menschen ist,
müsste einmal genauer diskutiert werden (vgl. z.B. Hepp 2006b: 49).
[42] Im Sinne einer Verschränkung bzw. eines ‚osmotischen Aufsaugens' von Beiträgen aus den
jeweils anderen Arenen konzipiert Habermas auch die Funktionsweise einer europäischen
Öffentlichkeit (vgl. Habermas 2001: 12).

ven Theoriemodells nicht außer Acht lassen. Schließlich liefern normative Theorien immer eine Art Maßstab, an dem die Realität gemessen, bewertet und kritisiert werden kann. Normative Theorien können also nur auf theoretischer Ebene kritisiert werden, und wie Bennett und Entman treffend formulieren: „Of course this ideal has never been achieved, and it probably never will. [...] Yet the public sphere serves theorists well as an ideal type – that is, as a construct against which different real-world approximations can be evaluated" (Bennett/Entman 2001: 3). In ähnlicher Weise schreibt Habermas selbst, dass sein Modell kommunikativer Vergesellschaftung auch unter günstigsten Bedingungen wohl nie erreicht werden kann. Nichtsdestotrotz – und dies sei wichtig – habe ein solches Modell „den Sinn einer methodischen Fiktion, die die unvermeidlichen Trägheitsmomente gesellschaftlicher Komplexität [...] ans Licht bringen soll" (Habermas 1998: 396). Somit bleibt Imhof zufolge „die Utopie der Aufklärungsöffentlichkeit der radikal-demokratische Maßstab an die politische Praxis moderner Gesellschaften" (Imhof 1993: 64), und als normatives Leitbild kann sie darüber hinaus durchaus reale Wirkkraft entfalten (vgl. Peters 1993: 236, 2001: 655). Wessler macht in diesem Zusammenhang deutlich, dass es wenig Sinn macht,

> „sich mit dem Hinweis auf empirische Gegebenheiten der Normativität gänzlich entledigen zu wollen. Das Verhältnis von Normativität und Empirie ist komplizierter. Denn einerseits enthalten normative Konzepte immer auch empirische Stützpfeiler – Annahmen über die Realität –, die mit empirischen Argumenten angegriffen werden können. Andererseits sind in der empirischen sozialen Realität immer auch normative Vorstellungen wirksam: als Zwecksetzungen menschlichen Handelns. Es ist also weder zwingend noch erkenntnisfördernd, Normativität aus der wissenschaftlichen Analyse von Öffentlichkeit [..] zu verbannen" (Wessler 1999b: 170f.).

Der zweite Kritikpunkt des diskursiven Modells rekurriert auf das postulierte Zustandekommen eines vernünftigen Konsenses als Ergebnis öffentlicher Kommunikation. Hier ist zunächst einmal darauf hinzuweisen, dass Konsens nicht etwa Konflikt in Abrede stellt oder gar mit Konformismus oder kultureller Homogenisierung gleichzusetzen ist (vgl. Chambers 1996: 157ff.). Vielmehr besteht die Idee öffentlicher Deliberation ja gerade darin, Konsens im Durchgang durch Dissens zu erzielen[43]. In der realen Praxis sprechen allerdings nur wenige empirische Evidenzen dafür, dass öffentliche Diskurse – sofern sie nicht

---

[43] Kantner bezeichnet Dissens gar als „das Lebenselixier öffentlicher Kommunikation" (Kantner 2004: 59f.), ermöglicht er doch erst das Stattfinden ebendieser Kommunikation.

in sehr kleinem Kreis geführt werden – tatsächlich Konsens erzielen. Stattdessen kann für den Verlauf öffentlicher Debatten angenommen werden, dass diese qua Thematisierung unterschiedlicher Positionen und Ideen zunächst problematisierend und dissensvermehrend wirken. In ihrem Verlauf „mag diese Variation reduziert werden durch Polarisierungen, Simplifikationen, Generalisierungen, Lagerbildungen, was Dissens zunächst befestigt" (Peters 2002: 33). In der Folge aber führen solche öffentlichen Debatten zu einer Art kollektiver Aufklärung und Sichtbarmachung von Meinungsverschiedenheiten, sodass zumindest eine wechselseitige Anerkennung der Differenzen beziehungsweise Akzeptanz möglicher Kompromisse erleichtert werden kann. Insofern man nun deliberative Maßstäbe an ‚Konsens' als Lösung eines vorangegangenen Dissenses heranführt, so lässt sich mit Hug argumentieren, dass Konsens niemals ein endgültiges Ergebnis sein kann (vgl. Hug 1997: 273). Stattdessen muss das Ergebnis öffentlicher Deliberation stets offen bleiben für erneute Kritik und Problematisierungen, sodass Konsens folgerichtig unerreichbar wird. In diesem Sinne wird also das Ende von Diskursen unklar, entzieht sich dieses doch einer diskursiven Validierung[44]: „Da die Prüfung, ob ein Konsens begründet ist, wieder einen Konsens verlangt, führt diese Prüfung notwendigerweise in einen infiniten Regreß" (ebd.)[45]. Wenn also Konsens nicht das Ergebnis von öffentlichen Diskursen sein kann – ob nun aus logischen oder aus praktischen Gründen, worin besteht dann die Leistung öffentlicher Diskurse? Mit Sicherheit tragen öffentliche Diskurse wie bereits angeklungen zu einer gesellschaftlichen Selbstorganisation und -aufklärung sowie zu einer Initiierung kollektiver Lernprozesse bei. Laut Peters ist demnach im Verlauf öffentlicher Diskurse eher eine Verschiebung denn eine Verengung des Meinungsspektrums zu erwarten, sodass bestimmte Argumente und Meinungen allmählich unglaubwürdig werden, andere an Überzeugungskraft gewinnen und darüber hinaus immer wieder neue Ideen und Problematisierungen auftauchen (vgl. Peters 2002: 33). Nichtsdestotrotz gehen diese Prozesse auch mit Angleichungen und Konsenserzielungen im weitesten Sinne einher, denn bestimmte Ideen und normative Grundsätze werden sich als weitgehend, aber nicht notwendigerweise einstimmig, über-

---

[44] An dieser Stelle sei angemerkt, dass Habermas selbst Konsens als durchaus ‚offenes', d.h. revisions- und entwicklungsfähiges Ergebnis öffentlicher Deliberation versteht (vgl. Habermas 1982: 242).

[45] Hug spricht der Öffentlichkeit gar das Potential einer Rationalitätssteigerung ab, denn ein prinzipiell infiniter Diskurs bedeute immer den Verzicht auf vollständige Ausschöpfung diskursiver Rationalitätspotentiale (vgl. Hug 1997: 287f.).

zeugend und akzeptiert herauskristallisieren[46] (vgl. ebd.: 34). Habermas selbst bemängelt die Überstrapazierung eines auf Konsens ausgerichteten Verfahrensmodells deliberativer Politik mittlerweile und rückt die Herausbildung eines diskursiven Kompromisses, der nicht über machtstrategische Kalküle, sondern über ‚faire Verfahren' zustande kommt, stärker in den Vordergrund (vgl. Habermas 1996: 283f.) [47].

Der dritte Kritikpunkt betrifft schließlich die dem Diskursmodell inhärente Vorstellung der Partizipation des Publikums an öffentlicher Kommunikation. Unter Rekurs auf Heming lässt sich hier anmerken, dass Habermas' Vorstellung deliberativer Politik, bei der das Publikum erst in Krisensituationen aktiv wird und sich in Assoziationen organisiert, eine recht „defensive Bestimmung des politischen Potentials von Öffentlichkeit" (Heming 1997: 263) darstellt. Schließlich waren Zivilgesellschaft und Öffentlichkeit als konstitutive Bezugpunkte demokratischer Praxis bezeichnet worden[48] (vgl. Habermas 1998: 536). Und folglich stellt sich die Frage,

> „warum Habermas das doch offenbar in zivilgesellschaftlicher Öffentlichkeit zum Ausdruck gelangende lebenspraktische Rationalitätspotential nicht gleichsam auch in den Routinemodus von politischen Verfahren eingefügt wissen will, zumal sein deliberatives Politikmodell eine geradezu symbiotische Triade von ziviler Gesellschaft, politischer Öffentlichkeit und Staat nahezulegen scheint" (Heming 1997: 266).

Nach Heming leugnet Habermas gewissermaßen seine eigenen Ansprüche, wenn er der „Öffentlichkeit eine letztlich selbstbezügliche, im demokratischen Routinemodus partizpativabstinente Rolle im politischen throughput-Prozeß zuweist" (Heming 1997: 272). Indem das Einflusspotential von Öffentlichkeit nämlich an die außergewöhnlichen Bedingungen wahrgenommener Krisen geknüpft wird, geraten die Funktions- und Wirkungsweisen alltäglicher und nicht bewegungsorientierter Öffentlichkeiten aus dem Blickfeld (vgl. ebd.: 267). Und am Ende bleibt gar unklar, wie Öffentlichkeit der eingangs postulierten

---

[46] Darüber hinaus werden solche Ergebnisse nicht notwendigerweise als Konsens bezeichnet (vgl. Peters 2002: 34)

[47] Hieran anschließend kann des Weiteren kritisiert werden, dass Habermas die Mittel der Rhetorik zum Zwecke der Überzeugung des Gegenübers weitgehend unberücksichtigt lässt (vgl. ausführlicher Llanque 2003: 183ff.).

[48] So bleiben die politischen Institutionen nach Habermas „auf den *Entdeckungszusammenhang* einer nicht durch Verfahren regulierten Öffentlichkeit, die vom allgemeinen Publikum der Staatsbürger getragen wird" (Habermas 1998: 373) angewiesen.

Idee, auch die Nicht-Organisierten in den demokratischen Prozess einzubeziehen, um eine umfassende Demokratisierung moderner Gesellschaften gewährleisten zu können, überhaupt gerecht werden soll (vgl. Neidhardt 1994c: 317). Nun könnte man auf politiktheoretischer Ebene über eine Forcierung und Ausweitung direkt-demokratischer Partizipationsmodi für die breite Bevölkerung nachdenken[49], hier und mit Blick auf das Anliegen dieser Arbeit soll die Aufmerksamkeit jedoch stärker auf die öffentlichkeitstheoretische Bedeutung einer kommunikativen Beteiligung der nicht-organisierten Bürger gerichtet – politische Partizipation also weiter gefasst – werden. Politische Partizipation wird hier im Sinne eines kommunikativen Interagierens über öffentliche Angelegenheiten verstanden. Sie stellt eine Aktivität dar, die nicht nur in der politischen, sondern auch in den sozialen und kulturellen Sphären und Praktiken der Menschen realisiert wird[50]. Was nun die konstitutive Rolle des Publikums für die Entstehung von Öffentlichkeit anbelangt, so geht Habermas zwar davon aus, dass das Zustandekommen von Öffentlichkeit als netzartige Kommunikationsstruktur nicht allein durch die Massenmedien katalysiert wird, sondern auch an face-to-face Gespräche gebunden ist, sodass seinem Diskursmodell ein im Vergleich zum liberalen Modell umfassenderes Verständnis des demokratischen Miteinanders zu Grunde liegt. Nichtsdestotrotz setzt Habermas stark auf die Artikulationskraft der sich organisierenden zivilgesellschaftlichen Kräfte und vernachlässigt – oder, wie Dahlgren formuliert, unterschätzt (vgl. Dahlgren 2005b: 319) – dabei die Bedeutung des alltäglichen Gesprächs der Menschen über politische Angelegenheiten. Sind es doch gerade diese soziokulturellen Interaktionen jenseits organisierter Formen und abseits der Massenmedien, in denen sich Öffentlichkeit konstituiert und Politik Realität gewinnt. Deshalb darf bei aller Theoretisierung und normativer Aufladung öffentlicher Deliberation das ‚unorganisierte' Gespräch der Bürger nicht aus dem Blick geraten: „However, in clinging too rigidly to formal deliberation, we risk to lose sight of everyday talk and its potential relevance for democracy" (ders. 2006b: 29). Dahlgren schlägt dementsprechend vor, Anleihen bei republikanischen Ansätzen zu machen, die auf eine möglichst umfassende und kontinuierliche Beteiligung der Zivilgesellschaft setzten und davon ausgehen, dass die Menschen ihre Rolle als Bürger erst im alltäglichen Gespräch über politische Angelegenheiten wahr-

---

[49] Heming plädiert etwa für eine „frühzeitige Einbindung problemspezifisch sich formierender Öffentlichkeiten" (Heming 1997: 274) in den politischen Entscheidungsprozess, sodass dieser eine bessere Legitimation und Implementationskraft erreichen kann.
[50] Laut Benhabib bietet eine solche Konzeption von Partizipation "the distinct advantage [...] that it articulates a vision of the political true to the realities of complex, modern societies" (Benhabib 1992: 86).

nehmen und realisieren (vgl. ebd.: 29f.)[51]. Ähnlich argumentiert Bohman, indem er die Bedeutung zwischenmenschlicher Interaktion für das Funktionieren von Demokratie hervorhebt: „There must be constant and vibrant interaction among cultures and sub-politics in a larger sphere of common citizenship" (Bohman 1996: 145)[52]. In diesem Sinne lässt sich an die in Cultural Studies-orientierten Ansätzen formulierte Notwendigkeit anknüpfen, das zivile Gespräch über politische Angelegenheiten, welches freilich zumeist auf der Grundlage rezipierter Medieninhalte stattfindet, als überaus bedeutsam für die Emergenz und Vitalität von Öffentlichkeit zu erachten (vgl. Dahlgren 1995, 2005b, 2006a; Dayan 2005; Livingstone/Lunt 1994; Morley 1992). Durch den Prozess der Medienaneignung erhalten die Menschen in komplexen Mediendemokratien die Möglichkeit, in einen Diskurs über öffentliche Angelegenheiten einzutreten, öffentliche Meinungsbildungsprozesse in Gang zu setzen und sich auf diese Weise von einem Medienpublikum in ein räsonnierendes Bürgerpublikum zu verwandeln[53]. Mit diesen Überlegungen kehrt die Diskussion gleichsam zu Habermas' Strukturwandel der Öffentlichkeit zurück, stellt dessen Schlussfolgerungen auf den Kopf – oder zumindest in Frage – und rückt das Interagieren der Menschen mit den Medien, deren Inhalten und untereinander in den Mit-

---

[51] Allerdings ist der Republikanismus (vgl. Arendt 1996; Barber 1984), welcher eine allumfassende Partizipation der Bürger zum Allheilmittel für die Überwindung von Pluralität und Fragmentierung erhebt, vielfach und vor allem im Hinblick auf die Engführung des kulturellen Pluralismus auf eine im öffentlichen Diskurs erwachsende politische Identität kritisiert worden (vgl. Walzer 1992: 136; ausführlicher auch Klein 2001: 161ff.).

[52] Anschließend an solche Überlegungen und basierend auf partizipativen Demokratietheorien (Almond/Verba 1963; Pateman 1970; Barber 1984) schlagen einige Autoren gar ein partizipativ-pluralistisches Öffentlichkeitsmodell vor, bei dem es weniger um die Bedingungen des öffentlichen Diskurses als um eine möglichst umfassende Inklusion der Bevölkerung geht. Es wird angenommen, dass das Interesse und die Urteilskraft der Bürger hinsichtlich politischer Prozesse und Angelegenheiten in einer kontinuierlichen Praxis öffentlicher Diskussion sowie genau dann erwächst, wenn die Menschen das Gefühl erhalten, als Diskursteilnehmer angesprochen und gefordert zu sein. (Vgl. Latzer/Saurwein 2006: 13; Ferree/Gamson/Gerhards/Rucht 2002a: 210ff., 2002b: 295ff). Ein solches drittes Öffentlichkeitsmodell wird hier jedoch nicht eingeführt, stattdessen soll – ausgehend von der kritischen Diskussion des Habermas'schen Ansatzes – auf die Notwendigkeit einer Berücksichtigung der kommunikativen Beteiligung der Menschen an öffentlichen Kommunikationen gepocht werden. So kann in der Folge und unter Rekurs auf John Dewey (1927) ein Begriff europäischer Öffentlichkeit entwickelt werden, der über die Vorstellung einer in den Massenmedien aufgehenden Öffentlichkeit hinausgeht und der die mediale Berichterstattung über EU-Themen eben nicht als Haupt-Bezugspunkt für die Beurteilung der Beschaffenheit bzw. der Existenz europäischer Öffentlichkeit wählt (vgl. Kapitel 4).

[53] Vgl. hierzu die Ausführungen in Kapitel 4.4.2.

telpunkt der Betrachtung. Während Habermas nämlich das Publikum als den massenmedialen Einflüssen schutzlos ausgeliefert sah, sodass dieses nur noch konsumieren, nicht aber mehr räsonnieren konnte, geht es hier um die Frage, *wie* die Menschen (politische) Medieninhalte aufnehmen, in ihren sozialen nicht-medialen Kontexten via Diskussion und Gespräch lokalisieren, weiterverarbeiten und auf diese Weise Öffentlichkeit herstellen. Wie oben erwähnt, revidiert Habermas zwar seine unidirektionalen Medienwirkungsannahmen unter Verweis auf Stuart Halls (1980) Arbeiten zur Medienaneignung, nichtsdestotrotz verzichtet er auch in späteren Arbeiten auf eine Berücksichtigung von kontinuierlichen und nicht bewegungsorientierten Beteiligungsformen sowie medienbasierten Sinngebungs- und Aneignungsprozessen durch die Menschen (vgl. Habermas 1990: 30f.). In diesem Sinne kann festgehalten werden, dass das Diskursmodell der Öffentlichkeit durchaus geeignet erscheint für die Beschreibung der Wirklichkeit pluralistischer und dezentrierter demokratischer Gesellschaften. Gleichwohl müsste es die nicht-organisierte Zivilgesellschaft ebenso wie der für die öffentliche Meinungsbildung bedeutsamen Sinngebungs-, Aneignungs- und Interaktionsprozesse auf Seiten des Publikums besser berücksichtigen und implementieren können.

## 2.3  Die Öffentlichkeit moderner Gesellschaften

Im folgenden Abschnitt sollen einige Aspekte von Öffentlichkeit in modernen, sprich ausdifferenzierten und pluralistischen Mediengesellschaften[54] näher betrachtet und diskutiert werden. Dabei geht es zunächst um die verschiedenen Ebenen, Akteure und Rollen, die sich mit zunehmender Bedeutung der Medien sowie mit zunehmender Professionalisierung von Akteursrollen in der Öffentlichkeit herausbilden (Kapitel 2.3.1). Im Anschluss daran werden die Neuen Medien samt ihrer Bedeutungen und Potentiale für öffentliche Kommunikationsprozesse in pluralistischen Gesellschaften erörtert (Kapitel 2.3.2), und sodann wird es um Prozesse der gesellschaftlichen Pluralisierung, Fragmentierung und Entgrenzung gehen, die sich im Zuge von Differenzierungs- und Transnationalisierungstendenzen abzeichnen. Diese Prozesse sind insofern relevant für gängige Vorstellungen von Öffentlichkeit und Gesellschaft, als sie die Integrationsfunktion und -leistung von Öffentlichkeit in Frage stellen können. Eine

---

[54] Insofern die Massenmedien als Vermittlungsinstanzen zunehmend eine Schlüsselrolle in modernen Gesellschaften einnehmen, ist es nach Sarcinelli angebracht, von einer ‚Mediengesellschaft‘ zu sprechen (vgl. Sarcinelli 1998: 11).

entsprechende Diskussion eignet sich dementsprechend als Ausgangspunkt für die Reflektion der Möglichkeit und Ausgestaltung von Öffentlichkeit im transnationalen beziehungsweise europäischen Raum (Kapitel 2.3.3).

### 2.3.1 Ebenen und Akteure von Öffentlichkeit

Die Binnenstruktur von Öffentlichkeit lässt sich nach verschiedenen Ebenen, Akteuren und Rollen ausdifferenzieren. Im Wesentlichen können dabei eine Kommunikator-, eine Medien- sowie eine Publikumsebene unterschieden werden, wobei die jeweiligen Akteure teil- und phasenweise zugleich mehrere Rollen auf diesen drei Ebenen innehalten und ausführen können. So können beispielsweise Kommunikatoren auch Mitglieder des Publikums sein und damit zu den Zuhörern öffentlicher Diskurse zählen, und sie können zudem und gleichzeitig auf der Medienebene als Vermittler zwischen Sprechern und Publikum auftreten. (Vgl. Donges/Jarren 1999: 94; Neidhardt/Koopmans/Pfetsch 2000: 264; Raupp 1999: 119; Wessler 1999a: 174)[55]

Mit Blick auf die *Kommunikatorebene* lässt sich zunächst einmal sagen, dass sich hier Sprecher als Angehörige bestimmter kollektiver Akteursgruppen oder aber als Individuen – zum Beispiel als Intellektuelle[56] – zu bestimmten Themen öffentlich zu Wort melden. Unter Rekurs auf Peters können dabei verschiedene Typen von Sprechern differenziert werden: Während Repräsentanten die Interessen bestimmter Organisationen oder Gruppen vertreten, sprechen Advokaten ohne politische Vertretungsmacht im Interesse bestimmter Gruppierungen oder Kategorien. Experten melden sich hingegen mit bestimmten Sonderkompetenzen zu Wort, und Intellektuelle schließlich nehmen zu moralischen und ethischen Fragen öffentlich Stellung (vgl. Peters 1994: 57f.). Neidhardt fügt dieser Systematik einen fünften Sprechertyp hinzu, nämlich den der Kommentatoren – zumeist Journalisten, die zu öffentlichen Angelegenheiten ihre Meinungen und Einschätzungen abgeben (vgl. Neidhardt 1994a: 14).

Auf der *Medienebene* fungieren die Massenmedien beziehungsweise Journalisten als Vermittler zwischen Sprechern und Publikum. Im Rahmen festgelegter organisatorischer Strukturen, publizistischer Programmvorgaben und Regeln

---

[55] Die hier vorgenommenen Unterscheidung von Kommunikator-, Medien- und Publikumsebene ist freilich nicht zu verwechseln mit der von Gerhards und Neidhardt elaborierten Differenzierung verschiedener, als Ebenen bezeichneter, Strukturformen von Öffentlichkeit – Encounters, Versammlungen und Massenmedien (vgl. Gerhards/Neidhardt 1991: 49ff.).
[56] Zur Rolle der Intellektuellen in der Öffentlichkeit vgl. z.B. Müller-Dohm/Neumann Braun (2006).

beobachten sie das gesellschaftliche Geschehen, greifen Themen auf, bearbeiten diese und stellen sie der Gesamtgesellschaft wieder zur Verfügung. Die Vermittler auf der Medienebene fungieren somit als Selektionsinstanzen und zugleich als massenwirksame Lautverstärker relevanter Informationen in der Öffentlichkeit. Insofern gesellschaftliche Prozesse im Sinne einer umfassenden Mediatisierung zunehmend durch Medien bestimmt und durchsetzt werden[57], ist die mediale Vermittlung öffentlicher politischer Kommunikation bestimmend für die Realität moderner und pluralistischer Demokratien geworden (vgl. Mazzoleni 2008: 1; Neidhardt 1994a: 10; Strömbäck/Esser 2009: 215ff.). Das Internet als elektronisch mediatisierter Kommunikationsraum[58] gewährleistet auf technischer Ebene zwar einen direkten Austausch zwischen Sprechern und Publika – das heißt ohne journalistische Vermittlungsinstanz, nichtsdestotrotz zeigt sich, dass ein solch ,direkter Draht' nur eine geringe empirische Relevanz besitzt, insofern die etablierten Massenmedien auch im Internet die meistgenutzte Quelle für politische Informationen darstellen (vgl. Hagen/Mayer 1998: 117).

Das *Publikum* auf der dritten Ebene von Öffentlichkeit – vornehmlich zusammengesetzt aus Laien, heterogen und schwach organisiert – bildet schließlich den Adressaten der Kommunikate von Sprechern und Vermittlern (vgl. Neidhardt 1994a: 13)[59]. Indem sowohl die Medien als auch die Kommunikatoren auf die Aufmerksamkeit und Zustimmung des Publikums angewiesen sind – ob nun aus ökonomischen oder politischen Legitimitätsgründen, buhlen diese um die Gunst ebendieses Publikums. Öffentlichkeit existiert dementsprechend erst „durch die Unterstellbarkeit der Anwesenheit eines Publikums" (Donges/Jarren 1999: 99). Mit Blick auf die Beteiligung der das Publikum bildenden Bürger unterscheidet Dahrendorf (1974) zwischen drei Typen von Öffentlichkeit: Aktive, passive und latente Öffentlichkeiten[60]. Während sich latente Öffentlichkeiten laut Dahrendorf aus notorischen Nichtteilnehmern zusammensetzen, tritt die passive Öffentlichkeit als Publikum und Wähler eher sporadisch im politischen Prozess in Erscheinung. Die aktive Öffentlichkeit hingegen setzt sich aus denjenigen Bürgern zusammen, die regelmäßig und mit eigenen Vorstellungen am politischen Prozess teilnehmen. Die aktive Öffentlichkeit bildet somit „die Quelle politischer Initiative" (Dahrendorf 1974: 108). In der

---

[57] Zum Prozess der Mediatisierung, verstanden als Metaprozess gesellschaftlichen Wandels, und ihren Konsequenzen für Gesellschaft, Kultur, Alltag und die zwischenmenschliche Beziehungen vgl. Krotz (2001a, 2007, 2009).

[58] Vgl. dazu Kapitel 2.3.2.

[59] Vgl. hierzu ausführlich Kapitel 4.4.

[60] Wohlgemerkt benutzt Dahrendorf den Begriff ,Öffentlichkeit' dabei synonym mit dem des ,Publikums'.

Regel ist die aktive Öffentlichkeit hinsichtlich ihrer Mitgliederzahl sehr viel kleiner als die passive oder die latente Öffentlichkeit. Die Grenzen zwischen den verschiedenen Typen von Öffentlichkeiten verlaufen nach Dahrendorf flexibel, insofern die jeweiligen Mitglieder je nach Themen- und Interessenlage diffundieren können. Im Falle eines wahrgenommenen Fehlverhaltens durch die politischen Entscheidungsträger zum Beispiel kann es zu einer Art Fluktuationsbewegung aus der passiven in die aktive Öffentlichkeit kommen, sodass sich ein breiter und aktiver Widerstand auf Seiten des Publikums formiert. (Vgl. ebd.: 101ff.)[61] Die Beteiligung und Zusammensetzung des Publikums schwankt dementsprechend je nach Themen- und Interessenlage sowie gemäß individueller Betroffenheiten. Und folgerichtig erscheinen das Publikum und somit die Öffentlichkeit insgesamt als volatile und fluide Größe, sodass Öffentlichkeit „expandieren oder schrumpfen [könn] je nach Umfang und Qualität der Kommunikationen" (Peters 1994: 45). Das Publikum zeigt sich dabei keineswegs als homogene, sondern vielmehr als intern segmentierte und stratifizierte Größe, nutzt es doch vielzählige und unterschiedliche Medien, um sich über öffentliche Angelegenheiten zu informieren (vgl. ders. 2002: 27). Manche Autoren sehen mit einer solchen Fragmentierung des Publikums sowie der Herausbildung von Teilöffentlichkeiten gar die Möglichkeit einer gesamtgesellschaftlichen Integration und Verständigung im Medium der Öffentlichkeit in Gefahr (vgl. z.B. Holtz-Bacha 1998: 221f.; Katz 1996: 22; Merten 1999: 61f.). Aber wie Kantner überzeugend herausgearbeitet hat, müssen derartige Fragmentierungstendenzen keineswegs ein hermeneutisches Hindernis für öffentliche Verständigung sowie die Teilnahme an öffentlichen Diskursen und damit für die Konstitution von Öffentlichkeit insgesamt darstellen[62] (vgl. Kantner 2004: 50ff.).

Abschließend lässt sich mit Blick auf die verschiedenen Akteure und Ebenen – Kommunikator-, Medien- und Publikumsebene – von Öffentlichkeit festhalten, dass es zur Entstehung und Instandhaltung von Öffentlichkeit eines Zusammenspiels aller drei Ebenen sowie der entsprechenden Akteure bedarf. In diesem Sinne bilden die Akteure der Kommunikator- und der Medienebene, die für die Sichtbarkeit und Sichtbarmachung der Folgen politischen Entscheidungshandelns Sorge tragen, unverzichtbare, aber keineswegs hinreichenden

---

[61] Fossum und Trenz (2005a) nehmen in ähnlicher Weise und im Hinblick auf die europäische Öffentlichkeit eine Unterscheidung zwischen ‚active' und ‚silent publics' vor (vgl. Fossum/Trenz 2005a: 26f.). Gerhards dagegen unterscheidet bezüglich der Kommunikationsbereitschaft der Bürger in öffentlichen Diskursen und unter Rekurs auf Noelle-Neumanns Schweigespirale fünf Publikumsrollen: Reder, Schweiger, Anpasser, Missionare und Inkonsistente (vgl. Gerhards 1996: 3ff.).
[62] Vgl. dazu auch die Ausführungen in Kapitel 2.3.3.

Instanzen im Prozess der Konstituierung von Öffentlichkeit. Denn dazu bedarf es auch eines Publikums, das die entsprechenden Inhalte wahrnimmt, nutzt und in seinen kommunikativen Anschlusshandlungen tradiert. Um also Aussagen über den Zustand beziehungsweise die Existenz von Öffentlichkeit treffen zu können, darf der analytische und auch konzeptionelle Blick nicht allein auf die Kommunikator- und Medienebene gerichtet werden, sondern er muss auch das Publikum samt seiner kommunikativen Anschlusshandlungen, Interaktionen und Sinngebungsprozesse berücksichtigt (vgl. z.B. Kantner 2004: 147; Trenz 2005c: 367).

> „If we think in terms of the 'space' in which 'public sphering' gets done, we can readily see that while the media constitute much of this space (as discursive, semiotic space), the space of the public sphere is – and must be – larger than that of media representations. It must also include sociocultural interactions. This dimension takes us into the realm of people's encounters and discussions with each other, with their collective sense-making and their cultural practices" (Dahlgren 1995: 18).

Diese für die Öffentlichkeit konstitutiven soziokulturellen Praktiken und Interaktionen auf Seiten des Publikums setzen sich nach Dahlgren aus zwei Aspekten zusammen: Erstens aus der Medienrezeption als „communicative processes of making sense, interpreting, and using the output" (Dahlgren 2005a: 149) sowie zweitens aus den kommunikativen Interaktionen der Menschen untereinander. Insofern diese Interaktionen in ganz unterschiedlichen Räumen, Kontexten und Formen stattfinden können, muss die Analyse dieser kommunikativen Interaktionen auch die sozialen Kontexte der jeweiligen Alltagswelten berücksichtigen (vgl. ders. 1995: 18, 2009: 75). Schließlich sind es ebendiese Alltagszusammenhänge, in denen Öffentlichkeit hervorgebracht, gestaltet, reproduziert und damit realisiert wird. Die partizipative Seite von Demokratie ebenso wie die Öffentlichkeit insgesamt lässt sich laut Dahlgren nur mit einer solchen, das kommunikative Interagieren des Publikums als konstitutiv berücksichtigenden Perspektive beleuchten und erfassen (vgl. ders. 2005b: 319).

## 2.3.2 Neue Medien und Öffentlichkeit

Das Aufkommen des Internet samt seiner multimedialen und interaktiven Kommunikationsmöglichkeiten rief in den 1990er Jahren eine lebhafte wissenschaftliche Debatte über die Implikationen und Potentiale des Internet für die

Teilnahme- und Artikulationschancen der Bürger im politischen Prozess sowie für die Öffentlichkeit und Gesellschaft insgesamt hervor. Einige dieser Aspekte werden im Folgenden einmal näher betrachtet.

Das Internet lässt sich zunächst einmal als eine Art Infrastruktur beschreiben, die ganz unterschiedliche, massenmediale und interpersonale Anwendungen und Kommunikationsmodi – wie etwa den Versand von Emails, das Abrufen gespeicherter Daten sowie die Beteiligung an Diskussionsforen, Chats und virtuellen[63] Interaktionen – ermöglicht (vgl. Beck 2006: 12ff.; Rössler 1998: 206f.). In diesem Sinne kann das Internet auch als ein globaler, elektronisch mediatisierter Kommunikationsraum mit ‚transmedialem Charakter' beschrieben werden, der den Computer zur Schnittstelle und zum ‚Hybridmedium' werden lässt (vgl. Höflich 1997: 86; Krotz 1995: 447ff.). Der ‚Cyberspace' stellt sich damit als imaginärer, „computergenerierter Raum ‚hinter' dem Computerbildschirm [dar], der statt einer realen Anwesenheit Telepräsenz – eine Illusion von Nähe trotz geographischer Distanz – vermittelt" (Höflich 1998: 141, vgl. auch Dahlgren 2009: 155f.). Zu beachten ist dabei allerdings, dass der Computer längst nicht mehr das einzige Endgerät im Rahmen computervermittelter Kommunikation darstellt. Vielmehr ist eine zunehmende Entgrenzung in Richtung anderer digitaler und mobiler Medien wie etwa den MP3-Player oder das Smart-Phone auszumachen. In diesem Sinne lässt sich sagen, dass „die Gesamtheit der neuen und alten audiovisuellen und digitalen Medien in der Perspektive der Nutzer einen elektronisch mediatisierten Kommunikationsraum entfalten, der sich langfristig zu einem wesentlichen Kommunikationsfeld der Menschen entwickeln wird" (Krotz 1997: 111). Zuweilen wird das World Wide Web gar als „anarchische, unzerstörbare, jeder Zensur sich widersetzende, aggressiv nichtkommerzielle, riesig anwachsende Kommunikation zwischen Millionen von Menschen in mehreren Ländern" (Rheingold 1994a: 150) angepriesen[64]. Wohlgemerkt lässt sich mit Bühl darauf hinweisen, dass die „globale Vernetzung" (Bühl 1997: 96) durch das Internet mehr als einen bloßen Medienwandel bedeutet, zeichnet sich dahinter doch ein umfassender gesellschaftlicher Wandlungsprozess ab, der die Konturen einer sich herausbildenden virtuellen Gesellschaft erkennen lässt[65]. Die Dialektik und Überlagerung von Realraum und virtuellem

---

[63] Virtualität lässt sich unter Rekurs auf Reid als mentale Präsenz an Orten bei gleichzeitiger physischer Abwesenheit bezeichnen (vgl. Reid 1995: 165).

[64] Weltweit nutzten 2007 etwa 1,2 Mrd. Menschen das Internet. In Deutschland waren es 2006 rund 38,6 Mio. Erwachsene, d.h. knapp 60% der über 14-Jährigen. (Vgl. BITKOM 2007; Eimeren/Frees 2006; Laudien 2006: 161)

[65] Virtuelle Gemeinschaften lassen sich mit Rheingold als „soziale Zusammenschlüsse [definieren], die dann im Netz entstehen, wenn genug Leute diese öffentlichen Diskussionen

Raum können in diesem Sinne qualitativ neue Formen der Vergesellschaftung produzieren. (Vgl. ders. 1996: 159)

Die Frage, welche Bedeutung und welchen Einfluss das Internet für und auf die politische Öffentlichkeit hat, wird in der wissenschaftlichen Debatte äußerst ambivalent beantwortet (vgl. z.B. Chadwick/Howard 2008; Fisher/Wright 2001). So wird dem Netzmedium einerseits ein positiver Einfluss auf die öffentliche Kommunikation sowie den politischen Prozess zugesprochen, bietet es doch prinzipiell gleiche Zutritts-, Artikulations- und Beteiligungschancen für alle Bürger. Und darüber hinaus scheint das Internet „eine quantitativ höhere und zugleich auch qualitativ bessere Teilnahme einzelner Individuen an (politischen) Willensbildungs- und Entscheidungsprozessen" (Donges/Jarren 1999: 86) zu ermöglichen. In diesem Sinne etabliert das Internet gleichsam einen direkten Draht zwischen Zivilgesellschaft und politischen Herrschaftsträgern. Skeptische Stimmen weisen an dieser Stelle jedoch darauf hin, dass die Funktionstüchtigkeit eines solchen ‚Drahtes' weniger von den technischen Voraussetzungen und Möglichkeiten als vielmehr von der Kommunikationsbereitschaft der Sprecher sowie des Publikums abhängt[66]. So kann das Internet zwar helfen, technische Barrieren einer umfassenden politischen Beteiligung abzubauen – und zwar in den Dimensionen Zeit, Raum, Wissen und Zugang – nichtsdestotrotz muss davon ausgegangen werden, dass letztlich soziale Faktoren ausschlaggebend für die tatsächliche politische Beteiligung der Menschen am politischen Prozess sind (vgl. z.B. Dahlgren 2009: 149ff.; Donges/Jarren 1999: 86f.; Street 1997: 31ff.). Mit Blick auf die vermeintlich besseren Teilnahmechancen im Internet weist Jarren darauf hin, dass es dort sogar noch zusätzliche begrenzende Sozialfaktoren wie limitierte Zeit- und Aufmerksamkeitsbudgets und endliche Verarbeitungskapazitäten auf Seiten der Nutzer gibt (vgl. Jarren 1998: 14). Und schließlich – so zeigen empirische Studien zum Nutzungsverhalten der Online-User – wird das Netz größtenteils gar nicht zum Zwecke politischer Kommunikation oder Information, sondern für ganz andere Dinge wie das E-mailing, Onlinebanking, E-Shopping oder die gezielte Suche nach bestimmten Angeboten genutzt (vgl. Hagen/Mayer 1998: 108ff.; Oehmichen/Schröter 2006: 444). Vor dem Hintergrund dieser Überlegungen lässt sich mit Blick auf das demokratie- und öffentlichkeitstheoretische Potential des Internet sagen, dass das Onlinemedium nicht per se die politische Beteiligung

---

lange genug führen und dabei ihre Gefühle einbringen, so daß im Cyberspace ein Geflecht persönlicher Beziehungen entsteht" (Rheingold 1994: 16).

[66] In diesem Zusammenhang formuliert Leggewie, dass „die Transformation des bürokratischen Anstaltstaates in einen responsiven Netzwerkservice [.] keine Kleinigkeit, sondern nicht weniger als eine Revolution des überkommenen Staatsbegriffs" (Leggewie 1998: 29) ist.

der Zivilgesellschaft erhöht. Schließlich sind dafür nicht die technischen Voraussetzungen, sondern die Art der darin stattfindenden Kommunikationen entscheidend – also ob und inwiefern die Menschen das Internet tatsächlich für politik- und öffentlichkeitsrelevante Handlungen und Interaktionen nutzen[67]. In diesem Sinne sind es also nicht die technischen Möglichkeiten allein, sondern das Handeln der Menschen als Nutzer dieser Techniken, das relevant für die Etablierung und Verstetigung von Öffentlichkeit ist.

> „The Internet clearly offers opportunities for the motivated. The questions today are not so much how the Internet will change political life, but rather, what might motivate more people to see themselves as citizens of a democracy, to engage in the political and – for those with access – make use of the possibilities that the Net still offers. Some of the answers may be found on the Net itself, but most reside in our real social circumstances" (Dahlgren 2001: 53).

Sofern das World Wide Web eine Vielzahl von neuen kommunikativen Räumen und -kanälen zu eröffnen vermag, kann es auch als eine technische Erweiterung der traditionellen beziehungsweise analogen Formen von Öffentlichkeit beschrieben werden. In der Konsequenz schließt sich hier allerdings die Frage an, ob eine derartige Erweiterung die ohnehin voranschreitende Pluralisierung und Fragmentierung von Öffentlichkeit und Gesellschaft nicht noch zusätzlich beschleunigt und wenn ja, wie eine solche Entwicklung zu bewerten wäre. Laut Rötzer kann das Internet in der Tat „eine weitere Vervielfältigung der Öffentlichkeiten und damit auch ein noch stärkeres Auseinanderdriften der einst in aller Regel durch eine geographische Klammer verbundenen und durch regulierte Kanäle gesteuerten Öffentlichkeiten bewirken" (Rötzer 2002: 75). In der Folge scheint diese „Tendenz zur Vielkanalöffentlichkeit und zur Aufsplitterung des Publikums" (Marschall 1999b: 122) sowohl den Allgemeinheitsanspruch der Öffentlichkeiten als auch die Aufmerksamkeit, mit der das eigene Engagement noch zu rechnen hat, einzuschränken. Andererseits beziehungsweise zugleich bedeutet eine solche Aufsplitterung der Öffentlichkeit aber auch einen demokratischen Zugewinn, vermag die Netzöffentlichkeit den gesellschaftlichen Kommunikationsraum doch dergestalt zu erweitern, dass bislang ausgeschlossenen Individuen oder Gruppen ein besserer Zugang zu öffentlichen Kommunikationsprozessen gewährt und ihre Organisation und Binnenkommunikation

---

[67] Aussagen wie das Netz sei unpolitisch (vgl. Rilling 1997) zum Trotz, dürfen die politischen Sternstunden des Internet freilich nicht vergessen werden. So organisierten etwa die Studenten in Belgrad 1996 oder die Zapatisten in Mexiko 1994 ihre Proteste auf digitalem Wege im Internet (vgl. Leggewie 1998: 19).

erleichtert wird. In diesem Sinne steht der Fragmentierung von Öffentlichkeit durch das Internet auch eine gegenläufige Integrationsleistung entgegen (vgl. Kaletka 2003: 126). Laut Peters kann die Herausbildung vielzähliger Teilöffentlichkeiten dementsprechend auch als „eine Art demokratischer Arbeitsteilung" bewertet werden, die die „Gesamtkapazität für die Behandlung von Themen" (Peters 1994: 62) in der Gesellschaft erhöht. Mit Blick auf das Informationsmonopol der traditionellen Massenmedien bietet die dezentrale Struktur des Internet ferner den Vorteil, dass „die öffentliche Meinungsbildung [.] nicht mehr von einigen wenigen Kommunikationsmächtigen, seien es Militärs oder CNN, gesteuert werden" (Bucher 2002: 520), sondern stattdessen verfügt das Internet über geringere Selektionsmechanismen und damit über eine größere Offenheit und Unabhängigkeit gegenüber ökonomischen und politischen Einflüssen (vgl. Geser 1998). In diesem Sinne scheint das Internet vor allem kleinen und ressourcenschwachen Gruppierungen, Initiativen und Gegenöffentlichkeiten[68] Vorteile zu verschaffen, insofern seine veränderten Raum-Zeit-Strukturen nicht nur die Versammlung und Organisation von interessierten Teilnehmern, sondern auch eine schnelle, kostengünstige und öffentlichkeitswirksame Publikation von entsprechenden Anliegen und Informationen erleichtern können[69]. Wie empirische Studien belegen, finden die in entsprechenden Foren, Newsgroups, Mailinglists oder Weblogs diskutierten Themen durchaus auch Eingang in die traditionellen Massenmedien, und zwar sowohl innerhalb als auch außerhalb des Internet, sodass in der Konseqzuenz mit einer breiten Anschlusskommunikation sowie mit politischer Reaktion gerechnet werden kann[70]. (Vgl. Beck 2006: 227; Neuberger/Nuernbergk/Rischke 2007)

---

[68] ‚Gegenöffentlichkeit' meint „Aktivitäten zur Verbreitung von Informationen und Meinungen, die – von einem medienkritischen Ansatz ausgehend – die Aufmerksamkeit der Bevölkerung auf weitgehend unbeachtete, nichtsdestoweniger für die Allgemeinheit als bedeutsam angesehene Themen zu richten versuchen" (Plake/Jansen/Schuhmacher 2001: 25). Dabei können zwei Möglichkeiten ihrer Konstitution unterschieden werden: Während ‚alternative Öffentlichkeiten' selbstinitiierte Publikationswege einsetzen, versucht die ‚Kampagnenöffentlichkeit' vermittels Inszenierungen die Aufmerksamkeit der Massenmedien auf sich zu ziehen (vgl. ebd.). Für eine ausführliche Auseinandersetzung mit dem Konzept der Gegenöffentlichkeit vgl. die Arbeit von Jeffrey Wimmer (2007).

[69] Zur Nutzung des Internet durch soziale Bewegungen vgl. z.B. Atton (2002), Harcourt (2000), Hepp/Vogelgesang (2005).

[70] Einer nicht-repräsentativen Umfrage zufolge (N=1202 Journalisten) nutzten 2005 rund 51% der befragten Journalisten regelmäßig Weblogs – 70% davon zu Recherchezwecken (vgl. RSCG Magnet 2005). Die ‚Blogosphäre', verstanden als die Vernetzung vielzähliger Weblogs (2006 gab es weltweit etwa 57 Millionen davon), kann somit als ein zusätzlicher Relevanzfilter

Mit Blick auf eine durch das Internet katalysierte Entgrenzung von öffentlichen Kommunikationszusammenhängen im Sinne einer Herausbildung von Teilöffentlichkeiten, die kreuz und quer zu territorialen Entitäten und regionalen Kulturen verlaufen können, ist zu sagen, dass eine solche Entwicklung durch das Internet zwar technisch ermöglicht wird, doch ihre tatsächlich Realisierung hängt letztlich von den kommunikativen Praktiken und Interaktionen der Bürger als Nutzer dieser Technik ab. Die technisch mögliche Entfaltung und Etablierung von grenzüberschreitenden beziehungsweise transnationalen Kommunikationsräumen bedarf dementpsrechend zuvorderst gemeinsamer Gegenstände oder Handlungszusammenhänge, an denen sich Kommunikation entzünden kann. In diesem Sinne kann das Internet zwar die Herausbildung von transnationalen Teilöffentlichkeiten, die sich um bestimmte Themengebiete, Personen oder Produkt gruppieren, erleichtern beziehungsweise unterstützen, aber ihre tatsächliche Realisierung wird erst im kommunikativen Interagieren der Menschen untereinander bewerkstelligt.

Zusammenfassend lässt sich sagen, dass das Internet einen potentiell globalen, elektronisch mediatisierten und pluralistischen Kommunikationsraum aufspannt, in dem die Menschen umherreisen, teilnehmen, sich versammeln, organisieren, informieren und vermittels multimedialer Kommunikationsmodi austauschen sowie über die Lancierung von Websites, Newsgroups oder Chatrooms auch völlig neue Räume eröffnen können (vgl. Dahlgren 2001: 50). Die Hypertext- und Link-Struktur des Internet ermöglicht dabei eine weitreichende „interspatiality" (ders. 2009: 153f.), sofern sich die Nutzer mühelos in und zwischen verschiedenen kommunikativen Räumen hin und her bewegen können. Im Hinblick auf die öffentlichkeits- und demokratietheoretische Bedeutung des Internet wurde deutlich gemacht, dass eine umfassende politische Beteiligung der Zivilgesellschaft ebenso wie die Offenheit und Gleichheit der Teilhabe an öffentlichen Diskursen zwar erleichtert beziehungsweise verbessert werden, nichtsdestotrotz und ungeachtet beeindruckender Wachstumszahlen der Onlinenutzung wird die tatsächliche Beteiligung der Menschen aber primär durch soziokulturelle Faktoren bestimmt.

„Die Betrachtung computervermittelter politischer Kommunikation belegt einmal mehr, dass technologische Determinanten eine unzureichende Grundlage für die Kommunikationsforschung darstellen: Soziale, in diesem Fall politische Probleme sind nicht auf (medien)technische Probleme reduzierbar, die

---

bezeichnet werden, der die Selektionsleistung der Massenmedien gleichsam demokratischer macht (vgl. Neuberger/Nuernbergk/Rischke 2007: 97, 109f.).

mit der Verbreitung der Online-Medien einhergehenden politischen Utopien werden nicht automatisch Wirklichkeit. [...] Deshalb sind weitreichende Visionen und Utopien [...] erheblich zu relativieren" (Beck 2006: 228).

Mit Blick auf die analogen Formen von Öffentlichkeit wurde herausgearbeitet, dass diese durch die neu entstehenden Netzöffentlichkeiten gleichsam eine Erweiterung und Ergänzung erfahren. So erscheint die computervermittelte Kommunikation als eine zusätzliche Option, die den ohnehin schon bestehenden „Flickenteppich von Kommunikationsräumen [um] eine Reihe neuer Foren" (Marschall 1999b: 122) zu erweitern vermag. Die Entfaltung dieser neuen Kommunikationsräume wird dabei gleichsam in den Rezipienten hinein verlagert, bilden die Massenmedien doch nicht länger die einzige Selektions- und Vermittlungsinstanz für politische Inhalte (vgl. Rogg 2003: 142). Abschließend kann festgehalten werden, dass die technischen Möglichkeiten des Internet die politische Partizipation der Zivilgesellschaft zwar verbessern können, doch ausschlaggebend sind am Ende nicht die technischen, sondern vielmehr die soziokulturellen Rahmenbedingungen – das heißt ob und inwiefern die Menschen das Internet tatsächlich für politik- und öffentlichkeitsrelevante Handlungen nutzen.

### 2.3.3  Pluralisierung, Fragmentierung und Entgrenzung

Die im Zuge von Digitalisierungs-, Differenzierungs- und Transnationalisierungsprozessen[71] zunehmende Pluralisierung, Fragmentierung und Entgrenzung moderner Gesellschaften stellt nicht nur ein Wesensmerkmal gesellschaftlichen Wandels dar, sondern sie ist auch relevant für gängige Vorstellungen von Öffentlichkeit ebenso wie für jeden Versuch, transnationale Öffentlichkeit zu konzeptualisieren. Während die Pluralisierung und Fragmentierung von Öffentlichkeit auf eine Vervielfachung beziehungsweise die Herausbildung spezialisierter Kommunikationsräume und Teilöffentlichkeiten verweist, meint Entgrenzung die Öffnung lokal, regional und national bezogener Kommunikationsräume hin zu umfassenderen Bezugsfeldern wie Europa oder dem Globalen[72]. Es wird angenommen, dass die genannten drei Merkmale moderner Öffentlichkeiten –

---

[71] Digitalisierung meint eine technische Konvergenz von Inhalten im weitesten Sinne. Mit Transnationalisierung ist „the extension of social spaces, which are constituted by dense transactions, beyond national borders without necessarily being global in scope" (Zürn 2000: 197) gemeint.

[72] Vgl. dazu auch Hepp (2004: 94).

Pluralisierung, Fragmentierung und Entgrenzung – durch spezifische Prozesse, nämlich vor allem Digitalisierung, Differenzierung und Transnationalisierung bedingt werden. Vor diesem Hintergrund gilt es nun, die Bedeutung ebendieser Prozesse samt ihrer Konsequenzen für die Konzeptualisierung transnationaler Öffentlichkeit sowie für die Möglichkeit ihres Stattfindens und ihrer Integrität zu reflektieren und zu diskutieren. Die öffentlichkeits- und demokratietheoretische Bedeutung von *Digitalisierungsprozessen* ist mit Blick auf das Internet bereits im voran stehenden Kapitel 2.3.2 reflektiert worden. Im Folgenden geht es dementsprechend um die Implikationen und die Bedeutung von Differenzierungs- und Transnationalisierungsprozessen ebenso wie um die folgenden zwei Fragen: Inwiefern ist eine gesamtgesellschaftliche Verständigung unter den Bedingungen von Pluralisierung, Fragmentierung und Entgrenzung überhaupt noch möglich? Und über welche Mechanismen kann eine Integration von Gesellschaft und Öffentlichkeiten realisiert werden? Zur Beantwortung dieser Fragen wird auf Überlegungen von Bernhard Peters (1993) und Hartmut Wessler (2002) zur Ausdifferenzierung von Gesellschaft und Öffentlichkeit, auf einige globalisierungstheoretische Aspekte zum Thema Entgrenzung und Transnationalisierung sowie schließlich auf die Thesen von Jean François Lyotard (1979) zur (Un-)Möglichkeit gesellschaftsweiter Verständigung in der Postmoderne[73] rekurriert werden. Und daran anschließend werden sodann zwei Möglichkeiten der (Re-)Integration ausdifferenzierter Gesellschaften – nämlich qua Homogenisierung sowie qua Konflikt – vorgestellt und kontrastiert.

Mit Blick auf gesellschaftliche *Differenzierungsprozesse* lässt sich mit Peters zunächst einmal zwischen einer funktionalen sowie einer pluralen Differenzierung unterscheiden: Funktionale Differenzierung verweist auf die Herausbildung spezialisierter Handlungssysteme wie Politik, Wirtschaft, Kunst oder Wissenschaft im Sinne einer gesellschaftlichen Arbeitsteilung. Die Individuen sind dabei im Rahmen bestimmter Leistungs- und Publikumsrollen – zum Beispiel als Politiker oder Wähler – in die verschiedenen Teilsysteme involviert[74]. Die

---

[73] Während Theorien der Moderne vor allem die Prozesse der Industrialisierung samt ihrer gesellschaftlichen Auswirkungen betrachten, fokussieren Theorien der Postmoderne den nachfolgenden Zeitabschnitt bzw. die vielschichtigen Wandlungsprozesse von Konsumkultur und Ökonomie sowie Aspekte der kulturellen Fragmentierung, Entdifferenzierung und Entgrenzung (vgl. überblicksartig Vester 1993; Lash 1990).

[74] Gleichwohl gibt es auch Länder, in denen die Menschen von der Teilhabe an bestimmten Systemen wie Politik oder Wirtschaft systematisch ausgeschlossen werden. Solche Exklusionen können laut Nassehi neuartige Formen der Vergemeinschaftung hervorbringen, die in der Theorie funktionaler Differenzierung jedoch weitgehend unberücksichtigt bleiben (vgl. Nassehi 1997: 143).

Funktion einer Integration der Gesamtgesellschaft wird hier den Massenmedien ebenso wie der Öffentlichkeit zugeschrieben (vgl. Peters 1993: 196f.; auch Luhmann 1984; Marcinkowski 1993; Schimank 1996). Die plurale Differenzierung moderner Gesellschaften „umfaßt [dagegen] alle Arten der Ausbildung unterschiedlicher sozialer Sinnwelten, […] relativ unspezifische Überzeugungen, Einstellungen und Erlebnisweisen" (Peters 1994: 69). Sie geht dabei von der Existenz symbolischer Gemeinschaften, großer Kollektive sowie sozialer Netze aus (vgl. ders. 1993: 197). Während Kollektive – als Beispiel nennt Peters hier Wirtschaftsunternehmen – über interne Mechanismen der Meinungsbildung und Entscheidungsfindung verfügen und zudem kollektiv handlungsfähig sind, bilden symbolische Gemeinschaften soziale Einheiten, die sich durch ein „Bewusstsein gemeinsamer Zugehörigkeit unter Mitgliedern, durch kollektive Identifikationen, Identitätsbestimmungen oder Interessendefinitionen" (ebd.: 168) auszeichnen. Als Beispiele für symbolische Gemeinschaften zieht Peters Sub- oder Gegenkulturen sowie dezentrale religiöse und ethnische Gemeinschaften heran. Soziale Netze als dritte Form der pluralen Differenzierung konstituieren sich schließlich über verkettete Beziehungen oder Interaktionen. Das heißt sie besitzen keine definierte Mitgliedschaft und können beispielsweise in der Form von Gütermärkten kristallisieren. (Vgl. ebd.: 169f.)[75] Indem Peters die funktionale und die plurale Differenzierung moderner Gesellschaften als prinzipiell gleichrangig erachtet, gelingt es ihm, „die Vielfalt sozialer Differenzierungsformen ‚diesseits' der Funktionssysteme und ‚jenseits' von Interaktionen" (Wessler 2002: 59) in den Blick zu nehmen und zu reflektieren.

Überträgt man diese Überlegungen zur gesellschaftlichen Differenzierung nun auf einen öffentlichkeitstheoretischen Zusammenhang, so setzt sich die von Peters beschriebene Differenzierungslogik in der Herausbildung verschiedener Typen von Öffentlichkeit fort. Nach Wessler lassen sich diese verschiedenen Typen von Öffentlichkeit in Gruppen-, Spezial-, Teil- und gesamtgesellschaftlichen Öffentlichkeiten unterteilen (vgl. Wessler 2002: 63f.). Während Gruppenöffentlichkeiten von symbolischen Gemeinschaften mit identitärem Bezug getragen werden – in diesem Sinne ist hier eine enge soziale Basis „mit einem sachlichen Bezug auf tendenziell alle Aspekte des Gruppenlebens ge-

---

[75] Auf der Medienebene schlägt sich die funktionale Differenzierungslogik laut Wessler in der Ressorteinteilung der General-Interest-Medien sowie der Verschiedenartigkeit der Special-Interest-Medien (die größte Varianz dürfte bei den wissenschaftlichen Fachzeitschriften anzutreffen sein) nieder. Die plurale Differenzierungslogik spiegelt sich dagegen in einer Marktsegmentierung (Boulevard-, Lokal-, überregionale Elitenzeitungen) sowie in einer Vielzahl von Special-Interst-, Gruppen- und Minderheitenmedien wider. (Vgl. Wessler 2002: 60f.)

paart" (ebd.: 64), gruppieren sich Spezial-öffentlichkeiten um bestimmte Interessengebiete, Kommunikations- und Lebensstile. Sie verfügen dementsprechend über eine enge soziale Basis sowie einen engen Themenbezug. Situative Teilöffentlichkeiten besitzen dagegen eine breite soziale Basis sowie einen engen Themenbezug, und gesamtgesellschaftliche Öffentlichkeiten zeichnen sich schließlich durch eine maximale Teilnehmerzahl sowie sachliche Breite im Inhalt aus. Laut Wessler muss die Vorstellung einer gesamtgesellschaftlichen Öffentlichkeit allerdings in Anbetracht der vorherrschenden Vielkanalbedingungen als utopisch angesehen werden. Stattdessen könne „von einer Substitution der gesamtgesellschaftlichen Öffentlichkeit durch mehr oder weniger vernetzte Gruppenöffentlichkeiten und situativ entstehende Themenöffentlichkeiten" (ebd.) ausgegangen werden. Die Formierung solcher Themenöffentlichkeiten sei dabei vor allem für herausragende, „emotional besetzte globale Medienereignisse wie die Fußballweltmeisterschaften, die Olympischen Spiele oder auch den Tod prominenter Persönlichkeiten wie der Prinzessin von Wales" (ebd.) zu erwarten.

Die Pluralisierung, Fragmentierung und Entgrenzung von Öffentlichkeit und Gesellschaft wird nicht nur durch Differenzierungs- oder Digitalisierungsprozesse[76] allein, sondern auch durch (ökonomisch bedingte) *Transnationalisierungsprozesse* sowie staatenübergreifende Problem- und Handlungszusammenhänge forciert. Ziehen solche Entwicklungen doch die Herausbildung entsprechender und demokratietheoretisch durchaus relevanter Kommunikationszusammenhänge nach sich. Indem sich die beschriebene gesellschaftliche Differenzierungslogik also zunehmend auch auf transnationale Kontexte erstreckt – man denke etwa an die Etablierung internationaler Sicherheits-, Wirtschafts- oder Umweltschutzabkommen, kommt es in der Folge zu einer Ausweitung und Entgrenzung ebenso wie zu einer Neueröffnung von kommunikativen, sozialen und politischen Räumen. Diese sich erweiternden und neu formierenden Räume sind mit geographischer beziehungsweise territorialstaatlicher Bezüglichkeit allerdings nicht länger zu fassen, sodass hier eine Reformulierung gängiger Öffentlichkeits- und Gesellschaftskonzepte oder besser gesagt eine Loslösung des soziologischen Begriffsrepertoires, wie dies etwa Urry in ,Sociology beyond Societies' gefordert hat (vgl. Urry 2000: 33), angezeigt ist.[77] Die in der Soziologie weit verbreitete ,Container-Vorstellung der Gesellschaft', bei der

---

[76] Vgl. dazu Kapitel 2.3.2.
[77] Die Systemtheorie bemüht sich gleichwohl, Gesellschaft so zu definieren, dass „sie in der Bestimmung der Gesellschaftsgrenzen nicht auf Raum und Zeit angewiesen" (Luhmann 1997: 30, Fn. 24) ist, sondern immer vor einem Welthorizont konzeptualisiert ist (vgl. ebd.: 150). Vgl. dazu auch die Ausführungen in Kapitel 4.2.1.

soziale Prozesse stets im Rahmen territorialer und nationalstaatlicher Grenzen gedacht sind, wird auch von Beck kritisiert (vgl. Beck 1997: 49; auch Schroer 2006: 174ff.). Und laut Hepp setzt sich eine solche Container-Vorstellung in der Medien- und Kommunikationswissenschaft dergestalt fort, dass „Medien [.] nicht nur bezogen auf eine nationale Gesellschaft diskutiert, sondern darüber hinausgehend (Medien-)Kultur als bezogen auf diese Gesellschaft bestehende Integrationsinstanz konzeptionalisiert" (Hepp 2004: 96) wird. Problematisch an dieser Vorstellung ist, dass sich die mit der Globalisierung einhergehende Eröffnung transnationaler kommunikativer Räume außerhalb des analytischen Blickfelds befindet, sodass „medienkulturelle Zusammenhänge schwer greifbar [sind], die gerade quer zu den Gesellschaften und Staaten als impliziten, containerhaften Referenzpunkten liegen" (ebd.).

Mit Blick auf die Konzeptionalisierung von transnationalen Öffentlichkeiten scheint es vor dem Hintergrund der bisherigen Überlegungen sinnvoll, Anleihen bei der wissenschaftlichen Globalisierungsdebatte zu machen. Der Metaprozess[78] Globalisierung wird dort inzwischen nicht mehr als ‚Global Village' (McLuhan 1967), sondern vornehmlich mit Hilfe der Konzepte Netzwerk, Konnektivität und Fluss beschrieben (vgl. z.B. Appadurai 1998; Castells 2001; Giddens 1995; Tomlinson 1999; Hepp 2004). Und wie Volkmer anmerkt, müssen diese globalisierungstheoretischen Erkenntnisse konzeptionelle Folgen für eine Theorie der Öffentlichkeit haben, gibt es doch bereits „tatsächlich! – weltweite Vernetzungsmuster, interessante Längen- und Breitengrade, die im eher vertikalen Blick moderner Öffentlichkeitskonzepte kaum sichtbar werden und die mit dünnen Linien völlig unterschiedliche Medienstrukturen und Diskurse miteinander verbinden" (Volkmer 2003a: 50). Transkulturelle Öffentlichkeiten operieren demnach laut Volkmer in einem theoretisch bislang kaum strukturierten Vakuum, „in dem es nicht um die Expansion von Modernität geht, sondern um ‚Vernetzung', ‚Relativität', um Konvergenz und Kompatibilität unterschiedlicher Diskurse und Diskursethiken" (dies. 2002: 825). Öffentlichkeit, die sich nun zunehmend dies- und jenseits nationaler und kultureller Grenzen etabliert, lässt sich dementsprechend besser im Paradigma des Netzwerks begreifen (vgl. ebd.).

Wichtig ist bei alledem jedoch, den Wandel von Gesellschaft und Öffentlichkeit nicht bloß als fortwährenden und medial katalysierten Prozess der Plu-

---

[78] Metaprozesse verweisen nach Krotz auf „langdauernde, breite und viele Gesellschaftsbereiche betreffende gesellschaftliche und kulturelle Veränderungen, die wesentlich komplexer als einzelne, klar lokalisierbare Prozesse" (Krotz 2005a: 23) wie etwa Handlungsabfolgen oder Veränderungen abgrenzbarer Gegenstände in der Zeit sind.

ralisierung, Fragmentierung und Entgrenzung zu beschreiben, sondern die politischen Zielfunktionen von Öffentlichkeit, die immer auf bestimmte Handlungszusammenhänge und -räume bezogen sind, ebenso wie die lebensweltlichen Motive der Menschen für ihre Teilnahme an entsprechenden Diskursen im Auge zu behalten. Die Tatsache allein, dass es bestimmte, zu nationalen Entitäten quer gelagerte Problem- und Handlungszusammenhänge gibt, bestätigt nämlich noch nicht die Existenz entsprechender Öffentlichkeiten. Schließlich emergieren diese erst in den kommunikativen Praktiken und Interaktionen der Menschen, und zudem brauchen sie immer auch einen politischen Bezugrahmen[79]. Mit Blick auf eine zunehmende Entgrenzung von Kommunikations- und Handlungsräumen geht es dementsprechend nicht nur um die Auflösung von Grenzen, sondern auch darum, die neuen Grenzen der Entgrenzung in den Blick zu nehmen. Transnationalisierung beziehungsweise Globalisierung führt somit „nicht zu einem Wegfall von Grenzen an sich, sondern zu einem Umbau von Begrenzung" (Albert 1998: 51). Vor dem Hintergrund dieser Überlegungen wird deutlich, dass die Suche und Konzeptionalisierung einer transnationalen Öffentlichkeit in Europa nicht nur vonnöten, sondern auch demokratietheoretisch sinnvoll ist. Für die Frage nach der Möglichkeit und Funktionstüchtigkeit einer solchen transnationalen Öffentlichkeit ist entscheidend, ob und inwiefern die beschriebenen Tendenzen eine gesamtgesellschaftliche Verständigung und Integration womöglich einschränken oder gefährden, wie dies etwa Lyotard (1979) mit seinen Thesen zur Fragmentierung des symbolischen Diskursuniversums und zur Herausbildung inkongruenter Perspektiven, Deutungsmuster und Sprachspiele behauptet hat. Im Folgenden soll demgegenüber argumentiert werden, dass es aus einer philosophisch-hermeneutischen Perspektive keine Grenzen für sinnvolle Kommunikation geben kann. Die Voraussetzung für die Etablierung eines öffentlichen Kommunikationszusammenhangs besteht vielmehr und lediglich in der Existenz eines geteilten Gegenstands oder Problemzusammenhangs, der sich mitteilen und politisch adressieren lässt (vgl. auch Mead 1995: 306). Jeder Versuch einer gesellschaftlichen Restrukturierung jenseits des Nationalen – so lassen sich die voran stehenden Gedanken zusammenfassen – muss also stets „mit der Benennung und Eingrenzung der neuen sozialen Räume, die im Prozess der Entgrenzung nationaler Gesellschaften im Entstehen begriffen sind" (Trenz 2005c: 31), beginnen. Die europäische Integration

---

[79] Dementsprechend muss man mit dem Begriff der Weltöffentlichkeit vorsichtig sein. Wie Kettner und Schneider formulieren, bezeichnet dieser „zwar gut den im globalen Medienverbund bereits hergestellten Welthorizont konvergierender Informations- und Unterhaltungsräume. Er verdeckt aber leicht, dass eine relevante politische Öffentlichkeit an Verfahren der Machtverteilung und Machtkontrolle gekoppelt sein muß" (2000: 369).

kann somit als ein „Indiz für Prozesse der sozialen Entgrenzung, des inter-
beziehungsweise transnationalen Austauschs und der Bildung neuer sozialer
Räume, welche die Suche nach den Möglichkeiten von Gesellschaft jenseits des
Nationalstaats anleiten" (ebd.) verstanden werden.

Die Möglichkeit einer gesellschaftlichen Verständigung und Integration
unter den Bedingungen zunehmender Pluralisierung, Fragmentierung und Entgrenzung wird von einigen Zeitdiagnostikern – Jean François Lyotard (1986)
dürfte der berühmteste unter ihnen sein – in Frage oder gar Abrede gestellt[80].
So zieht Lyotard, ausgehend von der Annahme, dass die Bedingungen der
Postmoderne zu einer Fragmentierung des symbolischen Diskursuniversums
sowie zu einer Ausbildung inkongruenter kultureller Perspektiven und inkom-
patibler Deutungsmuster führen, die radikale Schlussfolgerung, dass die vielzähligen sich herausbildenden Teilöffentlichkeiten, auch wenn sie die gleichen
Themen behandeln, Unterschiedliches diskutieren, sodass gesamtgesellschaftliche Gegenstände verfehlt werden. In der Konsequenz kommt es zu einer Ab-
schottung von Diskursuniversen und Sprachspielen, und eine gesellschaftsweite
Verständigung ebenso wie eine alles umfassende Metaerzählung, die die Fragmentierung der Öffentlichkeit in heteronome und inkommensurable Sprachspiele noch verhindern könnte, werden unmöglich. (Vgl. Lyotard 1986: 188ff.)

Gegen diese verstehensskeptischen Befunde lässt sich unter Rekurs auf
hermeneutische Argumente aufwarten. So kann aus einer philosophisch-
hermeneutischen Perspektive bestritten werden, dass es epistemologische
Grenzen für sinnvolle Kommunikation gibt. In diesem Sinne erscheint die
Schlussfolgerung von der Existenz kultureller und sonstiger gesellschaftlicher
Differenzen auf die Unmöglichkeit öffentlicher Kommunikation und Auseinandersetzung nicht nur unzulässig, sondern auch nicht zwingend.[81] (Vgl. Rorty
1992; Kantner 2004: 50ff.; Villa 1992: 715f.) Kantner zufolge setzt die Annahme, dass divergierende Partikularinteressen und Identitäten dazu führen, dass
die verschiedenen Teilöffentlichkeiten über unterschiedliche Dinge kommuni-
zieren und so die Gegenstände politischer Kommunikation verfehlen, „parado-
xerweise voraus, was es bestreitet – nämlich stattfindende Kommunikation"
(Kantner 2004: 51). Schließlich werden gemeinsame Gegenstände der Kommunikation gerade durch die unterschiedlichen Perspektiven ihrer Teilnehmer

---

[80] Womöglich wird eine gesellschaftliche Verständigung im Rahmen öffentlicher Kommunikationsprozesse auch gar nicht mehr für notwendig gehalten (vgl. Peters 1994: 69).
[81] Für empirische Studien zu den Argumentations- und Kompromissstrategien unter den
Bedingungen weitreichender kultureller Differenzen vgl. Gutmann/Thompson (1990), zur
Qualität öffentlicher Deliberationsprozesse unter den Bedingungen sprachlicher und kultureller Vielfalt vgl. Doerr (2005, 2006).

generiert. Darüber hinaus sei der von Lyotard beschriebene Gegensatz zwischen einem universalen – und damit zwangsläufig vermachteten – Metadiskurses sowie einer Vielzahl von Einzeldiskursen, die sich nicht mehr füreinander öffnen können, falsch konstruiert. Wenn sich ein alles umfassender Metadiskurs nämlich dadurch auszeichnen soll, dass darin alle nur noch eine Perspektive einnehmen, so wäre er seiner Gesprächsgrundlage und folglich seines Stattfindens beraubt. Und schließlich ist es laut Kantner auch nicht richtig, dass die Einzeldiskurse einer Gesellschaft ohne jegliche Verbindung stehen, denn „Verstehen ist weder an ein einziges allgemeinverbindliches Sprachspiel, noch an gemeinsame Arenen, beispielsweise die gleichen Medien, gebunden" (ebd.: 52). Notwendig ist stattdessen eine generelle Rationalitäts- und Verständlichkeitsunterstellung[82] wie sie in der philosophischen Hermeneutik Gadamer's (1990) und Davidson's (1990) eingeführt wurde ebenso wie ein gemeinsamer Handlungsraum, in dem die Akteure wechselseitige Interdependenzen erfahren und legitimerweise unterschiedliche Perspektiven einnehmen und Meinungen vertreten können (vgl. Kantner 2004: 52, 59f.). Vor dem Hintergrund solcher Überlegungen, die wohlgemerkt auch für die Reflektion und Konzeptualisierung einer transnationalen europäischen Öffentlichkeit relevant sind, ist „öffentliche politische Kommunikation – sei sie im anonymen Massenpublikum noch so fragmentiert und noch so abstrakt über Prozesse medialer öffentlicher Kommunikation vermittelt – [.] anzutreffen, wenn es den Bürgern möglich ist, zur gleichen Zeit zu gleichen Themen von gleicher Relevanz Stellung zu nehmen" (ebd.: 58; vgl. auch Habermas 1996: 190)[83].

Was nun die Möglichkeiten einer (Re-)Integration von ausdifferenzierten Öffentlichkeiten anbelangt, so werden im Folgenden zwei verschiedene Optionen vorgestellt und kontrastiert: Erstens Integration via Vereinheitlichung sowie zweitens Integration via Konflikt (vgl. Dubiel 1999; Wessler 2002). Die Vorstellung von Integration als *Vereinheitlichung*, die nach Wessler den meisten Arbeiten zur Integrationsfunktion der Massenmedien zu Grunde liegt, versteht eine integrierte (Medien)Öffentlichkeit als möglichst geringe Anzahl individuell genutzter Kommunikationskanäle bei gleichzeitig großer inhaltlicher Überschneidung dieser Kanäle (vgl. dazu Schulz 1999: 99). In einer solchen Perspektive muss jede Abweichung wohlgemerkt als Zerfallsprodukt gewertet werden, und die bestehenden Teilöffentlichkeiten erscheinen nur noch als Fragmente bezie-

---

[82] Vgl. auch Habermas (1996: 288).
[83] Kantner entwickelt auf der Grundlage dieser Überlegungen ein hermeneutisch-pragmatisches Öffentlichkeitsmodell für den europäischen Kontext (vgl. ausführlich Kantner 2004: 54ff., 111ff.).

hungsweise liegen gänzlich außerhalb des analytischen Blickfelds. Nach Wessler ist eine solche Vorstellung gesellschaftlicher Integration via Vereinheitlichung „heroisch in dem Sinne, dass sie den Begriff der Integration für einen Zustand reserviert, der durch die gesellschaftlichen Pluralisierungstendenzen immer mehr erodiert" (Wessler 2002: 66). Zwar bedeutet diese kritische Bewertung von Vereinheitlichung als Integrationsmodus nicht, dass diese Art der Integration nun vollkommen ausfiele, nichtsdestotrotz verstößt ein enges Repertoire an Kommunikationskanälen – wie beispielsweise von Schulz (1999) postuliert – gegen einen zentralen normativen Wert, nämlich den der Vielfalt. „Je mehr Integration, desto weniger Vielfalt an Kanälen, Themen und Werten – das ist in letzter Konsequenz die problematische Schlussfolgerung aus einem Modell, das Differenzen zugunsten von ‚Integration' beseitigen will" (Wessler 2002: 68).

Unter Rekurs auf die Arbeiten von Helmut Dubiel (1999) wird im folgenden Abschnitt nun auf die Möglichkeit einer Integration via *Konflikt* eingegangen[84]. Zentral ist für Dubiel zunächst einmal nicht die An- oder Abwesenheit von Konflikten, sondern vielmehr die Art ihrer Austragung. So liegen zwischen den beiden Extremformen des Konflikts, nämlich der strategischen Interessenkonkurrenz, die routinisiert und mit eingespielten Mechanismen ausgetragen wird, sowie dem Vernichtungskrieg, bei dem es keine Regeln gibt und „jede Partei die Chance der Aufrechterhaltung der eigenen physischen und kulturellen Identität einzig in der völligen Vernichtung der jeweils anderen Partei zu sehen glaubt" (Dubiel 1999: 141), die eigentlichen Konfliktdimensionen. Sofern es bei diesen eigentlichen Konfliktdimensionen keine vorab festgelegten Spiel- oder Schlichtungsregeln gibt, wohl aber eine Anerkennung der Existenz des jeweils anderen im politischen Raum, müssen die Konfliktparteien nicht nur ihre eigenen Interessen verfechten, sondern sie müssen darüber hinaus kooperativ die jeweilige Form der Konfliktaustragung regeln. In diesem Sinne kann hier bereits ein integratives Moment ausgemacht werden. Konflikte können laut Dubiel aber auch insofern gemeinschafts- und identitätsstiftend wirken, als „es die akkumulierte Erfahrung überstandener dramatischer Konflikte [ist], in deren Folge sich dieses Bewusstsein eines gemeinsam geteilten gesellschaftlichen Raumes herausbildet" (ebd.: 138)[85]. In Anbetracht der Tatsache, dass es sich bei öffentlichen Auseinandersetzungen zumeist um immanente Kritik im Sinne eines Vorwurfs der Verletzung von Prinzipien und Normen handelt, vollzieht „sich im permanenten öffentlichen Streit zugleich eine indirekte Beschäftigung

---

[84] Für ähnliche Argumentationen mit Blick auf die Integration europäischer Gesellschaften bzw. die Herausbildung einer Weltgesellschaft vgl. Trenz (2005c: 59ff.) bzw. Beck (2002: 75).
[85] Vgl. dazu auch die Überlegungen von Simmel (1992: 289).

und zugleich auch Erweiterung des Fonds an normativen Gemeinsamkeiten" (Dubiel 1997: 442). Konflikte können somit „normative Gemeinsamkeiten im Prozess erzeugen, statt statisch auf sie rekurrieren zu müssen" (Wessler 2002: 71). Im Rahmen der Vermittlung von Konfliktkommunikation fällt den Massenmedien zuvorderst Transparenzfunktion zu. Zudem können sie aber auch dazu beitragen, die hinter den zunächst unvereinbar erscheinenden Positionen stehenden Interessen aufzudecken und so die Voraussetzung für eine Kompromissfindung ebenso wie für eine Konfliktlösung zu schaffen (vgl. ebd.: 71ff.). Konflikte fungieren somit und als ein „basaler Mechanismus von Transparenz füreinander" (Trenz 2005c: 74), wobei die Öffentlichkeit den Ort der Konfliktaustragung bildet, der zudem und „zugleich durch die polarisierende Dynamik von Konflikten zusammengehalten" (ebd.: 75) wird[86].

Vor dem Hintergrund der bisherigen Überlegungen zur Möglichkeit von Verständigung und Integration in zunehmend pluralen, fragmentierten und entgrenzten Öffentlichkeiten wäre die Integration einer transnationalen europäischen Öffentlichkeit somit nicht als eine Schließung oder Homogenisierung, sondern vielmehr als eine Entgrenzung von Sinnhorizonten, Weltanschauungen und Kommunikationsmodi zu begreifen. Konflikte, die angesichts multipler Differenzierungen gleichsam vorprogrammiert sind, können dabei integrierend und gemeinschaftsstiftend wirken (vgl. Beck 2002: 75; Soysal 2001: 169)[87]. In diesem Sinne stellen Pluralisierungs-, Fragmentierungs- und Entgrenzungstendenzen von Öffentlichkeiten und Gesellschaften zwar eine Herausforderung, aber kein grundsätzliches Hindernis für die Möglichkeit und das Gelingen von Integration und Verständigung dar – weder auf nationaler noch auf transnationaler Ebene. Mitunter können sie gar, wie am Beispiel des Internet argumentiert, als demokratischer Zugewinn gewertet werden.

---

[86] Das Konfliktparadigma hat Trenz zufolge nicht die Gemeinsamkeit zur Grundlage, sondern die Interrelation des Differenten. Im Hinblick auf die europäische Integration sei die öffentliche Austragung von Konflikten zugunsten eines permessiven Konsenses in der EU bislang unzureichend erprobt bzw. zugelassen worden (vgl. Trenz 2005c: 61, 79f.). Für eine empirische Studie zum Potential medialer Konfliktkommunikation im Hinblick auf die europäische Integration sowie die Herausbildung einer europäischen Öffentlichkeit vgl. Berkel (2006).
[87] Wie Peters anmerkt, ist die Möglichkeit eines Stattfindens öffentlicher Kommunikation nur dann gefährdet, wenn es zu kulturellem Isolationismus oder gar zum Verzicht auf Übersetzungsversuche kommt (vgl. Peters 1994: 69f.).

## 2.4  Zwischenfazit

Die Ausführungen im voran stehenden Kapitel 2 haben sowohl den Begriff der
Öffentlichkeit, seine normativ-theoretischen Konzeptionen als auch seine Ausgestaltung, Realisierung und Implikationen in modernen Gesellschaften beleuchtet und reflektiert. Öffentlichkeit wurde in Kapitel 2.1 zunächst einmal als
ein kommunikativer Raum für die Zirkulation von Ideen und Argumenten sowie die Aushandlung von Interessen und Meinungen definiert. Öffentlichkeit
gehört zur Grundausstattung einer jeden Demokratie, fungiert sie doch als legitimatorischer Resonanzboden für die politischen Entscheidungsträger und die
Zivilgesellschaft. In der Öffentlichkeit werden dementsprechend Angelegenheiten von allgemeinem Interesse behandelt, durch sie werden gesellschaftliche
Selbstorganisation und -reflektion sowie die Initiierung kollektiver Lernprozesse
ermöglicht, und darüber hinaus muss sie heute eher im Plural, das heißt als ein
dynamisches Konstrukt vielzähliger, sich überlappender Themen- und Gruppenöffentlichkeiten gedacht werden. Öffentliche Kommunikationszusammenhänge können somit je nach Themen- und Interessenlage expandieren,
schrumpfen oder wieder verschwinden[88]. Mit Blick auf die Etablierung und
Verstetigung von Öffentlichkeit wurde argumentiert, dass dazu nicht allein die
Generierung und massenmediale Vermittlung entsprechender Themen, sondern
vor allem die kommunikativen Praktiken und Interaktionen der Menschen –
freilich auf der Basis rezipierter Medieninhalte – ausschlaggebend und vonnöten
sind.

Die Diskussion zweier normativer Öffentlichkeitsmodelle in Kapitel 2.2 –
liberal-repräsentatives sowie diskursives – hat gezeigt, dass diese beiden Modelle
nicht nur unterschiedliche Funktionsansprüche an öffentliche Kommunikationsprozesse stellen, sondern darüber hinaus auch unterschiedliche Vorstellungen über die Beteiligung der Menschen am politischen Diskurs und Prozess
hegen. Während das liberale Konzept die Transparenz- und Beobachtungsfunktion von Öffentlichkeit in den Mittelpunkt rückt und damit das Postulat einer
prinzipiellen Offenheit auf der Inputseite mit dem Ziel einer repräsentativen
Abbildung virulenter Bevölkerungsinteressen in den Medien zur wichtigsten
normativen Forderung erhebt (vgl. Gerhards/Neidhardt 1991), stellt das diskursive Modell insofern höhere Ansprüche, als es stärker die Verfahren und institutionellen Bedingungen von Öffentlichkeit fokussiert und diese mit bestimmten
Forderungen belegt. So sollen öffentliche Kommunikationszusammenhänge

---

[88] Zu Themen- und Aufmerksamkeitszyklen vgl. z.B. Wessler (1999a: 39ff.) und Gottwald
(2006: 31ff.).

eine freiheitliche, gleiche und diskursive Aushandlung von Interessen und Positionen unter möglichst großer Beteiligung der Bürger ermöglichen, um die Legitimität und Rationalität kollektiv bindender Entscheidungen gewährleisten und verbessern zu können (vgl. Habermas 1990, 1998). Das liberal-repräsentative Modell wurde insofern als unzureichend für die komplexe Realität moderner Gesellschaften kritisiert, als es das *Wie* öffentlicher Kommunikationsprozesse weitgehend unberücksichtigt lässt, eine politische Beteiligung der Zivilgesellschaft vornehmlich auf den Wahlakt beschränkt und verschiedene Öffentlichkeitsformen dergestalt in eine hierarchische Selektionsordnung zu bringen versucht, dass ein Aufgehen der Öffentlichkeit in den Massenmedien postuliert wird. Die Bedeutung und Wirkkraft von Öffentlichkeitsformen jenseits der Massenmedien bleiben dementsprechend unterbelichtet beziehungsweise unterschätzt (vgl. z.B. Klein 2001: 329). Das Diskursmodell hingegen scheint der gegebenen Pluralität und Vielfältigkeit von Öffentlichkeitsformen in modernen und ausdifferenzierten Gesellschaften besser gerecht zu werden. Versteht es Öffentlichkeit doch als ein pluralistisches Netzwerk von Teilöffentlichkeiten, das sowohl inner- als auch außerhalb der Massenmedien folgenreich bestehen und operieren kann. Die Partizipation der Zivilgesellschaft ist dabei insofern weiter gefasst, als diese nicht allein auf den politischen Wahlakt beschränkt wird, sondern als eine kontinuierliche Beteiligung am politischen Prozess und Diskurs gedacht wird. Wenngleich die Beteiligung der Zivilgesellschaft im Diskursmodell also besser berücksichtigt ist, so wird sie doch – so die Kritik – vornehmlich auf den Krisenfall und auf bewegungsorientierte zivilgesellschaftliche Assoziationen begrenzt (vgl. z.B. Heming 1997: 263ff.). Geht man jedoch davon aus, dass die Realität von Öffentlichkeit in den alltäglichen Praktiken und Interaktionen der Menschen wurzelt und entsteht, so muss eine Theorie der Öffentlichkeit – möchte sie denn helfen, soziale Realität zu erklären – ebendiese kommunikativen Praktiken auf Seiten des Publikums systematisch berücksichtigen und einbeziehen können.

Mit Blick auf die Ausgestaltung von Öffentlichkeit in modernen Gesellschaften wurden in Kapitel 2.3 zunächst drei Ebenen von Öffentlichkeit – Kommunikator-, Medien- und Publikumsebene – unterschieden sowie die entsprechenden Akteure und Rollen betrachtet. Es wurde argumentiert, dass für die Konstituierung von Öffentlichkeit ein Zusammenspiel aller drei Ebenen vonnöten ist. Das heißt sowohl die Generierung politischer Inhalte durch Kommunikatoren als auch die entsprechende Vermittlung durch die Medien ebenso wie die kommunikativen Anschlusshandlungen beziehungsweise kommunikativen Beteiligungen des Publikums an entsprechenden Diskursen sind ausschlaggebend für die Etablierung und Verstetigung von Öffentlichkeit. Hinsichtlich der öffentlichkeitstheoretischen Bedeutung der Neuen Medien und insbesondere des Internet im Rahmen von Digitalisierungsprozessen wurde sodann herausgearbeitet, dass das Internet gleichsam einen elektronisch mediatisierten Kommunikationsraum aufspannt, der eine Art Erweiterung und Ergänzung analoger Öffentlichkeitsformen darstellt und so die im Zuge von Differenzierungs- und Transnationalisierungsprozessen ohnehin voranschreitende Pluralisierung, Fragmentierung und Entgrenzung von Öffentlichkeit katalysiert. Mit Blick auf den politischen Prozess kann diese Entwicklung durchaus als demokratischer Zugewinn gewertet werden, verbessert das Internet doch sowohl die Offenheit und Gleichheit der Teilhabe als auch die Organisations- und Interaktionschancen spezialisierter, jenseits der traditionellen Massenmedien agierender Bewegungen, Gruppen und Teilöffentlichkeiten. In diesem Sinne vermag das Internet also durchaus, die gesamtgesellschaftliche Themenverarbeitungskapazität zu erhöhen. Wohlgemerkt verbessert das Internet aber nicht per se die politische Partizipation der Bürger. Schließlich sind dafür nicht die technischen, sondern vor allem die soziokulturellen Rahmenbedingungen – also ob und inwiefern die Menschen das Internet tatsächlich für politik- und öffentlichkeitsrelevante Handlungen nutzen – ausschlaggebend. (Vgl. Krotz 1995: 447f.; Beck 2006: 228)

Anknüpfend an diese Überlegungen wurde in Kapitel 2.3.3 schließlich argumentiert, dass die Tendenzen der Pluralisierung, Fragmentierung und Entgrenzung moderner Öffentlichkeiten und Gesellschaften nicht nur durch Prozesse der Digitalisierung, sondern auch durch Prozesse der Differenzierung und Transnationalisierung forciert werden. Hinsichtlich der Frage, inwiefern Integration und Verständigung angesichts solcher Entwicklungen überhaupt noch möglich sind, wurde auf philosophisch-hermeneutische Argumente rekurriert, und es wurden zwei verschiedene Modi der Integration – Vereinheitlichung und Konflikt – kontrastiert. Dabei ist deutlich geworden, dass die zunehmende Pluralisierung, Fragmentierung und Entgrenzung von Öffentlichkeit zwar eine Herausforderung, aber kein grundsätzliches Hindernis für die Möglichkeit sowie das Gelingen von Integration und Verständigung darstellen[89]. In diesem Sinne können weder die Ausbildung spezialisierter und grenzüberschreitender Handlungssphären noch die Ausbildung unterschiedlicher sozialer Sinnwelten oder die Vielfalt der Medienangebote ebenso wie ihrer Nutzungsweisen die Vermu-

---

[89] Eine Herausforderung stellen diese Entwicklungen indes auch für die theoretische Konzeptualisierung von Öffentlichkeit dar. Scheint doch die Loslösung des Konzepts Öffentlichkeit von territorialen Bezugspunkten bzw. seine Reformulierung im Sinne eines sozial konstruierten, symbolischen Interaktionsraums, der quergelagert zu Nationalstaaten, Kulturen und Identitäten verlaufen kann, vonnöten (vgl. dazu ausführlich Kapitel 4.2).

tung stützen, dass die Menschen ihrer Fähigkeit zur Verständigung über gemeinsame Gegenstände beraubt würden (vgl. Peters 1994: 69; Rödel 1996: 73ff.). Die Voraussetzung für die Konstituierung und Realisierung von Öffentlichkeit besteht vielmehr in der Existenz eines gemeinsamen Handlungsraums, in dem die Menschen wechselseitige Interdependenzen erfahren können und in dem es gemeinsame Gegenstände beziehungsweise Probleme gibt, an denen sich öffentliche Kommunikation entzünden kann. Die unterschiedlichen Perspektiven und resultierenden Konflikte stellen dabei kein Hemmnis dar, sondern sie sind umgekehrt förderlich für die Existenz und die Vitalität von Öffentlichkeit. Im rechtlich, politisch und wirtschaftlich integrierten Handlungsraum EU ist diese Voraussetzung erfüllt, denn es werden fortwährend und regelmäßig gemeinsame politische Gegenstände produziert, sodass wechselseitige Interdependenzen bereits vielfach bestehen und für die Unionsbürger erfahrbar sind (vgl. Kanter 2004: 50ff.). Die Integration von Öffentlichkeit und Gesellschaft ist sodann gut im Modus des Konflikts über politische Entscheidungen und Problemlösungen denkbar, schließlich fungieren Konflikte, die angesichts multipler Differenzierungen gleichsam vorprogrammiert sind, als basaler Mechanismus der Transparenz füreinander. Die Integration einer europäischen Öffentlichkeit wäre somit nicht als Schließung oder Homogenisierung, sondern vielmehr als eine Entgrenzung von Sinnhorizonten und Kommunikationsmodi zu begreifen.

# 3 Europäische Öffentlichkeit

*„Eine gemeinsame Welt verschwindet, wenn sie nur noch unter einem Aspekt gesehen wird;*
*sie existiert überhaupt nur in der Vielfalt ihrer Perspektiven" (Arendt 1996: 57)*

Seit Anfang der 1990er Jahre beschäftigen sich Wissenschafter von politik-, sozial- und rechtswissenschaftlicher Warte aus mit der Frage nach einer europäischen Öffentlichkeit. Sofern territoriale Bezugspunkte wie der Nationalstaat, aber auch kulturelle, sprachliche und mediensystemische Entitäten, auf die gängige Konzepte von Öffentlichkeit, Demokratie und Gesellschaft rekurrieren, offenbar nicht mehr ausreichen, um die emergenten Sphären transnationaler Kommunikation in Europa adäquat theoretisch fassen und erklären zu können (vgl. Baerns/Raupp 2000: 40; Volkmer 2002: 825), scheint hier eine Revision gängiger Öffentlichkeitsvorstellungen vonnöten. Ehe der konzeptionelle Blick jedoch auf Europa beziehungsweise existierende Erklärungsansätze europäischer Öffentlichkeit gerichtet wird (Kapitel 3.3), gilt es zunächst, den Sinn und die Notwendigkeit einer europäischen Öffentlichkeit beziehungsweise einer entsprechenden Theorie (Kapitel 3.1) ebenso wie einige relevante Strukturmerkmale des europäischen öffentlichen Kommunikationsraums – nämlich die Vielfalt der Sprachen, Medien und Kulturen, die Frage einer europäischen Identität sowie die einer europäischen Demokratie und Zivilgesellschaft – zu beleuchten und zu diskutieren.

## 3.1 Wozu eine europäische Öffentlichkeit?

Im Zuge des europäischen Integrationsprozesses werden immer mehr politische Entscheidungskompetenzen von der nationalen auf die europäische Ebene übertragen. In der Folge ruft dies einen demokratischen Legitimationsbedarf hervor, zu dessen Deckung transnationale Formen öffentlicher Kommunikation notwendig sind. In der von politik- und sozialwissenschaftlichen Warte aus geführten Debatte herrscht jedoch wenig Konsens darüber, wie öffentliche politische Kommunikation zum Zwecke der Legitimierung europapolitischen

Entscheidungshandelns funktioniert oder zu konzeptualisieren ist. Weitgehend umstritten ist auch, wie das politische Gebilde EU überhaupt zu bezeichnen ist – die Titulierungen rangieren zwischen internationalem Staatenverbund, Nationalitätenstaat und Supranationalstaat. Und schließlich ist auch unklar, wie es um eine europäische Zivilgesellschaft und kollektive Identität bestellt ist (vgl. Münch 1995; Finke/Knodt 2005; Kantner 2006). Fest steht lediglich, dass die Europäische Union für sich selbst den Anspruch erhebt, ein demokratisches politisches Gebilde darzustellen (vgl. Europäische Gemeinschaften 2005), und dementsprechend kann sie auf Öffentlichkeit nicht verzichten. Denn auch „Vielvölkerstaaten, die man meinetwegen gerne Staatenverbünde nennen kann, Föderationen von Nationalstaaten oder wie auch immer, brauchen, wenn sie demokratisch funktionieren sollen, eine funktionierende Kommunikationsinfrastruktur" (Glotz 2004: 29). Nun wurden normative Öffentlichkeitstheorien allerdings im nationalstaatlichen Kontext entwickelt, und die EU unterscheidet sich hier in mindestens zweifacher Hinsicht. Erstens gibt es auf europäischer Ebene eine Reihe von Strukturbedingungen, die im Nationalstaat in dieser Art nicht vorzufinden sind – etwa die Vielzahl der Sprachen, Medien, Kulturen und Identitäten[90]. Diese Aspekte muss ein Konzept europäischer Öffentlichkeit berücksichtigen und implementieren können. Und zweitens stellt die EU ein politisches Gebilde sui generis und ohne Präzedenzfall dar, in dem Regieren als dynamisches und mehrdimensionales Netzwerkhandeln praktiziert wird (vgl. Kohler-Koch 1999: 14f.). Das Fehlen einer anerkannten Demokratietheorie für die europapolitische Ordnung kann dementsprechend als Ursache oder besser Korrelat der Schwierigkeiten einer Konzeptualisierung europäischer Öffentlichkeit gewertet werden (vgl. Latzer/Saurwein 2006: 37).

Die zunehmende Transnationalisierung zahlreicher gesellschaftlicher Prozesse, primär durch ökonomische Kräfte angetrieben, produziert zunehmend transnationale Externalitäten und Handlungsfolgen, die staatenübergreifender politischer Regelungen und Maßnahmen bedürfen. Die Schaffung solcher transnationaler politischer Regelungen verlangt jedoch entsprechende Formen öffentlicher Meinungs- und Willensbildung zum Zwecke ihrer Legitimierung (vgl. Peters 1999: 665). Sofern normative Konzepte von Öffentlichkeit aber traditionell mit dem Nationalstaat verbunden sind, müssen sie im Hinblick auf Phänomene, die mit Globalisierung, Postnationalismus und Entgrenzung asso-

---

[90] Dass es durchaus Länder gibt, in denen solche Strukturbedingungen in ähnlicher Weise vorhanden sind – man denke an die Schweiz oder an Kanada – und in denen die Möglichkeit und Existenz öffentlicher politischer Kommunikation nicht in Frage gestellt wird, darauf soll später noch eingegangen.

ziiert werden, neu überdacht werden (vgl. auch Kapitel 2.3.3). Und dabei kann es nicht allein darum gehen, grenzüberschreitende Ströme öffentlicher Kommunikation zu verstehen beziehungsweise nachzuzeichnen. Vielmehr müssen auch „die emanzipatorischen Möglichkeiten der gegenwärtigen ‚postnationalen Konstellation'" (Fraser 2005: 2) erhellt werden. In diesem Sinne braucht Öffentlichkeit, sofern sie mehr erklären soll als bloß entgrenzte Kommunikationsströme, einen politischen Bezugrahmen beziehungsweise einen entprechenden Handlungsraum, in dem sich die Bürger „im Sinne Kants als Autoren jener Gesetze und Institutionen betrachten können, denen sie sich selbst unterwerfen" (Imhof 2003: 49f.). Die Existenz und der Sinn von Öffentlichkeit setzen demnach immer die Verschränkung ihrer selbst mit einem politischen Geltungsbereich voraus. Vor dem Hintergrund dieser Überlegungen wird deutlich, dass die Entwicklung einer Theorie transnationaler Öffentlichkeit zunehmend vonnöten ist. Im Rahmen der EU als rechtlich-politischem Handlungsraum ist sie allerdings nicht nur vonnöten, sondern sie ist auch sinnvoll.

Zusammenfassend lässt sich die Notwendigkeit der Existenz sowie der Konzeptualisierung einer europäischen Öffentlichkeit in drei Punkten festhalten: Erstens gehören Demokratie und Öffentlichkeit – sowohl auf nationaler als auch auf transnationaler Ebene – untrennbar zusammen. Die demokratietheoretische Unverzichtbarkeit einer europäischen Öffentlichkeit leitet dementsprechend ihre Suche ebenso wie ihre Konzeptualisierung an. Zweitens kann die Europäische Union offenbar nicht länger und allein auf ihren politischen Erfolg und ihre Effizienz als Legitimationsquelle bauen. Scheint doch der permessive Konsens – verstanden als diffuse Zustimmung ohne Aufmerksamkeit[91] – inzwischen nicht mehr ausreichend tragfähig zu sein (vgl. z.B. Adam 2007: 19). Eindrucksvolle Beispiele hierfür statuieren sowohl die gescheiterten Referenden zur EU-Verfassung, als auch die europaweiten Proteste gegen die geplante EU-Dienstleistungsrichtlinie im Jahr 2005[92]. Für den Fortgang des europäischen

---

[91] Der Begriff des permessiven Konsens' wurde von Lindberg und Scheingold (1970) in die Diskussion gebracht und bezeichnet zweierlei: Nämlich zum einen eine weitgehende Zustimmung der EU-Bürger zum europäischen Integrationsprozess sowie zum anderen eine gleichzeitige Unkenntnis des konkreten EU-Integrationsprojekts, welches indes von Eliten weitgehend unbeachtet vorangetrieben wird (vgl. Lindberg/Scheingold 1970: 41, 62). Der permessive Konsens erlaubt somit ein Fortschreiten des Integrationsprozesses genau so lange, wie die Bürger sich in ihren eigenen Belangen nicht negativ betroffen und veranlasst fühlen, lautstark Protest zu erheben oder sich kritisch in entsprechende Diskurse einzubringen.
[92] Die europäische Dienstleistungsrichtlinie sah die Einführung des Herkunftslandprinzips bei der Besoldung von Dienstleistungen innerhalb der EU vor. Aufgrund der vehementen und europaweiten Proteste auf Seiten der Unionsbürger wurde diese Dienstleistungsrichtlinie

Integrationsprozesses[93] scheint also neben der ökonomischen dringend auch eine politische Dimension erforderlich. Das heißt die EU kann nicht länger nur funktionieren, sondern sie muss auch bedeutungsvoll für ihre Bürger werden. In diesem Sinne müssen die Unionsbürger heute mehr denn je in europapolitische Entscheidungen und entsprechende Diskurszusammenhänge einbezogen werden (vgl. Kristeva 2000). Und drittens machen die in Europa vorherrschenden Strukturbedingungen wie die Vielfalt der Sprachen, Medien und Kulturen ebenso wie die Existenz bestimmter Prozesse und Dynamiken – etwa die zunehmende Überlappung sozialer Sinnwelten oder das Auftreten transnationaler ökonomischer und politischer Handlungsfolgen – eine Reformulierung gängiger Öffentlichkeitskonzepte für den europäischen Raum erforderlich. (Vgl. Delanty/Rumford 2005: 4) Die Dringlichkeit einer Theorie europäischer Öffentlichkeit ebenso wie einer viablen Demokratietheorie für die europapolitische Ordnung liegt also auf der Hand. Die Entwicklung einer solchen bedarf allerdings der Berücksichtigung einiger Aspekte und Besonderheiten, die im folgenden Kapitel ins Auge gefasst werden sollen.

## 3.2  Strukturmerkmale europäischer Öffentlichkeit

In diesem Kapitel gilt es nun, die für den europäischen Raum typischen beziehungsweise relevanten Strukturmerkmale zu beleuchten und hinsichtlich ihrer öffentlichkeitstheoretischen Bedeutung zu reflektieren. Dabei geht es zunächst um die Vielzahl der europäischen Sprachen, Medien und Kulturen – Aspekte, die zuweilen als ‚Trägheitsmomente' im Prozess der Konstituierung einer europäischen Öffentlichkeit bezeichnet werden (vgl. Gerhards 1993a). Im Anschluss daran werden Fragen einer europäischen kollektiven Identität, einer europäischen Zivilgesellschaft sowie des viel beklagten europäischen Demokratiedefizits in den Vordergrund gerückt und diskutiert.

---

allerdings revidiert und um verschiedene strittige Punkte gekürzt ehe sie im Februar 2006 schließlich in Kraft trat.

[93]Europäische Integration lässt sich mit Trenz „als ein auf Dauer gestellter Prozess der politischen Entscheidungsfindung und -durchsetzung im vertraglich-institutionellen Rahmen der Europäischen Union" (Trenz 2005b: 373) bezeichnen.

### 3.2.1 Europa als modernes Babel? Vielfalt der Sprachen, Medien und Kulturen

Die Annahme, Europa stelle so etwas wie ein modernes Babel dar, in dem öffentliche politische Kommunikation ob der Vielfalt seiner Sprachen, Medien und Kulturen unmöglich ist, wird von vielen Beobachtern mehr oder weniger implizit mitgedacht. So schreibt etwa Kielmansegg: „Europa ist keine Kommunikationsgemeinschaft, weil Europa ein vielsprachiger Kontinent ist – das banalste Faktum ist zugleich das elementarste" (Kielmansegg 1996: 55; vgl. ähnlich auch Grimm 1995). Die Ursache für eine solche Einschätzung liegt nach Tresch und de Miguel vor allem in der nationalstaatlichen Verbundenheit gängiger Öffentlichkeitskonzepte.

> „The standard model of public spheres derives from a nation-State context that understands public sphere as practically equivalent to media system, limited by language and based on a shared culture and identity. In addition, this model presumes that public spheres are unique and unitary, internally and externally homogeneous, and perfectly delimited one from other" (Tresch/de Miguel 2003: 3).

Bevor die Plausibilität der Vorstellung, Europa könne aufgrund der Vielfalt seiner Sprachen, Medien und Kulturen keine funktionstüchtige Öffentlichkeit ausbilden, betrachtet wird, sollen zunächst einige Fakten ins Feld geführt werden. Zunächst einmal lässt sich sagen, dass Europa in der Tat einen äußerst heterogenen Kontinent im Hinblick auf Sprachen, Medien und Kulturen darstellt. So werden auf dem territorialen Gebiet der EU nicht weniger als 23 offizielle Amtssprachen sowie insgesamt 60 indigene und nicht-indigene Sprachen gesprochen. Dabei bildet das Deutsche die meistgesprochene Muttersprache (für 18 Prozent der Unionsbürger), und das Englische stellt die meistgesprochene Sprache insgesamt dar, welche von immerhin jedem zweiten Unionsbürger – ob nun als Mutter- oder Fremdsprache – beherrscht wird. Was nun die Fremdsprachenkenntnisse der Europäer anbelangt, so können sich laut einer Eurobarometer-Umfrage 56 Prozent der Unionsbürger in einer fremden Sprache unterhalten, und 28 Prozent der Befragten beherrschten sogar zwei Fremdsprachen. Wohlgemerkt differieren diese Angaben von Land zu Land: Während etwa 99 Prozent der Luxemburger mindestens eine Fremdsprache sprechen, trifft dies nur auf 34 Prozent der Iren und auf 36 Prozent der Briten zu. (Vgl. Europäische Kommission 2006) In Anbetracht der Tatsache, dass sowohl die Einführung einer künstlichen Einheitssprache wie Esperanto als auch die Einigung auf eine gemeinsame europäische Verkehrssprache wie das Englische –

zumindest in absehbarer Zeit – nur wenig Aussicht auf Erfolg haben, scheint eine direkte Verständigung der Unionsbürger untereinander vorerst nur über hinreichende Fremdsprachenkenntnisse möglich zu sein (vgl. Beierwaltes 1998: 9f., 1999: 220ff.).

Äußerst vielfältig und heterogen zeigt sich Europa auch mit Blick auf seine Medienlandschaft. So haben sich im Rahmen der Nationalstaaten verschiedenartige, national sowie regional verankerte und entsprechend ausgerichtete Mediensysteme, Medienangebote und Mediennutzungsgewohnheiten herausgebildet[94]. Zwar hat es in den 1980er Jahren diverse Versuche gegeben, gesamteuropäische Medienangebote zu etablieren, größtenteils waren diese Versuche jedoch nicht von durchschlagendem Erfolg gekrönt, und für die nationalen Angebote stellten sie keine ernstzunehmende Konkurrenz dar (vgl. Beierwaltes 1999: 225). Als Beispiel für ein paneuropäisches Printangebot kann zunächst einmal die Zeitung *The European* angeführt werden. Die als englischsprachige Tageszeitung für Gesamteuropa gedachte und von dem britischen Verleger Robert Maxwell 1988 initiierte publizistische Einheit konnte mangels Lesernachfrage allerdings schon bald nur noch als Wochenzeitung produziert werden und musste 1998 schließlich ganz eingestellt werden. Die europäisch-amerikanische Tageszeitung *International Herald Tribune*, die *Financial Times*, der *Economist* ebenso wie das Wochenblättchen *European Voice* und *Le Monde Diplomatique*[95] können demgegenüber als Beispiele für paneuropäische Medienangebote mit einer gewissen Resonanz und Marktposition – zumindest in bestimmten Leserkreisen – angeführt werden[96]. Darüber hinaus können als paneuropäische Initiativen auch die von den Zeitungen *Le Monde* und *Die Zeit* ab und an organisierten europäischen Dialoge, in denen etwa Intellektuelle aus beiden Ländern zu bestimmten Themen Stellung nehmen, ebenso wie die englischsprachige Kurzfassung der *Frankfurter Allgemeinen Zeitung* als Beilage im *International*

---

[94] An dieser Stelle soll es nicht um eine vergleichende Betrachtung ebendieser nationalen Mediensysteme samt ihrer Besonderheiten gehen (vgl. hierzu ausführlicher Kelly/Mazzoleni/McQuail 2004; Hans-Bredow-Institut 2002), sondern stattdessen werden paneuropäische Medien in den Mittelpunkt der Betrachtung gerückt.

[95] *Le Monde Diplomatique* wird ebenso wie die *Financial Times* in verschiedenen Sprachen publiziert.

[96] So belaufen sich die Auflagenzahlen des *International Herald Tribune* auf 240.000 Exemplare pro Tag, des *Economist* auf 400.000 Exemplare pro Woche, der *Financial Times* auf 200.000 Exemplare pro Tag, der *European Voice* auf 15.600 Exemplare pro Woche und der *Le Monde Diplomatique* auf 1,5 Mio. Exemplare pro Monat (vgl. Brüggemann/Schulz-Forberg 2008: 83ff.).

*Herald Tribune* bezeichnet werden. (Vgl. z.B. Brüggemann/Schulz-Forberg 2008; Glotz 2003: 5f.)

Was die Chancen einer Etablierung paneuropäischer Rundfunkmedien beziehungsweise Fernsehprogramme anbelangt, so scheinen diese zumindest unter distributionstechnischen Gesichtspunkten besser zu stehen. In diesem Sinne begünstigten das Aufkommen moderner Übertragungstechniken via Satellit, die umfangreiche Deregulierungswelle in den 1980er Jahren ebenso wie die 1989 verabschiedete EG-Fernsehrichtlinie eine Entwicklung und Ausstrahlung von paneuropäischen Fernsehprogrammen[97]. Nachdem bereits 1950 der Fernsehprogrammverbund EUROVISION zum Austausch von Programmen und Programmoptionen gegründet worden war, gab es in den 1980er Jahren sodann zwei Versuche, mehrsprachige paneuropäische Vollprogramme zu etablieren. *Eurikon*, das 1982 als Fernsehexperiment mit Beispielcharakter für zukünftige Projekte von der Europäischen Rundfunkunion[98] ins Leben gerufen wurde, scheiterte allerdings ebenso wie das unter Beteiligung verschiedener öffentlich-rechtlicher Rundfunkanstalten 1985 gegründete *Europa-TV* an ungelösten Sprachtransformationsproblemen, mangelnder Zuschauerakzeptanz und finanziellen Engpässen[99]. Ausschlaggebend für das Scheitern waren nach Beierwaltes nicht zuletzt auch die divergierenden Mediennutzungsgewohnheiten der Unionsbürger. Während die TV-Hauptnutzungszeit in Spanien etwa bei 23 Uhr angesiedelt ist, liegt diese in Großbritannien bei 21 Uhr und in Deutschland zwischen 19 und 20 Uhr[100] (vgl. Beierwaltes 1999: 228). In diesem Sinne kann Gerhards zugestimmt werden, demzufolge „die Chancen der Entwicklung eines übergreifenden europäischen Fernsehens, das nicht nur von Eliten, sondern auch von der Masse der Bürger genutzt wird, als gering einzuschätzen" (Gerhards 1993a: 102) sind. Im Gegensatz zu den beschriebenen Etablierungsversuchen paneuropäischer Vollprogramme konnten sich indes Spartenprogramme mit nationalen Fenstern wie *Euronews, Eurosport, MTV Europe* und *CNN International* ebenso wie Sprachraumprogramme wie *TV5* für den frankophonen sowie *3sat* für den deutschen Sprachraum und schließlich der deutsch-französische

---

[97] Diese stufte Fernsehprogramme als Wirtschaftsgut ein und ermöglichte dementsprechend einen freien Warenverkehr im Sinne des europäischen Binnenmarktes (vgl. Siebenhaar 1994: 104ff.).

[98] Die Europäische Rundfunkunion (European Broadcasting Union, EBU) wurde 1950 als Rundfunkverband zur Förderung internationaler Kooperation durch Programmaustausch gegründet (vgl. Meckel 1994: 91).

[99] Vgl. Dill (1991) zum Scheitern des transnationalen Fernsehexperiments Europa-TV.

[100] Vgl. Große Peclum (1990) und Hilf (1990) zu den unterschiedlichen Fernsehgewohnheiten, Hauptsende- und Nachrichtenzeiten in Europa.

Kulturkanal *ARTE* durchsetzen und behaupten – wenngleich allesamt mit verhältnismäßig geringen Marktanteilen. (Vgl. ebd.: 228ff.; Glotz 1995: 21; Siebenhaar 1994: 100ff., 234ff.) Während sich paneuropäische Medienangebote also nur mit Schwierigkeiten etablieren und behaupten können, operiert die entsprechende Medienindustrie hingegen schon lange in einem transnationalen europäischen Kontext. So gibt es im Bereich der Nachrichtenlieferanten etwa umfangreiche Kooperationen wie zum Beispiel im Rahmen der Europäischen Rundfunkunion oder privater Fernsehnachrichtenagenturen wie Reuters TV und Associated Press TV. Auch die Besitzstrukturen von Medienorganisationen zeichnen sich durch einen überwiegend internationalen Charakter aus – man denke etwa an den Bertelsmann-Konzern, der über seine Tochter CLT-Ufa die gesamte RTL-Familie mitsamt verschiedener Privatsender in ganz Europa besitzt. (Vgl. Holtz-Bacha 2006: 67ff.; Sievert 1998: 97; Sjurts 2002: 80f.) Zusammenfassend lässt sich sagen, dass der Kommunikationsraum Europa vorläufig nicht auf ein paneuropäisches Mediensystem beziehungsweise auf paneuropäische Medienangebote zurückgreifen kann. Vielmehr stellt sich der europäische Medienraum, sieht man einmal von den genannten transnationalen Sparten- und Sprachraumprogrammen ab, als überaus heterogen und entlang nationalstaatlicher Grenzen fragmentiert dar.

Die Frage, die sich nun und vor dem Hintergrund der bisherigen Überlegungen mit Blick auf eine europäische Öffentlichkeit stellt, richtet sich auf die tatsächliche Notwendigkeit einer gemeinsamen Sprache, gemeinsamer Medien sowie eines gemeinsamen kulturellen Hintergrunds für die Emergenz und Existenz europäischer Öffentlichkeit. Führt man sich die in Kapitel 2.3.3 unternommenen Überlegungen zur Möglichkeit von Öffentlichkeit unter den Bedingungen einer zunehmenden Pluralisierung, Fragmentierung und Entgrenzung noch einmal vor Augen, so muss diese Frage fast rhetorisch erscheinen. Es lässt sich also argumentieren, dass es nicht zwingend notwendig ist, dass die Menschen in Europa ein und dieselbe Sprache sprechen, dieselben Medien nutzen und über denselben kulturellen Hintergrund verfügen, um sich über europapolitische Angelegenheiten zu informieren, an entsprechenden Diskursen teilzunehmen und damit europäische Öffentlichkeit herzustellen. Unter Rekurs auf Habermas lässt sich sagen, dass es vollkommen ausreicht, wenn die Unionsbürger die Möglichkeit haben, „zur gleichen Zeit zu gleichen Themen von gleicher Relevanz Stellung zu nehmen" (Habermas 1996: 190). Dass Öffentlichkeit unter den Bedingungen von sprachlicher, kultureller und medialer Diversität und Vielfalt durchaus möglich ist, kann auch unter Verweis auf vielsprachige und multikulturelle Staaten wie die Schweiz, Belgien oder Kanada deutlich gemacht werden. Müsste diesen Staaten doch unter dem Postulat einer sprachlichen, kulturellen und medialen Homogenität als Voraussetzung für die Existenz von Öffentlichkeit konsequenterweise die Existenz ihrer nationalen Öffentlichkeiten abgesprochen werden (vgl. Kriesi 1992)[101]. An dieser Stelle wird also ersichtlich, dass die genannten Homogenitätsforderungen als Bedingungen für Öffentlichkeit nur dann plausibel erscheinen können, wenn öffentliche Kommunikation ausschließlich im Modus einer solchen Homogenität denkbar wäre[102]. Wie Kantner überzeugend und mit Blick auf Europa herausgearbeitet hat, sind solche Homogenitätsforderungen überzogen und unangebracht, ist doch Verständigung auf europäischer Ebene weder schwieriger noch leichter als auf nationaler Ebene. Schließlich tauchen Probleme des Verstehens ebenso im nationalen Kontext auf, und sie können vermittels hermeneutischer Interpretation durchaus überwunden werden (vgl. Kantner 2004: 120)[103]. In ähnlicher Weise und in Bezug auf Prozesse der Vergesellschaftung unter vielsprachigen Bedingungen schreibt Max Weber treffend:

> „[Die] Gemeinsamkeit der Sprache [...] erleichtert das gegenseitige Verstehen, also die Stiftung aller sozialer Beziehungen, im höchsten Grade. Aber an sich bedeutet sie noch keine Vergemeinschaftung, sondern nur die Erleichterung des Verkehrs innerhalb der betreffenden Gruppen, also: der Entstehung von Vergesellschaftungen. [...] Die Orientierung an den Regeln der gemeinsamen Sprache ist primär also nur Mittel der Verständigung, nicht Sinngehalt von sozialen Beziehungen" (Weber 1972: 22f.).

Was nun die gegebene Heterogenität der europäischen Medienlandschaft anbelangt, so scheint hier eine gewisse Durchlässigkeit ihrer Differenzierungslinien ausreichend, um eine Diskussion gleicher Themen zur gleichen Zeit und unter gleichen Relevanzgesichtspunkten zu ermöglichen und Anschlusskommunikati-

---

[101] Nach Kriesi (1992) kann die schweizerische Öffentlichkeit als instruktives Beispiel für die EU dienen. Denn trotz sprachlicher, medialer und kultureller Heterogenität ist öffentliche politische Kommunikation dort möglich. Und zwar vor allem dank zweier Mechanismen: einer horizontalen Koordination von Teilöffentlichkeiten qua wechselseitiger Bezugnahmen in den medialen Einzeldiskursen sowie einer vertikalen Koordination im Sinne einer Fokussierung auf gemeinsame Bezugpunkte (vgl. Kriesi 1992: 579f.).

[102] Gleichwohl passt die in Kapitel 2.3.3 referierte Argumentation Lyotard's (1986) in diesen Rahmen.

[103] Konsequenterweise und im Sinne des hermeneutischen Zirkels wird Missverstehen damit unmöglich. Scheitert die Rekonstruktion der Argumentation des Gegenübers jedoch trotzdem, so muss entweder der eigene Interpretationsversuch oder aber die grundsätzliche Rationalitätsunterstellung in Frage gestellt werden. Letzteres ist nach Davidson allerdings nur für wenige Ausnahmefälle zutreffend. (Vgl. Davidson 1990: 199; Kantner 2004: 120f.)

on auf Seiten der Bevölkerung zu provozieren. Die resultierenden Varianzen in den Perspektiven und Interpretationen rufen zwar eine permanente Spannung und womöglich auch eine konfliktive Aufladung der entsprechenden Diskurse hervor (vgl. Kunelius/Sparks 2001: 5). Doch stellt die Vielfalt und mitunter Kontroversität von Meinungen nichts anderes als eine Vielfalt der Perspektiven auf die diskutierten Gegenstände dar, und wie in Kapitel 2.3.3 herausgestellt wurde, ist eine solche Perspektivenvielfalt nicht nur konstitutiv, sondern sie ist auch Indiz und Katalysator für das Stattfinden von Öffentlichkeit. Europa – so lässt sich abschließend festhalten – stellt also keineswegs ein modernes Babel dar, in dem Verständigung im Modus öffentlicher Kommunikation nicht mehr möglich wäre.

> „There is no reason why we should all speak the same language and all use the same media in order to be able to communicate across national borders in a meaningful way. If people attach similar meanings to what they observe in Europe, they should be able to communicate across borders irrespective of language and in absence of European-wide media. Very few people would argue that Switzerland lacks a national public sphere because of its three language communities. In fact, the opposite is true" (Risse/van de Steeg 2003: 14).

### 3.2.2   Auf der Suche nach einer europäischen Identität

Die Herausbildung einer kollektiven europäischen Identität ist nach Ansicht vieler Politiker entscheidend für den Erfolg beziehungsweise die Vertiefung und Politisierung des europäischen Integrationsprozesses. So machte Jacques Delors einmal die Aussage, dass man einen Binnenmarkt allein nicht lieben könne[104], und sofern der europäische Integrationsprozess an Tiefgang und Nachhaltigkeit gewinnen, also nicht allein von seinem wirtschaftlichen Erfolg abhängen soll, müsse er auch eine politische Dimension erlangen. Dazu aber bedarf es einer generellen Zustimmung und Unterstützung durch die EU-Bürger sowie eines gewissen Gemeinschaftsbewusstseins, sprich einer kollektiven europäischen Identität. (Vgl. Kaelble/Kirsch/Schmidt-Gernig 2002: 20f.; Münch 1995: 12f.) Wirft man einen Blick auf die Ergebnisse verschiedener Eurobarometer-Umfragen, so scheint es relativ schlecht bestellt zu sein um eine solche kollektive europäische Identität: Nur 38 Prozent der Unionsbürger beurteilen die Exis-

---

[104] Zitiert nach Häberle (2000: 24).

tenz einer europäischen Identität positiv, und gerade einmal vier Prozent der Befragten fühlen sich vornehmlich als Europäer. Dominierend ist nach wie vor die Verbundenheit mit der eigenen Region beziehungsweise der eigenen Nation, fühlen sich doch 87 beziehungsweise 91 Prozent der Unionsbürger vornehmlich regional oder national verbunden. Wohlgemerkt geben immerhin 57 Prozent der Befragten an, neben ihrer national geprägten Identität auch ein gewisses europäisches Bewusstsein zu besitzen. (Vgl. Europäische Kommission 2001: 12, 2003: 36, 2005a: 111f.) Um solche Befunde adäquat einschätzen zu können, gilt es im Folgenden, zunächst einmal zu klären, was mit einer europäischen kollektiven Identität überhaupt gemeint ist, in welchem Verhältnis sie zu nationalen und regionalen Identitäten steht, wie ihre Herausbildung vonstatten geht und welche Bedeutung sie für die Emergenz einer europäischen Öffentlichkeit innehält. In diesem Sinne wird es in einem ersten Schritt darum gehen, den Begriff der kollektiven Identität zu klären, seine Interrelation mit dem Konzept einer personalen Identität zu reflektieren beziehungsweise eine entsprechende Unterscheidung zu treffen, und in einem zweiten Schritt sollen sodann der Prozess der Konstituierung einer europäischen Identität ebenso wie der Zusammenhang mit der Herausbildung einer europäischen Öffentlichkeit diskutiert werden.

Die Frage, was man sich unter einer europäischen kollektiven Identität vorzustellen hat, ist alles andere als leicht zu beantworten. So gibt es allein in der sozial- und kulturwissenschaftlichen Debatte eine unübersichtliche Fülle von Beiträgen zum Thema Identität und Gemeinschaftlichkeit in Bezug auf politische Orientierungsräume (vgl. Giesen 1999: 9f.). Kollektive Identität – so lässt sich unter Rekurs auf Anderson (1983) sagen – gehört in den Bereich des ,sozialen Imaginär'. Bezieht sie sich doch auf eine vorgestellte Gemeinschaft jenseits von face-to-face Interaktionen[105]. Sehr allgemein lässt sich kollektive Identität also als ein Gruppenbewusstsein oder ein kollektives ,Wir-Gefühl' definieren, das auf ein bestimmtes Bezugsobjekt wie eine politische Entität, Lokalität, Ethnizität, Wertvorstellung oder Erfahrung gerichtet ist und sich zugleich von ,Anderem' abgrenzt. Damit ist kollektive Identität immer Grenzmarkierung nach außen und affektive Bindung nach innen. „In this sense, identity is based on difference and thus exists in a relational context, which under the conditions of modernity entails reflexivity" (Delanty/Rumford 2005: 51).

---

[105] Anderson (1983) zufolge stellt eine Nation eine imaginierte politische Gemeinschaft dar: „It is *imagined* because the members of even the smallest nation will never know most of their fellow-members, meet them, or even hear of them, yet in the minds of each lives the image of their communion" (Anderson 1983: 6).

Bezogen auf Europa lässt sich kollektive Identität dementsprechend als eine vorgestellte Einheit der europäischen politischen Gesellschaft definieren, dem sich die Unionsbürger irgendwie verbunden fühlen. Wohlgemerkt stellt kollektive Identität kein statisches Phänomen dar, sondern stattdessen reagiert sie auf soziale und politische Veränderungen, das heißt sie ist wandelbar und stets vorläufig. Über Kommunikation beziehungsweise die Artikulation einer gemeinsamen symbolischen Sinnwelt wird sie also fortwährend konstruiert und reproduziert (vgl. Delanty 2005: 129; Melucci 1989: 34f). Und darüber hinaus ist kollektive Identität multipel und hybrid, besitzen Individuen doch stets mehrere Identitäten, die in unterschiedlichen Ausprägungsgraden nebeneinander, in unterschiedlichen Spannungsverhältnissen zueinander und zum Teil überlappend existieren können. (Vgl. Beierwaltes 1999: 234; Fuhse 2005: 52ff.; Kohli 2002: 128; Tietz 2002: 76ff.)

Sofern die Unterscheidung beziehungsweise das Wechselverhältnis zwischen personaler und kollektiver Identität wichtig für das weitergehende Verständnis von kollektiver Identität ebenso wie für eine Reflektion dieses Konzepts auf europäischer Ebene ist, werden ebendiese Aspekte im Folgenden einmal näher beleuchtet. Personale Identität stellt nach Krappmann eine individuelle, vor allem kommunikative Balanceleistung zwischen widersprüchlichen Erwartungen dar, die sich aus der Forderung nach personeller Konsistenz und gesellschaftlichen Konformitätszwängen ergeben (vgl. Krappmann 1971: 68). Zur Ausbildung einer personalen Identität bedürfen Individuen des ‚Spiegels der Gesellschaft' beziehungsweise gruppenspezifischer Interaktions- und Kommunikationsprozesse. In diesem Sinne ist personale Identitätsbildung immer reflexiv in einen gesellschaftlichen und kulturellen Kontext eingebunden, steht also in engem Verhältnis zu einer kollektiven Identität. Und so steht „die Gesellschaft [.] dem Einzelnen nicht als unabhängige Größe gegenüber, sondern als konstituierendes Element seiner selbst" (Pollak 1998: 47). Kollektive Identität kann dementsprechend nicht unabhängig vom Individuum existieren, ist sie doch unlösbarer Bestandteil individuellen Wissens und Bewusstseins[106]. Personale und kollektive Identität stehen damit als soziale Konstruktionen in einem wechselseitig konstitutiven Verhältnis, und ihr „wichtigstes unterschei-

---

[106] Fuchs umschreibt dieses Verhältnis folgendermaßen: „Die Referenz auf die Gesellschaft und die Referenz auf Menschen sind nicht scharf getrennt oder anders ausgedrückt: Die Referenz auf die Gesellschaft nimmt einen Umweg über die Referenz auf den Menschen, gewinnt also Kontur über den Bezug auf monadische Entitäten, denen Bewußtseinszustände und aus ihnen sich begründende Handlungen unterstellt werden, die – aggregiert – die nichtmonadische Entität Gesellschaft und einen ihrer möglichen Zustände ergeben" (Fuchs 1992: 20).

dendes Merkmal [ist] das triviale Fehlen eines leiblichen Substrates kollektiver Identität [.]. Die Evidenz kollektiver Identität unterliegt ausschließlich einer symbolischen Ausformung, sie ist eine Metapher, ein soziales Konstrukt" (ebd.). Sofern man sich kollektive Identität nun als einen Prozess von Artikulationen vorstellt, so vollzieht und formiert sie sich in einer fortlaufenden Aneignung identitätsstiftender Diskurse in den jeweiligen lokalen und alltäglichen Kontexten der Menschen, sprich auf personaler Ebene (vgl. Hepp 2006a: 272ff.)[107]. An dieser Stelle wird ersichtlich, dass kollektive Identität einerseits mehr ist als die Summe personaler Identitäten, denn sie konstituiert sich über ein gemeinsames Drittes, sie ist unabhängig von der konkreten Zusammensetzung ihrer Mitglieder, und sie kann über Generationen hinweg existieren[108]. Und andererseits ist sie ob der Verwurzelung und ständigen Aktualisierung auf personaler Ebene keineswegs homogen, sondern vielschichtig und je nach Perspektive unterschiedlich ausgestaltet. „Eine kollektive Identität hängt demnach zuerst von der Position ihres Betrachters ab, und sie bekommt dadurch eine hybride, dialektische Natur" (Walkenhorst 1999: 32; vgl. auch Delanty/Rumford 2005: 52ff.). Auf die Problematik einer dem Begriff der kollektiven Identität inhärenten simplifizierenden Verallgemeinerung geteilter Gemeinsamkeiten hat Krotz aufmerksam gemacht (vgl. Krotz 2003: 44). Sofern das kollektive Zugehörigkeitsgefühl eines Individuums nämlich immer im Verhältnis zu seiner personalen Identität und seinem lokalen Lebensbereich steht, kumulieren „identitätsstiftende Diskurse [..] nicht in homogenen kollektiven Identitäten. Sie kumulieren vielmehr in verschiedenen ‚vorgestellten Gemeinschaften'" (Hepp 2004: 382)[109].

Was nun die Konsistenz und Existenz einer europäischen kollektiven Identität anbelangt, so haben Morley und Robins (2002) herausgestrichen, dass Prozesse der Entgrenzung und Globalisierung stets als Identitätskrise zu verstehen sind, schließlich gibt es jenseits des Nationalen eine Vielzahl von Referenzpunkten, sodass sich kollektive Identität folgerichtig in einem multiplen Abgren-

---

[107] Zur Konstitution von Identität zwischen Individuum und Gesellschaft in Sozialpsychologie und Symbolischem Interaktionismus vgl. ausführlich Pollak (1998: 35ff.).

[108] Auf die Existenz europäischer Identität lässt sich Delanty und Rumford zufolge nicht allein aus der Tatsache schließen, dass immer mehr Menschen ein Zugehörigkeitsgefühl zur EU entwickeln. Zwar bildet eine solche europäisch gefärbte Facette personaler Identität die Basis für eine Konstitution europäischer kollektiven Identität, ein Indiz für deren Existenz ist sie aber noch nicht: „For such an identity to exist there must be a means of expressing an explicit collective self-understanding" (Delanty/Rumford 2005: 54).

[109] Zum Begriff der Medienidentität, die den Umstand meint, dass die kulturellen Ressourcen der Konstitution von Identitäten zunehmend medial vermittelt sind, vgl. z.B. Hepp (2006a: 271ff.), Krotz (2003a), Winter/Thomas/Hepp (2006).

zungsverhältnis zwischen territorialisierenden nationalen und vielerlei deterrito-
rialisierenden, etwa auf kommerziellen Sinnangeboten basierenden Identitäten,
bewegt. Dementsprechend

> „soll die Aufmerksamkeit auf die Tatsache gelenkt werden, dass Identität auf
> vielfältigere als die von den Nationalstaaten angebotenen Möglichkeiten erfah-
> ren wurde und werden kann. Sie sind vielfältiger, weil sie schwieriger sind und
> Verhandlungen mit und, und was noch viel wichtiger ist, Verpflichtungen zu
> dem Unterschiedlichen erfordern. Dass sich [das] lohnt, ist natürlich ein Wert-
> urteil. Ist es vorstellbar, dass Europa vielleicht wirklich wieder die Komplexität
> wählt?" (Morley/Robins 2002: 556).

Bei der Diagnose des Entwicklungsstandes einer europäischen Identität gilt es
zunächst einmal zu beachten, dass diese die nationalen und regionalen Identitäten vorerst nicht ersetzen wird und auch gar nicht muss. Vielmehr muss sie als
Ergänzung beziehungsweise als eine weitere Ebene des Zugehörigkeitsgefühls
gedacht werden. Morin zufolge kann europäische Identität auch als eine von
vielen Komponenten einer Poly-Identität verstanden werden, in deren Rahmen
Menschen sich familiär, regional, national, religiös oder sonst wie zugehörig
fühlen (vgl. Morin 1988: 199)[110]. Vor dem Hintergrund dieser Überlegungen
nun erscheinen die eingangs zitierten Umfragewerte zum Europabewusstsein
der Unionsbürger in einem anderen Licht. Denn der Anteil der Menschen, die
sich neben der nationalen Verbundenheit zusätzlich auch europäisch fühlen, ist
so gesehen beziehungsweise mit 57 Prozent der befragten Unionsbürger schon
recht beachtlich. Sofern also europäische Identität „die ambivalente Erfahrung
der Konstruktion nationaler Identität als Moment der Konstruktion europäischer Identität [mit] einschließen" (Eder 2000: 98) muss, kann sie ohnehin nicht
homogen ausgestaltet sein. Das heißt europäische Identität zeichnet sich – je
nach Perspektive und Kontext des Betrachters – durch unterschiedliche Facet-
ten und Schattierungen aus, und es muss davon ausgegangen werden, dass die
Italiener, Franzosen oder Deutschen jeweils eigene Versionen europäischer
Identität besitzen und erleben[111].

---

[110] Fuchs schlägt in diesem Zusammenhang ein Modell der Schichtung bzw. Komplementari-
tät von nationaler und europäischer Identität vor (vgl. Fuchs 2000: 216).
[111] Delanty und Rumford (2005) plädieren im Anschluss an solche Überlegungen für ein
Verständnis europäischer Identität als kosmopolitische Identität: „European identity is a
form of post-national self-understanding that expresses itself within, as much as beyond,
national identities" (Delanty/Rumford 2005: 56).

Mit Blick auf den Prozess der Konstituierung einer europäischen kollektiven Identität formuliert Schlesinger treffend, dass trotz der Prominenz des Themas kollektiver Identität nur wenig kohärente Vorstellungen darüber existieren, wie eine solche europäische kollektive Identität entsteht beziehungsweise konstruiert wird (vgl. Schlesinger 1991: 8). Die Europäische Union jedenfalls unternimmt seit Anfang der 1990er Jahre erhebliche Bemühungen, identitätsstiftende Maßnahmen zu installieren. Man denke etwa an die Etablierung einer europäischen Flagge, einer europäischen Hymne (,Ode an die Freude' aus Beethovens Neunter Symphonie), eines Europatages (9. Mai) sowie nicht zuletzt die Einführung einer gemeinsamen Euro-Währung. Nun ist allerdings die Förderung eines europäischen Bewusstseins ,von oben' beziehungsweise die Generierung symbolträchtiger Elemente durch politische Akteure noch lange kein Garant für die tatsächliche Herausbildung und Festigung einer europäischen kollektiven Identität – geschweige denn für den politischen Erfolg der EU. Vielmehr verhält es sich genau umgekehrt: „Der Erfolg der EU ist der Schlüssel zum Bürger" (Walkenhorst 1999: 251)[112]. Und somit bleibt festzuhalten, dass die Herausbildung einer europäischen Identität wohl kaum von heute auf morgen – und schon gar nicht auf Befehl, sondern im Rahmen langfristiger Lern- und Erfahrungsprozesse sowie auf dem Resonanzboden öffentlicher Debatten vonstatten gehen wird[113]. Eine kollektive europäische Identität emergiert und reproduziert sich also im Prozess beziehungsweise im Gleichschritt mit stattfindender öffentlicher Kommunikation über gemeinsame Gegenstände und Probleme. „By a process of interaction, negotiation, and contestation, shared identity definitions and markers are constructed" (Soysal 2001: 169). Dementsprechend kann sie auch nicht als Voraussetzung für die Existenz einer europäischen Öffentlichkeit angesehen werden, sondern vielmehr emergiert sie als Nebenpro-

---

[112] Die identitätsstiftenden Maßnahmen der EU rühren nicht zuletzt von der Annahme, dass ein europäisches Gemeinschaftsgefühl auf Seiten der Zivilbevölkerung die demokratische Legitimität der EU verbessern könne. Zwar lässt sich Politik in der Tat leichter rechtfertigen und durchsetzen, je größer Zustimmung und Vertrauen der Bürger sind, doch eine notwendige Voraussetzung für die politische Legitimität der EU oder gar ihren Erfolg sind sie nicht (vgl. Walkenhorst 1999: 238, 251). Vielmehr, so lässt sich unter Rekurs auf Habermas (1996: 183f.) argumentieren, bedarf die demokratische Legitimierung politischen Entscheidungshandelns nicht einer vorpolitischen Identität, sondern vor allem intakter Kommunikationskreisläufe einer politischen Öffentlichkeit, in deren Verlauf sich ein gewisses Gemeinschaftsbewusstsein entwickeln kann.

[113] Als Ursache für die bislang eher schwach ausgebildete europäische Identität nennt Walkenhorst die Novität des Projekts Europa. So bremse die Angst vor dem Unbekannten, der nationalen Entwurzelung und dem Scheitern die Identifizierung der Menschen mit Europa. (Vgl. Walkenhorst 1999: 146)

dukt kommunikativer Interaktion über gemeinsame politische Gegenstände (vgl. Eder 2001: 238).

Zusammenfassend lässt sich sagen, dass europäische kollektive Identität am besten als ein heterogenes soziales Konstrukt zu verstehen ist, welches Europa als gemeinsames Drittes zum Referenzpunkt hat und auf geteilten Erfahrungen, Werten, Normen oder Zielen basiert. Je nach Perspektive ist sie unterschiedlich ausgestaltet und mit unterschiedlichen Attributen, Erwartungen und Gefühlen belegt. Und darüber hinaus ist europäische Identität nicht als Konkurrenz oder Widerspruch zu nationalen, regionalen oder sonstigen Zugehörigkeitsgefühlen, sondern eher als eine Ergänzung oder zusätzliche Facette derselben zu verstehen[114]. Ihr Entstehen ist eng mit einer europäischen Öffentlichkeit verknüpft, bedarf sie doch des Resonanzbodens öffentlicher Debatten. In diesem Sinne kann sie also nicht als Vorbedingung europäischer Öffentlichkeit – wie dies etwa Kielmansegg (1996) postuliert hat[115] – gewertet werden, sondern sie bildet umgekehrt das Ergebnis oder zumindest Korrelat stattfindender öffentlicher Kommunikation über gemeinsame Problemzusammenhänge. Grundlegend erscheint also die Erkenntnis, dass sich kollektive Identität jenseits des Nationalstaats nicht ohne transnationale Öffentlichkeit herausbilden kann. „Thus, a European public sphere as a transnational community of communication creates a collective European identity in the process of arguing and debating the common European fate" (Risse/van de Steeg 2003: 20; vgl. auch Fossum/Trenz 2005: 32). In diesem Sinne ist darauf hinzuweisen, dass der Prozess der Konstituierung einer kollektiven europäischen Identität ebenso wie der europäische Integrationsprozess insgesamt noch lange nicht abgeschlossen ist. Und angesichts der Tatsache, dass die zunehmende Verlagerung politischer Entscheidungskompetenzen auf die europäische Ebene zwangsläufig in gemeinsamen Erfahrungen – der Substanz kollektiver Identitätsbildung – mündet, kann davon ausgegangen werden, dass der Erfahrungsschatz, das Bewusstsein

---

[114] Eder plädiert in diesem Zusammenhang für eine minimalistische Konzeption europäischer Identität. Diese würde „die normative Funktion der Grenzziehung nach außen auf die bloße rechtlich Inklusion/Exklusion beschränken" (Eder 1999: 175) und sich damit im Gegensatz zu nationalen Identitäten durch weniger Dissens stiftende kulturspezifische Ab- und Eingrenzung auszeichnen.

[115] So schreibt Kielmansegg, dass es „Kommunikations- Erfahrungs- und Erinnerungsgemeinschaften [sind], in denen kollektive Identität sich herausbildet, sich stabilisiert, tradiert wird" (Kielmansegg 1996: 55). Und sofern Europa ob seiner Sprachenvielfalt und in Abwesenheit eines gemeinsamen Mediensystems keine Kommunikationsgemeinschaft darstelle, könne sich auch keine europäische Identität, die wiederum als Voraussetzung für die Demokratisierung der Europäischen Union zu verstehen sei, herausbilden (vgl. ebd.).

und auch die kommunikativen Interaktionen der Menschen zusehends europäisch gefärbt werden, sodass die Chancen für den Ausbau und die Festigung einer europäischen Identität durchaus optimistisch gewertet werden können.

### 3.2.3 Europäische Demokratie und Zivilgesellschaft

> *„Demokratie ist ein Name für ein Leben in freier und bereichernder Kommunikation" (Dewey 1927: 155)*

Oft ist die Rede von einem defizitären Zustand der Demokratie in der Europäischen Union. Das europapolitische Entscheidungshandeln im Brüsseler Machtzentrum sei nur unzureichend durch die Bürger legitimiert, und das EU-Parlament verfüge als einziges Repräsentativorgan im europäischen Institutionengefüge im Vergleich zu Kommission und Ministerrat nur über sehr begrenzte Möglichkeiten der Politikgestaltung. In diesem Sinne resultiere eine Inkongruenz von politischem Herrschaftsbereich und zivilgesellschaftlicher Einflussnahme, die zusätzlich noch dadurch verschärft werde, dass die Beteiligung der Unionsbürger an den Europawahlen seit ihrer Einführung 1979 stetig gesunken ist[116] (vgl. z.B. Meyer 2002: 46).

Historisch gesehen ist die Europäische Union nicht als demokratisches politisches Gebilde konzipiert. Vielmehr wurde sie als Wirtschaftsgemeinschaft auf der Basis von Vertragswerken geschaffen, und ihre Legitimität gründete sich in erster Linie auf ihre Funktionalität, das heißt ihre staatenübergreifende Problemlösungskompetenz[117]. Spätestens seit dem Vertrag von Maastricht sowie der Etablierung einer politischen Union jedoch werden zusehends mehr Entscheidungs- und Gesetzeskompetenzen von den nationalen Ebenen auf die europäische Ebene verlagert. Und weil dies bislang in erster Linie zugunsten der Regelungsgewalt von Ministerrat und Kommission geschieht – und erst in einem

---

[116] Während die Beteiligung an den Europawahlen 1979 im EU-Durchschnitt noch 61 Prozent betrug, waren es 2009 nur noch 43 Prozent (vgl. Fritzler/Unser 2001: 48; http://www.elections2009-results.eu).

[117] Diese Art der Legitimation wird Output-Legitimation genannt, insofern sie sich an dem Nutzen politischer Entscheidungen für das Gemeinwesen bemisst. Input-Legitimation hingegen, die vor allem in den Nationalstaaten realisiert ist, betont die Herrschaft durch das Volk und erachtet politische Entscheidungen genau dann als legitim, „wenn und weil sie den ‚Willen des Volkes' widerspiegeln" (Scharpf 1999b: 16) bzw. auf der Grundlage öffentlicher Deliberationsprozesse getroffen wurden.

zweiten Schritt zugunsten des EU-Parlaments, kann in der Tat von einem Defizit an Demokratie und zivilgesellschaftlich verwurzelter Legitimität gesprochen werden. In diesem Sinne wird das Demokratiedefizit der EU vor allem als Kongruenzproblem formuliert, scheinen die mehrfach gebrochenen Legitimationsstränge europapolitischen Entscheidungshandelns doch die Zurechnung des europapolitischen Agierens zu einem europäischen Volkssouverän beziehungsweise Demos zu erschweren. Anders ausgedrückt: der Geltungsbereich institutioneller Herrschaftsordnung ist in Europa nicht mehr deckungsgleich mit den für die Artikulation von Betroffenheit beziehungsweise die politische Teilhabe bereitstehenden gesellschaftlichen Räumen. (Vgl. Lodge 1996: 190f.; Maurer 2002: 16)

Die Vertreter postparlamentarischer Demokratietheorien kritisieren diese mit nationalstaatlich geeichten Maßstäben erstellten Defizitdiagnosen europäischer Demokratie (vgl. Benz 1998a, 1998b; Hix 1999). Sofern die EU nämlich ein demokratisches Gebilde sui generis darstelle, müssen sowohl demokratische Legitimation als auch Regierungshandeln auf europäischer Ebene anders als im Nationalstaat gedacht und konzeptualisiert werden. Europapolitisches Entscheidungshandeln muss dementsprechend als „neuartige Form des Netzwerkregierens" (Trenz/Klein/Koopmans 2003: 8) und die EU insgesamt als neuartige Form der Staatlichkeit bezeichnet werden, dem sich kein eindeutiges Korrelat zu dem aus dem Nationalstaat bekannten Demos zuordnen lässt (vgl. Trenz 2005b: 375). Das geschilderte Kongruenzproblem ist dementsprechend keine europäische Besonderheit, denn schon im Nationalstaat werden politische Entscheidungen getroffen, die nicht alle Bürger gleichermaßen betreffen beziehungsweise ihre Teilhabe provozieren. So werden in zunehmendem Maße Entscheidungsbereiche aus territorialstaatlichen, sprich nationalen oder subnationalen Kontexten in sachbezogene und damit funktional bestimmbare Interaktionssysteme überführt, woraus sich zwangsläufig Probleme der Abgrenzung und Zugehörigkeit ergeben. Ordnen sich die Individuen doch jeweils „unterschiedlichen, auch im Zeitverlauf wechselnden Sachzusammenhängen bzw. funktionalen Einheiten zu [.]; d.h. der Demos ist nicht nur schwer bestimmbar, sondern überdies ‚in flux': nicht ein für allemal festgelegt" (Abromeit/Schmidt 1998: 296). *Den* europäischen Demos beziehungsweise Volkssouverän wird es also vorläufig nicht geben – zumindest nicht in der Form wie er für den nationalstaatlichen Kontext postuliert wird. Stattdessen ist mit einer Vielzahl transnationaler Demoi zu rechnen, die sich „durch Sektoralisierung, Latenz, Temporalität, Subjektivität, Prozessualität und Anonymität auszeichnen" (ebd: 315)[118]. Folgerichtig macht es laut Habermas auch keinen Sinn, sich auf einen konkretistischen Begriff des Demos zu stützen, der dort, „wo nur noch Heterogenes anzutreffen ist, Homogenität vorspiegelt" (Habermas 1996: 191). Die Strukturmerkmale eines europäischen Demos sollten dementsprechend nicht länger in den nationalen, sondern in den bereits existierenden transnationalen Demoi gesucht werden (vgl. Eder 2000: 98).

Europäisches Regierungshandeln lässt sich vor dem Hintergrund der bisherigen Überlegungen am besten als mehrdimensionales Entscheidungshandeln beschreiben, bei dem demokratische Repräsentation sowohl auf parlamentarischen als auch auf alternativen wie etwa gouvernementalen und assoziativen Wegen stattfindet. Die Unionsbürger werden dabei nicht nur über die gewählten Abgeordneten im Europaparlament, sondern auch über ihre jeweiligen Regierungen im Ministerrat vertreten. Darüber hinaus können sie sich und ihre Interessen über Verbände in Ausschüssen und Politiknetzwerken einbringen und auf diese Weise Einfluss auf den europapolitischen Prozess ausüben. Indem europäisches Regieren dezentral, sprich über vielzählige Kanäle und mitunter beeinflusst von zivilgesellschaftlichen Assoziationen, NGOs und sozialen Bewegungen vonstatten geht, kann europäisches Regierungshandeln laut Eriksen nicht nur als funktional, sondern auch als deliberativ bezeichnet werden. (Vgl. Benz 1998a: 350ff.; Eriksen 2005: 356; Kohler-Koch 1999: 15f.) Sofern sich dem europäischen Netzwerkregieren allerdings keines der aus dem territorialen Nationalstaat bekannten Modelle überstülpen lässt, scheint hier eine Abkehr von territorialstaatlichen Konzepten hin zu funktionalen Handlungszusammenhängen vonnöten. In diesem Sinne formulieren Kettner und Schneider:

> „Die EU [...] stellt keine klare konstitutionelle Ordnung dar und produziert dennoch Gesetze mit direkter Auswirkung auf die Bürger der Mitgliedstaaten. Dieses Institutionengebilde macht deshalb einen ‚eigenen Maßstab für politische Legitimation' erforderlich, mit dem man die Klippe einer Idealisierung des Kontrastmodells ‚nationalstaatliche Demokratie' umschiffen und bei-

---

[118] Fuchs kritisiert in diesem Zusammenhang die weitläufig synonyme Verwendung der Begriffe ‚Demos' und ‚Nation'. Denn ein Demos, der zweifelsohne für eine demokratische Legitimierung politischen Entscheidungshandelns notwendig ist, ist sehr wohl „ohne das vorpolitische Substrat einer Nation möglich" (Fuchs 2000: 216). Während der Handlungsbereich des Demos das gesellschaftliche Funktionssystem Politik ist, „kann für die Nation kein bestimmter Handlungsbereich innerhalb der Gesellschaft identifiziert werden, und insofern ist der Handlungsbereich die [territorialstaatlich abgegrenzte] Gesellschaft insgesamt" (vgl. ebd.: 221).

spielsweise anerkennen kann, daß in Form einflussreicher, aber nicht demokratisch legitimierter Akteure, unabhängiger Institutionen und administrativ dominierter Gesetzesformulierung auch hier immer schon Abweichungen vom vermeintlichen Ideal universaler Kontrolle gegeben sind. Es geht also um die Bewertung von funktionalen Äquivalenten unter Berücksichtigung der Vorteile, die das kritisierte Modell trotz seiner Schwächen für die beteiligten Staaten erzeugt" (Kettner/Schneider 2000: 380).

Zusammenfassend lässt sich sagen, dass die Rede von einem Demokratiedefizit oder gar einer Demokratieunfähigkeit der EU stets mit ihren Referenzpunkten steht und fällt. Indem beispielsweise Kielmansegg (1996) die Demokratiefähigkeit der EU in Abrede stellt und dies mit dem Verweis auf die Nicht-Existenz einer europäischen Identität und Öffentlichkeit begründet, erhebt er die Demokratie zum nationalstaatlichen Exklusivum, welches im Zuge der Entgrenzung politischer Entscheidungsprozesse zwangsläufig an seine Grenzen stößt[119]. Solchen pessimistischen Einschätzungen können das beschriebene postparlamentarische Demokratiekonzept, aber auch das von Held (1995) entworfene Konzept einer kosmopolitischen Demokratie[120] konstruktiv entgegen stehen. Denn statt europäische Realität mit nationalstaatlichen Maßstäben messen zu wollen, fokussieren sie die Funktionalität existierender Legitimationsmechanismen[121].

Was nun die Herausbildung einer europäischen Zivilgesellschaft als Gegenstück zum europapolitischen Herrschaftszentrum anbelangt, so ist zunächst einmal offensichtlich, dass die Menschen in Europa vor allem nationalstaatlich sozialisiert sind, sodass sie – ihre Rechte als Staatsbürger selbstbewusst wahrnehmend – erst einmal lernen müssen, dass politische Herrschaft auf europäi-

---

[119] Genau dies ist die These von Guéhenno, der 1994 gar das Ende der Demokratie postulierte. Zu groß sei „die menschliche Gemeinschaft [...] geworden, um noch ein politisches Gemeinwesen zu bilden" (Guéhenno 1994: 13).

[120] „The establishment of a cosmopolitan model of democracy is a way of seeking to strengthen democracy ‚within' communities and civil associations by elaborating and reinforcing democracy from ‚outside' through a network of regional and international agencies and assemblies that cut across spatially delimited locales" (Held 1995: 237). Eine kosmopolitische Demokratie bedarf somit keiner umfassenden politisch-kulturellen Integration (vgl. ebd.: 282).

[121] Gleichwohl bedeutet die Kritik der These vom Demokratiedefizit nicht, dass die europäische Demokratie nicht verbesserungs- bzw. entwicklungswürdig wäre. Von politikwissenschaftlicher Warte aus gibt es dazu unterschiedliche Reformvorschläge – etwa in der Form einer Stärkung der Mitspracherechte des EU-Parlaments (vgl. Christiansen 1998: 52; Maurer 2002: 435).

scher Ebene anderen Spielregeln gehorcht und dass ihre Einflussmöglichkeiten dort anders gestaltet sind als im Nationalstaat. In diesem Sinne kann die Herausbildung einer europäischen Zivilgesellschaft als ein Prozess des Erfahrens und des Lernens im Zuge einer voranschreitenden europäischen Integration begriffen werden. Wenngleich die EU den Integrationsprozess lange Zeit vermittels ihrer Funktionalität und getragen von einem permessiven Konsens vorantreiben konnte, so scheint diese Rechnung mit zunehmender Tiefe und Politisierung des Integrationsprozesses allerdings nicht mehr aufzugehen. Äußern die Unionsbürger doch immer öfter Unmut über europapolitische Initiativen und Entscheidungen, sodass die europäische Zivilgesellschaft nicht nur aus einer konzeptionellen, sondern auch aus einer politischen Perspektive mehr Aufmerksamkeit verlangt.

In Bezug auf die Zivilgesellschaft als Begriff und Konzept lässt sich sagen, dass dieses gleichsam den abstrakten Ort darstellt, an dem bürgerliches Engagement, Interessenartikulation und Problematisierung realisiert werden. Sie kann dementsprechend als eine „diskursiv strukturierte, selbstgesteuerte und an die Lebenswelt angebundene, gemeinwohlorientierte Publikumskonstellation" (Eilders/Hasebrink/Herzog 2006: 355) definiert werden[122]. Das Konzept der Bürgerschaft beinhaltet dagegen bereits ein partizipatorisches Moment, verweist es doch auf bestimmte Rechte und Pflichten für die Mitglieder eines politischen Handlungsraums ebenso wie auf eine spezifische Rolle – nämlich die des Bürgers, deren Ausübung verschiedene Arten und Abstufungen von Partizipation am politischen Prozess und Diskurs beinhaltet[123]. (Vgl. Held 1991: 20; Soysal

---

[122] Cohen und Arato (1992) unterscheiden im Hinblick auf das Konzept der Zivilgesellschaft zwischen einer ‚political society', zusammengesetzt aus politischen Parteien, Organisationen und Interessengruppen, einer ‚economic society', bestehend aus Akteuren der Produktion und Distribution, Firmen und -Kooperationen, und einer ‚civil society', die sie als Sphäre der gesellschaftlichen Assoziationen, sozialen Bewegungen sowie öffentlicher Kommunikation bezeichnen (vgl. Cohen/Arato 1992: ix).

[123] Politische Partizipation wird hier v.a. als kommunikative Partizipation verstanden, d.h. Aufmerksamkeit für politisches Agieren und seine Konsequenzen sowie entsprechende kommunikative Anschlusshandlungen (vgl. z.B. Clark 2000: 5; Livingstone/Lunt 1994: 28ff.). Diese Definition ist recht weit gefasst und umschließt gleichsam diejenigen Begriffskonzeptionen, die politische Partizipation eng an verfassungsmäßig gewährte bürgerliche Rechte und Pflichten wie die Beteiligung an politischen Wahlen binden (vgl. z.B. Verba/Nie 1972: 9). Sinnvoll erscheint ein kommunikatives Verständnis von politischer Partizipation v.a. deshalb, weil es eben nicht nur auf die formellen Akte politischer Partizipation abstellt, sondern zudem die Bedeutung des alltäglichen bzw. interaktionistischen Fundaments politischen Engagements und politischer Partizipation betont. Für eine sinnvolle Differenzierung verschiede-

2001: 160) Die Rede von der Nicht-Existenz einer europäischen Zivilgesell-
schaft, die gepaart mit der Klage über einen defizitären Zustand europäischer
Identität und Öffentlichkeit oft als Ursache für ein europäisches Demokratiedefizit in Anschlag gebracht wird (vgl. z.B. Grimm 1995; Kielmansegg 1996;
Scharpf 1999a, 1999b), scheint vor dem Hintergrund der bisherigen Überlegungen zum sui generis-Charakter der EU einmal mehr von nationalstaatlichen
Maßstäben gestützt zu werden. Zweifelsohne ist die Zivilgesellschaft als Ort,
Träger und Adressat demokratischen Zusammenlebens unabdingbar für eine
funktionstüchtige Demokratie, doch lässt sich mit Blick auf ihre Konstituierung
sagen, dass eine

> „lebendige europäische Demokratie [.] nicht notwendig [heißt], dass eine neue,
> europäische Zivilgesellschaft entsteht, sondern dass sich das alltägliche, poli-
> tisch relevante Engagement der Bürger seines europäischen Horizonts bewusst
> wird. Die lokalen und nationalen zivilgesellschaftlichen Akteure in den Mit-
> gliedsländern *sind* die europäische Zivilgesellschaft" (Kantner 2004: 101).

In diesem Sinne kann die Herausbildung einer europäischen Zivilgesellschaft
weder „unter Festhaltung des ‚normativistischen' Integrationsmodells nationaler
Gesellschaften noch als Synthese der Mitgliedsländer zu einer höheren Form
der Einheit" (Trenz 2005a: 33) erfasst werden. Vielmehr muss sie als eine Art
Symbiose europäischer Gesellschaften, „die ihre Einheit sowohl funktional als
auch segmentär-national [...] festlegen und zu unterschiedlichen, auch historisch
determinierten Einheitssemantiken zusammenfügen können" (ebd.), verstanden
werden[124]. Die Formierung oder Bewusstwerdung einer europäischen Zivilgesellschaft – genauso wie die einer europäischen Identität – bedarf somit zuvorderst kommunikativer Praktiken über gemeinsame politische Gegenstände und
Probleme. Im Verlauf solcher Kommunikationsprozesse können sich die Menschen ihrer Zugehörigkeit zu einer gemeinsamen ‚politischen Schicksalsgemein-
schaft' bewusst werden, Partizipationschancen für sich selbst entdecken und
einfordern. In diesem Sinne „stellt Europa keinen qualitativ neuen Fall der politischen Vergemeinschaftung dar, sondern nur einen komplexeren" (ebd.: 104).
Und rechtliche Institutionalisierung und Verfassungsgebung können dabei als

---

ner Stufen politischer Partizipation – beginnend bei Information, über Kommunikation, bis
hin zu Deliberation und Partizipation im engeren Sinne – vgl. Arnstein (1969).
[124] Zur europäischen Zivilgesellschaft vgl. auch die Arbeiten von Delanty/Rumford (2005),
Rumford (2003), Trenz (2005b), Closa (2001), Smismans (2002, 2005), Soysal (2001) sowie
den Sammelband von Knodt/Finke (2005).

Initiatoren und Katalysatoren für die Entstehung einer europäischen Zivilgesellschaft und Öffentlichkeit fungieren (vgl. Habermas 1996: 191).

Was nun das Verhältnis von Demokratie, Öffentlichkeit und Zivilgesellschaft in Europa anbelangt, so lässt sich dieses mit Liebert insofern als paradox bezeichnen, als legitimes Regieren auch jenseits des Nationalstaats nicht auf Öffentlichkeit verzichten kann, die Bedingungen für ihr Entstehen aber erst selber schaffen muss (vgl. Liebert 2003: 75). Dementsprechend wird die Demokratisierung der EU zuweilen als Voraussetzung für die Herausbildung einer europäischen Öffentlichkeit angesehen (vgl. Gerhards 2000b: 292), und andernorts wird das vermeintliche Demokratiedefizit der EU als Ergebnis einer nicht existierenden europäischen Öffentlichkeit gewertet (vgl. Kohler-Koch 1998: 19; Kopper 1997: 10). Ungeachtet dieser differenten Einschätzungen steht indes fest, dass die Etablierung von Demokratie und Öffentlichkeit in Europa ebenso wie die Herausbildung einer europäischen Zivilgesellschaft eng miteinander verzahnt sind. Wenngleich in der wissenschaftlichen Debatte nach wie vor umstritten ist, wie demokratisches Regieren und Zivilgesellschaft auf europäischer Ebene überhaupt funktionieren beziehungsweise zu konzeptualisieren sind und ob es ein Demokratiedefizit gibt oder nicht, so haben die voran stehenden Ausführungen doch deutlich gemacht, dass es keinen Sinn macht, nationalstaatliche Maßstäbe an die europapolitische Ordnung anzulegen und sodann angesichts eines mit dem gewählten Instrumentarium nicht erkennbaren europäischen Demos, einer europäischen Identität sowie einer europäischen Öffentlichkeit auf die Nicht-Existenz oder gar Unmöglichkeit europäischer Demokratie zu schließen. Vielmehr gilt es, die nationalstaatlichen Demokratie- und auch Öffentlichkeitsmodelle auf ihre Adäquatheit für den europäischen Raum hin zu reflektieren und gegebenenfalls zu reformulieren (vgl. Abromeit 2003: 49ff.). Erforderlich scheint dabei vor allem eine Loslösung des theoretischen Begriffsapparates von territorialen Bezugspunkten, und zwar zugunsten einer Fokussierung funktionaler Mechanismen und Sachzusammenhänge. In diesem Sinne wird ein europäischer Demos kaum als ein homogenes Konstrukt kristallisieren, sondern vielmehr bildet er ein Ensemble vielzähliger transnationaler Demoi, die sich situationsspezifisch und sachbezogen formieren. Wie Fuchs (2000) in diesem Zusammenhang überzeugend herausgearbeitet hat, muss ein europäischer Demos[125] keineswegs auf dem vorpolitischen Substrat einer kollektiven Identi-

---

[125] Die Konstitution eines Demos vollzieht sich laut Fuchs in drei Schritten: „Erstens die formale Definition des Demos durch eine Verfassung. Zweitens die kognitive Wahrnehmung dieses Demos durch seine Mitglieder und das subjektive Verständnis der Mitglieder als Angehörige des Demos. Drittens die Identifikation der Mitglieder mit dem Demos" (Fuchs 2000: 219).

tät oder gar einer Nation basieren, sondern stattdessen bildet er sich auf der Grundlage einer demokratischen Rechtsordnung sowie im Verlauf öffentlicher Kommunikationsprozesse, in denen die Menschen sich ihrer Zugehörigkeit zu einer europäischen politischen Gemeinschaft bewusst werden. Und dabei kommt es eben nicht auf den Bezug zu einem festgelegten Territorium, sondern auf die kommunikativen Praktiken an, mit deren Hilfe der politische Raum eröffnet und demokratisiert wird sowie Öffentlichkeit und kollektive Identität konstruiert und tradiert werden. Mit Habermas lässt sich mit Blick auf den Zusammenhang von europäischer Demokratie und Öffentlichkeit festhalten, dass das Prädikat ‚demokratisch' erst dann und uneingeschränkt auf Europa zutrifft, wenn „ein Kommunikationszusammenhang [entsteht], der über die Grenzen der bisher national eingespielten Öffentlichkeiten hinausgreift" (Habermas 1996: 190)[126]. Und wie Kantner treffend formuliert, werden eine europäische Zivilgesellschaft und Öffentlichkeit weder durch die politischen Institutionen ad hoc generiert, „noch entwickeln sich diese unabhängig von einem rechtlich institutionalisierten Raum politischer Kommunikation, um dann irgendwann nach Absolvieren einer Art Reifeprüfung in die Demokratie entlassen zu werden" (Kantner 2004: 110). In diesem Sinne lässt sich argumentieren, dass europäische Demokratie und Zivilgesellschaft ebenso wenig wie eine kollektive europäische Identität als Voraussetzungen für die Emergenz europäischer Öffentlichkeit angesehen werden können. „Rather they are created within citizens' communicative practices concerned with common problems. The resulting conflicts, contestations and oppositional perspectives do not hinder European public communication as well as the European integration process, but conversely, act as their catalysts" (Lingenberg 2006a: 129f.).

## 3.3 Drei Modelle europäischer Öffentlichkeit

Im Rahmen der wissenschaftlichen Debatte um die Existenz, Strukturbedingungen und Beschaffenheit einer europäischen Öffentlichkeit haben sich verschiedene Erklärungsansätze herauskristallisiert. Im Wesentlichen können dabei drei Modellvorstellungen unterschieden werden: supranationale europäische Öffentlichkeit, Europäisierung nationaler Öffentlichkeiten sowie transnationale

---

[126] Abromeit (2003: 49ff.) verweist auf die Defizite der Debatte um eine europäische Demokratie. Auch wenn viele Politikwissenschaftler den Ist-Zustand als gar nicht so trostlos einschätzen, so fallen doch ihre Urteile über das Ausmaß der Demokratisierung bzw. eines Demokratiedefizits sehr unterschiedlich aus. Das europäische Demokratiedefizit sei deshalb nicht zuletzt ein Theoriedefizit (vgl. ebd.: 51).

Teilöffentlichkeiten in Europa (vgl. Lingenberg 2006a: 123f., 2008: 43ff.). Diese drei Modelle werden im Folgenden vorgestellt, kritisch diskutiert und hinsichtlich ihrer Anschlussfähigkeit für die Forschungsziele dieser Arbeit – nämlich die Rolle sowie die Praktiken des Publikums bei der Konstituierung von Öffentlichkeit herauszuarbeiten – reflektiert.

### 3.3.1 Supranationale europäische Öffentlichkeit

Das Modell einer supranationalen[127] europäischen Öffentlichkeit postuliert die Herausbildung eines homogenen, die nationalen Öffentlichkeitsarenen überspannenden Kommunikationsraums, der von europäischen Medien und von einem europäischen Publikum getragen wird. Die Existenz einer gemeinsamen Sprache und Identität sowie geteilter kultureller Werte werden dabei zur Existenzbedingung erhoben (vgl. Grimm 1995; Kielmansegg 1996). „Unter einer länderübergreifenden europäischen Öffentlichkeit kann man sich ein einheitliches Mediensystem vorstellen, dessen Informationen und Inhalte in den verschiedenen Ländern der EU rezipiert werden" (Gerhards 2002: 142), „gleichsam eine ARD für Westeuropa" (ders. 1993a: 100). Auf diese Weise kann nach Gerhards eine Integration der Unionsländer auf europäischer Ebene gewährleistet werden (vgl. ders. 2000b: 288). Die Emergenz einer supranationalen europäischen Öffentlichkeit erscheint damit sehr voraussetzungsvoll und in Anbetracht der gegebenen sprachlichen, kulturellen und medialen Heterogenität sowie technischer und rezeptionsbedingter Schwierigkeiten der Etablierung gesamteuropäischer Medien[128] in absehbarer Zeit kaum realisierbar (vgl. Neidhardt/Koopmans/Pfetsch 2000: 264). Aus der Perspektive des ersten Modells gibt es also keine europäische Öffentlichkeit, und die für Europa typischen Strukturbedingungen wie die Pluralität der Sprachen, Kulturen und Medien werden dementsprechend als ‚Trägheitsmomente' ihrer Entstehung bezeichnet. (Vgl. Gerhards 1993a: 100, 2000b: 291; Kielmansegg 1996: 55f.)

Kritisieren lässt sich dieses erste Modell hinsichtlich der Plausibilität der Forderung nach gemeinsamen Medien sowie einer gemeinsamen Sprache und kulturellen Basis. Denn im Grunde genommen werden solche Homogenitätsansprüche schon im Nationalstaat kaum erfüllt – mit dem einzigen Unterschied

---

[127] Der Begriff ‚supranational' stellt v.a. auf die neuartige politische Struktur der EU ab, die mit ihren Kompetenzen ‚oberhalb' der nationalstaatlichen Ebene angesiedelt ist (vgl. Kaelble/Kirsch/Schmidt-Gernig 2002: 9).

[128] Vgl. dazu Kapitel 3.2.1.

allerdings, dass „im Rahmen der historisch gewachsenen Nationalstaaten die Fiktion einer homogenen Öffentlichkeit unter Berufung auf den die Segmentierung überwindenden ‚demos' noch am ehesten aufrecht zu erhalten ist" (Eder/Kantner/Trenz 1998: 325; vgl. auch Kleinen-von Königslöw 2007, 2008). Außerdem statuieren multilinguale, -mediale und -kulturelle Staaten wie die Schweiz, Belgien oder Kanada Beispiele für die Möglichkeit und auch das Gelingen öffentlicher politischer Kommunikation (vgl. Kriesi 1992). In diesem Sinne und vor dem Hintergrund der in Kapitel 3.2.1 angestellten Überlegungen zur öffentlichkeitstheoretischen Bedeutung sprachlicher, medialer und kultureller Vielfalt entpuppt sich der allzu vereinfachende Transfer einer nationalstaatlichen Öffentlichkeitsvorstellung auf die europäische Ebene als theoretisch und empirisch unfruchtbar. Indem die Vorstellung einer supranationalen europäischen Öffentlichkeit nämlich in Anbetracht der in Europa vorherrschenden Strukturbedingungen die Möglichkeit ihrer Existenz negiert, verstellt sie gleichsam den Blick auf die Realität womöglich längst stattfindender öffentlicher Kommunikationsprozesse, die mit nationalstaatlich verhafteten Konzepten nicht zu greifen sind und die für einen neuerlichen Strukturwandel der Öffentlichkeit im transnationalen Raum sprechen (vgl. Koller 2004: 193ff.; Meyer 2000: 107ff.; Nanz 2007: 19f.; Trenz 2000: 332ff.). Dementsprechend, so streichen Latzer und Saurwein heraus, muss jeder Versuch einer Konzeptualisierung europäischer Öffentlichkeit mit der Reflektion gängiger Öffentlichkeitsvorstellungen im Hinblick auf ihre Brauchbarkeit für den transnationalen Raum beginnen (vgl. Latzer/Saurwein 2006: 37). Und somit lässt sich festhalten, dass Öffentlichkeit – im nationalen ebenso wie im europäischen Kontext – weder auf zentralisierte Medien noch auf eine einheitliche Sprache oder Kultur angewiesen ist, vielmehr kann die Diffusion europapolitischer Themen und Diskurse auch dezentralisiert und über nationalstaatlich verankerte Massenmedien gedacht und realisiert werden. Das Modell einer länderübergreifenden supranationalen Öffentlichkeit erscheint damit wenig geeignet, um die Realität womöglich bereits stattfindender öffentlicher Kommunikation in Europa adäquat zu erfassen und zu erklären. (Vgl. Eder/Kantner 2000: 312; Lingenberg 2006b: 53f.; Risse/van de Steeg 2003: 14)

### 3.3.2 Europäisierung nationaler Öffentlichkeiten

Das Modell der Europäisierung nationaler Öffentlichkeiten postuliert „zum einen die Thematisierung europäischer Themen in den jeweiligen nationalen Medien, zum zweiten die Bewertung dieser Themen unter einer europäischen

[...] die nationalstaatliche Perspektive transzendierende" (Gerhards 1993a: 99ff.) und auf ein gesamteuropäisches Interesse bezogenen Perspektive (vgl. ebd.). Empirisch scheint dieses Modell realistischer und mit weniger Problemen behaftet als das erste, baut es doch auf die etablierten nationalen Medienarenen und verlangt deren zunehmende Referenz auf europäische Institutionen, Akteure und Politiken (vgl. van de Steeg 2000: 64). „Thus, if there is a European public discourse to be discovered and evaluated, it is to be found and developed – in the context of national and local media outlets that domesticate European issues" (Kunelius/Sparks 2001: 18). Sofern die Möglichkeit einer europäischen Öffentlichkeit im Rahmen des zweiten Modells also nicht an die Existenz eines homogenen sprachlich-kulturellen und medialen Ordnungsrahmens gebunden ist, wird europäische Öffentlichkeit eben nicht als umfassender homogener Kommunikationsraum, sondern als „patch-work of Europeanized national spheres" (de Beus/Mak 2001: 354) verstanden.

Was nun die empirische Realität der Europäisierung nationaler Öffentlichkeiten anbelangt, so belegen verschiedene Studien zur Europaberichterstattung in nationalen Medien eine im Zeitverlauf leicht ansteigende, aber im Vergleich zu nationalpolitischen Themen relativ geringe Präsenz von EU-Themen. So konnte Gerhards vermittels der Sekundäranalyse einer Studie zur politischen Berichterstattung dreier überregionaler deutscher Tageszeitungen (Frankfurter Allgemeine Zeitung, Süddeutsche Zeitung, die Welt) zwischen 1951-1995 zeigen, dass europäische Themen im Vergleich zu nationalen und anderen transnationalen Themen deutlich unterrepräsentiert bleiben. Ihr durchschnittlicher und für den Untersuchungszeitraum relativ konstanter Anteilswert liegt bei 6,9 Prozent, wonach laut Gerhards keine Europäisierung der deutschen Öffentlichkeit erkennbar ist. (Vgl. Gerhards 2000a: 55f.) Darüber hinaus – so die Ergebnisse einer Befragung europapolitischer Journalisten in Brüssel – werden EU-Themen vornehmlich aus einer nationalstaatlichen und nicht aus einer auf ein gesamteuropäisches Interesse bezogenen Perspektive geschildert. Das heißt die Medien berichten zumeist „aus der Perspektive des jeweiligen nationalstaatlichen Interesses", sodass „das dominante Muster der Meinungsbildung [.] weiterhin nationalstaatlich geprägt" (ebd.) ist. In Anbetracht solcher Befunde schlussfolgert Gerhards eine Defizitdiagnose europäischer Öffentlichkeit[129]. Zu ganz ähnli-

---

[129] Als Ursachen hierfür nennt Gerhards den geringen Nachrichtenwert europäischen Regierungshandelns, sprich wenig Konflikt, Dramatik und Personalisierung bei hoher Komplexität der Entscheidungsabläufe, eine schwach institutionalisierte Opposition, eine zu geringe Motivation der EU für entsprechende PR-Aktivitäten sowie eine zu geringe Zahl an Korrespondenten in Brüssel (vgl. Gerhards 1993a: 103ff.). Strukturell müsse dies v.a. auf die Inkongruenz zwischen dem Ausmaß europapolitischen Entscheidungshandelns sowie den bürgerli-

chen Ergebnissen gelangen auch andere Studien. Sievert beispielsweise errech-
net im Rahmen seiner inhaltsanalytischen Untersuchung von zehn Nachrich-
tenmagazinen in fünf Unionsländern einen Anteilswert von 1 bis 5,8 Prozent
europapolitischer Themen an der Gesamtberichterstattung für das erste Halb-
jahr 1994 (vgl. Sievert 1998: 282). Und Eilders und Voltmer finden bei ihrer
inhaltsanalytischen Untersuchung politischer Kommentare in fünf überregiona-
len deutschen Tageszeitungen für den Zeitraum zwischen 1994 und 1998 einen
Anteil von gerade einmal 5,6 Prozent europäischer Themen[130] (vgl. Eil-
ders/Voltmer 2003: 257ff.; 2004: 368ff.) [131]. Die Tatsache, dass die Designs der
empirischen Studien zur Europaberichterstattung in nationalen Medien mitunter divergieren, erschwert bisweilen die Vergleichbarkeit ihrer Ergebnisse und
Schlussfolgerungen[132] (vgl. Neidhardt 2006: 47). Während Eilders und Voltmer
zum Beispiel ‚Europäisierung' vermittels der Darstellung des Verflechtungsgra-
des nationaler und europäischer Politik bestimmen (vgl. Eilders/Voltmer 2004:
370), differenzieren andere Studien darüber hinaus zwischen einer vertikalen
und einer horizontalen Europäisierung. Dabei meint ersteres den Verweis auf
EU-Institutionen, -Akteure und -Politiken und letzteres den Verweis auf politische Entwicklungen und Akteure anderer Unionsländer[133]. (Vgl. z.B.
Adolf/Wallner 2005; Koopmans/Erbe 2003; Peters/Wessler 2006; Wessler et
al. 2008) Wenngleich also die Designs und Detailergebnisse der empirischen

---

chen Mitspracherechten zurückgeführt werden, sodass das Defizit europäischer Öffentlichkeit eine direkte Konsequenz des europäischen Demokratiedefizits darstelle. Abhilfe könne
dementsprechend nur eine institutionelle Reform der EU schaffen, und zwar im Sinne einer
Behebung des gestörten Kongruenzverhältnisses zwischen Herrschaftsträgern und Unionsbürgern, sprich über eine Beseitigung des europäischen Demokratiedefizits (vgl. Gerhards
2000b: 287f., 297ff., 2002: 299f.).

[130] Im Zeitverlauf war eine leichte Zunahme der EU-Themen beobachtbar (1994: 5,8%,
1995: 1,9% und 1998: 9%) (vgl. Eilders/Voltmer 2004: 370ff.).

[131] Die von Eilders und Voltmer durchgeführte Studie zeigt ebenfalls, dass EU-Themen, die
insgesamt recht wenig auf der Medienagenda vertreten sind, zumeist im nationalen Kontext
und mit nationalen Bezügen dargestellt werden. Dies spricht den Autorinnen zufolge für ein
Bemühen, „die möglichen Konsequenzen der EU-Politik für das Leben des Publikums zu
verdeutlichen" (Eilders/Voltmer 2004: 381), was jedoch durchaus positiv zu bewerten sei.

[132] So kommt Trenz bei seiner Analyse nationaler Tageszeitungen auf einen Europäisierungs-
grad von 40,4 bis 55,2 Prozent für das letzte Drittel des Jahres 2000 (vgl. Trenz 2004: 297f.).
Dieser doch beachtlich höhere Anteil europäischer Bezugnahmen lässt sich jedoch zum einen
mit der Fokussierung auf Qualitätszeitungen und zum anderen mit der Codierung des gesamten Nachrichtenteils sowie jedweder Europareferenz erklären (vgl. Neidhardt 2006: 47).

[133] Für kritische Zusammenfassungen der Diskussion um adäquate Parameter zur Messung
von ‚Interdiskursivität' und ‚Transnationalität' von europapolitischen Diskursen vgl.
Eder/Kantner (2000, 2002), Eilders/Voltmer (2003), van de Steeg (2003).

Studien variieren, so gelangen die Vertreter des Modells einer Europäisierung nationaler Öffentlichkeiten doch zumeist und übereinstimmend zu einer Defizitdiagnose europäischer Öffentlichkeit (vgl. Gerhards 2000a: 55f; Eilders/Voltmer 2003: 257ff.; Wessler et al. 2008: 42).

Was nun die Kritik dieses Modells anbelangt, so ist dreierlei anzumerken: Erstens wird kein Maßstab zur Bewertung des Europäisierungsgrades der verschiedenen nationalen Medienarenen geliefert. Problematisch ist dies insofern, als jede Defizitdiagnose mit ihrer Referenzgröße steht und fällt. Dementsprechend bleibt am Ende unklar, welches Europäisierungsniveau überhaupt erreicht werden muss, um eine europäische Öffentlichkeit zu konstituieren. Und folgerichtig können die Ergebnisse der beschriebenen Medienanalysen ganz unterschiedlich gelesen werden. Womöglich ist ein Anteil von sechs Prozent europapolitischer Themen an der politischen Gesamtberichterstattung nämlich schon ausreichend für die Konstituierung einer europäischen Öffentlichkeit. Zum zweiten bleibt offen, inwiefern die Europäisierung der 27 verschiedenen nationalen Arenen synchron vonstatten gehen soll und ob am Ende dieselben Europäisierungsniveaus erreicht werden müssen. Und schließlich kann drittens bezweifelt werden, ob die geforderte europäische, von nationalstaatlichen Egoismen losgelöste Perspektive auf europapolitische Gegenstände je erreichbar beziehungsweise überhaupt vonnöten ist. Wie Risse und van de Steeg anmerken, ist die Forderung einer geteilten europäischen Perspektive außerdem unterschiedlich auslegbar: Sofern damit nämlich eine Referenz auf geteilte Bedeutungsstrukturen bei der Diskussion europapolitischer Themen gemeint ist, so sei dieser Forderung durchaus zuzustimmen. Wenn das Argument aber bedeute, dass europäische Themen im Hinblick darauf diskutiert werden müssen, ob sie die europäische Integration vorantreiben oder bremsen, oder gar ein gemeinsamer Standpunkt – wie von Gerhards postuliert (vgl. Gerhards 1993a: 102) – vorausgesetzt wird, dann sei Widerspruch einzulegen[134]. „Agreement about European policies across boundaries, ideological and other cleavages cannot serve as an indicator for the existence or non-existence of a European public Sphere" (Risse/van de Steeg 2003: 14; Risse 2002: 18; vgl. auch Eder/Kantner/Trenz 2000). In diesem Sinne lässt sich hier auf die Ausführungen in Kapitel 2.3.3 verweisen, in dem argumentiert wurde, dass es gerade die unterschiedlichen Perspektiven auf gemeinsame Probleme und Gegenstände

---

[134] In späteren Texten formuliert Gerhards das Postulat einer europäischen Perspektive wohlgemerkt weniger restriktiv und nicht mehr explizit auf ein gemeinsames europäisches Interesse bezogen (vgl. Gerhards 2002: 142).

sind, die ebendiese Gegenstände und auch das Gespräch darüber konstituieren.
George H. Mead bringt diese Überlegungen auf den Punkt, indem er schreibt:

> „Perspektiven sind weder Verzerrungen von irgendwelchen vollkommenen
> Strukturen, noch Selektionen des Bewusstseins aus der Gegenstandsmenge,
> deren Realität in einer Welt der Dinge an sich zu suchen ist. Sie sind in ihrer
> wechselseitigen Bezogenheit aufeinander die Natur, die die Wissenschaft
> kennt. […] eine Welt unabhängiger physikalischer Wesenheiten, von denen
> Perspektiven lediglich Selektionen wären, gibt es nicht. An die Stelle der Welt
> tritt die Gesamtheit der Perspektiven in ihren Wechselbeziehungen zueinan-
> der" (Mead 1987: 213).

Insofern also unterschiedliche Perspektiven konstitutiv für geteilte Gegenstände
und das entsprechende Gespräch sind, „wird ein Problem [.] gerade deshalb
zum europäischen Thema, *weil* beispielsweise Briten darüber anders denken als
die Schweden" (Kantner 2004: 118). Die nationalen Medien liefern somit
zwangsläufig ihrem nationalen Publikum diejenigen Argumente, die für die
eigene und idealiter im diskursiven Sinne gegen andere Perspektiven sprechen.
Folgerichtig können Konflikte und Krisen, die unterschiedliche Perspektive auf
den Kommunikationsgegenstand gleichsam voraussetzen, als Katalysatoren für
die Emergenz von Öffentlichkeit gewertet werden. „Contestation is a crucial
pre-condition for the emergence of a European public sphere rather than an
indicator for its absence" (Risse/van de Steeg 2003: 15). Vor dem Hintergrund
dieser Überlegungen – so lässt sich abschließend festhalten – wäre hier die Rede
von einer Domestizierung Europas in den nationalen Öffentlichkeiten wohl
angemessener als die von einer Europäisierung nationaler Öffentlichkeiten.

### 3.3.3  Netzwerk themen- und ereigniszentrierter Teilöffentlichkeiten

Beginnend mit der Kritik der in den ersten beiden Modellen postulierten Defizitdiagnosen versteht der dritte Ansatz europäische Öffentlichkeit als ein Netzwerk themen- und ereigniszentrierter Teilöffentlichkeiten, das durch transnationale Diskurse konstituiert wird und genau dann existiert, wenn die gleichen
Themen zur gleichen Zeit unter gleichen Relevanzgesichtspunkten diskutiert
werden. Die Diskussion europäischer Themen unter gleichen Relevanzgesichtspunkten meint dabei keine gemeinsame europäische Perspektive, sondern eine
geteilte Bedeutungszuweisung für bestimmte Probleme, die sodann kontrovers
diskutiert werden können (vgl. Habermas 1996: 190; Eder/Kantner 2000: 315;

Kantner 2004: 155). Die entsprechenden Diskurse werden dabei über nationale Medien transportiert, sodass sich die Menschen in ihren jeweils eigenen kulturellen Kontexten und Sprachen daran beteiligen können. Kritisiert werden die Vorstellung einer supranationalen europäischen Öffentlichkeit sowie die einer Europäisierung nationaler Öffentlichkeiten vor allem dahingehend, dass sie die Kompatibilität normativer, im Nationalstaat entwickelter Öffentlichkeitstheorien mit Europa gar nicht erst in Frage stellen (vgl. Latzer/Saurwein 2006: 15). Womöglich aber reichen diese traditionellen Theorien gar nicht mehr aus, um die Struktur und Funktionsweise von Öffentlichkeit jenseits des Nationalstaats hinreichend erfassen und erklären zu können. Stattdessen laufen sie Gefahr, „ein Nichts dort sehen zu müssen, wo sich abweichend von der idealen Beschreibung reale Wirklichkeit öffentlicher Kommunikation ausmachen lässt" (Eder/Kantner 2000: 326), sprich wo sich in Anpassung an das dynamische Mehrebenensystem Europa womöglich neuartige Formen von Öffentlichkeit herausbilden. Eine Defizitdiagnose europäischer Öffentlichkeit wäre laut Kantner nur dann plausibel, wenn öffentliche Kommunikation und Verständigung ausschließlich über dieselbe Sprache, dieselben Medien und mit demselben kulturellen Hintergrund möglich wären (vgl. Kantner 2004: 130)[135]. Aus einer philosophisch-hermeneutischen Perspektive sind dies jedoch – wie bereits in Kapitel 3.3.3 argumentiert – keine notwendigen Voraussetzungen für die Möglichkeit und das Stattfinden europapolitischer öffentlicher Kommunikation[136]. Sofern es auf europäischer Ebene also offenbar kein Äquivalent zu den nationalstaatlichen Öffentlichkeiten gibt, wird hier eine Revision von normativen Öffentlichkeitskonzepten postuliert, um so den Strukturwandel von Öffentlichkeit, der sich im transnationalen Kontext und in Anpassung an die Spezifika der europäischen institutionellen Herrschaftsordnung abzeichnet, in den Blick zu bekommen (vgl. Koller 2004: 193ff.; Trenz 2002: 34ff., 2005b: 383). Wie Trenz formuliert, bedeutet Regieren jenseits des Nationalstaats nämlich die „Auflösung des klassischen Verhältnisses zwischen Zentrum und Peripherie [...], oder zumindest, wenn nicht Auflösung, so Verlagerung auf mehrere Zentren" (ders. 2002: 34). In der Folge zieht dies die Herausbildung mehrerer Öffentlichkeiten nach sich, die sich „nicht mehr ausschließlich aus den nationalen Öffentlichkeiten ableiten" (ebd.), also mit territorialer, mediensystemischer, sprachlicher und

---

[135] Cathleen Kantner hat mit ihrer Dissertationsschrift (2004) ein pragmatisch-hermeneutisches Diskursmodell europäischer Öffentlichkeit vorgelegt. Darin arbeitet sie überzeugend heraus, dass und inwiefern öffentliche Kommunikation im europäischen Kontext möglich ist und bereits stattfindet.

[136] Vgl. dazu die Arbeiten von Gadamer (1990, 1993) und Tietz (2001).

kultureller Bezüglichkeit greifen lassen. (Vgl. Eder/Kantner 2000: 323; Lingenberg 2006a: 123f., 2006c: 42; Trenz 2000: 334)

> „Die pauschale Unterstellung eines Öffentlichkeitsdefizits ist empirisch nicht
> gedeckt und theoretisch unfruchtbar. Denn sie weicht der Frage nach den
> emergenten Eigenschaften transnationaler Öffentlichkeiten aus. Mann könnte
> nun die Behauptung eines Öffentlichkeitsdefizits normativ wenden und argu-
> mentieren, dass das, was an europäischer Öffentlichkeit existiert, nicht dem
> Maßstab demokratischer Öffentlichkeit entspricht. Doch selbst in dieser Hin-
> sicht erscheint uns die Rede vom Öffentlichkeitsdefizit korrekturbedürftig,
> könnte es doch sein, dass sich im Prozess der Europäisierung Formen demo-
> kratischer Öffentlichkeit herausbilden, die dem am nationalen Modell normativ
> geschulten Blick entgehen könnten" (Eder/Kantner 2000: 307).

Das dritte Modell geht also von der grundsätzlichen Möglichkeit öffentlicher
Kommunikation in Europa aus[137], implementiert ihre Heterogenität, Fragmentierung und Pluralität und postuliert darüber hinaus eine Revision gängiger,
nationalstaatlich verhafteter Öffentlichkeitsvorstellungen. Denn statt immer
wieder ihre Inkompatibilität mit Europa feststellen zu müssen, könne so der
Strukturwandel von Öffentlichkeit, der sich im transnationalen Kontext abzu-
zeichnen scheint, in den Blick genommen werden (vgl. Baerns/Raupp 2000: 40;
Koller 2004: 193ff.). Soysal bringt diese Überlegungen auf den Punkt, indem sie
schreibt: „What increasingly characterizes public spheres is the multi-
connectedness of symbols and discourses as opposed to the horizontal connectedness of members of civil society" (Soysal 2001: 170). Europäische Öffentlichkeit wird somit im dritten Modell als ein pluralistisches Ensemble regionaler, nationaler, inter- und transnationaler Teilöffentlichkeiten beschrieben, die
überlappend, konvergent oder auch separat voneinander existieren können.
Eine direkte Interaktion zwischen den verschiedenen, national verankerten
Medienarenen wird dabei nicht als notwendig erachtet. Vielmehr reicht das
Vorliegen einer thematischen Konvergenz sowie gemeinsamer Bezugnahmen
auf geteilte Gegenstände und Probleme im rechtlich integrierten Handlungsraum der EU aus, um europäische Öffentlichkeit zu etablieren[138]. (Vgl.
Eder/Kanter 2000: 81f; Kantner 2003: 9, 2004: 12ff., 181ff.; Trenz 2005c: 172)

---

[137] Eder und Kantner bezeichnen die Frage nach der Existenz europäischer Öffentlichkeit
gar als rhetorische Frage (vgl. Eder/Kantner 2000: 323).
[138] Entgegen dieser Annahme erheben einige Autoren den diskursiven Austausch zwischen
den nationalen Arenen zum Existenzkriterium europäischer Öffentlichkeit. So lässt sich
Peters und Wessler zufolge von einem gemeinsamen europäischen Diskursraum erst dann

Die Vorstellung einer aus vielzähligen themen- und ereigniszentrierten Teilöffentlichkeiten zusammengesetzten europäischen Öffentlichkeit ist mit verschiedenen Implikationen verbunden. Sofern nämlich Issue-Orientierung zum Organisationsprinzip der Teilöffentlichkeiten wird[139], impliziert dies sowohl eine grundsätzliche Variabilität als auch eine gewisse Volatilität dieser Öffentlichkeiten ebenso wie ihrer Trägergruppen. In der Folge resultiert daraus die Frage, welchen Gesetzmäßigkeiten ihre Konstitution und ihre Bestandsdauer gehorchen. Unter Rekurs auf Peters und Wessler sollen hier ein Episoden- sowie ein Schwellenmodell differenziert und ins Feld geführt werden (vgl. Peters/Wessler 2006: 138ff.). Während ersteres von der fallweisen Emergenz europäischer Teilöffentlichkeiten – jeweils bezogen auf bestimmte europapolitische Themen oder Ereignisse – ausgeht, postuliert letzteres die langfristige Überschreitung eines gewissen Niveaus der entsprechenden Diskussion und Berichterstattung. Problematisch erscheint bei beiden Modellen allerdings die normativ plausible Festlegung eines entsprechenden Schwellenwertes beziehungsweise eines Richtwertes für die erforderliche Stärke und Regelmäßigkeit der ‚öffentlichen Episoden'. Peters und Wessler plädieren vor dem Hintergrund ihrer auf einen Zeitraum von 20 Jahren ausgerichteten Studie zur Transnationalisierung von Öffentlichkeit in Europa[140] für das Schwellenmodell und argumentieren, dass die mediale Resonanz europapolitischer Themen auf lange Frist eine gewisse Konstanz, das heißt Wiederholungshäufigkeit und Stärke erreichen müsse, um die Rede von der Existenz europäischer Öffentlichkeit tatsächlich rechtfertigen zu können (vgl. ebd.: 140)[141]. Dieser Argumentation lässt sich gleichwohl kritisch entgegenhalten, dass weder die Favorisierung des Episoden- noch des Schwellenmodells aus normativer Sicht eindeutig zu entscheiden ist. Erscheint doch eine sich im Zeitverlauf stabilisierende Regelmäßigkeit der sich formierenden Teilöffentlichkeiten ebenso wünschenswert wie ein langfristig

---

sprechen, wenn in den nationalen Medien Sprecher aus anderen EU-Ländern sowie deren Ideen und Argumente auftauchen (vgl. Peters/Wessler 2006: 130ff.; vgl. auch Brüggemann et al. 2006: 215ff.; Risse 2002, 2004; Wimmel 2004).

[139] Zwar konstituiert sich das Publikum auch im Nationalstaat immer nur als Ausschnitt, aber im Unterschied zur EU lässt es sich dort zu gewissen Anlässen – etwa politischen Wahlen – noch als symbolische Einheit inszenieren (vgl. Trenz 2002: 36f.).

[140] Vgl. dazu Wessler et al. (2008) sowie http://www.jacobs-university.de/publicsphere.

[141] Tobler hingegen argumentiert, dass europäische Öffentlichkeit eher als episodenhaft emergent und von Fall zu Fall mit unterschiedlich hoher öffentlicher Aufmerksamkeit einhergehend verstanden werden müsse. Eine derart konzipierte europäische Öffentlichkeit sei normativ betrachtet durchaus funktionstüchtig – wenngleich eher als reagierende ‚Vetoöffentlichkeit' im Gefolge strittiger Entscheidungen und weniger als entdeckende oder politische Entscheidungsprozesse initiierende Öffentlichkeit. (Vgl. Tobler 2006: 171ff.)

ansteigendes Niveau europapolitischer Debatten und Berichterstattungen. Dementsprechend wird das Plädoyer für das eine oder das andere Modell immer auch von der empirischen Datenlage beziehungsweise der Länge des Untersuchungszeitraums abhängen[142]. Vor dem Hintergrund dieser Überlegungen sei hier auch darauf hingewiesen, dass es bei der Suche und Konzeptualisierung einer europäischen Öffentlichkeit im Grunde genommen gar nicht so sehr auf die Festlegung eines bestimmten Resonanz- beziehungsweise Frequenzniveaus für die Diskussion europapolitischer Themen ankommt, sondern vielmehr darauf, inwiefern europäische Öffentlichkeit ihre demokratischen Zielfunktionen erfüllen kann. In diesem Sinne und mit Blick auf die eher kurzfristige Anlage der empirischen Fallstudien im Rahmen der hier vorliegenden Arbeit, lässt sich argumentieren, dass die fallweise und auf bestimmte Probleme, Entscheidungen und Ereignisse bezogene Emergenz europäischer Teilöffentlichkeiten – gleichviel wie oft und regelmäßig dies geschieht – ausreichend ist, um die Erfüllung der relevanten politischen Zielfunktionen zu gewährleisten. Eriksen formuliert dementsprechend optimistisch:

> „The European public space is currently fragmented, differentiated and in flux. In the place of the sovereign people, there is the noise of anarchic and pluralistic communication. The public sphere nevertheless has effects on governance as it subjects the decision makers to protests and ‚communicative noise' [..]. Such ‚noise' can be anticipated and thus discipline decision makers ex ante" (Eriksen 2004: 18f.)

Wichtig ist dabei freilich, diese „Teilöffentlichkeiten nicht nur als eigenständige Öffentlichkeiten zu tolerieren, sondern sie zu legitimieren und ihren Sachverstand auch in Entscheidungsprozesse einzubinden" (Krotz 1998a: 112; vgl. auch Kettner/Schneider 2000: 370).

Was nun die empirischen Arbeiten im Rahmen des dritten Modells anbelangt, so gibt es inzwischen eine ganze Reihe medienzentrierter Studien zur Konvergenz und Synchronität europapolitischer Debatten in verschiedenen Unionsländern – etwa zur Migrationspolitik, zur EU-Osterweiterung oder zur BSE-Krise (vgl. zusammenfassend Kantner 2004: 155ff.; Latzer/Saurwein 2006:

---

[142] Im Rahmen dieser Arbeit, in der die Fallstudien einen kleinen Zeitausschnitt – nämlich die europäische Verfassungsdebatte – analysieren, lassen sich dementsprechend gemäß der von Peters und Wessler unterschiedenen Modelle lediglich Aussagen im Sinne des Episodenmodells treffen.

20ff.; Risse 2002: 16ff., 2004: 141)[143]. Wenngleich die Ergebnisse im Detail beziehungsweise mit Blick auf eine Konvergenz von Relevanzgesichtspunkten, die zumeist im Sinne von Frames erfasst werden, divergieren, so gelangen die Studien doch allesamt zu optimistischen bis positiven Einschätzungen der Existenz europäischer Öffentlichkeit. Für die Debatte zum Korruptionsskandal der EU-Kommission findet Trenz zum Beispiel unterschiedliche Relevanzgesichtspunkte für die deutsche und spanische Medienarena. Während der Skandal in der spanischen Presse nämlich als deutscher Angriff gegen einen spanischen EU-Kommissar gewertet wurde, stellte die deutsche Presse das Geschehen als Beispiel dafür dar, dass die Spanier noch immer nicht verstanden hätten, dass Korruption kein Kavaliersdelikt sei. Obgleich dieser Befund der geforderten Konvergenz von Relevanzgesichtspunkten widerspricht, wertet Trenz ihn als Möglichkeit des kollektiven Lernens im Skandal, sodass sich die polarisierten Öffentlichkeiten „im Modus der gegenseitigen Beobachtung eben dadurch [konstituieren], dass sie sich selbst im Konfliktfall über die stets mitgedachte Einheit des Kommunikationszusammenhangs sinnhaft aufeinander beziehen können" (Trenz 2000: 354, vgl. auch 2003: 145ff.). Risse und van de Steeg diagnostizieren in ihren Studien zur Haider-Debatte sowie zur EU-Osterweiterung dagegen eine weitgehende Übereinstimmung von Deutungsmustern und Relevanzgesichtspunkten in fünf Unionsländern. Im Rahmen der Haider-Debatte etwa beziehen sich die wichtigsten, als Frames erfasste Relevanzgesichtspunkte in allen Untersuchungsländern – unabhängig von den jeweiligen Positionen und Meinungen – auf ‚Europa als moralische Gemeinschaft' sowie auf ‚Europa als Rechtsgemeinschaft'. (Vgl. Risse/van de Steeg 2003; Risse 2002; van de Steeg 2000, 2003)

Die Kritik des dritten Modells kann sowohl gegen die recht breit angelegte Definition europäischer Öffentlichkeit als auch gegen das erhobene Postulat ‚gleicher Relevanzgesichtspunkte' formuliert werden. So kritisiert Esser mit Blick auf die Definition europäischer Öffentlichkeit, dass die Annahme einer Synchronität und Konvergenz von Themen und Relevanzgesichtspunkten als hinreichende Bedingungen für ihre Existenz es geradezu unmöglich mache, keine europäische Öffentlichkeit vorzufinden. Unter dieser Voraussetzung

---

[143] Sofern die Unterteilung der theoretischen Modelle europäischer Öffentlichkeit oftmals nicht der hier vorgenommenen Dreiteilung entspricht (stattdessen wird von einer supranationalen Öffentlichkeit sowie einer Europäisierung nationaler Öffentlichkeit ausgegangen) bzw. eine Eigenverortung durch die zitierten Arbeiten nicht vorgenommen wird, erfolgt die Zuordnung der Studien zu den Modellen hier gemäß dem jeweiligen Untersuchungsgegenstand, sprich transnationale europäische Diskurse unter Fokussierung ‚gleicher Themen zur gleichen Zeit unter gleichen Relevanzgesichtspunkten'.

müsste es nämlich „unzählige übernationale Öffentlichkeiten [geben]. Dann gäbe es auch eine deutsch-amerikanische Öffentlichkeit (Golfkrieg), eine deutsch-russische Öffentlichkeit (Beutekunst) und eine deutsch-tibetanische Öffentlichkeit (Menschenrechte)" (Esser 2005: 30)[144]. Wenngleich Esser mit seinem Hinweis auf die breite Anlage des Begriffs europäischer Öffentlichkeit recht hat, so ist ihm doch entgegenzuhalten, dass das Anliegen des dritten Modells, europäische Öffentlichkeit losgelöst von nationalen Medien, Sprachen und Kulturen zu denken, zwangsläufig in einer breiten Definition europäischer Öffentlichkeit mündet. Deshalb ist sie aber nicht gleich schwammig oder gar unzweckmäßig, schließlich geht es bei der Bestimmung und Analyse europäischer Teilöffentlichkeiten nicht um die Kartierung referenzloser Kommunikationsströme. Sondern vielmehr geht es um ihre demokratietheoretisch funktionale Konnotation und Ausrichtung, also darum, zu einer viablen Demokratie- und Gesellschaftstheorie für die europapolitische Ordnung beizutragen und mit Blick auf ganz konkrete politische Entscheidungs- und Problemzusammenhänge auf europäischer Ebene demokratisch legitimierend funktionstüchtig zu sein.

Der zweite Kritikpunkt lässt sich gegen das erhobene Postulat ,gleicher Relevanzgesichtspunkte' formulieren. Nach Peters und Wessler werden diese ebenso wie das geforderte Maß an Konvergenz unzureichend spezifiziert „und in der Literatur tendenziell eher zu hoch angesetzt" (Peters/Wessler 2006: 134). Zwar stellt die Forderung einer Konvergenz von Relevanzgesichtspunkten eine sinnvolle Basis für die Identifizierung transnationaler Diskurs*zusammenhänge* dar, nichtsdestotrotz muss die Tatsache, dass transnationale Diskurszusammenhänge netzwerkartig in ganz verschiedenen politischen und kulturellen Kontexten wurzeln, geradezu zwangsläufig zu unterschiedlichen länder- und kulturspezifischen Deutungsmustern und Aneignungsweisen führen. Das heißt bestimmte Aspekte eines Themas werden in unterschiedlichen nationalen Kontexten wahrscheinlich unterschiedlich gewichtet, interpretiert und bewertet[145]. Und genau diese länderspezifischen Aspekte der Aneignung beziehungsweise der kulturel-

---

[144] Wohlgemerkt gibt es solche transnationalen, potentiell globalen Öffentlichkeiten durchaus, und sie können, indem sie transnationale politische Institutionen oder Probleme adressieren, auch demokratietheoretisch bedeutungsvoll sein. Nichtsdestotrotz muss man mit der Rede von einer globalen Öffentlichkeit vorsichtig sein, schließlich ist eine solche – im Gegensatz zu einer transnationalen europäischen Öffentlichkeit – nicht auf einen rechtlich integrierten und institutionalisierten Handlungsraum oder aber ein entsprechendes Regierungssystem ausgerichtet (vgl. dazu auch Kettner/Schneider 2000: 369).

[145] Peters und Wessler plädieren deshalb für eine Konvergenz von Themengesichtspunkten im Sinne von Vollständigkeit und nicht etwa im Sinne von Homogenität (vgl. Peters/Wessler 2006: 134).

len Lokalisierung europäisch transnationaler Diskurse müssen theoretisch besser berücksichtigt und auch empirisch untersucht werden – zum Beispiel im Rahmen eines Konzepts diskursiver Aneignung, verstanden als kulturelle Lokalisierung transnationaler politischer Diskurse (vgl. Lingenberg 2008: 48ff.), sowie im Rahmen eines Konzepts nationaler politischer Diskurskulturen[146] (vgl. Hepp/Wessler 2008, 2009; Brüggemann/Hepp/Kleinen-von Königslöw/Wessler 2008).

Abschließend kann festgehalten werden, dass das dritte Modell, indem es europäische Öffentlichkeit als pluralistisches und dynamisches Ensemble regionaler, nationaler und transnationaler Teilöffentlichkeiten begreift, in dem Issue-Bezogenheit zum Organisationsprinzip wird, und das unabhängig von medialen, sprachlichen und kulturellen Homogenitätsansprüchen denkbar ist, am besten geeignet erscheint, die Realität öffentlicher Kommunikationsprozesse in Europa zu erfassen und zu konzeptualisieren. Deshalb wird es den Ausgangpunkt für das in Kapitel 4 zu entwickelnde pragmatische Konzept europäischer Öffentlichkeit bilden. Aus einer kommunikationswissenschaftlichen Perspektive sollen damit die vorliegenden und überwiegend politiktheoretisch konnotierten Arbeiten um eine Berücksichtigung des Publikum samt seiner medienbasierten Anschlusskommunikationen und Beteiligungen an europapolitischen Diskursen berücksichtigt und damit der Annahme Rechnung getragen werden, dass es nicht allein die Produktion und massenmediale Distribution europapolitischer Themen, sondern auch und schlussendlich die kommunikativen Praktiken der Menschen sind, in denen Öffentlichkeit entsteht und tradiert wird.

### 3.4 Zwischenbilanz – Defizite und Desiderata

Im voran stehenden Kapitel 3 wurden sowohl der Sinn und Zweck einer europäischen Öffentlichkeit als auch ihre Strukturmerkmale sowie drei unterschiedliche Erklärungsmodelle vorgestellt und diskutiert. Mit Blick auf den Sinn einer europäischen Öffentlichkeit beziehungsweise einer entsprechenden Suche und Konzeptualisierung wurde in Kapitel 3.1 herausgestrichen, dass die Europäische Union als demokratisches Gebilde mit stetig wachsender Entscheidungsmacht auf Öffentlichkeit als Resonanzboden für die politischen Legitimierung ihres Entscheidungshandelns nicht verzichten kann. Die Suche nach einer transnationalen europäischen Öffentlichkeit erscheint vor diesem Hintergrund nicht nur

---

[146] Wie dies etwa im Rahmen des DFG-Projekts ‚Die Transnationalisierung von Öffentlichkeit am Beispiel der EU' geschieht (vgl. http://www.jacobs-university.de/publicsphere).

vonnöten, sondern auch sinnvoll. Schließlich macht die Rede von einer transnationalen Öffentlichkeit nur mit einem politischen Bezugsobjekt und -rahmen Sinn, und ein ebensolcher politischer Bezugsrahmen ist in Europa in der Form etablierter politischer Institutionen, die regelmäßig kollektiv bindende Entscheidungen generieren, bereits vorhanden. Gleichwohl, und dies wurde in Kapitel 3.2 deutlich, gibt es in Europa ein Reihe von Strukturbedingungen – wie zum Beispiel die Vielfalt der Sprachen, Medien und Kulturen, die im Nationalstaat in dieser Art nicht vorzufinden sind. Ein Konzept europäischer Öffentlichkeit, will es die Möglichkeit und Existenz ihrer selbst nicht schon im Vorfeld negieren, muss diese Aspekte berücksichtigen und implementieren können. Hinsichtlich der Fragen einer europäischen Identität, Demokratie und Zivilgesellschaft, deren Konzeptualisierungsschwierigkeiten mit denjenigen einer europäischen Öffentlichkeit einherzugehen scheinen (vgl. Latzer/Saurwein 2006: 37), wurde argumentiert, dass alle drei Phänomene im Lichte stattfindender öffentlicher Kommunikation, also im Gleichschritt mit der Herausbildung europäischer Öffentlichkeit entstehen und verstetigt werden. Sie können also nicht zur Voraussetzung für die Existenz europäischer Öffentlichkeit erhoben werden. Während europäische kollektive Identität als ein heterogenes soziales Konstrukt definiert wurde, das Europa zum Referenzpunkt hat, auf geteilten Erfahrungen, Werten, Normen oder Zielen basiert und sich im Prozess europäischer öffentlicher Kommunikation über geteilte Gegenstände und Problemlagen herausbildet, wurde europäische Demokratie unter Rekurs auf postparlamentarische Demokratietheorien als eine Art Netzwerkregieren beschrieben, bei dem demokratische Repräsentation sowohl auf parlamentarischen als auch auf gouvernementalen und assoziativen Wegen stattfindet. Die europäische Zivilgesellschaft, welche gleichsam den abstrakten Ort für bürgerliches Engagement bildet, wurde dabei als „diskursiv strukturierte, selbstgesteuerte und an die Lebenswelt angebundene, gemeinwohlorientierte Publikumskonstellation" (Eilders/Hasebrink/Herzog 2006: 355) definiert. Die Herausbildung ebenso wie die Konsolidierung und Verstetigung von kollektiver Identität, Demokratie und Zivilgesellschaft vollzieht sich also im Prozess öffentlicher Kommunikation sowie kollektiven Lernens über die alltägliche Relevanz des europapolitischen Horizonts[147]. Die in diesem Prozess resultierenden Konflikte wirken dabei nicht hinderlich, sondern im Gegenteil förderlich für europapolitische öffentliche Kommunikation und

---

[147] Weiterhin wurde argumentiert, dass weder europäische kollektive Identität noch europäische Zivilgesellschaft die nationalen Korrelate ersetzen müssen. Stattdessen bilden sie deren Ergänzungen und müssen als heterogene Konstrukte verstanden werden, die auf diesen weiterhin bestehenden nationalen Konstrukten basieren und in entsprechenden Praxen verwurzelt sind.

damit langfristig auch für den europäischen Integrationsprozess (vgl. dazu auch Soysal 2001: 169).

Was nun die theoretische Konzeption des Kommunikationsraums Europa anbelangt, so ist zunächst einmal offensichtlich, dass die entsprechende wissenschaftliche Debatte von großer Ambivalenz geprägt ist. „There are not many things that can be reliably said about the (European) public sphere. The most obvious is that there is little consensus [...] concerning what it is, [and] how it is established" (Splichal 2006: 695). In Kapitel 3.3 wurden drei Erklärungsmodelle europäischer Öffentlichkeit vorgestellt und diskutiert. Das Modell einer länderübergreifenden supranationalen europäischen Öffentlichkeit, das paneuropäische Medien, eine gemeinsame Sprache sowie einen gemeinsamen kulturellen Hintergrund zu Existenzbedingungen macht, gelangt in Anbetracht der in Europa gegebenen Strukturbedingungen zu einer Defizitdiagnose europäischer Öffentlichkeit. Kritisiert wurde dieses erste Modell vor allem mit Blick auf die Plausibilität seiner restriktiven Homogenitätsansprüche, scheint es damit doch wenig geeignet, die Realität womöglich längst stattfindender öffentlicher Kommunikation in Europa adäquat zu erfassen. Das zweite Modell einer Europäisierung nationaler Öffentlichkeiten postuliert hingegen eine zunehmende Berichterstattung europapolitischer Themen in nationalen Medien unter einer europäischen, nicht nationalstaatlichen Perspektive. Sofern dieses Modell auf die etablierten nationalen Medienarenen baut, scheint es realistischer angelegt als das erste Modell. Empirische Studien bescheinigen allerdings eine verhältnismäßig nur sehr geringe Präsenz europapolitischer Themen in den nationalen Medien, und eine geteilte europäische Perspektive ist dabei kaum auszumachen. In der Konsequenz gelangt auch das zweite Modell zu einer Defizitdiagnose europäischer Öffentlichkeit. Die Kritik dieses Modells wurde vor allem dahingehend formuliert, dass erstens kein Maßstab zur Beurteilung des Europäisierungsgrades nationaler Öffentlichkeiten geliefert wird, dass zweitens keine Aussagen über die Synchronität der Europäisierungsprozesse in den verschiedenen EU-Ländern getroffen werden und dass drittens die Forderung einer europäischen, auf ein gemeinsames Interesse bezogenen Perspektive insofern überzogen scheint, als eine solche schon im Nationalstaat kaum anzutreffen ist und darüber hinaus auch gar nicht notwendig erscheint. Sind es doch gerade die unterschiedlichen Meinungen und Perspektiven, die gemeinsame Gegenstände ebenso wie öffentliche Kommunikation über diese erst in Gang setzen. Das dritte Modell versteht europäische Öffentlichkeit schließlich als ein Netzwerk themen- und ereigniszentrierter Teilöffentlichkeiten. Es beginnt mit der Kritik der in den ersten beiden Modellen formulierten Defizitdiagnosen, geht stattdessen von der grundsätzlichen Möglichkeit europäischer Öffentlichkeit aus und postuliert eine Revision gängiger, nationalstaatlich verhafteter Öffentlichkeitsvorstellungen. Es wird argumentiert, dass sich in Anpassung an das dynamische Mehrebenensystem Europa vielzählige themen- und ereigniszentrierte Teilöffentlichkeiten herausbilden – und zwar weniger in der Form eines Prozesses fortschreitender kommunikativer Verdichtung als in der Form eines situationsabhängigen Wechselspiels zwischen politischem Zentrum und zivilgesellschaftlicher Peripherie (vgl. Requate/Schulze Wessels 2002: 15; Kantner 2004: 48). Europäische Öffentlichkeit existiert im dritten Modell also genau dann, wenn die Menschen in ihren jeweils eigenen medialen, sprachlichen und kulturellen Kontexten die gleichen Themen zur gleichen Zeit unter den gleichen Relevanzgesichtspunkten diskutieren können (vgl. Habermas 1996: 190). Damit wird europäische Öffentlichkeit zum Vermittler der Vielfalt, nicht aber zum Garanten der Einheit. Indem das dritte Modell also der im transnationalen europäischen Raum vorherrschenden Heterogenität und Diversität der Medien, Sprachen und Kulturen Rechnung trägt beziehungsweise diese implementiert, scheint es am besten geeignet, öffentliche Kommunikationsprozesse in Europa adäquat zu erfassen. Deshalb wird es den Ausgangs- und Anknüpfungspunkt für den im Folgenden zu entfaltenden pragmatischen Ansatz europäischer Öffentlichkeit bilden.

Abschließend kann festgehalten werden, dass vorliegende Arbeiten zum Thema europäische Öffentlichkeit von einem außerordentlichen Medienzentrismus geprägt sind und dabei das Publikum mitsamt seiner kommunikativen Beteiligungen und Aneignungspraktiken weitgehend unberücksichtigt und auch ununtersucht lassen (vgl. z.B. Latzer/Saurwein 2006: 33ff.; Kantner 2004: 133, 147; Fossum/Trenz 2005: 22). Vor dem Hintergrund der Annahme, dass „es gerade die Menschen einer Kultur beziehungsweise Gesellschaft [sind], die in ihrem Handeln soziale Konstrukte wie Öffentlichkeit konstituieren" (Krotz 2000: 212; vgl. auch Dahlgren 1995: 8, 2005b: 320), und in Anbetracht des Forschungsziels der hier vorliegenden Arbeit, die Bedeutung des Publikums für die Konstituierung europäischer Öffentlichkeit ebenso wie seine Beteiligungs- und Aneignungspraktiken einmal theoretisch zu fassen und empirisch zu untersuchen, wird es im Folgenden darum gehen, existierende Arbeiten zum Thema europäische Öffentlichkeit um eine Berücksichtigung der Publika und Mediennutzer und damit um eine kommunikationswissenschaftliche, also weniger medienzentrierte Perspektive zu ergänzen und zu erweitern. Gesucht wird hier also „ein Öffentlichkeitsmodell für Europa, das den sozialen und kulturellen Unterbau, der nicht alleine aus Medienmärkten und Medienorganisationen besteht, mitreflektiert" (Peters 1999: 671).

# TEIL II
# THEORETISIERUNG EUROPÄISCHER ÖF-
# FENTLICHKEIT

# 4  Ein pragmatischer Ansatz europäischer Öffentlichkeit

*„Demokratie ist ein Name für ein Leben in freier und bereichernder Kommunikation"*
*(Dewey 1996: 155)*

Im Folgenden wird ein Konzept europäischer Öffentlichkeit entfaltet, das sich auf John Deweys (1927) pragmatischen Begriff der Öffentlichkeit stützt, eine systematische Inklusion des Publikums bewerkstelligt und drei Dimensionen umfasst. Diese Dimensionen verweisen erstens auf den Raumbezug öffentlicher Kommunikationsprozesse in Europa, zweitens auf deren politische Zielfunktionen und drittens auf die Publikumsebene beziehungsweise ihre Bedeutung für die Konstituierung europäischer Öffentlichkeit. Indem der Raumbezug europäischer öffentlicher Kommunikation themen- und ereignisbezogen, also funktional definiert wird, ist europäische Öffentlichkeit losgelöst von nationalstaatlichen, sprachlichen, medialen und kulturellen Entitäten denkbar (Kapitel 4.2). Die Grenzen dieses Kommunikationsraums Europa werden dabei jeweils neu und im Diskurs über europapolitische Themen abgesteckt, sie sind also flexibel und fluide. In der zweiten Dimension beziehungsweise mit Blick auf die politischen Zielfunktionen von Öffentlichkeit, die auch auf europäischer Ebene Gültigkeit besitzen müssen, werden sodann deliberative Demokratietheorien, in deren Tradition oder besser gesagt an deren Anfang der Dewey'sche Ansatz steht, als Referenzpunkte dienen (Kapitel 4.3). In der dritten Dimension, die schließlich die Publikumsebene und ihre Bedeutung für die Konstituierung europäischer Öffentlichkeit fokussiert, wird sowohl im Anschluss an Dewey, der die Entstehung von Öffentlichkeit an die Wahrnehmung, Interpretation und Bewertung von Handlungsfolgen durch das Publikum bindet, das Publikum also bereits inkludiert, als auch im Anschluss an konstruktivistische und Cultural Studies-basierte Ansätze argumentiert (Kapitel 4.4). Bevor es allerdings um die detaillierte Darstellung der drei Dimensionen des pragmatischen Konzepts geht, wird in Kapitel 4.1 zunächst der Öffentlichkeitsbegriff von John Dewey ins Feld geführt und auf seine Fruchtbarkeit für den europäischen Kontext hin beleuchtet.

## 4.1  Das Öffentlichkeitskonzept von John Dewey

In diesem Kapitel werden zunächst einmal einige Fakten zu John Deweys Leben und Wirken, seinem Werk und dessen Rezeption zusammengetragen sowie ein kurzer Abriss der Philosophie des Pragmatismus gegeben (Kapitel 4.1.1). Im Anschluss daran wird Deweys gleichermaßen pragmatische wie konsequentialistische Öffentlichkeitstheorie samt ihres Entstehungskontexts erläutert und sodann hinsichtlich ihres Transfers auf den europäischen Kontext reflektiert (Kapitel 4.1.2 und 4.1.3).

### 4.1.1  Hintergründe und Entstehungskontext

John Dewey (1959-1952), amerikanischer Philosoph, Pädagoge, Psychologe und Politologe gilt neben Charles Sanders Peirce, William James und George Herbert Mead als einer der Gründungsväter des amerikanischen Pragmatismus[148].

Geboren am 20. Oktober 1859 als dritter Sohn einer kleinbürgerlichen Familie in Burlington im Nordosten der USA, war John Dewey nach seinem Studium vor allem als Dozent und später als Professor an verschiedenen Universitäten tätig. Ab 1882 war er zunächst an der John Hopkins University, ab 1884 an der University of Michigan und später in Chicago und New York angestellt. Beeinflusst von der Philosophie Hegels sowie von den Schriften William James' entwickelte Dewey in Michigan erste Ansätze seiner pragmatischen und instrumentalistischen Sichtweise. In dieser Zeit lernte er auch George Herbert Mead kennen, mit dem ihn in den folgenden Jahren eine enge Freundschaft und Zusammenarbeit verbinden sollte. Sowohl Dewey als auch Mead wechselten 1894 an die University of Chicago, wo Dewey eine Professur für Philosophie sowie die Leitung der Abteilung für Philosophie, Psychologie und Pädagogik übernahm. 1904 wechselte Dewey schließlich an die Columbia University in New York, wo er – unterbrochen von langen Studienreisen nach Japan, China, in die Türkei sowie in die Sowjetunion – bis zu seiner Emeritierung 1930 lehrte und forschte. Als eine der einflussreichsten philosophischen Schriften aus der Chicagoer Zeit kann die unter Deweys Leitung entstandene ‚Studies in Logical Theory' (1903) angeführt werden, gilt diese doch als Begründungsschrift der Chicagoer Schule des Instrumentalismus. Politisch und gesellschaftlich aktiv war

---

[148] Dewey gilt des Weiteren als einer der Mitbegründer der Cultural Studies in Amerika sowie des Symbolischen Interaktionismus, der sich aus dem amerikanischen Pragmatismus entwickelte (vgl. Carey 1992: 96).

Dewey vor allem in den 1920er und 1930er Jahren. In dieser Zeit setzte er sich für verschiedene gewerkschaftliche Organisationen ein, unterstützte politische Bewegungen wie die ,League for Industrial Democracy' und wurde 1929 gar zum Präsidenten der ,League for Independent Political Action' gewählt – einer Gruppe Linksliberaler, die eine politische Alternative zum tradierten Zweiparteiensystem von Republikanern und Demokraten schaffen wollte. Mit fast achtzig Jahren noch leitete Dewey 1937 eine Untersuchungskommission, die in Mexico-City die sowjetischen Vorwürfe gegen den im Exil lebenden Leon Trotsky prüfte. (Vgl. Neubert 1997: 52ff.; Hickman/Alexander 1998: xv; Suhr 1994: 9ff.)

Das Gesamtwerk von John Dewey ist ebenso umfangreich wie breit gefächert. Die amerikanische Gesamtausgabe umfasst nicht weniger als 37 Bände, wobei die Spannbreite von knappen Artikeln und Zeitungskommentaren zu tagespolitischen Fragen über vielzählige Essays zu philosophischen, erkenntnistheoretischen, politischen, pädagogischen, ethischen, psychologischen, soziologischen, wissenschaftstheoretischen, kulturvergleichenden, ästhetischen und religiösen Themen bis hin zu größeren Werken reicht, die heute als Klassiker der Philosophie des Pragmatismus zählen. Sofern Dewey kaum darum bemüht war, seine Philosophie zu einem kohährenten Gesamtkomplex von Aussagen zu verknüpfen, dient sein Werk bis heute „als Steinbruch für verschiedene theoretische Debatten in den Sozialwissenschaften und der Philosophie" (Kantner 1997: 119). Insgesamt gesehen muss die wissenschaftliche Rezeption und Auseinandersetzung mit Deweys Arbeiten als recht spärlich bezeichnet werden. Lange Zeit schienen insbesondere seine politik- und demokratietheoretischen Schriften selbst im englischsprachigen Raum in Vergessenheit geraten zu sein (vgl. Alexander 1987: xi; Nagl. 1998: 111; Koller 2004: 69)[149]. Erst in jüngster Zeit ist ein wachsendes Interesse an den politiktheoretischen Arbeiten Deweys zu beobachten. Für die deutschsprachige Rezeption kann hier vor allem Hans Joas (1992a, 1992b, 1997) hervorgehoben werden, der sich darum bemüht, den Pragmatismus für die Gesellschaftstheorie zu erschließen. Erwähnenswert sind auch die Texte von Axel Honneth (1999), der Deweys Demokratietheorie als Alternative zum Republikanismus und Prozeduralismus diskutiert, die Arbeit von Matthias Kettner (1998), der sich mit Deweys konsequentialistischem Öffentlichkeitsbegriff auseinandersetzt, sowie die Bemühungen von Rainer Schmalz Bruns (1995a, 1999), Deweys Demokratietheorie für ein Konzept

---

[149] Eine Ausnahme bilden Deweys pädagogische Schriften – v.a. ,Demokratie und Erziehung' (1916), die zum Teil zu erziehungswissenschaftlichen Klassikern avancierten (vgl. Jörke 2003: 10).

reflexiver Demokratie fruchtbar zu machen. Die englischsprachige Literatur zu Dewey ist dagegen schon um einiges umfangreicher[150]. Hervorzuheben sind hier vor allem die politiktheoretisch einflussreichen Arbeiten von Richard Rorty (1982, 1989) und Hilary Putnam (1992, 1994) (vgl. weiterhin die Arbeiten von Dykhuizen 1973; Sleeper 1986; Alexander 1987; Boisvert 1998; Hickman 1998). In der Medien- und Kommunikationswissenschaft sind Deweys Öffentlichkeits- und Demokratietheorie bis dato beinahe gänzlich ohne Beachtung geblieben (vgl. Koller 2004). Als relevant können hier, insofern mit Deweys Öffentlich-keitsbegriff beschäftigt, die Arbeiten von Rainer Kettner und Maria-Luise Schneider (2000) sowie von Tanjev Schultz (2002) und ebenso die Beiträge von Cathleen Kantner (1997, 2003, 2004) benannt werden. Kantner kommt dabei der Verdienst zu, eine hermeneutisch-pragmatische Perspektive auf die Mög-lichkeit des Stattfindens öffentlicher politischer Kommunikation in Europa entwickelt zu haben.

Der Pragmatismus, um 1878 von Charles Sanders Peirce (1839-1914) be-gründet[151] und von William James (1842-1910) weiter entwickelt und populär gemacht[152], scheint, wie die relativ junge Rezeptionsgeschichte zeigt, von einer „unerhörten Modernität" (Joas 1992a: 7) und Fruchtbarkeit für die heute zur Debatte stehenden Fragen und Probleme postmoderner und unter dem Ein-fluss der Globalisierung stehender Gesellschaften zu sein. Als eine Philosophie des Handelns zeichnet sich pragmatisches Denken vor allem durch drei Aspekte aus: Pragmatisches Denken ist erstens anti-fundamentalistisch, kritisiert es doch jede überhistorisch stabile Aprioris. Zweitens ist es kritisch gegenüber jeder Universalisierung von deterministischen Erklärungsmustern, und drittens ist es pluralistisch, insofern es jede Verkürzung von Wissensformen und Wissen-schaftsstrukturen auf ein Methodenideal ablehnt (vgl. Nagl 1998: 7f.). In diesem Sinne fokussiert der Pragmatismus die praktischen Folgen, Wirkungen und Konsequenzen menschlichen Handelns. Er sieht den Menschen primär als handelndes Wesen, beurteilt die Gültigkeit von Ideen und Theorien nach ihrem

---

[150] Hierfür mag auch die Tatsache verantwortlich sein, dass viele Schriften Deweys erst in den 1990er Jahren in andere Sprachen übersetzt wurden. ‚The Public and its Problems' (1927) etwa erschien erst 1996 in deutscher Sprache.

[151] Allgemein wird die Publikation des Aufsatzes ‚How to make things clear' von Charles Sanders Peirce im Jahr 1878 als Ursprungsdatum angeführt (vgl. Schubert 2003: 16).

[152] Während der Logiker Peirce den Begriff ‚pragmatisch' zur Bezeichnung eine Methode zur Erschließung der Bedeutung von Begriffen und Theorien in experimenteller Anwendung auf die praktische Lebenswelt verwendet, war der Humanist James stärker um das Partikulare bzw. die praktischen Konsequenzen gegebener philosophischer Ansichten auf verschiedene konkrete Lebenszusammenhänge bemüht (vgl. Neubert 1997: 60f.; Nagl 1998: 20ff., 50ff.).

jeweiligen Erfolg und Nutzen und bestreitet dementsprechend einen universalistischen Wahrheitsbegriff. Wahr ist aus pragmatischer Perspektive, was sich im praktischen Handeln bewährt, und die Bedeutung einer Sache ergibt sich aus ihren praktischen Konsequenzen. (Vgl. Dewey 1927: 3; Joas 1992a: 28ff.; Jörke 2003: 85ff.) „For pragmatism, the criteria for what counts as a better or worse way of coping are not pregiven and external to this process, but are hammered out through it" (Festenstein 2004: 293). Der Pragmatismus stellt also entgegen vieler Vorurteile und Missinterpretationen[153] auf das Konzept des kreativen Handelns sowie auf die Reflexivität, Prozesshaftigkeit und damit Vorläufigkeit ebendieses Problemlösungshandelns ab – und somit eben nicht auf eine bloße Anpassung an gegebene Situationen und Umstände[154] (vgl. Joas 1992a: 10). Der Instrumentalismus kann als die Dewey'sche Variante und damit als Subströmung des Pragmatismus bezeichnet werden[155]. Alles menschliche Denken und Handeln wird darin als auf die Erzeugung von adäquaten Problemlösungen für gegebene Umstände und Situationen ausgerichtet verstanden. Instrumentalistisch ist somit nicht „der Charakter einer Handlung, sondern die Beziehung zwischen Denken und Handeln" (Jörke 2003: 75). Die ‚Theory of Inquiry' (1938), in der Dewey den psychologischen Prozess der Untersuchung als intelligente Situationsbeantwortung beziehungsweise experimentelles Problemlösungshandeln im Sinne einer „Dialektik von Problemsituation, experimenteller Konstruktion und projektierter Lösung des Handlungskonflikts beschreibt" (Neubert 1997: 104)[156], bildet dabei das Herzstück des Dewey'schen Instrumen-

---

[153] Missverständnisse ranken sich um Deweys instrumentelle Theorie des Denkens vor allem insofern, als diese vielfach als bloße Anpassung an die Gegebenheiten sowie als ein auf Kosten sämtlicher höherer Werte basierendes funktionalistisches Verständnis von Erkenntnis kritisiert wurde. Prominenter Vertreter einer solchen Lesart ist Max Horkheimer, der Deweys instrumentelle Philosophie des Pragmatismus gar mit dem Positivismus gleichsetzt – schließlich werde das menschliche Vernunftvermögen bei Dewey nur noch als Mittel zum Zweck angesehen (vgl. Horkheimer 1967: 55f.; Joas 1992a: 99f.).

[154] In diesem Sinne ist der Pragmatismus auch gegenüber dem Utilitarismus abzugrenzen. Dewey selbst nimmt eine deutliche Abgrenzung gegenüber utilitaristischen Ansprüchen auf eine quantitativ größtmögliche Nutzenerzielung vor (vgl. Dewey 1920: 162; Caspary 2000: 113, 162).

[155] Unter den Pragmatisten ist Dewey der einzige, der eine umfassende politische Theorie entwickelte.

[156] Experimentelle wissenschaftliche Forschung unterscheidet sich nach Dewey von alltäglichem Problemlösungshandeln lediglich im Hinblick auf die Natur ihrer Gegenstände sowie auf das Niveau der Abstraktion.

talismus[157]. Unter den Pragmatisten ist Dewey darüber hinaus der einzige, der eine umfassende politische Philosophie formulierte, beschäftigte er sich doch mit den Folgen der Modernisierung zu Beginn des 20. Jahrhunderts für Demokratie, Öffentlichkeit, Gesellschaft und politischee Prozesse. (Vgl. Kantner 1997: 119ff.; Koller 2004: 62f., 97ff.; Neubert 1997: 313ff.)

### 4.1.2  Deweys pragmatischer Öffentlichkeitsbegriff

In seinem Buch ‚The Public and its Problems' (1927) untersucht John Dewey die Bedingungen von Öffentlichkeit in heterogenen Massengesellschaften – genauer gesagt der US-amerikanischen Gesellschaft zu Beginn des 20. Jahrhunderts. Zu jener Zeit waren die Vereinigten Staaten von Amerika von tiefgreifenden gesellschaftlichen und ökonomischen Wandlungsprozessen sowie von einer politischen Legitimationskrise gekennzeichnet. Angesichts zunehmender Industrialisierung, Urbanisierung und Ausdifferenzierung von Lebensstilen und -standards sowie angesichts einer entlang vielzähliger Interessen, Sprachen und Kulturen fragmentieren und zudem in einem geographisch äußerst weitläufigen Land lebenden Bevölkerung stellte sich die Frage, wie die Demokratie in die industrielle Epoche zu retten sei und wie eine demokratische Integration und politische Beteiligung der Bürger zu gewährleisten sei. Dewey entwickelte seinen Ansatz in Auseinandersetzung mit Intellektuellen wie Walter Lippmann, die befürchteten, dass die Bürger mit einer qualifizierten und kontinuierlichen Beteiligung am politischen Prozess überfordert seien und in der Folge die Effektivität des politischen Entscheidungshandelns und damit die Demokratie gefährden könnten. Walter Lippmann plädiert dementsprechend für eine demokratische Elitenherrschaft sowie eine Beschränkung des politischen Bürgerengagements auf den Wahlakt. In diesem Sinne argumentiert Lippmann in seinem Buch ‚The Phantom Public' (1925), dass sich die Öffentlichkeit insofern als ein Phantom erweise, als sie auf dem Ideal eines omnikompetenten und politisch aktiven Bürgers beruhe, das unter den gegebenen gesellschaftlichen Umständen schlichtweg utopisch und nicht anzutreffen sei[158]. Deshalb sei es sinnvoll, alle

---

[157] Vgl. ausführlicher zum Instrumentalismus z.B. Neubert (1997: 89ff.), Jörke (2003: 71ff.), Nagl (1998: 113ff.).

[158] Wohlgemerkt ist Lippmanns zentrale Kategorie nicht die der Öffentlichkeit, sondern die der öffentlichen Meinung. Dementsprechend sollen Experten nicht nur die Entscheidungsgrundlagen politischen Agierens erarbeiten, sondern auch adäquate Inhalte für die medienvermittelte und der kollektiven Meinungsbildung zuträglichen öffentlichen Kommunikation festlegen. (Vgl. Lippmann 1925: 72f.)

politische Entscheidungsgewalt in die Hände von Experten zu legen, die sodann paternalistisch im Interesse der Bevölkerung regieren sollten (vgl. Lippmann 1925: 39, 72; vgl. auch Dewey 1996: 7ff.). Dewey, der auf Lippmanns Forderungen zunächst mit einer Buchrezension und verschiedenen Vorlesungen sowie schließlich mit seinem eigenen Buch ‚The Public and its Problems' (1927) reagiert, teilt zwar die Diagnose, dass die schwerwiegenden gesellschaftlichen und ökonomischen Wandlungsprozesse Probleme für Demokratie und Öffentlichkeit bedeuten, jedoch zieht er andere Schlussfolgerungen. So insistiert Dewey auf einer kontinuierlichen Beteiligung der Bürger am politischen Prozess und Diskurs. Schließlich könnten nur die Bürger selbst relevante gesellschaftliche Probleme identifizieren, artikulieren und so einer Behandlung durch die politischen Entscheidungsträger zuführen. In diesem Sinne spricht sich Dewey entschieden gegen das Konzept einer ‚Expertokratie' aus und argumentiert, dass die Probleme einer heterogenen Massengesellschaft nicht allein durch wissenschaftliche Intelligenz und Expertise zu identifizieren und zu lösen seien. Vielmehr bedürfe es dazu einer öffentlichen Debatte unter kontinuierlicher Beteiligung und Einbeziehung der Bürger. Zwar müsse das Expertenwissen auf die Wahl der angemessenen Instrumente zur Behandlung gesellschaftlicher Probleme angewendet werden, keinesfalls aber auf die Diagnose ebendieser Probleme. Diesem Argument verleiht Dewey mit einer bildhaften Metapher Ausdruck. „The man who wears the shoes knows best that it pinches and where it pinches, even if the expert shoemaker is the best judge of how the trouble is to be remedied" (vgl. Dewey 1927: 207). Die Herausforderung der Moderne stellt sich für Dewey also primär als Kommunikationsproblem dar, und das Problem der Öffentlichkeit sieht er folgerichtig in der notwendigen Verbesserung der Bedingungen des Diskutierens, Debattierens und Überzeugens begründet. (Vgl. ebd.: 7ff., 207; Jörke 2003: 216ff.)

Öffentlichkeit entsteht nach Dewey im Gefolge eines Problemzusammenhangs. Ausgehend von der Annahme, dass menschliches Handeln Konsequenzen für andere hat, ist die Wahrnehmung und Bewertung ebendieser Handlungsfolgen durch die Betroffenen ausschlaggebend für die Konstitution von Öffentlichkeit.

„We take then our point of departure from the objective fact that human acts have consequences upon others, that some of these consequences are perceived, and that their perception leads to subsequent effort to control action so as to secure some consequences and avoid others" (Dewey 1927: 12).

Öffentlichkeit stellt sich demnach als eine Kommunikationsgemeinschaft von Betroffenen dar, in deren Rahmen die Teilnehmer ihre spezifischen Betroffenheiten artikulieren und politisch adressieren. Die Unterscheidung zwischen privat und öffentlich wird dabei über die Art und Reichweite von Handlungsfolgen getroffen. So ist eine Handlung, deren Folgen nur die direkt in eine Transaktion involvierten Menschen betreffen, privat. Sie ist hingegen öffentlich, wenn indirekte Folgen auftreten, die über die in die Handlung verwickelten Personen hinausgreifen. „The public consists of all those who are affected by the indirect consequences of transactions to such an extent that it is deemed necessary to have those consequences systematically cared for" (Dewey 1927: 15f.). Öffentlichkeit entsteht also genau dort, wo Individuen wechselseitige Interdependenzen erfahren, sprich indirekte Handlungsfolgen als relevant und regelungsbedürftig wahrnehmen – sei es ob ihrer positiven oder negativen, erhofften oder tatsächlichen Natur. Wichtig ist dabei zum einen das Vorliegen einer Intelligenz, die die Wahrnehmung realer und hypothetischer Folgen *als* Folgen bestimmter Handlungen ermöglicht. „For notice of the effects of connected action forces men to reflect upon the connection itself; it makes it an object of attention and interest" (ebd.: 24). Und zum anderen müssen die wahrgenommenen Folgen auf einen bestimmten Handlungszusammenhang zurückgeführt werden, sodass in der Folge bezogen auf diesen gehandelt werden kann – sei es im Rahmen gesellschaftlicher Assoziationen und Interessengruppen oder aber über die Benennung von politischen Repräsentanten, die sich sodann systematisch um die Regulierung der entsprechenden Handlungsfolgen kümmern. Letzteres nennt Dewey die ‚Öffentlichkeit als Staat', womit er allerdings weniger eine Regierung als vielmehr das organisierte Politische im Allgemeinen meint. Indem Dewey die Entdeckung des Staates als kontinuierlichen Prozess versteht, an dem die Bürger stetig beteiligt sind und in dem sie ihre aktuellen Bedürfnisse und Betroffenheiten artikulieren, beleuchtet Dewey zugleich auch die Beziehungen zwischen technologischem Fortschritt, sozialen Problemlagen und politischem Handlungsbedarf. „Only through constant watchfulness and criticism of public officials by citizens can a state be maintained in integrity and usefulness" (ebd.: 69; vgl. auch 33ff.; Kantner 1997: 120ff.). Vorläufig und jeweils neu zu definieren ist dementsprechend auch das politische Instrumentarium der Wahl. Sofern indirekte Handlungsfolgen nämlich je nach Situation und Umstand in ihrer Schwere und Reichweite variieren – dies gilt in der Folge auch für die entstehenden Öffentlichkeiten, bedürfen sie jeweils neu abzustimmender politischer Interventionen.

„The consequences vary with concrete conditions; hence at one time and place a large measure of state activity may be indicated and at another time a policy of quiescence and *laissez-faire*. Just as publics and states vary with conditions of time and place, so do the concrete functions which should be carried on by states. There is no antecedent universal proposition which can be laid down because of which the functions of a state should be limited or should be expanded. Their scope is something to be critically and experimentally determined" (Dewey 1927: 74).

Seiner Forderung nach einer prozeduralen und experimentellen Demokratie[159] verleiht Dewey in Abgrenzung zu der von Lippmann postulierten Expertenherrschaft insofern Nachdruck, als er darauf hinweist, dass Experten mit ihrem Status und Expertenwissen automatisch und zunehmend an Kenntnis über die Belange der Bevölkerung und in der Folge sodann an gesellschaftlicher Problemlösungskompetenz einbüßten. Genau deshalb sei eine kontinuierliche Beteiligung und Interessenartikulation der Bürger am öffentlichen Diskurs unverzichtbar. Notwendig sei hierzu vor allem die Verbesserung der Bedingungen des Diskutierens, Debattierens und Überzeugens.

„No government of experts in which the masses do not have the chance to inform the experts as to their needs can be anything but an oligarchy managed in the interests of the few. [...] The essential need, in other words, is the improvement of the methods and conditions of debate, discussion and persuasion. That is *the* problem of the public" (Dewey 1927: 208).

In diesem Sinne macht Dewey also nicht die Überforderung der Bürger mit einer qualifizierten Teilhabe am politischen Prozess als Ursache für die Krise der Demokratie aus, sondern stattdessen sieht er die Ursache in einer Antiquiertheit der politischen Maschinerie begründet. Dementsprechend gelte es, diese den Bedingungen der Moderne anzupassen.

Die notwendige Voraussetzung für die Konstitution von Öffentlichkeit besteht nach Dewey in der Sichtbarkeit und Wahrnehmung von Handlungsfolgen. Denn ohne eine umfassende Publizität aller sie betreffenden Folgen könne sich keine Öffentlichkeit formieren. Vonnöten sei dazu allerdings die Freiheit der Meinungsäußerung für die Bürger ebenso wie für die Presse und die Wissenschaft (vgl. Dewey 1927: 167). Für eine systematische Beobachtung, Offenlegung und Präsentation der indirekten Handlungsfolgen sind laut Dewey sowohl

---

[159] Für eine gute Darstellung Deweys experimenteller Demokratietheorie vgl. z.B. Festenstein (1997), Jörke (2003), Kettner (1998). Vgl. auch Kapitel 4.3.1.

die Wissenschaft als auch die Medien – damals vor allem das Pressewesen –
zuständig. Während die Wissenschaft nämlich systematische und detaillierte
Erkenntnisse über die Art und das Ausmaß der Folgen privaten beziehungsweise wirtschaftlichen Handelns generieren und Vorschläge zur politischen Regulierung dieser Tatbestände machen soll, sei es die Aufgabe der Medien, diese
Erkenntnisse zu präsentieren – nach Dewey nicht zuletzt auch eine Frage der
Kunst. „The function of art has always been to break through the crust of con-
ventionalized and routine consciousness. […] Poetry, the drama, the novel, are
proofs that the problem of presentation is not insoluble" (ebd.: 183f.). Die Medien müssen demnach sowohl die Potentiale der Wissenschaft als auch diejenigen der Kunst inkorporieren. Und zwar im Sinne einer Kombination von „wissenschaftliche[r] Organisation für die Entdeckung, Aufzeichnung und Interpretation allen Verhaltens von öffentlicher Tragweite" mit den "Methoden, welche
die Darstellung der Untersuchungsergebnisse fesselnd und gewichtig machten"
(ders. 1996: 16). Nachrichtenwerte als Kriterien der Berichterstattung allein
reichten dabei allerdings nicht aus, denn wenngleich sich Nachrichten in der Tat
auf gerade Ereignetes beziehen, so könne ihre gesellschaftliche Bedeutung doch
erst aus den sozialen Konsequenzen sowie aus ihrer Beziehung zu Ereignissen
in der Vergangenheit erschlossen werden. Genau diese Zusammenhänge gelte
es, herauszustellen und zu beleuchten (vgl. ders. 1927: 179f.). Die für die Gewährleistung von Öffentlichkeit in modernen Gesellschaften notwendige Verbesserung der Methoden der Wissenschaft sowie der Medien bewertet Dewey
als durchaus realisierbares Unterfangen. Auf Seiten der Bürger sei indes nicht
Omnikompetenz mit Blick auf die Erfassung aller Handlungsfolgen und deren
Zusammenhänge erforderlich, sondern: „What is required is that they have the
ability to judge of the bearing of the knowledge supplied by others upon common concerns" (ebd.: 209).

Vor dem Hintergrund der Annahme, dass Öffentlichkeit, Demokratie und
Gemeinschaft eng miteinander verknüpft sind, fragt Dewey des Weiteren nach
den Bedingungen der Wandlung einer großen Gesellschaft in eine große Gemeinschaft. Als Inbegriff von Gemeinschaftsleben könne Demokratie nämlich
nur im Rahmen einer solchen großen Gemeinschaft[160] zu ihrer vollen Entfaltung gelangen. Im Zuge der technologischen und industriellen Transformati-
onsprozesse habe sich die ursprüngliche Gemeinschaft allerdings zunehmend in
eine heterogene Gesellschaft aufgelöst, sodass Demokratie und Öffentlichkeit

---

[160] Gemeinschaft definiert Dewey als „an order of energies transmuted into one of meanings
which are appreciated and mutually referred by each to every other on the part of those
engaged in combined action" (Dewey 1927: 153).

in der Folge nicht länger gemäß dem Kleinstadtmodell der ‚Virginia-townships' funktionieren könnten (vgl. Dewey 1927: 148). Vor dem Hintergrund der Annahme, dass experimentelle demokratische Politik den Output entstehender Öffentlichkeiten inkorporieren und in der Konsequenz integrative Effekte im Sinne gemeinsamer Erfahrungen und Horizonte freisetzen kann, argumentiert Dewey, dass eine solche Art der Politik geeignet erscheint, um den Wandel der großen Gesellschaft in eine große Gemeinschaft herbeizuführen. Das wichtigste Werkzeug einer solchen Wandlung der großen Gesellschaft in eine große Gemeinschaft sei dabei stattfindende öffentliche Kommunikation. „Communication can alone create a great community. Our Babel is not one of tongues but of the signs and symbols without which shared experience is impossible" (ebd.: 142). Vonnöten für das Stattfinden öffentlicher Kommunikation und damit die Formierung einer großen Gemeinschaft sei indes, dass sich die Akteure ihrer selbst und ihrer Interdependenzen miteinander bewusst werden[161].

> „This demands [...] perception of the consequences of a joint activity and of the distinctive share of each element in producing it. Such perception creates a common interest; that is concern on the part of each in the joint action and in the contribution of each of its members to it. Then there exists something truly social and not merely associative" (ebd.: 188).

Infolge der postulierten Themenorientierung geht Dewey darüber hinaus von der Existenz vielzähliger Öffentlichkeiten aus, die sich zudem erst im Gespräch der Menschen untereinander formieren und Realität gewinnen (vgl. Dewey 1927: 137). Öffentlichkeit muss demnach in einem fortwährenden Prozess kommunikativer Interaktion aktualisiert und lebendig gehalten werden.

> „Systematic and continuous inquiry into all conditions which affect associations and their dissemination in print is a precondition of the creation of a true public. But it and its results are but tools after all. Their final actuality is accomplished in face-to-face relationships by means of direct give and take. Logic in its fulfilment recurs to the primitive sense of the word: dialogue. Ideas which are not communicated, shared, and reborn in expression are but soliloquy, and soliloquy is but broken and imperfect thought" (ebd.: 218).

---

[161] Mit Blick auf Europa lässt sich hier an die in Kapitel 3.2 unternommenen Überlegungen anknüpfen. So vollzieht sich die Herausbildung einer europäischen großen Gemeinschaft bzw. ‚imagined community' im Sinne Andersons bzw. einer europäischen Identität im Prozess öffentlicher Kommunikation über geteilte Gegenstände und Probleme.

Jede Veröffentlichung und auch jede Öffentlichkeit bleibt in diesem Sinne so lange unvollständig wie ihre Inhalte und Bedeutungen nicht in einem direkten Austausch der Menschen übermittelt und tradiert werden. „Publication is partial and the public which results is partially informed and formed until the meanings it purveys pass from mouth to mouth" (Dewey 1927: 219).

Was nun die Kritik des Dewey'schen Ansatzes anbelangt, so wird diese vor allem dahingehend formuliert, dass Dewey die Frage nach den institutionellen Implikationen seiner demokratie- und öffentlichkeitstheoretischen Überlegungen weitgehend unbeantwortet lässt. „Wer sich von Dewey konkrete institutionelle Vorschläge für die ‚Modernisierung der Demokratie' erhofft hat, sieht sich enttäuscht" (Jörke 2003: 243; vgl. auch Kettner 1998: 65f.). Statt bestimmte Verfahren und Institutionen auszuzeichnen, mit deren Hilfe eine demokratische Regulierung von indirekten Handlungsfolgen gewährleistet werden könnte, vertritt Dewey die Perspektive einer reflexiv-experimentellen Demokratie, in der die Angemessenheit institutioneller Verfahren erst diskursiv verhandelt und sodann praktisch erprobt werden muss – also stets vorläufig ist. Zwar erscheint die Kritik einer fehlenden Institutionentheorie bei Dewey durchaus gerechtfertigt – insbesondere vor dem Hintergrund der Tatsache, dass Dewey im Gegensatz zu Lippmann nicht die psychologische Überforderung der Bürger, sondern die Antiquiertheit des politischen Apparates als problematisch anprangert. Nichtsdestotrotz soll hier darauf hingewiesen werden, dass Deweys pragmatische Philosophie und Perspektive logischerweise keine andere Antwort zulässt als die eines Verzichts auf die Benennung konkreter institutioneller Arrangements zur Gewährleistung von Demokratie und Öffentlichkeit. Schließlich kann eine den Bedingungen der Moderne angemessene Staatsform aus pragmatischer Sichtweise nicht theoretisch entworfen werden, sondern stattdessen muss sie sich praktisch immerfort aufs Neue bewähren und dementsprechend stets vorläufig und revidierbar bleiben (vgl. Dewey 1927: 126; Jörke 2003: 234).

Zusammenfassend lässt sich für das pragmatische Öffentlichkeitskonzept von John Dewey festhalten, dass sich dieses zuvorderst durch einen gleichermaßen handlungs- wie diskurstheoretischen Charakter auszeichnet. Öffentlichkeit wird über die handelnden Akteure sowie über die Diskursgemeinschaft der von den indirekten Handlungsfolgen Betroffenen aufgespannt. Ausgehend vom Prozess kollektiven Handelns entsteht Öffentlichkeit somit im Gefolge eines Handlungs- oder Problemzusammenhangs.

> „We must in any case start from acts which are performed, not from hypothetical causes for those acts, and consider their consequences. We must also introduce intelligence, or the observation of consequences *as* consequences,

that is, in connection with the acts from which they proceed" (Dewey 1927: 12).

Die Interdependenz jedes menschlichen Handelns hält Dewey zwar für ganz normal und natürlich, „but participation in activities and sharing results are additive concerns. They demand communication as prerequisite" (Dewey 1927: 152). Indem die Konstitution von Öffentlichkeit also an die Wahrnehmung, Interpretation und Bewertung indirekter Handlungsfolgen durch die Betroffenen sowie deren Eintritt in entsprechende Diskurszusammenhänge gekoppelt und zudem als im Gespräch konstituiert gedacht wird, ist das Publikum im Dewey'schen Öffentlichkeitskonzept bereits inkludiert. Und wie Kettner und Schneider formulieren, erscheint Deweys Ansatz somit überaus hilfreich,

> „um die assoziativen Strukturen in interessenpluralen demokratischen Gesell-
> schaften in den Blick zu bekommen, die eine Art Generator für das wechseln-
> de Themenspektrum der allgemeinen Informationsöffentlichkeit darstellen.
> Schließlich bildet diese Struktur mannigfacher Mikroöffentlichkeiten den ‚In-
> put' für den tagtäglichen fluktuierenden Informationsteppich der Medien. ‚Öf-
> fentlichkeit' in demokratischen Massengesellschaften umfaßt beide Momente:
> nicht nur die politikfeldbezogenen Interaktionsöffentlichkeiten interessierter
> Gruppen oder die massenmedial vermittelte, rezeptive Öffentlichkeit, sondern
> die Verzahnung beider Aspekte" (Kettner/Schneider 2000: 394).

Schließlich zeichnet sich Deweys Ansatz auch dadurch aus, dass er losgelöst von territorialstaatlichen Kontexten und Referenzpunkten gedacht werden kann. In diesem Sinne ist es Dewey lange vor dem Stattfinden einer wissenschaftlichen Globalisierungsdebatte gelungen, die Globalität von Handlungsfolgen zu erkennen und ein Konzept von Öffentlichkeit zu entwerfen, welches eben nicht territorial, sondern funktional angelegt ist. Nach Dewey gibt es nämlich keinen vernünftigen Grund, warum indirekte Handlungsfolgen ebenso wie ihre Wahrnehmung durch die Betroffenen vor Staatsgrenzen, Gebirgsketten, Flüssen oder Seen Halt machen sollten. Sondern stattdessen überqueren sie den gesamten Erdball. „Extensive, enduring, intricate and serious indirect consequences of the conjoint activity of a comparatively few persons traverse the globe" (Dewey 1927: 128, vgl. auch 42f., 212). Dementsprechend ist die Möglichkeit der Formierung transnationaler Öffentlichkeiten im Dewey'schen Ansatz bereits mitgedacht.

### 4.1.3   Transfer des Dewey'schen Konzepts auf Europa

Für den europäischen Kontext erscheint Deweys Öffentlichkeitsbegriff deshalb so attraktiv, weil er überaus flexibel, funktional und für heterogene Gesellschaften kompatibel angelegt ist. So ist die Transnationalität von Handlungsfolgen ebenso wie ihrer Wahrnehmung bereits impliziert, und folgerichtig kann Öffentlichkeit losgelöst von territorialen oder kulturellen Gemeinschaften gedacht werden. Indem die Struktur von Öffentlichkeit an gemeinsame Gegenstände gebunden und nationalstaatliche, kulturelle oder sprachliche Grenzen als hermeneutisch überwindbar eingestuft werden, kann darüber hinaus erklärt werden, warum öffentliche Kommunikation nicht an den für Europa typischen Strukturbedingungen scheitern muss, und warum nicht jeder mit jedem ein Gespräch beginnt. Warum also die Rede von einer transnationalen Öffentlichkeit nur mit einem politischen Bezugsrahmen wie dem der EU Sinn macht. Denn dort tauchen geteilte Gegenstände, an denen sich Kommunikation entzünden kann, gleichsam systematisch auf. Werden auf EU-Ebene doch bereits regelmäßig weitreichende politische Entscheidungen getroffen, die die Unionsbürger in ihrem Alltag betreffen und die ihren Eintritt in entsprechende Diskurszusammenhänge provozieren. In diesem Sinne kann Deweys Konzept, bei dem Öffentlichkeit im Gefolge eines Problemzusammenhangs sowie über die Wahrnehmung und Diskussion indirekter Handlungsfolgen durch die Betroffenen entsteht, bruchlos auf den europäischen Kontext übertragen werden, und er kann zudem dabei helfen, transnationale Öffentlichkeiten in Europa zu konzeptualisieren sowie zugleich das Publikum mit einzubeziehen.

Europäische Öffentlichkeit wird hier im Anschluss an Dewey sowie an das dritte Modell europäischer Öffentlichkeit[162] als ein dynamisches und translokales Netzwerk themen- und ereigniszentrierter Teilöffentlichkeiten definiert, das durch transnationale europäische Diskurse konstituiert wird und genau dann existiert, wenn eine Konvergenz und Synchronität der diskutierten Themen und Argumente anzutreffen ist[163] und wenn die Unionsbürger ihre Betroffenheit und Interdependenz von und in europapolitischen Entscheidungs- und Problemzusammenhängen wahrnehmen und in entsprechende Diskurse eintreten. Teilöffentlichkeiten werden dabei als über thematisch abgrenzbare Diskurse konstituierte und strukturierte Felder verdichteter Kommunikation verstanden.

---

[162] Vgl. Kapitel 3.3.3.

[163] Das Postulat einer Konvergenz von Argumentationshaushalten verweist auf die Annahme, dass die Beteiligung an öffentlichen Diskursen stets vermittels Meinungsäußerungen, Bewertungen und Interpretationen, also argumentativ gestützt vonstatten geht (vgl. Kapitel 4.4.3).

Und Diskurse verweisen auf strukturierte thematische Zusammenhänge, die durch Äußerung und Gegenäußerung konstituiert und in gesellschaftlicher Praxis verankert sind[164]. Infolge der postulierten Issue-Orientierung erscheint europäische Öffentlichkeit sowohl plural als auch dynamisch, und die Annahme ihrer Verankerung in den kommunikativen Praktiken, Interaktionen und kulturellen sowie nationalpolitischen Kontexten der Teilnehmer lässt unterschiedliche Perspektiven, Sinngebungen und Kontextualisierungen erwarten.

Für die Entstehung europäischer Öffentlichkeit bilden die Sichtbarkeit und Sichtbarmachung der Folgen EU-politischen Handelns durch Kommunikatoren und Medien zwar eine notwendige Voraussetzung[165]. Entscheidend sind jedoch letztlich die Wahrnehmung ebendieser Folgen durch die Betroffenen sowie entsprechende kommunikative Praktiken und Aneignungsprozesse auf Seiten der Publika und Mediennutzer. Indem das Dewey'sche Öffentlichkeitskonzept die Wahrnehmung indirekter Handlungsfolgen durch die Betroffenen ebenso wie die Thematisierung dieser Betroffenheiten im alltäglichen Gespräch der Menschen verlangt, hat es das Publikums bereits inkludiert (vgl. Dewey 1927: 12, 15f., 218f.). Ob und inwiefern sich die Bürger der Europäischen Union allerdings tatsächlich von europapolitischen Entscheidungen und Problemzusammenhängen betroffen fühlen, wie sie die entsprechenden Diskurse in ihren jeweiligen nationalpolitischen, kulturellen und auch sozialen Kontexten lokalisieren und wie sie ihre Aneignungs- und Sinngebungsprozesse konkret gestalten, dies sind empirische Fragestellungen, die es in Kapitel 5 im Rahmen der Fallstudien zur europäischen Verfassungsdebatte zu klären gilt.

Zusammenfassend lässt sich vor dem Hintergrund des Forschungsziels dieser Arbeit sagen, dass sich Deweys Öffentlichkeitsbegriff insofern als theoretische Matrize für die Entfaltung eines pragmatischen Ansatzes europäischer Öffentlichkeit eignet, als er nicht nur das Publikum einzubeziehen vermag, sondern auch den Strukturwandel von Öffentlichkeit, der sich jenseits des Nationalstaats in der Form einer Pluralisierung, Sektoralisierung und zeitweiligen themen- und ereignisbezogenen Verschränkung von Teilöffentlichkeiten ab-

---

[164] Der Begriff des Diskurses wird hier also nicht normativ, etwa im Sinne der Habermas'schen Diskursethik bzw. des darin postulierten Ideals eines herrschaftsfreien Diskurses (vgl. Habermas 1991), gefasst. Sondern stattdessen wird davon ausgegangen, dass Fragen der Macht sehr wohl eine Rolle spielen und nicht ausgeblendet werden können (vgl. Foucault 2001). Für eine empirische Konzeptualisierung des Diskursbegriffs vgl. z.B. Hepp/Wessler (2008: 26, 2009: 183f.).

[165] Diese wird gemäß medienzentrierten Langzeituntersuchungen zunehmend, wenngleich in sicher noch verbesserungswürdigem Maße, erfüllt (vgl. Wessler et al. 2008). Vgl. dazu auch die in Kapitel 3.3 zitierten Studien.

zeichnet, in den Blick zu nehmen hilft. In diesem Sinne kann Öffentlichkeit jenseits von territorialstaatlichen Paradigmen gedacht werden, und neuartige Formen transnationaler Öffentlichkeit, die kreuz und quer zu nationalstaatlichen, kulturellen, sprachlichen und medialen Entitäten verlaufen können, müssen nicht systematisch übersehen werden. In diesem Sinne schreibt Jörke:

> „Öffentlichkeit ist nicht mehr begrifflich an eine nationale Gesellschaft gebunden, sondern die Definition zielt auf funktional, sektoral und auch lokal differenzierte Öffentlichkeiten. Dies macht seinen Öffentlichkeitsbegriff für derzeitige Debatten, die nach einer Antwort auf die postnationale Herausforderung suchen, attraktiv. Regelungsbedürftige Handlungsfolgen ergeben sich für ihn auf den unterschiedlichsten Ebenen, Betroffenheit kann sich gleichermaßen unterhalb wie oberhalb nationalstaatlicher Einheiten ergeben" (Jörke 2003: 209).

## 4.2 Der Raumbezug öffentlicher Kommunikation in Europa

> *„Europa, das kann man nicht oft genug wiederholen, ist kein Ort, sondern eine Idee"*
> *(Bernard-Henri Lévy)*

In den bisherigen Ausführungen ist deutlich geworden, dass territorialstaatliche, sprachliche, kulturelle und mediensystemische Entitäten nicht länger als hilfreiche Referenzpunkte bei der Definition und Bestimmung europäischer Öffentlichkeit dienen können. Dementsprechend wird hier die Frage nach dem Raumbezug von Öffentlichkeit virulent. Wie kann europäische Öffentlichkeit als Kommunikationsraum, der sich von anderen, womöglich globalen oder subnationalen Kommunikationsräumen unterscheidet, definiert werden? Vor dem Hintergrund eines pragmatischen Öffentlichkeitsbegriffs sowie unter Rekurs auf soziologische Raumkonzepte soll europäische Öffentlichkeit im Folgenden als ein diskursiv konstituierter, sprich im kommunikativen Interagieren der Menschen aufgespannter Interaktionsraum konzeptualisiert werden. Dieser Kommunikationsraum wird mit Hilfe einer Netzwerkbegrifflichkeit gefasst und funktional, das heißt themen- und ereignisbezogen, sowie als im Diskurs über europapolitische Themen abgesteckt gedacht. In diesem Sinne kann der Kommunikationsraum Europa über „den geteilten Gegenstand, über die Reichweite sowie über die Intensität der Kommunikation" (Trenz 2005: 49) bestimmt werden. Bevor es allerdings um die detaillierte Darstellung eines dergestalt konzeptualisierten Kommunikationsraums Europa geht, werden zunächst ein Überblick über Raumvorstellungen und -konzepte in der soziologischen und globalisierungstheoretischen Debatte gegeben (Kapitel 4.2.1), die Bedeutung räumlicher Aspekte für politik- und öffentlichkeitstheoretische Fragestellungen beleuchtet sowie ein kurzer Einblick in die Konzeptualisierung von Kommunikationsräumen in der Medien- und Kommunikationswissenschaft gegeben (Kapitel 4.2.2).

### 4.2.1 Raumkonzepte in der Soziologie

Die wissenschaftliche Aufmerksamkeit für Raumphänomene, so lässt sich einleitend konstatieren, ist derzeit und insbesondere mit Blick auf Prozesse der Entgrenzung, Transnationalisierung und auch Digitalisierung von Gesellschaften, Ökonomien, Lebenswelten, Medien und Öffentlichkeit groß. Dabei geht es um Fragen der Konstitution und Figuration von Räumen, um den Wandel von bislang territorialstaatlich gebundenem politischem Entscheidungshandeln, um die Vervielfachung von Realitätserfahrungen im Cyberspace, um die Emergenz von transnationalen sozialen Bewegungen, Aufmerksamkeitssphären und dergleichen mehr. All diese Aspekte lassen eine Reflektion gängiger, oder besser gesagt unhinterfragt und implizit mitgedachter Raumvorstellungen notwendig erscheinen. In der wissenschaftlichen Debatte ist dabei vor allem eine zunehmende Abkehr von der „Annahme, Raum sei der materielle Hinter- oder erdgebundene Untergrund sozialer Prozesse. Vielmehr wird Raum selbst als sozial produziert [...] und im Prozess sich verändernd begriffen" (Löw/Steets/Stoetzer 2007: 51; vgl. auch Berking 1998: 382; Schroer 2006: 9f.).

Soziologische Raumkonzepte können im Wesentlichen auf zwei in der Philosophie und Naturwissenschaft konkurrierende Begriffe von Raum zurückgeführt werden – ein absoluter und ein relationaler. Während ersterer den Raum als Behälter für körperliche Objekte versteht, der unabhängig und unbeeinflussbar von den in ihm stattfindenden sozialen Prozesse besteht, stellt letzterer auf die relationale Lagerungsqualität von Körpern zueinander sowie die soziale Konstituiertheit von Räumen ab (vgl. Schroer 2006: 30, 44). Sowohl Aristoteles in der Antike als auch Isaac Newton im 17. Jahrhundert gingen von einem absoluten Raumbegriff aus, bei dem der Raum als ‚Äußeres' für den sich bewegenden Körper beziehungsweise als absolut im Sinne von unbeweglich, unveränderlich und unabhängig von den sich in ihm befindlichen Körpern existiert (vgl. Jammer 1960: 17ff., 118ff.). Entgegen einem solchen absoluten Raumverständnis plädierte Gottfried Wilhelm Leibnitz Anfang des 20. Jahrhunderts für einen relationalen Ordnungsraum. Weder Raum noch Zeit sind für Leibnitz von substantieller Realität, sondern stattdessen stellen sie Ordnungsformen dar, die allein auf der „konstruktiven und schöpferischen Kraft des menschlichen Geistes gründen" (Cassirer 1969: 158). Raum ergibt sich dementsprechend allein aus der Lagebeziehung verschiedener Objekte zueinander, und die Lage eines Körpers lässt sich folgerichtig nicht absolut im Raum, sondern nur in Relation zu anderen Körpern bestimmen: „Es ist dies ihre wechselseitige Lage oder Entfernung" (Leibnitz 1904: 182). Zwar konnten sich Leibnitz' Thesen zu jener Zeit noch nicht gegen den Erfolg der Newton'schen Mathematik durchsetzen, doch die Konsequenzen seines Raumverständnisses können Schroer zufolge gar nicht hoch genug eingeschätzt werden, impliziert es doch bereits die Perspektivität von Raum:

> „Sie transportieren bereits die Idee der Perspektivenvielfalt, nach der eine jede Beziehung aufgrund eines bestimmten Blickwinkels zustande kommt und folglich anders ausfiele, wenn sich der Beobachter an einer anderen Stelle des Raumes befände […]. Mit Leibnitz' Raumauffassung kommt also nicht weniger als die Kontingenz jeder Beobachtung ins Spiel" (Schroer 2006: 40).

Mit Albert Einsteins Relativitätstheorie kam es schließlich und endgültig zum Bruch mit dem absoluten Raumbegriff in der Naturwissenschaft. So versteht Einstein den Raum als mit der Zeit verwoben, also als Raum-Zeit-Struktur. Und darüber hinaus betont er die Verbundenheit von Raum und Zeit mit der materiellen Körperwelt, sodass hier jede Vorstellung einer Absolutheit von Raum und Zeit verworfen und stattdessen ihre Relativität postuliert wird. Der Raum stellt sich dementsprechend nicht als Behälter oder Container, sondern vielmehr als „Lagerungsqualität der Körperwelt" (vgl. Einstein 1960: XIII) dar. Damit ist der Raum – ebenso wie die Zeit – nur relational zum jeweiligen Bezugssystem der Beobachter definierbar. (Vgl. Löw 2001: 24ff.; Schroer 2006: 43f.)

Zwar verloren absolutistische Vorstellungen von Raum als Container mit Einsteins Relativitätstheorie in der Naturwissenschaft an Bedeutung, doch Schroer zufolge „lässt dieser Umbruch der Raumauffassung in den Sozialwissenschaften bis heute auf sich warten" (Schroer 2006: 45). Zumindest führte der Raum in soziologischen Theorien lange Zeit ein Schattendasein[166]. Sofern die Soziologie nämlich zur Zeit der Etablierung der Nationalstaaten entstand, wurde der Nationalstaat gleichsam als selbstverständlich vorausgesetztes Territorium und damit als Behälter für alle gesellschaftlichen Prozesse gedacht, sodass

---

[166] So wurde zu Beginn der 1990er Jahre noch verschiedentlich die ‚Raumblindheit' bzw. ‚Raumvergessenheit' der Sozialwissenschaft angeprangert (vgl. Berking 1998: 382).

die Kategorie Raum in der Folge weitgehend ausgeblendet wurde. Eine solche Ausblendung funktioniert allerdings nur so lange, wie man den Nationalstaat oder sonstige Lokalitäten tatsächlich als gegebene Schauplätze voraussetzt, „ohne die Konstitutionsbedingungen dieser Räume selbst zum Thema zu machen" (ebd.: 47, vgl. auch 17ff.; vgl. auch Beck 1997: 49f.). Die Beschäftigung mit dem Thema Raum wird folgerichtig genau dann virulent, wenn die vertrauten Schauplätze sozialen Handelns sich auflösen, erweitern beziehungsweise verändern. Und dies scheint im Zuge von Globalisierungs- und auch Digitalisierungstendenzen der Fall zu sein[167].

Um nun einen kurzen Überblick über die in der Soziologie vorhandenen Raumbegriffe zu geben, werden im Folgenden zwei soziologische Theorien – Anthony Giddens' Theorie der Strukturierung sowie Niklas Luhmanns Systemtheorie[168] – und im Anschluss daran die Ansätze dreier Globalisierungstheoretiker – Roland Robertson, Manuel Castells und Arjun Appadurai – mit Blick auf die jeweils inhärenten Raumvorstellungen skizziert. Vorweg lässt sich schon einmal sagen, dass all diese Theorien Prozesse der gesellschaftlichen Modernisierung als mit einer Lockerung der Verbindung von Gesellschaft und Territorium einhergehend beschreiben. Dass dabei mitunter eine Gleichsetzung beziehungsweise Verwechslung von Raum und Territorium beziehungsweise Ort erfolgt, darauf soll später noch genauer eingegangen werden.

Anthony Giddens geht in seiner Theorie der Strukturierung (1992) davon aus, dass der Raum weder ein äußeres Gegenüber noch ein inneres Erleben für den Menschen darstellt. Stattdessen wird ein wechselseitig bedingtes Zusammenspiel von Handlung und Struktur postuliert, wobei gegebene Strukturen einerseits das menschliche Handeln beeinflussen und diese Strukturen andererseits durch menschliches Handeln beeinflusst werden. Statt den Raum also als gegeben zu betrachten, stellt Giddens auf das „'aktive Organisieren des Raums' ('spacing')" (Giddens 1992: 129) über die Interaktion sowie die jeweilige Positionierung der Individuen zueinander ab. Seinen typischen Charakter erhält der als Ort konkretisierte Raum dabei durch die in ihm stattfindenden Interaktionen. „In Orten ('locales') wird der Raum als Bezugsrahmen für Interaktion verfügbar gemacht, während umgekehrt diese Interaktionsrahmen für die Spezifizierung der Kontextualität des Raumes verantwortlich sind" (ebd.: 170). Mit Blick auf den Prozess der Globalisierung, den er als eine Art Dehnungsvorgang

---

[167] Die Medien fungieren dabei nicht nur als ‚Raumüberwinder', sondern auch als ‚Raumschaffer'. Zu der Eröffnung neuer mediatisierter Kommunikationsräume durch das Internet vgl. Kapitel 2.3.2.

[168] Die Auswahl dieser beiden Theorien richtet sich im Wesentlichen nach der Zusammenschau von Markus Schroer in ‚Räume, Orte, Grenzen' (2006).

beschreibt, spricht Giddens von einer „Entbettung [...] sozialer Beziehungen aus ortsgebundenen Interaktionszusammenhängen" (ders. 1995: 33) sowie einer anschließenden Restrukturierung (,reembedding') dieser Beziehungen über raumzeitliche Distanzen hinweg[169]. Orte und Gemeinschaften werden dabei dergestalt berührt und verändert, dass das Globale das Lokale und alles, was damit zusammenhängt, beeinflusst, verändert und zunehmend erst hervorbringt. Der Raum wird bei Giddens also – so lässt sich zusammenfassen – nicht als ein Container oder Behälter verstanden, in dem sich das Leben abspielt und die Zeit vergeht, sondern vielmehr wird der Raum als ein im sozialen Handeln der Menschen geschaffenes soziales Konstrukt beschrieben, das sich zwischen den Handelnden aufspannt, in der Folge auf diese zurückwirkt und darüber hinaus je nach Perspektive unterschiedlich ausgestaltet sein kann[170] (vgl. Schroer 2006: 106ff., 123ff.; Dürrschmidt 2002: 47ff.).

Ein anderes Raumverständnis liegt der Systemtheorie von Niklas Luhmann zu Grunde, insofern darin eine gänzliche Unabhängigkeit von Raum und Gesellschaft postuliert wird (vgl. Luhmann 1997: 30, Fn. 24). Funktional differenzierte Gesellschaften konstituieren sich nach Luhmann allein über Kommunikation, sie sind unabhängig von einem bestimmten Territorium und schon immer als ,Weltgesellschaft' beziehungsweise vor einem ,Welthorizont' angelegt[171]. Die Unabhängigkeit von jeder Territorialität stellt für Luhmann *das* entscheidende Charakteristikum funktional differenzierter Gesellschaften dar[172] (vgl. ebd.: 54, 150, 743ff.). Regionale Unterschiede, die vor dem Hintergrund eines einheitlichen Welthorizonts gleichsam negiert zu werden scheinen, werden laut Luh-

---

[169] Globalisierung definiert Giddens somit als eine „Intensivierung weltweiter sozialer Beziehungen, durch die entfernte Orte in solcher Weise miteinander verbunden werden, daß Ereignisse am einen Ort durch Vorgänge geprägt werden, die sich an einem viele Kilometer entfernten Ort abspielen, und umgekehrt" (Giddens 1995: 85).

[170] Wohlgemerkt vertreten einige Autoren die Ansicht, Giddens transportiere keine relationale, sondern eine Behälter-Raumauffassung (vgl. z.B. Löw 2001: 231ff.). Dies rührt nach Schroer v.a. daher, dass Giddens den Begriff ,Machtbehälter' für die Bezeichnung von Institutionen wie Schulen, Städten oder Nationalstaaten verwendet. Allerdings werde bei der vermeintlichen Schlussfolgerung auf ein relationales Raumverständnis übersehen, dass die Eigenschaften dieser ,Machtbehälter' von Giddens als relativ zu den Eigenschaften ihrer Umgebung konstituiert und damit nicht absolut beschrieben werden (vgl. Schroer 2006: 130).

[171] Weltgesellschaft bedeutet für Luhmann dementsprechend die Thematisierung von Welt in Kommunikation: „Weltgesellschaft ist das Sich-Ereignen von Welt in der Kommunikation" (Luhmann 1997: 150).

[172] Dagegen besitzen segmentär differenzierte Gesellschaften noch Zentrum und Peripherie, stratifikatorisch differenzierte Gesellschaften verschiedene Schichten und Klassen (vgl. Luhmann 1997: 663ff., 678ff.).

mann gerade erst vor diesem einheitlichen Bezugrahmen erkennbar (vgl. ebd.: 162). Indem Luhmann den Raum weitgehend mit dem Territorium (der Welt) gleichsetzt, eine Unabhängigkeit gesellschaftlicher Prozesse von diesem postuliert und den Raum als soziale Kategorie in der Folge ausblendet beziehungsweise gar nicht mehr thematisiert, kann hier ein absolutistisches Raumverständnis diagnostiziert werden. Laut Schroer erweist sich Luhmanns Ausblendung der Kategorie Raum jedoch mithin als Einfallstor für Kritik, denn Fragen gesellschaftlicher Inklusion oder Exklusion lassen sich wohl kaum und einzig über die Teilhabe oder Nicht-Teilhabe an Kommunikation erklären. Vielmehr scheint gesellschaftliche Inklusion oder Exklusion nicht zuletzt auch von der räumlichen Situiertheit der Akteure im Verhältnis zu den politischen und ökonomischen Machtzentren abzuhängen[173]. Mit der Nicht-Thematisierung des Raums versäumt die Systemtheorie somit das eigentlich Naheliegende, nämlich den Raum als sozial und kommunikativ erzeugt zu thematisieren. Stattdessen fällt sie „zurück auf eine schon überwunden geglaubte Ineinssetzung des Raums mit dem Territorium, eine Vorstellung des Raums als Container und einer Reservierung der Relevanz des Raums allein für einfache Sozialsysteme bzw. Interaktionssysteme" (Schroer 2006: 160, vgl. auch 152ff.). Sofern der Raum bei Luhmann also mit dem Territorium gleichgesetzt, als natürlich Gegebenes betrachtet und darüber hinaus als unabhängig von sozialen Interaktionsprozessen verstanden wird, liegt hier insgesamt ein – wenngleich vor allem implizit gedachtes – absolutes Raumverständnis zu Grunde (vgl. dazu auch Pries 2008: 102f, 109).

Zusammenfassend kann für die beiden skizzierten soziologischen Theorien festgehalten werden, dass sie zwar unterschiedliche Verständnisse von Raum transportieren, Gesellschaft aber unter dem Eindruck der Modernisierung als zunehmend unabhängig von bestimmten Territorien beschreiben. Sofern dies jedoch wie bei Luhmann zu einer Ausblendung der Kategorie Raum – oder wie etwa bei Paul Virilio (1996)[174] gar zu einer Rede vom Irrelevantwerden bezie-

---

[173] Zwar erkennt Luhmann dieses Problem selbst und spricht von gesellschaftlichen Exklusionsbereichen oder -zonen, nichtsdestotrotz verzichtet er auch weiterhin auf die Einführung der Kategorie Raum als relevante Sinndimension im Rahmen seiner Systemtheorie (vgl. Luhmann 1995: 260f.).

[174] Virilio postuliert das ,Verschwinden des Raums' als Folge der Beschleunigung durch technische Medien sowie den anschließenden Übergang in die „atopische Gemeinschaft eines Planetenstaates" (Virilio 1996: 45). „Mit der Beschleunigung gibt es kein Hier und Da mehr, sondern nur noch die geistige Vermischung des Nahen mit dem Fernen, der Gegenwart mit der Zukunft, des Realen mit dem Irrealen, die Vermischung von Geschichte mit der furchteinflößenden Utopie der Kommunikationstechniken" (ebd.: 44).

hungsweise Verschwinden des Raums – führt, so scheint hier eine Verwechslung von Raum und Ort beziehungsweise Territorium vorzuliegen. Dazu
schreibt Schroer:

> „Was als *Ende des Raums* verkündet wird, meint bei näherer Betrachtung eine
> stärkere Unabhängigkeit wirtschaftlicher, politischer und sozialer Aktivitäten
> von bestimmten Orten. Was sich von primitiven Gesellschaften bis hin zu
> postmodernen allenfalls beobachten lässt, ist eine sukzessive Ablösung des Or-
> tes durch den Raum. Insbesondere Kommunikations- und Transporttechnolo-
> gien erschließen immer mehr Räume, lockern aber das Verhältnis zum Ort"
> (Schroer 2006: 172).

Die Entterritorialisierung von sozialen Prozessen im Zuge von Modernisierungstendenzen – und dabei vor allem im Zuge von Digitalisierungs- und Globalisierungstendenzen – verweist also auf ihre zunehmende Loslösung von
bestimmten, geographisch definierbaren Orten. Wohlgemerkt bedeuten eine
solche zunehmende Entgrenzung und Unabhängigkeit gesellschaftlicher Prozesse von bestimmten Territorien aber kein Verschwinden oder gar Irrelevantwerden des Raums, sondern stattdessen bedeutet es Erweiterung, Wandel beziehungsweise Umbau, Hybridisierung und Neueröffnung von Grenzen und
Räumen. Diese neuen Räume können nicht länger auf bestimmte Territorien
oder nationalstaatliche Entitäten bezogen oder begrenzt werden, vielmehr sind
sie überlappend, überlagernd und verwoben, und ihre Entstehung stellt „selbst
ein Moment sozialer Prozesse dar" (Löw 2001: 130). Vonnöten scheint hier eine
analytische Trennung von Raum und Ort beziehungsweise Territorium ebenso
wie die Einsicht, dass Räume nicht immer schon da sind, sondern soziale Konstrukte darstellen, die im Interagieren der Menschen untereinander erst hervorgebracht werden. Im Rahmen der globalisierungstheoretischen Debatte ist eine
solche richtungsweisende Entkopplung der Konzepte ‚space' und ‚place' ebenso
wie eine Verlagerung hin zu der Vorstellung von kommunikativ hervorgebrach-
ten und abgesteckten symbolischen Räumen zunehmend beobachtbar (vgl.
Volkmer 2005: 234). Laut Beck brachte das Aufkommen globalisierungstheoretischer Fragestellungen eine regelrechte Renaissance des Raumbegriffs mit sich.
Können Gesellschaft und Nationalstaat doch fortan nicht mehr „deckungsgleich gedacht, organisiert, gelebt" (Beck 1997: 115) werden, und das nationalstaatliche Territorium kann nicht länger als selbstverständlich gegebener Behälter für alle sozialen Prozesse herhalten. Nach Berking ist diese Erkenntnis, dass
Gesellschaftswandel ohne eine kategoriale Neukonzeption der Raumkompo-

nente des sozialen Lebens nicht mehr hinreichend erklärt werden kann, als ‚geographische Wende' bezeichnet werden:

„Globalisierung hat mit Grenzen zu tun, und Grenzen haben mit Räumen zu tun. Räume aber sind nichts Fixiertes, keine natürlichen Behälter, in denen die Zeit vergeht und das Leben sich abspielt. Sie werden erzeugt und mit Bedeutung versehen, die ihrerseits Bedeutungen – in Gestalt von Identitäten, Wissen, Machteffekten etc. – evozieren. [...] Räume sind wesentlich das Produkt und die Voraussetzung sozialer Beziehungen" (Berking 1998: 382).

Was nun die in globalisierungstheoretischen Arbeiten anzutreffenden Raumvorstellungen anbelangt, so sollen im Folgenden drei verschiedene Ansätze ins Feld geführt werden: derjenige von Roland Robertson sowie diejenigen von Manuel Castells und Arjun Appadurai. Roland Robertson beschreibt in seinem Buch ‚Globalization: Social Theory and Global Culture' (1992) Globalisierung als ein Konzept, das sowohl die Kompression der Welt als auch die Intensivierung des Bewusstseins von dieser Welt an sich als ganzheitliche Einheit impliziert (vgl. Robertson 1992: 8). Indem Robertson die kulturelle und symbolische Reflexivität von Globalisierungsprozessen gegenüber systemischen, sprich technologischen und ökonomischen Strukturen hervorhebt, stellt sich Globalisierung für ihn als ein von sozialen Handlungsentwürfen und kulturellen Interpretationen mitbestimmter und somit potentiell offener Prozess dar (vgl. ebd.: 61ff.). Die wechselseitige und spannungsgeladene Durchdringung von Globalem und Lokalem wird dabei als „a massive twofold process involving *the interpenetration of the universalization of particularism and the particularization of universalism*" (ebd.: 100) beschrieben. Diesen ‚particularism-universalim nexus' ersetzt Robertson später durch einen ‚local-global nexus', wobei er den Begriff der ‚Glokalisierung' zur Bezeichnung der „simultaneity and interpenetration of what is conveniently called the global and the local" (ders.: 1995: 30) einführt[175]. Damit stellt Robertson verstärkt auf die Gleichzeitigkeit, Ambivalenz und Interpenetration aller am Globalisierungsprozess beteiligten Objekte – also nicht allein auf eine kontinuierlich fortschreitende Entgrenzung und Entterritorialisierung – ab. In diesem Sinne betont er auch den Wandel der global angeschlossenen Orte beziehungsweise Lokalitäten, an denen sich die beteiligten Akteure schließlich immer noch

---

[175] Im Modell des ‚Globalen Feldes' setzt Robertson sodann das ‚individuelle Selbst', ‚nationale Gesellschaften', das ‚Weltsystem der Gesellschaften' sowie die ‚Menschheit' derart miteinander in Beziehung, dass wechselseitige Referenzen, Relativierungen und Problematisierungen zwischen den vier Komponenten in den Blick genommen werden können (vgl. Robertson 1992: 26ff.).

körperlich befinden, an denen sie leben, von denen aus sie ihre sozialen Beziehungen entfalten und gestalten sowie globale Geschehnisse wahrnehmen und interpretieren[176]. Bezogen auf den Raumaspekt postuliert Robertson also ein relationales Verständnis, und darüber hinaus geht es ihm nicht nur um die Beschreibung von Ausdehnungsprozessen, sondern auch um die vielfältigen, ambivalenten und mitunter konvergenten Beziehungen von Globalem und Lokalem, um den Wandel von bestehenden Räumen ebenso wie um die Etablierung von neuen Räumen im sozialen Handeln der Menschen.

Als zweiter globalisierungstheoretischer Ansatz wird nun das von Manuel Castells entworfene Bild einer komplexen Netzwerkgesellschaft (1996) ins Feld geführt. Vergesellschaftung wird darin vollständig durch globale Flüsse konstituiert und perpetuiert gedacht, sodass die Netzwerkgesellschaft als Repräsentation eines ‚global space of flows' gegenüber dem traditionalen ‚space of places' an Funktions- und Steuerungskompetenz gewinnt. Netzwerke definiert Castells zunächst einmal als „open structures, able to expand without limits, integrating new nodes as long as they are able to communicate within the network" (vgl. Castells 1994: 501). Die Knotenpunkte beziehungsweise die materiellen Grundlagen, vermittels derer diese Netzwerke zusammengehalten werden und lokal verankert sind, können die Gestalt medialer Infrastrukturen, globaler Städte oder auch räumlich organisierter Führungseliten als Macht- und Schaltzentren bei der Verknüpfung mehrerer Netzwerke annehmen (vgl. ders. 1996: 442ff.). Zwar bewegen sich die von Castells beschriebenen globalen Flüsse zwischen bestimmten Orten, das heißt sie verfügen durchaus über eine territoriale Rückbezüglichkeit und lokale Verankerung (vgl. ders. 1994: 126). Aber nichtsdestotrotz betrachtet Castells die Logik und Bedeutung von Orten als im Netzwerk absorbiert, sodass er in der Folge ein Spannungsverhältnis zwischen dem Lokalen – dem ‚space of places' – sowie dem Globalen – dem ‚space of flows' – postuliert (vgl. ders. 1996: 458f.). Mit Berking lässt sich an dieser Stelle kritisieren, dass Castells die Betrachtung des Wandels des Lokalen gleichsam zu kurz kommen lässt beziehungsweise unterschätzt. Schließlich geht Gesellschaft nicht vollständig im globalen Strom der Flüsse (‚space of flows') auf, sondern stattdessen braucht sie immer – auch wenn Gesellschaft in der Tat nicht mehr als rein lokal, sondern eher als transnational vernetzt beschrieben werden muss – „Ortsbewußtsein und Orientierungssinn, Perzeption und Produktion von Or-

---

[176] Im Hinblick auf die Transnationalisierung von Öffentlichkeiten spricht Volkmer von dialektischen Räumen öffentlicher Kommunikation, in denen sich Konfrontation, Parallelität und Verschmelzung unterschiedlicher Diskurs- und Lebenswelten abspielen (vgl. Volkmer 2002: 826, 2003b: 3f.).

ten" (Berking 1998: 390). Folgerichtig, so betonen auch Delanty und Rumford, muss das Verhältnis von Global und Lokal weniger als oppositionell im Sinne von ,entweder lokal oder global', sondern vielmehr als ,sowohl lokal verankert als auch global angeschlossen' beschrieben werden[177]. Denn nur so kann die Ambivalenz, Parallelität und Verschmelzung des Lokalen und des Globalen stärker ins analytische Blickfeld gerückt werden (vgl. Berking 1998: 385ff.; Delanty/Rumford 2005: 124; Moores 2006: 190ff.). Die bisherigen Ausführungen haben deutlich gemacht, dass Castells ebenso wie Robertson ein relationales Raumverständnis transportieren, damit die soziale Konstruiertheit von Räumen hervorheben und zugleich eine zunehmende Unabhängigkeit gesellschaftlicher Prozesse von bestimmten Territorien postulieren. Indem Castells allerdings Orte als im globalen Netzwerk absorbiert beschreibt, vernachlässigt er die Bedeutung ebendieser territorialen Orte, an denen die Menschen nach wie vor leben und handeln, für die neu entstehenden Räume beziehungsweise den ,global space of flows', und umgekehrt vernachlässigt er die Bedeutung und Implikationen der neu entstehenden Räume für diese Orte.

Ein dritter globalisierungstheoretischer Ansatz, der sich mit der Kategorie Raum im Sinne einer kulturellen Entterritorialisierung auseinandersetzt, stammt schließlich von Arjun Appadurai (1998). Zur Beschreibung der komplexen und widersprüchlichen sozialräumlichen Dynamiken der Globalisierung entwirft Appadurai das Bild einer Landschaft globaler Flüsse. Dabei unterscheidet er fünf einander überlappende Dimensionen beziehungsweise sozialräumliche Konfigurationen: Ethnoscapes, Technoscapes, Financescapes, Ideoscapes und Mediascapes. Der Suffix -scape trägt dabei sowohl dem volatilen als auch dem irregulären Charakter der entstehenden Landschaften Rechnung, die nicht von objektiv beschreibbaren Beziehungsgefügen geprägt, sondern stattdessen je nach Perspektive unterschiedlich ausgestaltet erscheinen (vgl. Appadurai 1998: 33). Während Ethnoscapes die sich aus den Mobilitätslinien unterschiedlicher Personengruppen ergebenden Konfigurationen globaler Bevölkerungsbewegungen bezeichnen, verweisen Techno- und Financescapes auf den grenzüberschreitenden Transfer von Technologie und Kapital. Unter Ideoscapes versteht Appadurai schließlich die Diffusion von politik- und ideologiegeladenen Sinnbildern und Ideen wie etwa Freiheit, Demokratie und Menschenrechte und unter Mediascapes die durch globale Kommunikationsflüsse geschaffene Landschaft von imaginierten Welten und Eindrücken. Sowohl bei den Media- als

---

[177] Castells postuliert angesichts des Spannungsverhältnisses von Globalem und Lokalem gar eine Polarisierung sozialer Erfahrungen im Sinne eines Lebens ,in Paralleluniversen (vgl. Castells 1996: 459).

auch bei den Ideoscapes geht es um die mediale Vermittlung von Bildern und Ideen, sodass sich in der Konsequenz und mit der Zeit eine Auflösung der Grenzen zwischen Realem und Fiktionalem ergibt (vgl. ebd.: 33ff.). Damit schließt Appadurai gleichsam an Anderson's (1983) Idee der ‚imagined communities' an, skizziert er doch eine imaginierte Welt, in der die Phantasie zur sozialen Praxis wird: „These landscapes are the building blocks of what [...] I would like to call imagined worlds, that is, the multiple worlds that are constituted by the historically situated imagination of persons and groups spread around the globus" (Appadurai 1998: 32). Die Kritik Appadurais kann – ähnlich wie bei Castells – dahingehend formuliert werden, dass Globalisierung „als fortwährende Transformation von Territorialität in nicht-territoriale Formen" (Berking 1998: 386) beschrieben wird, wobei die konkreten Auswirkungen dieser entterritorialisierten Ströme auf die lokalen Kulturen vernachlässigt beziehungsweise unterbelichtet bleiben. Laut Berking ist schwerlich einzusehen, warum sich kulturelle Formen gänzlich entterritorialisieren und in den skizzierten Strömen aufgehen sollen. Vielmehr müsse die Tatsache, dass zum Beispiel die „Kontextbedingungen [.] der indischen Diaspora in Chicago mit denen der indischen Diaspora in Kuweit kaum identisch" (ebd.: 387) sind, stärker in Betracht gezogen und theoretisch inkorporiert werden. Folgerichtig sei hier eine Re-Territorialisierung von Globalisierungstheorien angezeigt – und zwar im Sinne einer besseren Berücksichtigung von lokalen Lebenswelten mitsamt ihrer Bedeutung für die Konstitution neuer, transnationaler sozialer Räume.

> „Die globalen kulturellen Ströme sind eines, und ihre Relevanz für die Transformation von Wirklichkeitskonstruktionen ist kaum zu unterschätzen. Ihre Re-Territorialisierung aber, ihre soziale und kulturelle Neu-Verortung ist etwas anderes, etwas, das auf die kontextgenerierende Kraft ortsbezogener, nicht ortsgebundener, kultureller Wissensproduktion und sozialer Praktiken verweist" (Berking 1998: 388).

Zweifelsohne ist Berkings Kritik an Appadurais Ansatz zuzustimmen, denn in der Tat gilt es, die Dialektik, sprich Konvergenz, Opposition, Vernetzung und Verschmelzung des Globalen und des Lokalen nicht aus dem Auge zu verlieren. Nichtsdestotrotz zeichnet sich Appadurais Ansatz vor allem dadurch aus, dass er die globalen Konnektivitäten in ihrer perspektivischen Varianz und Unregelmäßigkeit mit der Metapher einer Landschaft globaler Flüsse gut zu greifen vermag.

Zusammenfassend kann für die globalisierungstheoretische Debatte festgehalten werden, dass diese den Raum als soziale Kategorie in Abgrenzung zu territorialen Orten zwar wieder stärker zum Thema gemacht hat, gleichwohl – so hat die Kritik der skizzierten Ansätze verdeutlicht – reicht die Beschreibung eines fortschreitenden, medial katalysierten Prozesses der Entterritorialisierung und Transnationalisierung von sozialen Prozessen, Beziehungen, Lebenswelten und Kulturen allein nicht aus, sondern vielmehr darf das Lokale nicht außer Acht gelassen werden. Schließlich verliert das Lokale keineswegs an Bedeutung oder geht gar in einem globalen Strom der Flüsse auf. Sondern stattdessen bildet es den Kontext, in dem die Menschen das Globale ebenso wie das Lokale aneignen, kontextualisieren und ständig (re)produzieren. In diesem Sinne wird Globalisierung – wie von Roland Robertson herausgearbeitet – erst an spezifischen Lokalitäten[178], beziehungsweise in den Interaktionen und Kontextualisierungen der Menschen an diesen Lokalitäten greifbar. Die mitunter spannungsgeladene Dialektik von Globalem und Lokalem lässt sich dabei gut vermittels einer Netzwerkmetapher greifen, können Lokalitäten doch damit sowohl in ihrer globalen Konnektivität als auch in ihrer territorialen und kulturellen Rückbezüglichkeit beschrieben werden (vgl. Robertson 1992; Castells 1996; Hepp 2004). Doreen Massey schreibt in diesem Sinne treffend:

„Wenn wir das so oft zitierte Mantra ernst nehmen, dass sich das Lokale und das Globale ‚gegenseitig konstituieren', dann sind lokale Orte nicht einfach ‚Opfer' und nicht einmal nur die Produkte des Globalen. Im Gegenteil: Sie sind auch die Momente, durch die das Globale konstituiert wird, das heißt, es gibt nicht nur globale Konstruktionen des ‚Lokalen', sondern auch lokale Konstruktionen des ‚Globalen'" (Massey 2006: 29).[179]

Nachdem die Notwendigkeit einer analytischen Trennung von Raum und Ort beziehungsweise Territorium deutlich geworden ist, soll nun noch darauf hingewiesen werden, dass das Lokale nicht länger auf einen bestimmten territorialen Ort zu begrenzen ist, sondern vielmehr scheint auch das Lokale im Zuge von Globalisierungsprozessen einer gewissen Entterritorialisierung zu unterliegen. So hat Andreas Hepp herausgearbeitet, dass das Lokale nicht länger an bestimmte geographische Orte gebunden ist – schließlich leben die Menschen

---

[178] Eine Lokalität ist laut Hepp als „ein in Bezug auf materielle bzw. physische Aspekte gefasster, soziokulturell definierter Ort" (Hepp 2004: 432) zu begreifen.

[179] Während Orte im Prozess der Globalisierung ihre Charakteristik also zusehends durch die Art und Weise erhalten, in der sich die Welt in ihm befindet, so gibt es laut Marc Augé gleichzeitig immer mehr Nicht-Orte, d.h. Orte ohne spezifische Identität, die überall auf der Welt gleich aussehen und ihren Nutzern dadurch die Orientierung erleichtern. Hier ist etwa an Flughafenterminals, Autobahnkreuze oder Krankenhäuser zu denken. (Vgl. Augé 1995)

nicht mehr nur an einem Ort, von dem aus sie ihre sozialen Beziehungen entfalten[180]. Sondern vielmehr erstrecken sich die persönlichen Lebenswelten der Menschen längst und zunehmend auf mehrere Orte beziehungsweise Lokalitäten gleichzeitig[181]. Das Lokale kann dementsprechend als „der Raum der Vernetzung der Lokalitäten, die im Alltag für eine in einem bestimmten kulturellen Kontext lebende Person erreichbar sind" (vgl. Hepp 2004: 432, vgl. auch 182f.) definiert werden, und damit ist das Lokale – ebenso wie der Raum – vom geographisch definierbaren Ort beziehungsweise von einer Lokalität zu unterscheiden[182].

Abschließend lässt sich mit Blick auf die in der Soziologie virulenten Raumkonzepte sagen, dass gesellschaftliche Modernisierungsprozesse, die mit einer zunehmenden Entterritorialisierung und Entgrenzung von Gesellschaft einhergehen, nicht das Irrelevantwerden oder gar Verschwinden des Raums implizieren. Stattdessen bedeuten sie den Wandel beziehungsweise den Umbau, die Überlagerung und Durchdringung ebenso wie die Neueröffnung von Grenzen und Räumen[183]. Diese neuen Räume lassen sich mit territorialer Bezüglichkeit gleichwohl nicht länger fassen, können sie doch sowohl quergelagert als auch ober- und unterhalb nationaler, kultureller und auch sprachlicher Entitäten verlaufen. In Anbetracht der Annahme, dass die Entstehung dieser neuen Räume selbst ein Moment sozialer Prozesse darstellt, sodass sie und ihre Grenzen stets flexibel und fluide sind, sprich in Abhängigkeit von der Interaktionsdichte und -häufigkeit der Menschen expandieren, schrumpfen oder wieder verschwinden können, erscheint ein gleichermaßen relationales wie hybrides und damit auf die soziale Konstruiertheit, die Vorläufigkeit und Unabgeschlossenheit von Räumen abstellendes Verständnis von Raum angebracht. Denn nur so lassen sich die neuen, sich im Interagieren der Menschen herausbildenden Räume greifbar machen. Mit Blick auf das Ziel dieser Arbeit, den transnationa-

---

[180] Massey schreibt in diesem Sinne: „Home is no longer just a place. It is locations" (Massey 1992: 15).

[181] Von einer ‚Mehrörtigkeit' des Lebens in einer globalisierten Gesellschaft spricht auch Ulrich Beck mit Blick auf die Tatsache, dass die Menschen im Verlauf ihres Lebens oder im Rahmen wiederkehrender Zyklen zunehmend den Wohnort oder den Arbeitsplatz wechseln und beruflich längere Phasen an verschiedenen Orten der Welt verbringen (vgl. Beck 1997: 133f.).

[182] Siehe dazu auch Urry (2003: 137), der mit Blick auf das Individuum von einer ‚cosmopolitan fluidity' spricht, oder Tomlinson (1999: 198), der das Konzept eines glokalisierten Kosmopolitismus entwirft.

[183] In diesem Sinne schreibt Simmel: „Die Grenze ist nicht eine räumliche Tatsache mit soziologischen Wirkungen, sondern eine soziologische Tatsache, die sich räumlich formt" (Simmel 1992: 697).

len öffentlichen Raum Europa theoretisch zu fassen, bedeutet dies, sowohl die Pluralität, Hybridität und Synchronität als auch die soziale und kommunikative Konstruiertheit dieses europäischen Kommunikationsraums ebenso wie seine kulturelle Verankerung in spezifischen Lokalitäten zu berücksichtigen und zu implementieren. Denn schließlich geht es im öffentlichen Raum zunehmend um ein Nebeneinander, Übereinander und auch Ineinander von Kulturen, Lebensstilen, Weltanschauungen und Werten,

> „die nicht in einem Behälter namens Nation, Staat oder Weltgesellschaft enthalten sind, sondern selbst Räume hervorbringen – vielfältig miteinander verflochtene, sich überlagernde Räume unterschiedlicher Reichweite und Ausdehnung, die durch keine vereinheitlichende Klammer mehr zusammengehalten werden, sondern nebeneinander existieren. Das räumliche Prinzip des Nebeneinanders hat damit gewissermaßen den Raum selbst erfasst, der nun nicht mehr nur im Singular, sondern nur noch im Plural zu denken ist" (Schroer 2006: 225f.).

## 4.2.2 Europäische Öffentlichkeit als diskursiv konstituierter Interaktionsraum

Anknüpfend and die voran stehenden Überlegungen geht es in diesem Kapitel nun um den Raumbezug einer europäischen Öffentlichkeit. Dabei werden zunächst die Relevanz räumlicher Aspekte für öffentlichkeits- und politiktheoretische Fragestellungen im transnationalen und europäischen Kontext beleuchtet sowie ein Einblick in vorliegende Konzepte von Kommunikationsräumen in der Medien- und Kommunikationswissenschaft gegeben. Der Kommunikationsraum Europa wird sodann und vor dem Hintergrund eines pragmatischen Öffentlichkeitsbegriffs als diskursiv konstituierter, sprich im kommunikativen Interagieren der Menschen aufgespannter Interaktionsraum konzeptualisiert. Dieser europäische Kommunikationsraum wird dabei im Sinne einer Netzwerkbegrifflichkeit gefasst und funktional, sprich themen- und ereignisbezogen sowie als im Diskurs über europapolitische Themen abgesteckt gedacht. In diesem Sinne kann der Kommunikationsraum Europa über „den geteilten Gegenstand, über die Reichweite sowie über die Intensität der Kommunikation" (Trenz 2005c: 49) bestimmt werden.

Mit Blick auf den Raumbezug von transnationaler und europäischer Politik und Öffentlichkeit lässt sich zunächst einmal feststellen, dass der Raum auch jenseits des Nationalstaats eine wichtige Rolle spielt. So muss sich politisches Entscheidungshandeln immer nach der Reichweite seiner Entscheidungen fragen, und zugleich verlangen die neuen Formen transnationaler Politik und Öffentlichkeit eine Öffnung der Perspektive vom territorialen Ort hin zum Raum. Wie Schroer argumentiert, können die neuen politischen Räume überhaupt nur noch mit einem relationalen Raumverständnis begriffen werden, schließlich sind sie „nicht mehr gleichbedeutend mit einem abgeschlossenen Territorium, sie sind nicht immer schon da im Sinne einer physischen Gegebenheit, sondern werden durch soziale Operationen erst hervorgebracht" (Schroer 2006: 188, vgl. auch 169, 207). Im Falle der EU ist die Regelungskompetenz politischen Entscheidungshandelns über die Definition eines rechtlich integrierten Handlungsraums beziehungsweise territorialen Gebietes – nämlich dem der Europäischen Union – festgelegt. Sofern aber Demokratie und Öffentlichkeit hier anders funktionieren als im Nationalstaat – können sie doch mit staatlicher, kultureller, sprachlicher sowie mediensystemischer Bezüglichkeit oder Reichweite nicht länger erfasst werden (vgl. Rumford 2003: 26) – ist hier eine analytische Trennung von Raum und Ort beziehungsweise Territorium angezeigt. Das Ziel, die neuen, sich herausbildenden Räume und Formen politischer Kommunikation im transnationalen europäischen Kontext in den Blick zu bekommen, verlangt dementsprechend zuvorderst eine Loslösung nicht nur des Konzepts der Öffentlichkeit, sondern auch des Politischen von bestimmten Territorien ebenso wie eine Entkopplung der Konzepte Politik und Staatlichkeit (vgl. Schroer 2006: 185ff.).

Was die theoretische Konzeptualisierung von Kommunikationsräumen in der Medien- und Kommunikationswissenschaft anbelangt, so lässt sich hier – ähnlich wie für die Soziologie vor dem Aufkommen globalisierungstheoretischer Fragestellungen – ein genereller Mangel an entsprechenden Konzepten sowie ein weit verbreitetes und zumeist implizit gedachtes Behälter-Raumverständnis konstatieren (vgl. Beck 2003: 120f.; vgl. auch Hepp 2004: 96). Als Beispiel für den Versuch, Kommunikationsräume einmal kommunikationstheoretisch fundiert zu fassen, soll hier der Ansatz von Klaus Beck ins Feld geführt werden. In seinem Ansatz unterscheidet Beck mit Blick auf die Konstitution von Kommunikationsräumen vier relevante Dimensionen: Nämlich erstens die Beziehungsdimension, in der es um die Anzahl, Platzierung und Konstellation der beteiligten Akteure geht, zweitens die Referenzdimension, die auf kommunizierte Themen und Inhalte abstellend eine Differenzierung von Kommunikationsflüssen nach lokal, regional, national und global ermöglicht. Drittens die Vermittlungsdimension, in der es um die Rekonstruktion von Sinn und Bedeutungen durch die Beteiligten geht, und viertens die Zeitdimension, die schließlich die Frequenz der kommunikativen Interaktionen umfasst. Diese vier Dimensionen sind nach Beck nicht nur konstitutiv für Kommunikationsräume, sondern sie sind auch bestimmend für ihre Form und Ausgestaltung. Veränderungen innerhalb dieser vier Dimensionen haben dementsprechend Auswirkungen auf die Gesamtkonstitution ebenso wie die Realisierung von Kommunikationsräumen. (Vgl. Beck 2003: 129ff.) Sofern Beck Kommunikationsräume also nicht als Behälter, sondern vielmehr als „dynamische Sozialgebilde" versteht, „die durch Kommunikation – und nicht allein durch politische, ökonomische, technische oder sonstige Rahmenbedingungen von Kommunikation – definiert werden" (ebd.: 123f.), stützt er sich auf ein relationales Raumverständnis. Und damit kann er dem Wandel ebenso wie der Neuschaffung von Kommunikationsräumen im Zuge von Modernisierungstendenzen adäquat Rechnung tragen beziehungsweise diese neuen Räume überhaupt erfassen[184]. Eine solche richtungsweisende Entkopplung kommunikativer und sozialer Räume von bestimmten Rahmenbedingungen und Territorien findet sich – wie in den Kapiteln 2.3.2 und 4.2.1 bereits angeklungen – auch in Arbeiten wieder, die sich mit Fragen der Transnationalisierung und Digitalisierung von Kommunikationsprozessen beschäftigen. So arbeiten zum Beispiel Hans J. Kleinsteuber (1994, 1995), Andreas Hepp (2004) oder Ingrid Volkmer (2005, 2007) die Bedeutung von Transnationalisierungs- beziehungsweise Globalisierungstendenzen für die Konzeptualisierung von kommunikativen Räumen und Öffentlichkeiten heraus, und Markus Schroer (2003) reflektiert die Implikationen von Neuen Medien auf die Verfasstheit sozialer Räume. Moderne Kommunikationstechnologien sind nämlich nach Schroer nicht nur in der Lage, geographische Räume zu überwinden, sondern sie können auch neuartige, von bestimmten Territorien unabhängige Kommunikationsräume schaffen. Diese lassen sich allerdings nicht in Abgrenzung zu einer extramedialen Wirklichkeit begreifen, sondern vielmehr scheint eine zunehmende Hybridisierung, sprich Überlagerung und Durchdringung alter und neuer beziehungsweise analoger und virtueller Räume vonstatten zu gehen[185] (vgl. z.B. Schroer 2003: 232ff.).

Vor diesem Hintergrund sowie im Anschluss an die erarbeitete Definition europäischer Öffentlichkeit lässt sich nun konstatieren, dass der Raum des Öffentlichen in Europa im Diskurs über gemeinsame Gegenstände und Hand-

---

[184] Ein weiterer Versuch, den Raum kommunikationstheoretisch zu fassen, stammt von Maier-Rabler. Sie versteht Kommunikationsräume, die sowohl lokal und national als auch global angelegt sein können, als Zugänge zu bestimmten ‚Informationswelten', deren materiell fassbare Komponente durch den Ort repräsentiert wird (vgl. Maier-Rabler 1992: 361ff.).
[185] So können die sich zwischen den Beteiligten aufspannenden mediatisierten Kommunikationsräume andere soziale Räume, an denen die Kommunikationspartner sich körperlich befinden und an denen sie womöglich Bestandteile bestimmter Situationen bzw. Interaktionen darstellen, überlagern und durchdringen.

lungsfolgen zwischen den beteiligten Akteuren, sprich Kommunikatoren, Medien, und Publika beziehungsweise Betroffenen aufgespannt, tradiert und verstetigt wird. Europäische Öffentlichkeit kann somit als ein diskursiv konstituierter Interaktionsraum beschrieben werden. Sein dynamischer Charakter resultiert dabei aus der Dichte und Häufigkeit der ihn konstituierenden Diskurse. Die thematisch zentrierten Teilöffentlichkeiten formieren in diesem Sinne ein kommunikatives Netzwerk, welches Europa als einen Raum verdichteter Kommunikationen mit einer zu den Rändern hin abfallenden Interaktionsdichte erscheinen lässt (vgl. Kleinsteuber 1995: 41). Die Grenzen dieses Interaktionsraums sind, weil nicht länger nationalstaatliche Territorien, gemeinsame Medien, Sprachen oder Kulturen, sondern an konkrete Diskurszusammenhänge gebunden, stets vorläufig, flexibel und fluide. Die Verwendung einer Netzwerkbegrifflichkeit für das Verständnis europäischer Öffentlichkeit ist hier insofern hilfreich, als dadurch drei Aspekte verdeutlicht werden können: Erstens die lokale Verankerung europapolitischer Diskurse in ganz unterschiedlichen politischen, kulturellen und sozialen Kontexten. Die lokalen Verankerungen der Knotenpunkte des kommunikativen Netzwerks – repräsentiert durch Kommunikatoren, Medien und Publika – bilden somit diejenigen Kontexte, in denen die transnationalen europäischen Diskurse durch die Bürger reproduziert, angeeignet und kulturell lokalisiert werden[186]. Das Ergebnis sind folgerichtig unterschiedliche, nationalpolitisch, kulturell und historisch gefärbte Perspektiven, Interpretationen und Kontextualisierungen. Zweitens macht die Netzwerkmetapher die Unregelmäßigkeit und Dynamik europäischer öffentlicher Kommunikationszusammenhänge vorstellbar. So ist davon auszugehen, dass das Netzwerk an bestimmten, thematisch definierbaren Stellen temporär oder dauerhaft mehr oder weniger dicht gewebt ist. Dies ist der Beteiligungshäufigkeit der handelnden Akteure und betroffenen Objekte an entsprechenden Diskursen beziehungsweise dem volatilen und variablen Charakter der themen- und ereigniszentrierten Teilöffentlichkeiten geschuldet. In diesem Sinne firmiert das Netzwerk nicht als statisches, sondern vielmehr als dynamisches Gebilde, das sich an den verschiedensten Stellen immerfort aufs Neue formiert, verdichtet und wieder lockert[187]. Und drittens verdeutlicht die Netzwerkmetapher schließlich den prinzipiell offenen Charakter des Kommunikationsraums Europa. So sind die Grenzen dieses diskursiv konstituierten Interaktionsraums, sofern nicht länger

---

[186] Zum Konzept der kulturellen Lokalisierung vgl. Hepp (2004: 359ff.) sowie die Ausführungen in Kapitel 4.4.3.
[187] Zur perspektivischen Unregelmäßigkeit einer Landschaft globaler Flüsse vgl. auch Appadurai (1998).

an bestimmte Territorien, Sprach-, Medien- oder Kulturgemeinschaften, sondern an konkrete Diskurszusammenhänge gebunden, stets vorläufig, flexibel und fluide[188].

Abschließend kann festgehalten werden, dass der Raumbezug europäischer Öffentlichkeit in einem über transnationale Diskurse generierten, über verschiedene Medienarenen vermittelten und in unterschiedlichen kulturellen Kontexten wurzelnden sozialen Konstrukt kristallisiert, das sich am besten als ein diskursiv konstituierter Interaktionsraum beziehungsweise als ein im Diskurs über europapolitische Themen abgestecktes translokales Netzwerk verdichteter Kommunikation beschreiben lässt. Der Kommunikationsraum Europa ist damit konzeptionell nicht an territorialstaatliche, kulturelle oder sprachliche Entitäten und Territorien gebunden beziehungsweise als Behälter gedacht, sondern stattdessen wird er als ein diskursiv konstituierter symbolischer Raum verstanden, der auf „den im kommunikativen Handeln erzeugten *sozialen Raum*" (Habermas 1998: 436) verweist. Europäische Öffentlichkeit stellt darüber hinaus kein Exklusivum oder gar einen Ersatz für nationale, regionale und lokale Öffentlichkeiten dar. Vielmehr können all diese Öffentlichkeiten gleichzeitig und überlagernd, also hybrid bestehen. Die Beschreibung des Kommunikationsraums Europa als diskursiv konstituierter Interaktionsraum hat allerdings eine Konsequenz. Und zwar verlangt sie in der Folge eine stärkere Berücksichtigung, Reflektion und auch Untersuchung der auf diesen Kommunikationsraum bezogenen und ihn konstituierenden Handlungen und Interaktionen der Menschen. Werlen bringt dies gut auf den Punkt, indem er schreibt:

> „If ,space' were an object, that is to say, an appropriate research object of an empirical science such as geography, then we should be able to indicate the place of space in the physical world. But this is impossible. Space does not exist as a material or as a consistent theoretical object. It is [...] rather a formal and classificatory concept, a frame of reference for the physical components of actions and a grammar for problems and possibilities related to the performance of action in the physical world" (Werlen 1999: 4).

---

[188] Unterscheiden lassen sich europäische öffentliche Diskurszusammenhänge dementsprechend von anderen transnationalen, womöglich globalen Diskurszusammenhängen – wenngleich nicht immer trennscharf – über die diskutierten Gegenstände sowie die Reichweite und Dichte der sie konstituierenden Diskurse. Koopmans und Erbe schlagen im Rahmen einer politischen Claim-Analyse vor, den Raumbezug sowie die Grenzen europäischer gegenüber nationalen und globalen Öffentlichkeiten über die Intensität, Reichweite und Richtung von Kommunikationsflüssen zu bestimmen. Dabei unterscheiden sie vier Diskurselemente: den ,claimant', den ,addressee', den ,object actor' als Betroffenen und den ,Issue' als Claim-Inhalt (vgl. Koopmans/Erbe 2003: 7ff.).

## 4.3  Politische Zielfunktionen europäischer Öffentlichkeit

Die zweite Dimension des pragmatischen Konzepts fokussiert die politischen Zielfunktionen europäischer Öffentlichkeit. Zentral sind diese Funktionen insofern, als „das Konzept der Öffentlichkeit [.] nicht etwa entwickelt [wurde], um lediglich empirische Kommunikationsflüsse zu verstehen, sondern um zu einer normativen, politischen Demokratietheorie beizutragen" (Fraser 2005: 1). In diesem Sinn hat Öffentlichkeit, sofern sie in einem politischen Kontext betrachtet wird, was zumeist – wie auch hier – der Fall ist, ganz bestimmte demokratische Funktionen zu erfüllen.

Nun unterscheiden sich die Funktionszuweisungen an Öffentlichkeit jedoch mit den jeweils zu Grunde liegenden normativen Öffentlichkeitsmodellen (vgl. Kapitel 2.2). Während das liberal-repräsentative Modell die Beobachtungs- und Transparenzfunktion von Öffentlichkeit betont, postuliert das diskursive Modell zusätzlich eine kollektive Willensbildung und Entscheidungsfindung im öffentlichen Diskurs unter möglichst umfassender Beteiligung der Zivilgesellschaft. (Vgl. z.B. Gerhards/Neidhardt 1991; Habermas 1990, 1998; Peters 1994) Die unter Rekurs auf Dewey erarbeitete Definition europäischer Öffentlichkeit als ein Netzwerk aus themen- und ereigniszentrierten Teilöffentlichkeiten, das durch transnationale europäische Diskurse konstituiert wird und genau dann besteht, wenn eine Synchronität und Konvergenz diskutierter Themen anzutreffen ist und wenn die von den Folgen europapolitischer Entscheidungen Betroffenen diese Folgen wahrnehmen und in entsprechende Diskurse eintreten, lässt die Nähe zum Diskursmodell der Öffentlichkeit bereits erkennen. Schließlich wird nicht nur die Transparenz und Repräsentation gesellschaftlicher Interessen und Problemlagen im Medium der Öffentlichkeit betont, sondern darüber hinaus wird auch eine kommunikative Beteiligung der Menschen am öffentlichen Diskurs postuliert. Der Dewey'sche Ansatz, der hier gleichsam als theoretische Matrize fungiert, kann in der Tradition diskursiver beziehungsweise deliberativer Demokratie- und Öffentlichkeitstheorien oder besser gesagt an deren Anfang verortet werden (vgl. Westbrook 2000: 360f.; Bohman 1996: 7; Kettner 1998: 57). Die politischen Zielfunktionen des hier zu entwickelnden pragmatischen Konzepts müssen sich dementsprechend an denen des Diskursmodells orientieren. Ehe es allerdings um die Darstellung und Diskussion ebendieser Zielfunktionen europäischer Öffentlichkeit geht (Kapitel 4.3.2), gilt es zunächst, Deweys pragmatischen Ansatz im Feld diskursiver Demokratie- und Öffentlichkeitstheorien zu lokalisieren und dabei zugleich eine Abgrenzung gegenüber dem Habermas'schen Diskursmodell vorzunehmen (Kapitel 4.3.1).

### 4.3.1 Deweys Ansatz im Kontext deliberativer Demokratietheorien

Die Grundidee deliberativer Demokratie – so lässt sich zunächst einmal festhalten – besteht darin, „die rein aggregativen Verfahren der Entscheidungsfindung, wie sie das klassische Paradigma der liberalen Demokratie darstellen, durch solche Mechanismen zu ergänzen, die im Vorfeld der Entscheidung eine breite Diskussion garantieren" (Jörke 2003: 219). Die damit verbundene Hoffnung ist vor allem auf eine Steigerung von sachlicher Rationalität und demokratischer Legitimität gerichtet. Ersteres soll über eine Inklusion möglichst vieler Gesichtspunkte und Argumente bei möglichst großer Akzeptanz aller Diskursteilnehmer gesichert werden, letzteres über eine Kongruenz von Adressaten und Autoren kollektiv bindender Entscheidungen[189]. Sofern im deliberativen Demokratieverständnis die Legitimität politischen Entscheidungshandelns primär über die Möglichkeit einer umfassenden Beteiligung der Bevölkerung am öffentlichen Diskurs sichergestellt wird, sind es die Bedingungen ebendieser Kommunikationszusammenhänge, die es zu verbessern und zu stabilisieren gilt. Dies stellt nach Dewey das Problem beziehungsweise die Herausforderung der Öffentlichkeit dar (vgl. Dewey 1927: 208). Von Habermas' deliberativer Demokratietheorie, die in Kapitel 2.2 als maßgebend für das Diskursmodell der Öffentlichkeit vorgestellt wurde, unterscheidet sich der Dewey'sche Ansatz allerdings in zwei Punkten: Erstens besitzt Dewey keine politische Institutionentheorie, und zweitens betont er weniger das Ergebnis öffentlicher Deliberation im Sinne eines rationalen Konsenses als vielmehr den Prozess des Diskutierens, kollektiven Handelns und Lernens.

Die Benennung konkreter institutioneller Arrangements oder Ordnungsformen, die das Funktionieren von Demokratie gewährleisten könnten, hält Dewey insofern für unangebracht, als politische Institutionen für ihn „immer nur verbesserungswürdige Instrumente, nicht aber Verkörperungen einer praktischen Vernunft dar[stellen]" (Jörke 2003: 234)[190]. Ihre Ausgestaltung muss dementsprechend – ebenso wie die Wahl und Formulierung politischer Lö-

---

[189] Wie in Kapitel 2.2.2 beschrieben, rückt demokratische Deliberation v.a. das prozedurale Moment in den Mittelpunkt und belegt den Prozess öffentlicher Deliberation mit ganz bestimmten Forderungen. So müssen die Teilnehmer erstens mit Argumenten zu überzeugen suchen, sie sollen zweitens auf die Argumente der anderen eingehen – und zwar mit Vernunft und weiteren Argumenten, und sie sollen drittens ihre Ansichten gegebenenfalls revidieren (vgl. z.B. Festenstein 2004: 295; Cohen 1989: 21ff., 1998: 186).

[190] Zum Habermas'schen Schleusenmodell, in dem politische Gesellschaften funktional in Zentrum und Peripherie unterteilt werden und anhand dessen der politische Prozess dargestellt wird, vgl. Kapitel 2.2.2.

sungsmechanismen oder rechtlichen Normierungen – fortwährend an diskursive Aushandlungsprozesse und konkrete Problemlagen gebunden sein. In diesem Sinne verzichtet Dewey also auf die Auszeichnung bestimmter politischer Institutionen und pocht stattdessen auf ihre grundsätzliche Kontextgebundenheit und Vorläufigkeit[191] (vgl. Dewey 1927: 126; Kettner 1998: 55).

> „Just as publics and states vary with conditions of time and place, so do the concrete functions which should be carried on by states. There is no antecedent universal proposition which can be laid down because of which the functions of a state should be limited or should be expanded. Their scope is something to be critically and experimentally determined" (Dewey 1927: 74).

Auf den ersten Blick mag der Mangel einer politischen Institutionentheorie bei Dewey zwar unbefriedigend erscheinen, und verschiedentlich wurde dies auch als Kritik formuliert (vgl. z.B. Kettner 1998: 65f.), doch im Grunde stellt es nichts anderes als die logische Konsequenz seines experimentellen und flexiblen Demokratieverständnisses dar. Konkretisiert und ausformuliert findet sich Deweys Demokratieverständnis im Modell der ‚Social Inquiry' (1938). Darin beschreibt Dewey den politischen Prozess als kollektives und experimentelles Problemlösungshandeln im Rahmen öffentlicher Kommunikation (vgl. Dewey 1938, vgl. auch Festenstein 2004: 292). Demokratisches Experimentieren – auf das praktische Engagement der Menschen mit der Welt abstellend – nimmt dabei seinen Anfang stets im Auftauchen von als lösungsbedürftig wahrgenommenen Problemen, und es endet in kollektiv generiertem Wissen darüber, wie diesen Problemen abgeholfen werden kann. „It begins in doubt and ends in knowledge" (Pellizzoni 2003: 348)[192]. Genau diese Ansicht, dass Praxis eher denn Theorie geeignet ist, valides Wissen über die Bewältigung problematischer Sachbestände zu produzieren, macht auch das Wesen pragmatischen Denkens aus:

---

[191] Zwar erachtet Dewey institutionelle politische Arrangements als durchaus wichtig für die Funktionstüchtigkeit von Demokratie, doch weigert er sich entschieden, existierenden politischen Institutionen den Segen einer begrifflichen Ewigkeitsgarantie zu verleihen.

[192] Wie Rosenthal herausstreicht, erweist sich Deweys Methode des demokratischen Experimentierens auch als überaus förderlich für die politische Partizipation der Bürger, denn "any social structure or institution can be brought into question through the use of social intelligence [...], providing at once a greater degree of authentic self-expression and a greater degree of social participation" (Rosenthal 2002: 218).

„Die demokratische Experimentiergemeinschaft experimentiert im allgemeinen Interesse mit dem Reichtum ihrer latenten und manifesten, unterschiedlichen und gegensätzlichen Perspektiven. Sie muß nicht zu gleichen Bewertungen und einmütigen Urteilen kommen, aber zu solchen praktischen Hypothesen, was zu tun sei, die die Kooperationsbereitschaft von keiner der Öffentlichkeiten, deren Perspektiven in die Verfahren der Bildung solcher Hypothesen mehr oder weniger Eingang gefunden haben müssen, vollkommen überfordert oder permanent und systematisch ausschließt" (Kettner 1998: 62).

Die Skizzierung der Dewey'schen Methode des demokratischen Experimentierens lässt den zweiten Unterschied zur Habermas'schen Diskurstheorie bereits erkennen. Betont Dewey doch weniger den substantiellen Output öffentlicher Deliberation – etwa im Sinne der Erzielung eines rationalen Konsenses – als vielmehr den Prozess des Debattierens sowie des kollektiven Handelns und Lernens selbst. Im Rahmen öffentlicher Kommunikation über geteilte Problemzusammenhänge und Betroffenheiten soll kollektiv Wissen darüber erzeugt werden, wie den geteilten Problemen womöglich abgeholfen werden kann. Dewey geht es somit nicht primär um das Ergebnis öffentlicher Diskurse, sondern vielmehr um den Prozess der Generierung kollektiven Wissens, um die Erfahrung kollektiven Handelns sowie um die Initiierung kollektiver Lernprozesse. (Vgl. Bohman 1996: 137ff.; Habermas 1990: 153; Kettner 1998: 60f.; Koller 2004: 100; Peters 2005: 104f.) Die Voraussetzung einer solchen Initiierung kollektiver Lernprozesse besteht freilich in der steten Verbesserung der Bedingungen öffentlicher Kommunikation. Die Gestalt- und Veränderbarkeit der Medienkonfiguration[193] als mögliches Mittel einer solchen Verbesserung in heterogenen Massengesellschaften hält Dewey für durchaus möglich und somit als gangbaren Weg, um zu gewährleisten, dass Massendemokratien unter dem Eindruck der Moderne tatsächlich demokratisch und mit einer lebendigen Öffentlichkeit versehen bleiben können (vgl. Dewey 1927: 210f.; Bohman 1996: 238).

Zusammenfassend lässt sich für Deweys pragmatische Demokratie- und Öffentlichkeitstheorie sagen, dass diese diskursiven Charakter hat, insofern sie eine kontinuierliche Beteiligung der Menschen am politischen Prozess und Diskurs postuliert. Von Habermas' Diskursmodell unterscheidet sie sich indes dergestalt, dass sie zum einen keine konkreten institutionellen Arrangements

---

[193] Deweys Medienbegriff umfasst wohlgemerkt nicht nur technische Verbreitungsmedien, sondern alle Interaktionsformen, in denen soziale Bedeutungen verhandelt, konstruiert und damit auch rekonstruierbar werden. Somit kann er „auch nichttechnische lokale Interpretationsgemeinschaften als Medien charakterisieren" (Kettner 1998: 49; vgl. Dewey 1927: 217ff.).

beschreibt, die das Funktionieren von Demokratie und Öffentlichkeit gewährleisten könnten, und zum anderen betont sie weniger das Ergebnis öffentlicher
Deliberation als vielmehr die Initiierung kollektiver Lernprozesse im Rahmen
öffentlicher Kommunikation sowie im Zuge kollektiv-experimentellen Problemlösungshandelns.

### 4.3.2  Zielfunktionen eines pragmatischen Begriffs europäischer Öffentlichkeit

Die politischen Zielfunktionen eines aus pragmatischer Denktradition abgeleiteten Begriffs europäischer Öffentlichkeit umfassen sowohl die wechselseitige
Beobachtung und Kontrolle von europapolitischen Herrschaftsträgern und
Zivilgesellschaft, die Thematisierung gesellschaftlicher Interessen und Probla-
gen, die Legitimierung europapolitischen Entscheidungshandelns als auch eine
kollektive Willensbildung und Entscheidungsfindung sowie schließlich die Integration und Orientierung der europäischen Gesellschaftsmitglieder.
    Wechselseitige Beobachtungs- und Kontrollfunktionen kann europäische
Öffentlichkeit zunächst einmal über die Sichtbarkeit und Sichtbarmachung
indirekter Folgen europäischen Entscheidungshandelns einerseits sowie der
gesellschaftlichen Bedürfnisse der, Interessen und Problemlagen andererseits
bewerkstelligen. So werden zum Beispiel über die europapolitische Öffentlichkeitsarbeit der EU-Institutionen ebenso wie über die Medienberichterstattung
oder die Kommentare von Intellektuellen entsprechende Inhalte und Kommu-
nikationsangebote generiert[194], die sodann über die Massenmedien in die nationalen Arenen eingeschleust und für entsprechende Anschlusskommunikationen
zur Verfügung gestellt werden[195]. Ein Hinweis darauf, dass die Herrschaftsaus-
übenden der EU tatsächlich Interesse daran haben, die Bedürfnisse der Unionsbürger zu erfahren und zu beobachten, liefern die seit 1974 halbjährlich durch-
geführten Eurobarometer-Umfragen. Ob und inwiefern die Ergebnisse dieser
Umfragen allerdings tatsächlich Eingang in die politischen Entscheidungsprozesse finden beziehungsweise Einfluss auf die künftige Gestaltung europapolitischer PR-Maßnahmen haben, ist relativ ungewiss. Jedenfalls geht aus einer Befragung von Zuständigen für die EU-Öffentlichkeitsarbeit hervor, dass die
Kenntnisnahme ebenso wie der Einfluss der Ergebnisse der Eurobarometer-

---

[194] Zur europapolitischen Öffentlichkeitsarbeit vor dem Hintergrund nationaler Besonderheiten, Medienkonfgurationen und kultureller Differenzen vgl. Lingenberg (2004, 2006c).
[195] Zur Präsenz europapolitischer Inhalte in den nationalen Medien vgl. die Ausführungen in
den Kapiteln 3.3.2 und 3.3.3.

Umfragen auf die Gestaltung künftiger Maßnahmen europäischer Informationspolitik eher gering ausfällt (vgl. Lingenberg 2004: 74, 81, 2006c: 47).

Was die Thematisierungsfunktion europäischer Öffentlichkeit anbelangt, so steht hier die Gestaltung und Beeinflussung der politischen Agenda ebenso wie die Indikation von als regelungsbedürftig wahrgenommenen gesellschaftlichen Handlungsfolgen, Problem- und Sachlagen durch die Bürger zur Disposition. Nach Dewey ist eine solche Beteiligung der Bürger am öffentlichen Diskurs und damit am politischen Prozess insofern unabdingbar, als nur so gesellschaftliche Problemlagen tatsächlich identifiziert und einer Bearbeitung durch die politischen Entscheidungsträger zugeführt sowie kollektive Problemlösungsprozesse in Gang gesetzt werden können (vgl. Dewey 1927: 207). In diesem Sinne formuliert auch Peters:

> „It [public deliberation] should be about the identification of problems and about a *collective search for new solutions.* It should not just be about the resolution of immediate political questions. [...] It is about collective solutions, but it is also about *intellectual and cultural innovation* and producing and distributing new ideas and interpretations. It should and cannot lead to consensus within the deliberating public. But it should lead to something like a common horizon, a *common* and *shared field of contestation"* (Peters 2005: 105f.).

Die demokratische Legitimierungsfunktion kann europäische Öffentlichkeit sodann vor allem über ihr tatsächliches Stattfinden bewerkstelligen[196]. Indem das Diskursmodell die Legitimität politischen Entscheidungshandelns nämlich nicht nur an Wahl- und Repräsentationsmechanismen, sondern auch an eine entsprechende und für jedermann zugängliche öffentliche Debatte bindet, stellt die Existenz europäischer Öffentlichkeit die grundlegende Voraussetzung dafür dar. Zwar wurde die Legitimität der Europäischen Union lange Zeit als durch ihren Erfolg und ihre Funktionalität gewährleistet gesehen, doch scheint der permissive Konsens – verstanden als diffuse Zustimmung ohne Aufmerksamkeit – mit zunehmender Tiefe und Politisierung des Integrationsprozesses zu

---

[196] Legitimität kann mit Peters als eine Beziehung zwischen Volk und politischem System oder bestimmten Teilen dieses Systems definiert werden, die von einem gewissen, auf Überzeugungen und Einstellungen basierenden Maß an Unterstützung und Zuspruch, also nicht bloß von passiver Gleichgültigkeit, resignierter Akzeptanz oder Gewohnheit geprägt ist. Sie kann sowohl auf rationalen bzw. argumentativ gestützten als auch auf affektiven Wegen generiert werden (vgl. Peters 2005: 97ff.). Daneben kann Politik nach Peters aber auch dadurch legitimiert sein, dass sie von Institutionen gestaltet wird, die als legitim angesehen werden. Zu denken sei hier etwa an Verfassungsgerichte oder unabhängige Zentralbanken (vgl. ebd.: 102).

schwinden. Indem Europa ‚auffällt', und europäisches Regierungshandeln zusehends zum Gegenstand kontroverser öffentlicher Debatten wird, bröckelt dieser permessive Konsens (vgl. Trenz 2005c: 65). Die öffentlichen Proteste gegen
die geplante EU-Dienstleistungsrichtlinie 2005 können hierfür ein Exempel
statuieren[197]. Wie in Kapitel 3.3.3 argumentiert wurde, scheinen Konflikte und
Krisen, die im europäischen Kontext erwartungsgemäß häufiger als im Nationalstaat auftreten, eher förderlich denn hinderlich für die Entstehung und Vitalität und folgerichtig für die legitimatorische Funktionstüchtigkeit europäischer
Öffentlichkeit zu sein.

Die politischen Zielfunktionen einer kollektiven Willensbildung und Entscheidungsfindung stellen im Sinne Deweys auf die Initiierung kollektiver Lernprozesse qua Artikulation gesellschaftlich virulenter Interessen, Problemlagen
und möglicher Lösungsvorschläge ab (vgl. Caspary 2000: 153). In diesem Sinne
geht es hier weniger um die Erzielung eines vernünftigen Konsenses als Ergebnis öffentlicher Kommunikation als vielmehr um die Sichtbarmachung vorhandener Differenzen sowie um den Prozess des Debattierens und die damit einhergehenden Lernprozesse auf Seiten der Bürger. Indem die Menschen sich am
öffentlichen Diskurs beteiligen, ihre Betroffenheiten und Interessen dort zum
Ausdruck zu bringen und Lösungsvorschläge für geteilte Probleme machen und
diskutieren, wird kollektives Wissen generiert und für die Gesamtgesellschaft
erfahrbar. Vorhandene Differenzen werden dabei sichtbar und kollektiv erzeugte Problemlösungen wahrscheinlich.

Gesellschaftliche Integrations- und Orientierungsfunktionen kann europäische Öffentlichkeit schließlich insofern erfüllen, als sie den Unionsbürgern die
Möglichkeit bietet, gesellschaftlich virulente Positionen und Interessen ebenso
wie das politische Geschehen auf der europäischen Bühne zu beobachten und
zu verfolgen, sich an entsprechenden Diskursen zu beteiligen, die eigenen Interessen und Standpunkte zu artikulieren und über die resultierende öffentliche
Meinung schließlich Orientierung zu erhalten. Hier geht es also um die Sichtbarmachung von Themen und Interessen sowie die Möglichkeit einer kommunikativen Beteiligung für die Unionsbürger.

Hinsichtlich der Frage, inwiefern europäische Öffentlichkeit angesichts ihres pluralen, heterogenen und fragmentierten Charakters tatsächlich in der Lage

---

[197] Diese Richtlinie sah die Durchsetzung des Herkunftslandprinzips bei der Besoldung von
Dienstleistungen innerhalb der EU vor. Ob der massiven Proteste von Seiten der Zivilbevölkerung sowie verschiedener Gewerkschaften und des EU-Parlaments kam es allerdings zu
einer Revision und Streichung vielzähliger strittiger Punkte, ehe sie im Februar 2006 schließlich in Kraft trat. (Vgl. z.B. http://www.spiegel.de/wirtschaft/0,1518,418798,00.html
(17.09.2007), Financial Times Deutschland vom 11. Februar 2006).

ist, die genannten politischen Zielfunktionen zu erfüllen, soll hier eine pragmatische Position und Perspektive eingenommen werden. So laufen öffentliche Kommunikationsprozesse auf europäischer Ebene zwar auf komplexeren beziehungsweise vielfältigeren Wegen ab als im Nationalstaat – nämlich im Rahmen von auf konkrete politische Entscheidungsbereiche, Themen und Ereignisse gerichteten Teilöffentlichkeiten sowie unter erwartungsgemäß größerer Interessenvielfalt und Kontroversität. Doch grundsätzlich funktionieren sie nicht anders als im Nationalstaat. In diesem Sinne ist Trenz zuzustimmen, der optimistisch formuliert, dass „die an die funktionale Segmentierung europäischer Politik anknüpfenden Teilpublika [.] jederzeit um eine Ausweitung öffentlicher Kommunikationszusammenhänge und ihre Rückkopplung an die Massenmedien bemüht sein" (Trenz 2005c: 70) können, um sich auf diese Weise Gehör zu verschaffen. Und ähnlich optimistisch schreibt Eriksen, dass die vielzähligen und auf bestimmte europäische Politik- und Entscheidungsbereiche gerichteten Teilöffentlichkeiten, indem sie lautstark Protest artikulieren, durchaus Resonanz und Reaktion bei den europapolitischen Entscheidungsträgern erzeugen können. Der entstehende ‚kommunikative Lärm' könne sogar ex ante von den politischen Herrschaftsträgern antizipiert werden und somit disziplinierende Wirkung entfalten. (Vgl. Eriksen 2004: 18f.) Nichtsdestotrotz – so lässt sich abschließend und von einem pragmatischen Standpunkt aus sagen – wird die demokratische Funktionstüchtigkeit europäischer Öffentlichkeit kaum an bestimmten institutionellen Arrangements abzulesen sein, sondern vielmehr wird sie sich immerfort aufs Neue und in Bezug auf konkrete politische Themen, Probleme und Entscheidungsbereiche beweisen müssen. Sie kann also nur aus der Retrospektive beurteilt werden[198]. Wichtig ist dabei freilich, die europäischen „Teilöffentlichkeiten nicht nur als eigenständige Öffentlichkeiten zu tolerieren, sondern sie zu legitimieren und ihren Sachverstand auch in Entscheidungsprozesse einzubinden" (Krotz 1998a: 112).

## 4.4 Die Rolle des ‚europäischen' Publikums

> *„Public spheres are not a given, are not out there waiting to be discovered by some analysts.*
> *Rather, they are social constructions in the true sense of the word. Public spheres emerge in*
> *the process in which people debate controversial issues in the public" (Risse 2003: 5)*

---

[198] Zur Notwendigkeit einer retrospektiven und rekonstruktiven Beurteilung von Legitimationsprozessen qua öffentlicher Deliberation vgl. z.B. Caspary (2000: 30ff.).

Öffentlichkeit entsteht im situativen Wechselspiel zwischen Kommunikatoren, Medien und Publika. Demnach kommt es nicht allein auf die Generierung und massenmediale Vermittlung beziehungsweise Organisation von Kommunikationsangeboten, sondern letztlich darauf an, inwiefern diese von den Bürgern wahrgenommen, genutzt und in ihren kommunikativen Praktiken und Interaktionen tradiert werden. Europäische Öffentlichkeit, so wurde unter Rekurs auf Dewey argumentiert, entsteht genau dann, wenn die Unionsbürger ihre Betroffenheit und Interdependenz von und in europapolitischen Entscheidungen und Problemzusammenhängen wahrnehmen und in entsprechende Diskurszusammenhänge eintreten. Insofern Öffentlichkeit also nicht nur vor dem Zuschauer in den Medien stattfindet, sondern vielmehr in den kommunikativen Praktiken der Menschen wurzelt und entsteht, muss eine Theorie (europäischer) Öffentlichkeit ebendiese soziale Konstruiertheit beziehungsweise die interaktionistische Dimension von Öffentlichkeit berücksichtigen und implementieren[199] (vgl. Dahlgren 1995: 135; Calhoun 2000: 258).

Vor dem Hintergrund dieser Überlegungen richtet sich das Hauptaugenmerk dieses Kapitels und damit der dritten Dimension des pragmatischen Konzepts auf die Rolle und Bedeutung des Publikums im Rahmen öffentlicher Kommunikationsprozesse in Europa. Dazu werden in Kapitel 4.4.1 zunächst eine Annäherung an den Begriff des Publikums unternommen, die Publikumsebene konzeptuell neben Medien- und Kommunikatorebene verortet, ein kurzer Einblick in den Forschungsstand zu diesen drei Ebenen gegeben sowie unter Rekurs auf sozialkonstruktivistische Ansätze die Bedeutung des Publikums beziehungsweise seiner kommunikativen Anschlusshandlungen und Interaktionen für die Konstituierung und Tradierung europäischer Öffentlichkeit herausgearbeitet. In Kapitel 4.4.2 wird sodann der Prozess der Formierung des Publikums dergestalt in den Vordergrund gerückt, dass einerseits das Kriterium der Betroffenheit als zentrales Motiv für den Eintritt in das Publikum betrachtet und andererseits der Zusammenhang von Medienpublika und öffentlichkeitsrelevanten Bürgerpublika aus einer Prozessperspektive heraus beleuchtet beziehungsweise eine entsprechende Unterscheidung getroffen wird. Die Einnahme einer Prozessperspektive ermöglicht es dabei, sowohl die Transformation eines ‚konsumierenden' Medienpublikums in ein politisch ‚aktiviertes' Bürgerpublikum in den Blick zu nehmen als auch den Medienkonsum als ein potentielles Moment von Öffentlichkeit greifbar zu machen. In Kapitel 4.4.3 geht es schließlich und bereits mit Blick auf die empirischen Fallstudien zur EU-

---

[199] Auf eine entsprechende Forschungslücke weisen u.a. Kantner (2004: 147) und Trenz (2005c: 367) hin.

Verfassungsdebatte um die Praxis der kommunikativen Beteiligungen sowie des ‚Sich-zu-Eigen-Machens' an und von transnationalen europäischen Diskursen. Dazu werden zum einen Cultural Studies-basierte Konzepte der Aneignung von Medieninhalten herangezogen, und zum anderen wird das Konzept einer diskursiven Aneignung politischer Diskurse – verstanden als deren argumentativ gestütztes Sich-zu-Eigen-Machen ebenso wie deren kulturelle Lokalisierung in den jeweiligen Kontexten der Menschen – entwickelt.

### 4.4.1  Die Bedeutung des Publikums für die Konstitution von Öffentlichkeit

Der Begriff des Publikums lässt sich zunächst einmal als „die Situierung einer Gruppe von individuellen Personen gegenüber einem Autor von Kommunikation" (Hohendahl 2000: 3) definieren. Sofern sich das Publikum immer in Bezug auf etwas formiert, kann es am besten über sein Bezugsobjekt bestimmt werden[200]. Etymologisch-historisch gesehen war der Begriff des Publikums (von lat. publicus vulgus = das gemeine Volk) bereits in der Antike bekannt für die Versammlung von Menschen und Zuschauern bei sakralem, politischem und ästhetischem Geschehen. Dabei erfüllte das Publikum vor allem „eine *kommentierende, kritische und wertende Funktion*" (Pfetsch 1998: 407; vgl. auch Dayan 2005: 54). Mit der Etablierung des Pressewesens sowie der zunehmend massenmedialen Vermittlung gesellschaftlicher und politischer Ereignisse und Entwicklungen begann sich das Publikum dergestalt zu verändern, dass es fortan keine geschlossene oder füreinander wahrnehmbare Gruppe mehr darstellte, sondern vielmehr eine räumlich und zeitlich unabhängige, und damit kollektiv handlungsunfähige Größe – ein disperses Publikum (vgl. Maletzke 1963: 28ff.). Der Zusammenhalt des Publikums ist nunmehr medienvermittelt und kann nur noch als Imaginär im Sinne Andersons (1983) begriffen werden. Als soziales Kollektiv stellt es sich somit als schwach profiliert – weil nach innen kaum vernetzt und nach außen schwer abgrenzbar – dar. Ob seines Themenbezugs ist das Publikum zudem keine stabile, sondern vielmehr eine insgesamt unabwägbare und tendenziell instabile Größe. Schließlich fällt das Publikum auch nicht mit der Gesamtheit der Bürger oder der Zivilgesellschaft zusammen[201], sondern stattdessen bildet die Zivilgesellschaft die abstrakte Einheit, aus der sich das

---

[200] Dayan unterscheidet dementsprechend ‚Issue Publics', ‚Taste Publics' und ‚Identity Publics', wobei diese Typen jedoch nicht immer klar voneinander getrennt, sondern auch überlappend bzw. synchron existieren können (vgl. Dayan 2005: 54f.).
[201] Zum Begriff der Zivilgesellschaft ebenso wie zum Konzept der Bürgerschaft vgl. Kapitel 3.2.3.

Publikum rekrutiert. In diesem Sinne und mit Blick auf die Konstitution von Öffentlichkeit schreibt Dahlgren treffend: „Civil society constitutes the setting for the interactional dimension of the public sphere" (Dahlgren 1995: 151; vgl. auch Klein 2001: 259; Nanz/Steffek 2005: 82; Neidhardt 1994b: 317f.)[202].

Die bisherigen Ausführungen ebenso wie die für Europa erarbeitete Definition von Öffentlichkeit haben deutlich gemacht, dass Öffentlichkeit weder im nationalen noch im transnationalen Kontext in den Massenmedien aufgeht. Vielmehr bedarf es für die Entstehung und Tradierung von Öffentlichkeit eines Zusammenspiels aller drei Ebenen von Öffentlichkeit – nämlich der Kommunikator-, der Medien- und der Publikumsebene[203] (vgl. auch Kapitel 2.3.1). Während sich auf der Kommunikatorebene europäischer Öffentlichkeit europapolitische Institutionen und Sprecher, Intellektuelle oder kommentierende Journalisten verorten lassen, sind dies auf der Medienebene die massenmedial vermittelnden Organisationen, sprich Medienkonzerne, -organe und -produkte. Auf der Publikumsebene agieren schließlich die Bürger ebenso wie zivilgesellschaftliche Gruppierungen und Organisationen, Verbände oder Lobbygruppen. Mit Blick auf den empirischen Forschungsstand zu diesen drei Ebenen europäischer Öffentlichkeit lässt sich sagen, dass die allermeisten Arbeiten die Ebene der Massenmedien fokussieren, deren europapolitische Berichterstattung analysieren und messen und so auf eine Europäisierung nationaler Öffentlichkeiten schließen beziehungsweise transnationale europäische Diskurse über verschiedene Medienarenen hinweg rekonstruieren wollen[204] (vgl. dazu ausführlich Kapitel 3.3). Die Kommunikatorebene europäischer Öffentlichkeit wird dagegen von nur wenigen Arbeiten fokussiert. Anführen lassen sich hier neben einigen eher politiktheoretisch orientierten Arbeiten (vgl. Bender 1997; Gramberger 1997; Gramberger/Lehmann 1995) vor allem diejenigen von Brüggemann (2005, 2008) und Lingenberg (2004, 2006c). Während die erstgenannten, politiktheoretischen Arbeiten keinen Bezug zwischen der EU-Informationspolitik und der Entstehung einer europäischen Öffentlichkeit herstellen, besteht genau

---

[202] In ähnlicher Weise postuliert Walzer, dass das Politische eine permanent vorhandene Möglichkeit innerhalb der Zivilgesellschaft darstellt, und folgerichtig kann es auch keine scharfe Grenzziehung zwischen dem Politischen und dem Soziokulturellen geben (vgl. Walzer 1992).

[203] Die Medien bilden dementsprechend „'nur' spezialisierte Organisationen [...], die öffentliche Kommunikation auf Dauer stellen und gesellschaftsweit beobachtbar machen" (Imhof/Gaetano 1996: 203).

[204] Dabei werden zumeist die Printmedien analysiert. Für eine Untersuchung europapolitischer Themen im Fernsehen vgl. z.B. de Vreese (2003), Leroy/Siune (1994), Meckel (1994). Für eine Fokussierung des Internet vgl. z.B. van Os (2004) sowie van Os/Jankowski (2005).

darin das Hauptanliegen der beiden letztgenannten Arbeiten. Untersuchen diese doch den Beitrag der Öffentlichkeitsarbeit der EU-Kommission beziehungsweise des EU-Parlaments zum Prozess der Konstituierung einer europäischen Öffentlichkeit. Dabei gelangen beide Arbeiten am Ende zu der Erkenntnis, dass Öffentlichkeit nicht einfach von ‚oben' implementiert werden kann, sondern dass ihre Entstehung eines Zusammenwirkens von Kommunikatoren, Medien und Publika bedarf. So formuliert Brüggemann treffend: „If there is no such thing as a European Public Sphere, why don't we construct one? The answer seems to be obvious: There is no way one could construct a public sphere top down since it depends on the active participation of speakers, the media and the audience" (Brüggemann 2005: 5; vgl. auch Lingenberg 2006c: 49). Was nun die dritte Ebene europäischer Öffentlichkeit – die Publikumsebene – anbelangt, so scheinen im Bereich der kommunikativen Praxis bürgerlichen Engagements in europapolitischen Fragen ebenso wie „im Bereich der Europäisierung des Alltags zivilgesellschaftlichen Engagements [.] derweil noch fast alle Fragen unbeantwortet" (Kantner 2004: 147; vgl. auch Doerr 2006: 3f.; Nanz/Steffek 2005: 82)[205]. Ähnliches formulieren auch Latzer und Saurwein, indem sie schreiben, dass „Analysen zu den Möglichkeiten und zur Praxis der aktiven Teilnahme von Bürgerinnen, Bürgern und zivilgesellschaftlichen Akteuren am Kommunikationsraum Europa" (Latzer/Saurwein 2006: 38) schlichtweg fehlen. Vor dem Hintergrund der Annahme, dass europäische Öffentlichkeit als soziales Konstrukt letztlich im kommunikativen Interagieren der Menschen entsteht und tradiert wird, lässt sich an dieser Stelle konstatieren, dass es nicht ausreichen kann, nur die Medienebene beziehungsweise die europapolitische Berichterstattung zu betrachten, wenn es darum gehen soll, Aussagen über die Existenz und den Zustand (europäischer) Öffentlichkeit zu treffen. Wie Dahlgren es ausdrückt, kommt die Nicht-Beachtung des Publikums beziehungsweise der interaktionistischen Dimension von Öffentlichkeit gar einer Unterminierung der konzeptuellen Basis von Demokratie und Öffentlichkeit gleich (vgl. Dahlgren 1995: 12, 135).

In der für Europa entwickelten Definition von Öffentlichkeit sind das Publikum und seine Bedeutung für die Entstehung von Öffentlichkeit bereits enthalten. So wurde die Wahrnehmung der Folgen europäischen Regierens

---

[205] Studien, die europäische öffentliche Kommunikationsprozesse über alle drei Ebenen hinweg untersuchen, fehlen gänzlich. Zwar bestand genau darin das ursprüngliche Ziel dieser Arbeit, doch aus arbeitsökonomischen Gründen wurde dieses schon sehr bald relativiert. Die Analyse von Kommunikator- und Medienebene im Rahmen der Fallstudien beschränkt sich dementsprechend auf Experteninterviews mit Sprechern der EU-Kommission und des – Parlaments sowie mit Journalisten jeweils zweier nationaler Qualitätszeitungen.

durch die Bürger ebenso wie deren Eintritt in entsprechende Diskurszusammenhänge zum Existenzkriterium erhoben, und darüber hinaus basiert das Verständnis europäischer Öffentlichkeit als diskursiv konstituierter Interaktionsraum auf der Annahme, dass soziale Wirklichkeit – und damit auch soziale Räume und Konstrukte wie Öffentlichkeit – im Gespräch beziehungsweise im kommunikativen Handeln der Menschen untereinander hervorgebracht und fortwährend reproduziert werden. Unter Bezugnahme auf sozialkonstruktivistische Ansätze lässt sich dementsprechend sagen, dass soziale Wirklichkeit nicht unabhängig von den sie konstruierenden handelnden Subjekten existiert. Und folgerichtig ist „das, was wir als real empfinden, [.] zu großen Teilen sprachlich bzw. kommunikativ verfasst und muss jeden Tag aufs Neue in der Interaktion mit anderen diskursiv (re)produziert werden" (Klemm 2000: 52f.)[206]. Nach Carey dient Kommunikation somit nicht bloß der Repräsentation oder Beschreibung, sondern vielmehr der Ausformung der realen Welt (vgl. Carey 1992: 84ff.; Shotter 1993: 39, 179)[207]. Berger und Luckmann drücken dies im Rahmen ihrer phänomenologischen Soziologie folgendermaßen aus:

> „Das notwendige Vehikel der Wirklichkeitserhaltung ist die Unterhaltung. Das Alltagsleben der Menschen ist wie das Rattern einer Konversationsmaschine, die ihm unentwegt seine subjektive Wirklichkeit garantiert, modifiziert und rekonstruiert" (Berger/Luckmann 1969: 163)[208].

Mit Blick auf das Phänomen Öffentlichkeit wird an dieser Stelle einmal mehr deutlich, dass Öffentlichkeit eben nicht allein ‚vor' dem Zuschauer in den Me-

---

[206] Vgl. hierzu auch Knoblauch (1995: 21ff.) sowie die Ausführungen von Littlejohn und Foss, die sowohl den Symbolischen Interaktionismus von Mead und Blumer als auch den Sozialen Konstruktivismus von Berger und Luckmann im Rahmen soziokultureller Kommunikationstheorien verorten (vgl. Littlejohn/Foss 2005: 44ff., 312ff.). Für einen guten Überblick über konstruktivistische Ansätze vgl. auch Flick (2007b: 150ff.).

[207] Der radikale Konstruktivismus geht hier noch viel weiter, insofern er eine eigene Wirklichkeit für jedes Individuum postuliert. Indem er kognitive Systeme als operational geschlossen bzw. ‚black boxes' füreinander versteht, können Menschen ihre Umwelt ausschließlich nach jeweils eigenen Maßstäben beobachten, sodass Kommunikation in der Folge und ob der dafür notwendigen Kongruenz von Gemeintem, Gesagtem, Verstandenem und Interpretiertem unwahrscheinlich erscheint und nur noch unter Rekurs auf ein kollektiv verfügbares Wissen – nämlich einer als Programm konzipierten Kultur – bewerkstelligt werden kann (vgl. Schmidt 1994; Luhmann 1991b).

[208] Wohlgemerkt spielt sich dies immer vor dem ‚limitierenden' Hintergrund der gegebenen historischen Umstände ab, d.h. Menschen können nicht jede Realität, die sie sich wünschen, generieren (vgl. Dahlgren 1995: 133).

dien stattfindet, sondern dass sie auch oder besser gesagt vor allem im alltäglichen – freilich zumeist medienbasierten – Gespräch der Menschen untereinander wurzelt, hervorgebracht und aktualisiert wird. Dementsprechend formuliert Peter Dahlgren: „A viable public sphere cannot exist solely as a media phenomenon, but must go via the interaction of civil society" (Dahlgren 1995: 135)[209]. Anknüpfend an solche Überlegungen entwickelt Dahlgren das Konzept der ‚Civic Cultures', welches genau diejenige Dimension des Alltags erfassen soll, die für Demokratie und Öffentlichkeit relevant sein kann – nämlich das alltägliche und politikbezogene Gespräch der Menschen in ihrem Alltag. Relevant ist dieses zivile Gespräch trotz gegebener Unordnung und Unberechenbarkeit insofern, als politische Themen genau dort verarbeitet, diskutiert, mit dem persönlichen Alltag, den Erfahrungen, Erwartungen und Überzeugungen in Beziehung gesetzt und damit überhaupt erst real werden. „*Civic cultures* refers to those dimensions of everyday life that have bearings on how democracy actually functions. Civic cultures can thus be understood as sets of preconditions for populating the public sphere" (Dahlgren 2005b: 319). Das alltägliche Gespräch ist somit laut Dahlgren nicht nur konstitutiv für die Öffentlichkeit, sondern es ist darüber hinaus auch lebenswichtig für die Demokratie – sowohl in moralischer als auch in funktionaler Hinsicht. „Politics, the realm of the political, is constructed and interpreted precisely in such everyday encounters" (ebd.: 319, vgl. auch 2005a: 156, 2009: 102ff., 1995: 9, 21; Dewey 1927: 167, 218f.)[210].

Zusammenfassend lässt sich festhalten, dass eine Theorie von (europäischer) Öffentlichkeit – möchte sie denn helfen, soziale Wirklichkeit zu erklären – sowohl die Medienebene, die heute fundamentale Vermittlungs- und Organisationsleistungen für die Öffentlichkeit erbringt, die Kommunikatorebene, durch die gesellschaftlich anschlussfähige Kommunikate generiert und zur Verfügung gestellt werden, als auch die Publikumsebene, auf der Öffentlichkeit

---

[209] Habermas bezeichnet die bürgerliche Öffentlichkeit ebenfalls als die Sphäre der zum Publikum versammelten Privatleute (vgl. Habermas 1990: 86). Während er im ‚Strukturwandel der Öffentlichkeit' jedoch v.a. auf die politische Mobilisierung und Organisation der Bürger abstellt, beschreibt er die Verwurzelung und Reproduktion öffentlicher Kommunikationszusammenhänge in der dem System gegenüber stehenden Lebenswelt, die eben nicht nur den Privatbereich, sondern auch einen für die Öffentlichkeit relevanten Bereich markiert, erst im Rahmen seiner Theorie kommunikativen Handelns (vgl. ders: 1987a, 1987b; vgl. dazu auch Jäger/Baltes-Schmitt 2003: 167ff.).

[210] Hinsichtlich der Frage, wo genau im Alltag die Menschen über Politik reden, zeigen verschiedenen Studien, dass dies überall geschieht – im Gespräch mit Freunden und Familie, zuhause und bei der Arbeit (vgl. z.B. McLeod/Scheufele/Moy 1997; Mutz/Mondak 2006).

letztlich ‚realisiert' und reproduziert wird, berücksichtigen und implementieren muss. Krotz bringt dies noch einmal auf den Punkt, indem er schreibt:

> „Heute ist Öffentlichkeit im Wesentlichen durch Massenmedien organisierte Öffentlichkeit. Aber die Teilhabe der gesellschaftlichen Individuen darf auch dann nicht als bloße passive Rezeption mißverstanden werden. Vielmehr wird Öffentlichkeit aktiv von den Menschen einer Kultur bzw. Gesellschaft konstruiert. Rezeption ist nicht primär die Aufnahme von Inhalten, sondern deren Interpretation und Aneignung und damit deren Konstruktion: Die Rezipienten verbinden die Kommunikate auf der Basis ihrer Erfahrungen mit den ihnen zugänglichen und adäquat erscheinenden politischen Diskursen [...]. Nur durch die Beteiligung der Rezipienten werden massenkommunikative Aussagen also sozial bedeutsam" (Krotz 1998b: 123f.)[211].

### 4.4.2 Betroffenheit als Motiv für den Eintritt in das Publikum

Angesichts der Tatsache, dass Öffentlichkeit heute vornehmlich massenmedial organisiert und vermittelt ist, sowie ausgehend von der Annahme, dass von Öffentlichkeit erst dann die Rede sein kann, wenn sich ein Publikum formiert, das nicht mehr nur medial vermittelte Inhalte konsumiert, sondern diese Inhalte in seinen kommunikativen Anschlusshandlungen tradiert und damit selbst Inhalte und politisches Gespräch produziert, scheint es an dieser Stelle angebracht, einmal den Zusammenhang von Medienpublika und öffentlichkeitsrelevanten Bürgerpublika zu beleuchten beziehungsweise eine entsprechende Unterscheidung zu treffen[212]. Das Kriterium der Betroffenheit soll sodann als zentrales Motiv für den Eintritt der Menschen in entsprechende Diskurszusammenhänge beziehungsweise öffentlichkeitsrelevante Bürgerpublika betrachtet und diskutiert werden.

Medienpublika beziehungsweise ‚publics' und Bürgerpublika beziehungsweise ‚audiences' können laut Dahlgren am besten in einer prozeduralen Perspektive erfasst werden, schlüpfen Menschen doch genau dann in ihre Rolle als

---

[211] Wie Dahlgren treffend anmerkt, ist es zwar natürlicherweise das Anliegen der Medienwissenschaft, die Medien zu fokussieren und zu untersuchen, doch müsse dies immer auch vor dem Hintergrund sozial- und gesellschaftswissenschaftlicher Theorien und Erkenntnisse geschehen (vgl. Dahlgren 1995: 120).
[212] Die englischen Begriffe ‚audience' und ‚public' machen eine entsprechende Unterscheidung deutlicher.

Bürger[213] beziehungsweise werden von Mitgliedern eines Medienpublikums zu denen eines Öffentlichkeit konstituierenden Bürgerpublikums, wenn sie anfangen, auf der Basis ihrer Medienrezeptionen über politische Angelegenheiten zu sprechen und ihre Bedeutungen im Rahmen kommunikativer Interaktionen mit anderen zu rekonstruieren und zu reproduzieren. „Audiences coalesce into publics through the process of engagement with issues and discursive interaction among themselves" (Dahlgren 2006a: 275, vgl. auch 2009: 74). Bürgerpublika rekrutieren sich also immer aus Medienpublika[214], und sie müssen zudem – so formuliert Dayan – immer auch Medienpublika bleiben, um sich über die relevanten Issues sowie über deren Entwicklung auf dem Laufenden zu halten[215].

> „Publics must always have been audiences. In the political domain, they stop being audiences when their concern for an issue prevails over their engagement with the narrative that calls for it. It is this concern for – and focusing on – an issue that constitutes an audience into a public. [...] Once constituted, publics need nevertheless to remain audiences in order to check the progression of 'their' problem on the political agenda. As audiences they have to find out what is being narrated. As publics they try to point out how it is narrated, and why. In a word, audiences and publics are not separated continents" (Dayan 2005: 57).

Wohlgemerkt unterscheiden sich Bürgerpublika als fortwährende Mitglieder eines Medienpublikums in der Art ihrer Medienrezeption insofern von reinen Medienpublika, als sie politische Informationen weniger offen und unspezifisch als vielmehr fokussiert und issue-bezogen rezipieren (vgl. ebd.: 46, 57). Bürgerpublika entsprechen damit gleichsam den von Morley (1980) beschriebenen 'oppositionellen Lesern', denn „the members of publics are able to join in viewership without accepting the proposed frame; they are capable of establishing their own viewing contract. [...] They may enter audiences, but on their own terms" (Dayan 2005: 47). Nichtsdestotrotz können Medienpublika – und das

---

213 Das Konzept der Bürgerschaft beinhaltet, wie in Kapitel 3.2.3 dargelegt, ein partizipatorisches Moment. Es verweist auf bestimmte Rechte und Pflichten sowie auf eine bestimmte Rolle, deren Ausübung verschiedenen Arten von Partizipation impliziert.

214 Nach Pfetsch können Medienpublika in Bezug auf Medientypen (Fernsehzuschauer, Radiohörer) sowie in Bezug auf Medieninhalte (Romanleser oder Zuschauer von Krimiserien) spezifiziert werden (vgl. Pfetsch 1998: 407f.).

215 Natürlich sind auch Bürgerpublika denkbar, die nicht aus Medienpublika hervorgehen. Gleichwohl dürfte dies angesichts fortschreitender Mediatisierungstendenzen eher die Ausnahme denn die Regel darstellen (vgl. Dayan 2005: 57).

tun sie in den meisten Fällen – auch einfach nur Medienpublika bleiben. Und zwar genau so lange, wie sich die Menschen von den zur Disposition stehenden Inhalten nicht betroffen und veranlasst fühlen, in entsprechende Diskurszusammenhänge einzutreten beziehungsweise sich in ihren kommunikativen Anschlusshandlungen mit ebendiesen Inhalten zu beschäftigen.

Betroffenheit motiviert also zum Eintritt in das Bürgerpublikum, zur Beteiligung an öffentlichen Diskursen ebenso wie zu politischem Engagement (vgl. Neidhardt 1994b: 318). Motivierend wirken dabei vor allem die Wahrnehmung, Interpretation und Bewertung von Handlungsfolgen, insbesondere aber ihr In-Beziehung-Setzen mit der persönlichen Lebenswelt, den eigenen Vorstellungen, Plänen, Erfahrungen und Überzeugungen (vgl. dazu auch Joas 1992a: 35). Wenn man nun das Kriterium der Betroffenheit einmal genauer betrachtet, so wird dieses in der Literatur zumeist als „irgendwie geartete Beeinträchtigung von Interessen [.], die für die Lebensbedingungen eines Individuums von Bedeutung ist" (Hagstotz 1981: 77f.; vgl. auch Buse/Nelles/Oppermann 1978: 23) definiert. Betroffenheit ist also in der Regel negativ konnotiert, und häufig wird sie entlang der Parameter direkt oder indirekt, materiell oder immateriell differenziert[216]. Vor einem politik- und öffentlichkeitstheoretischen Hintergrund soll hier auf eine Unterscheidung zwischen objektiver, das heißt rechtlich-administrativ begründeter, und subjektiv empfundener Betroffenheit abgestellt werden. Kann damit doch der Zusammenhang von Betroffenheit und politischer Partizipation – im Sinne einer kommunikativen Beteiligung an öffentlichen Diskursen – gut greifbar gemacht und zugleich die Frage beantwortet werden, was Menschen dazu veranlasst, in ihre Rolle als Bürger zu schlüpfen, am politischen Diskurs und Prozess teilzunehmen und damit Öffentlichkeit herzustellen (vgl. Uebersax 1991: 85). Während die objektive Seite von Betroffenheit „durch einen persönlichen, sachlichen und zeitlichen Bezug zwischen dem Betroffenen und dem auslösenden Ereignis gekennzeichnet ist" (ebd.: 90), geht es bei der subjektiven Seite primär um das persönliche Empfinden von Betroffenheit. In diesem Sinne sind Menschen zwar objektiv gesehen regelmäßig von politischen Entscheidungen oder gesellschaftlichen Problemlagen betroffen, doch bedeutet dies nicht automatisch den Eintritt in entsprechende Diskurszusammenhänge. Vielmehr muss dazu eine subjektiv empfundene Betroffenheit vorliegen. Folgerichtig können sich objektiv Betroffene durchaus nicht betroffen fühlen, und umgekehrt können sich objektiv Unbetroffene

---

[216] Für eine positiv ausgelegte Konzeption von Betroffenheit – im Sinne einer Chance auf Verbesserung der eigenen Interessenberücksichtigung – vgl. z.B. Buse/Nelles/Oppermann (1978: 24).

durchaus betroffen und veranlasst fühlen, in entsprechende Diskurse einzutreten – zum Beispiel durch Anteilnahme an der Betroffenheit anderer (vgl. Hollihn 1978: 37f.)[217]. Entscheidend für den Eintritt in das Bürgerpublikum sowie
die Beteiligung am öffentlichen Diskurs und Prozess ist also vor allem eine
subjektiv empfundene Betroffenheit, und diese kann sowohl negativ als auch
positiv gefärbt beziehungsweise ausgeprägt sein. Im Falle einer negativ empfundenen Betroffenheit wird „der Betroffene [.] zum Besorgten" (Uebersax 1991:
85), sodass er für eine Eindämmung der wahrgenommenen Handlungsfolgen
eintreten wird. Im Falle einer positiven Betroffenheit wird der Betroffene hingegen darum bemüht sein, die wahrgenommenen Folgen zu sichern oder gar zu
fördern (vgl. auch Dewey 1927: 15). Mit Blick auf die entstehenden Öffentlichkeiten ist noch wichtig zu bedenken, dass Betroffenheiten ebenso wie die emergierenden Öffentlichkeiten mit den Handlungsfolgen variieren können – und
zwar in Bezug auf ihr Ausmaß, ihre Dichte und ihre zeitliche Beständigkeit.
(Vgl. ebd.: 74, 193; Jörke 2003: 208)

Im politischen Handlungsraum der EU kann Betroffenheit als Reaktion
auf wahrgenommene und europapolitisch zu adressierende Problemlagen entstehen. So können manche Probleme – man denke etwa an Zuwanderung, Sicherheit, Umwelt- oder Verbraucherschutz – auf nationaler Ebene allein nicht
mehr gelöst werden, und dementsprechend werden sie an europapolitische
Akteure und Institutionen adressiert, und es werden europäische Lösungen
erwartet. Betroffenheit wird darüber hinaus auch regelmäßig durch das Entscheidungshandeln der europapolitischen Institutionen provoziert, denn „die
Konstruktion von Betroffenheit über nationale und sprachliche Grenzen hinweg wird [.] durch geltendes Recht forciert" (Eder/Kantner 2000: 326; vgl. auch
Trenz 2002: 36f.)[218]. Und schließlich kann Betroffenheit im politischen Handlungsraum der EU auch durch wahrgenommene Interdependenzen mit anderen
EU-Ländern und den dortigen Entwicklungen beziehungsweise Ereignissen
ausgelöst werden, zumal ökonomische oder politische Entwicklungen in den
einzelnen Mitgliedstaaten doch durchaus Konsequenzen beziehungsweise
Handlungsrelevanz für den europäischen Integrationsprozess im Allgemeinen

---

[217] Wohlgemerkt wird eine subjektiv empfundene Betroffenheit zumeist dergestalt objekti-
viert, als der Betroffene sein Betroffensein mit dem Willen zur Partizipation bereits kundtut
beziehungsweise dieses im Rahmen entsprechender Kommunikationszusammenhänge erläutert (vgl. Uebersax 1991: 90).

[218] Genau diese rechtlich-institutionellen Rahmenbedingungen sind nach Eder und Kantner
„die nichtkontingenten Parameter für die empirische Identifikation von Öffentlichkeit"
(Eder/Kantner 2000: 326f.).

ebenso wie für die anderen Mitgliedstaaten im Speziellen zeitigen (vgl. Kantner 2004: 178).

Die voran stehenden Überlegungen haben deutlich gemacht, dass der Zusammenhang von Medien- und Bürgerpublika am besten unter einer prozeduralen Perspektive erfasst werden kann, wobei vor allem eine subjektiv empfundene Betroffenheit ausschlaggebend für den Eintritt in das Bürgerpublikum und damit für die Konstitution von Öffentlichkeit ist. Insgesamt wird so ersichtlich, dass der Medienkonsum immer ein potentielles Moment von Bürgerschaft und auch von Öffentlichkeit darstellt[219] (vgl. Ang 1991; Dahlgren 1995; Dayan 2005; Lingenberg 2006a; Livingstone/Lunt 1994; Livingstone 2005).

> „If publics emerge in the discursive interaction of citizens, then audiences […] should be realistically seen as a moment, a step in the process of being a member of the public. It constitutes the encounter with media output within the immediate social ecology of reading/viewing/listening. The 'publicness' can be said to emerge in the social practices which emanate beyond their interface" (Dahlgren 1991: 17).[220]

### 4.4.3  Aneignung und Lokalisierung transnationaler europäischer Diskurse

Anknüpfend an die bisherigen Ausführungen geht es in diesem Kapitel nun darum, die medienbasierte Aneignung beziehungsweise die Lokalisierung transnationaler europäischer Diskurse durch das Publikum einmal genauer zu betrachten. Der Umstand nämlich, dass die Unionsbürger in ganz verschiedenen nationalpolitischen, medialen, kulturellen und auch sozialen Kontexten situiert sind und von dort aus an EU-politischen Kommunikationszusammenhängen teilnehmen beziehungsweise diese lokalisieren, ist nicht nur relevant, sondern auch komplexitätssteigernd – sowohl für die theoretische Konzeption europäischer Öffentlichkeit als auch für die empirische Untersuchung der Publikums-

---

[219] Silverstone geht sogar so weit zu sagen, dass Medienpublika heute eine geradezu fundamentale Achse für das Verständnis von sozialen, kulturellen und gesellschaftlichen Prozessen darstellen – insbesondere natürlich in Bezug auf die Frage nach öffentlichen Kommunikationsprozessen (vgl. Silverstone 1990: 173).

[220] Während Sennett in Bezug auf das Fernsehen noch von einem elektronisch befestigten Schweigen bei den Bürgern sprach (vgl. Sennett 1996: 319), zeigen empirische Studien doch inzwischen anderes: Nämlich, dass Medienangebote durchaus förderlich auf die kommunikative und politisch konnotierte Interaktion des Publikums wirken (z.B. Kepplinger/Martin 1986; Keppler 1994; Weaver et al. 1992).

beteiligung. Die Cultural Studies haben auf dem Gebiet der Aneignung von Medienprodukten und -inhalten in transnationalen Kontexten schon viel geleistet, und deshalb soll hier auf Cultural Studies-basierte Ansätze rekurriert und daran anknüpfend das Konzept einer diskursiven Aneignung entwickelt werden[221].

Medienaneignung lässt sich zunächst einmal als ein sowohl synchron und parallel als auch mit fortwährenden inneren und äußeren Bezügen verlaufender, umfassend kontextualisierender Prozess des ‚Sich-zu-Eigen-Machens' von Medien(inhalten) beschreiben. In diesem Sinne stellt sie einen „Vermittlungsprozess zwischen den in spezifischen Diskursen lokalisierten Medieninhalten einerseits und den ebenfalls diskursiv vermittelten, alltagsweltlichen Lebenszusammenhängen der Nutzerinnen und Nutzer andererseits" (Hepp 1999: 164) dar. Ein solches Verständnis von Medienaneignung weist wohlgemerkt über solche Konzeptionen hinaus, die Medienaneignung als eine der Medienrezeption nachgelagerte Tätigkeit verstehen. So definiert etwa Mikos Medienaneignung einerseits als „die Übernahme des rezipierten Textes in den alltags- und lebensweltlichen Diskurs und die soziokulturelle Praxis des Zuschauers" (Mikos 2001: 63) und Medienrezeption andererseits als „die Dauer der konkreten Interaktion mit dem Text [...], in der von Text und Zuschauer gemeinsam der rezipierte Text produziert wird" (ebd.: 62). Sofern sich die Prozesse der Medienrezeption und -aneignung aber empirisch kaum voneinander trennen lassen, scheinen sie doch fließend ineinander überzugehen sowie überlappend und synchron zueinander stattzufinden, erscheint hier ein umfassenderes, auf den gesamten Prozess des Umgangs mit den Medien abstellendes Verständnis von Medienaneignung angebrachter[222]. Die Cultural Studies führten das Konzept der Medienaneignung zur Erfassung des Umgangs mit den Medien aus der Perspektive der Menschen ein. Im Vordergrund stehen dabei weniger psychologische Fragen der Medien-

---

[221] Ein solcher Rekurs auf die Cultural Studies kommt dem Forschungsziel und -design dieser Arbeit insofern zupass, als die Cultural Studies von einem handlungstheoretisch konstruktivistisch geprägten Bild des Menschen ebenso wie seines Umgangs mit den Medien ausgehen (vgl. Winter 2005: 50ff.; Krotz 1999: 120ff.).

[222] Für ein umfassendes, auf die Prozesshaftigkeit, Zirkularität und soziale Einbettung der Medienaneignung abstellendes Konzept vgl. die von Friedrich Krotz entwickelte Rezeptionskaskade. Diese Kaskade umfasst sowohl die konkrete Auseinandersetzung mit dem Medienprodukt – im Sinne eines Dialogs zwischen Rezipient und Text – als auch die anschließenden Momente der Interpretation, sprich den inneren Dialog des Rezipienten, die Rückkehr in die soziale Situation, das Gespräch mit anderen sowie schließlich die Übernahme des rezipierten Textes in den Alltag und in andere kommunikative und soziale Bezüge. Medienaneignung verweist dabei also auf den gesamten kommunikativen Prozess des Umgangs mit den Medien. (Vgl. Krotz 2001a: 83ff., 2007: 228ff.)

auswahl und -zuwendung als das Verständnis alltäglicher Handlungen und Praktiken zur Aneignung von Medienprodukten ebenso wie deren Referenz zu gesamtgesellschaftlichen und kulturellen Kontexten. Ien Ang spricht in diesem
Zusammenhang auch von einem radikalen Kontextualismus der Aneignungs-
forschung der Cultural Studies. (Vgl. Ang 1999; Hepp 1999: 164; Morley 1996:
37ff.) Vor dem Hintergrund einer transnationalen Perspektive sowie dem Anliegen, transnationale Kommunikationszusammenhänge beziehungsweise deren
Aneignung zu analysieren, gewinnen die jeweiligen kulturellen Kontexte an
Bedeutung und bedürfen einer besonderen Beachtung. Die kulturelle Lokalisierung von Medienangeboten – verstanden als dialektischer Prozess der „Verortung in den Diskursen und Sinnhorizonten der jeweiligen Lebenswelt" (Hepp
2006a: 255) – kann somit als der eigentliche Kern des Konzepts der Medienaneignung verstanden werden (vgl. Hasebrink 2003: 101f.; Holly 2001: 13ff.)[223].

Überträgt man diese Überlegungen nun auf einen öffentlichkeitstheoretischen Zusammenhang sowie die Frage nach der kommunikativen Beteiligung
der Menschen an europapolitischen Diskursen, so lässt sich der von Hepp vor-
geschlagene Begriff der kommunikativen Aneignung als „das sowohl kulturell
kontextualisierte als auch Kultur (re)artikulierende ‚Sich-zu-Eigen-Machen' von
Medieninhalten durch personale Kommunikation" (Hepp 2005: 68) im Sinne
einer diskursiven Aneignung von politischen Diskursen weiterentwickeln. Diskursive Aneignung verweist dann auf den Prozess einer argumentativ begründeten Auseinandersetzung mit den Inhalten europapolitischer Diskurse ebenso
wie auf deren kulturelle Lokalisierung und Kontextualisierung. Diskursive Aneignung bezieht sich also weder auf bestimmte Mediengenres oder -produkte
noch auf bestimmte Rezeptionssituationen wie dies im Falle des Konzepts der
(kommunikativen) Medienaneignung zumeist der Fall ist. Stattdessen rückt sie
die Aneignung bestimmter, thematisch abgrenzbarer Diskurse, die durchaus
über verschiedene Kanäle und Medien und in verschiedenen Situationen vermittelt und rezipiert werden können, in den Vordergrund. Der Prozess der diskursiven Aneignung umfasst sowohl den Dialog zwischen Rezipient und Text – der
Rezipient ist hier noch Mitglied des Medienpublikums – als auch die auf Betroffenheit basierenden kommunikativen Anschlusshandlungen, vermittels derer
der Rezipient zum Mitglied eines Öffentlichkeit konstituierenden Bürgerpubli-

---

[223] Die Tatsache, dass Texte von verschiedenen Personen in verschiedenen Situationen und
bezogen auf verschiedene kulturelle Kontexte unterschiedlich lokalisiert und gelesen werden
können, wird gemeinhin unter dem Begriff der Polysemie subsumiert (vgl. ebd.: 38f.; Fiske
1987: 85ff.). Nach Krotz gilt es dabei allerdings zu berücksichtigen, dass Texte „einerseits
individuell, situativ und kontextabhängig, andererseits zugleich aber auch sozial, kulturell und
historisch strukturiert sind" (Krotz 1992: 420).

kums wird. Kommunikative Anschlusshandlungen beziehen sich vor dem Hintergrund der jeweils eigenen nationalpolitisch und kulturell geprägten Lebenswelt auf die innere Auseinandersetzung des Rezipienten mit dem Text beziehungsweise Diskursinhalt, sprich dessen Interpretation und Kontextualisierung, ebenso wie auf das Gespräch mit anderen, in dem Sinn-, Bedeutungs- und Bezugszusammenhänge (re)konstruiert werden. Diskursiv ist diese Aneignung, weil das Rezipierte ebenso wie die wahrgenommene Betroffenheit und Interdependenz interpretiert, bewertet, debattiert und auch begründet werden. Das Moment der kulturellen Lokalisierung ist hier bereits impliziert, befinden sich die Mitglieder eines ,europäischen' Bürgerpublikums doch in ganz unterschiedlichen nationalpolitischen, kulturellen, historischen und auch sozialen Kontexten. Im Prozess der diskursiven Aneignung werden europapolitische Inhalte also mit dem Lokalen, sprich der nationalpolitisch und kulturell geprägten Lebenswelt in Beziehung gesetzt[224].

Die empirischen Fragestellungen, die sich aus diesen Überlegungen ergeben, richten sich auf die Praxis einer Beteiligung und Aneignung beziehungsweise Lokalisierung an und von transnationalen europäischen Diskursen. Wie machen sich die Bürger europapolitische Debatten zu Eigen? Wie lokalisieren sie diese, wie setzen sie sie mit ihren jeweiligen nationalpolitischen, kulturellen und sozialen Kontexten in Beziehung und mit welchen Argumenten begründen sie ihre Ansichten? Die Beantwortung dieser und weiterer Fragen wird Gegenstand der empirischen Fallstudien zur europäischen Verfassungsdebatte in Deutschland, Frankreich und Italien sein.

## 4.5 Zusammenfassung

Für den in den voran stehenden Kapiteln entwickelten, dreidimensionalen pragmatischen Ansatz lässt sich zusammenfassend festhalten, dass dieser europäische Öffentlichkeit als ein dynamisches und translokales Netzwerk themen- und ereigniszentrierter Teilöffentlichkeiten begreift, das durch transnationale europäische Diskurse konstituiert wird und genau dann existiert, wenn eine Konvergenz und Synchronität der rekurrierten Themen und Argumente anzutreffen ist und wenn die Unionsbürger ihre Betroffenheit und Interdependenz

---

[224] Wichtig ist dabei zu bedenken, dass das Lokale nicht statisch ist, sondern fortwährend reproduziert, aktualisiert und damit verändert wird. Vgl. Hartmann (2008: 410ff.) und Hepp (2006a: 253f.) für eine Kritik an dem von Morley/Silverstone (1990, 1991) entwickelten Domestizierungsansatz, sowie allgemeiner Robertson (1992).

von und in europapolitischen Entscheidungs- und Problemzusammenhängen wahrnehmen und in entsprechende Diskurse eintreten. Europäische Öffentlichkeit entsteht also im Gefolge eines Handlungs- oder Problemzusammenhangs und ist losgelöst von territorialstaatlichen, mediensystemischen, sprachlichen und kulturellen Entitäten oder Reichweiten denkbar. Die Sichtbarkeit und Sichtbarmachung der Folgen europapolitischen Handelns durch Kommunikatoren und Medien bilden dabei zwar eine notwendige Voraussetzung für ihre Emergenz[225], doch ausschlaggebend sind letztlich die diskursiven Sinngebungs- und Aneignungsprozesse auf Seiten des Bürgerpublikums.

Der pragmatische Ansatz wählt John Deweys gleichermaßen konsequentialistischen wie handlungstheoretischen Begriff der Öffentlichkeit als Ausgangspunkt beziehungsweise als theoretische Matrize (Kapitel 4.1). Wenngleich Dewey sein Konzept in einem völlig anderen historischen Kontext entwickelte, so zeichnet sich sein Konzept doch durch mindestens zwei spezifische Vorteile für die Entwicklung eines Konzepts europäischer Öffentlichkeit aus. So fußt Deweys Öffentlichkeitsbegriff erstens auf wahrgenommenen und als problematisch eingestuften Handlungsfolgen, die in sämtlichen Bereichen einer Gesellschaft und – sofern diese nationalstaatlich gedacht ist – auch über ihre Grenzen hinweg auftreten und wahrgenommen werden können. Damit ist Öffentlichkeit nicht länger an territoriale Gebiete oder nationalstaatliche Gesellschaften gebunden, sondern vielmehr wird auf funktional, sektoral und auch lokal differenzierte Öffentlichkeiten abgestellt, deren Trägergruppen sich themen- und ereignisorientiert jeweils neu formieren. Zweitens ist das Publikum und seine konstitutive Rolle bei Dewey bereits inbegriffen, wird doch die Existenz von Öffentlichkeit an die Wahrnehmung indirekter Handlungsfolgen durch die Betroffenen ebenso wie an deren Eintritt in entsprechende Diskurszusammenhänge gekoppelt. Das Dewey'sche Öffentlichkeitskonzept erweist sich dementsprechend als überaus geeignet, um daran anknüpfend und unter Rekurs auf das in Kapitel 3.3.3 vorgestellte dritte Modell europäischer Öffentlichkeit[226] einen pragmatischen Ansatz europäischer Öffentlichkeit zu entwickeln, der sowohl den Raumbezug, die politischen Zielfunktionen als auch die Rolle des Publikums bei der Konstituierung europäischer Öffentlichkeit beinhaltet.

Die erste Dimension des pragmatischen Ansatzes umfasst den Raumbezug europäischer öffentlicher Kommunikation (Kapitel 4.2). Dieser wurde unter

---

[225] Diese wird gemäß medienzentrierter Langzeituntersuchungen zunehmend, wenngleich in sicher noch verbesserungswürdigem Maße, erfüllt (vgl. Wessler et al. 2008).
[226] Diese konzipiert europäische Öffentlichkeit als ein Ensemble transnationaler Teilöffentlichkeiten.

Rekurs auf soziologische, insbesondere in der globalisierungstheoretischen Debatte aktualisierte Raumkonzepte als im öffentlichen Diskurs über gemeinsame Gegenstände aufgespannt und abgesteckt beschrieben. Der Raum des Öffentlichen in Europa lässt sich dementsprechend als ein diskursiv konstituierter Interaktionsraum beschreiben, der als eine Art Netzwerk verdichteter Kommunikation mit einer zu den Rändern hin abfallenden Interaktionsdichte kristallisiert. Die Verwendung einer Netzwerkmetapher macht dabei nicht nur die Unregelmäßigkeit, Dynamik und Offenheit europäischer öffentlicher Kommunikation, sondern auch ihre lokale Verankerung in ganz unterschiedlichen nationalpolitischen, kulturellen, medialen und sozialen Kontexten greifbar. Denn es sind ebendiese lokalen Kontexte, in denen europapolitische Diskurse angeeignet, kontextualisiert und dabei (re)produziert werden.

Die zweite Dimension des pragmatischen Ansatzes stellt sodann auf die politischen Zielfunktionen europäischer Öffentlichkeit ab. Schließlich besteht der demokratische Sinn von (europäischer) Öffentlichkeit in der Erfüllung ebensolcher politischer Zielfunktionen (Kapitel 4.3). Sofern Deweys Ansatz ob seines Postulats einer kontinuierlichen Beteiligung der Bürger am politischen Prozess und Diskurs in die Tradition diskursiver Öffentlichkeits- und Demokratietheorien einzuordnen ist, orientieren sich die Funktionen europäischer Öffentlichkeit an denen des Diskursmodells[227]. Die politischen Zielfunktionen einer europäischen Öffentlichkeit umfassen demnach die wechselseitige Beobachtung und Kontrolle von politischen Entscheidungsträgern und Zivilgesellschaft, die Thematisierung von als lösungsbedürftig wahrgenommenen Handlungsfolgen und Problemlagen, die Legitimierung europapolitischen Entscheidungshandelns, eine demokratische Willensbildung im Sinne kollektiver Lernprozesse beziehungsweise einer Generierung kollektiven Wissens über gesellschaftlich virulente Betroffenheiten, Probleme und mögliche Lösungen sowie schließlich die Integration und Orientierung der Gesellschaftsmitglieder qua Beteiligungsmöglichkeit am öffentlichen Diskurs und Prozess ebenso wie über das Produkt der öffentlichen Meinung. Die tatsächliche Funktionstüchtigkeit europäischer Öffentlichkeit – so wurde von einem pragmatischen Standpunkt aus argumentiert – lässt sich dabei nur retrospektiv beziehungsweise situations- und sachspezifisch beurteilen. Das heißt sie wird sich kaum an bestimmten institutionellen Arrangements ablesen lassen, sondern vielmehr muss sie sich

---

[227] Wohlgemerkt unterscheidet der Dewey'sche Ansatz in verschiedenen Punkten vom Habermas'schen Konzept. So verzichtet Dewey erstens auf eine demokratische Institutionentheorie, und zweitens rückt er weniger das Ergebnis öffentlicher Deliberation als vielmehr den Prozess kollektiven Handelns ebenso wie die Initiierung kollektiver Lernprozesse in den Vordergrund. (Vgl. dazu die Ausführungen in Kapitel 4.3.1)

immerfort aufs Neue und in Bezug auf konkrete politische Themen, Probleme und Entscheidungsbereiche beweisen.

Die dritte Dimension des pragmatischen Ansatzes fokussiert schließlich die Publikumsebene europäischer Öffentlichkeit (Kapitel 4.4). Hier wurde unter Rekurs auf sozialkonstruktivistische und Cultural Studies-orientierte Ansätze argumentiert, dass es nicht allein auf die Generierung und massenmediale Vermittlung europapolitischer Themen und Inhalte auf der Kommunikator- und Medienebene, sondern schlussendlich auf die kommunikativen, zumeist medienbasierten Praktiken und Interaktionen der Menschen auf der Publikumsebene ankommt[228]. Schließlich werden soziale Konstrukte wie Öffentlichkeit erst dort hervorgebracht, realisiert und tradiert. Die erarbeitete Definition europäischer Öffentlichkeit inkludiert das Publikum und seine konstitutive Bedeutung bereits insofern, als sie die Wahrnehmung von Betroffenheit und Interdependenz von und in europapolitischen Entscheidungs- und Problemzusammenhängen ebenso wie den anschließenden Eintritt in entsprechende Diskurse zum Existenzkriterium erhebt. In Anbetracht der Tatsache, dass Öffentlichkeit heute vor allem massenmedial organisiert und vermittelt ist, wurde sodann und unter Einnahme einer Prozessperspektive zwischen Medien- und Bürgerpublika unterschieden. Dabei wurde argumentiert, dass die Mitglieder eines Medienpublikums genau dann zu Mitgliedern eines öffentlichkeitsrelevanten Bürgerpublikums werden, wenn sie im Rahmen ihrer Medienrezeption die Folgen europapolitischer Sachverhalte wahrnehmen und anfangen, selbst politisches Gespräch zu produzieren beziehungsweise das Rezipierte in ihren kommunikativen Anschlusshandlungen zu verarbeiten. Auf der Grundlage von Medienrezeption können die Unionsbürger also Betroffenheit und Interdependenz von und in europäischen Problem- und Handlungszusammenhängen wahrnehmen und sich veranlasst fühlen, in ihre Rolle als Bürger zu schlüpfen, in entsprechende Diskurse einzutreten und damit zu Mitgliedern eines Öffentlichkeit konstituierenden Bürgerpublikums zu werden. Die Medienrezeption muss somit als ein potentielles Moment von Öffentlichkeit und Demokratie begriffen werden. Im Anschluss an Cultural Studies-orientierte Ansätze wurde sodann das Konzept einer diskursiven Aneignung medial vermittelter europäischer Diskurse entwickelt. Diskursive Aneignung verweist sowohl auf den Prozess einer argumentativ gestützten Auseinandersetzung mit den Inhalten europapolitischer Diskurse als auch auf deren Lokalisierung in den jeweiligen kulturellen, nationalpoliti-

---

[228] Die Zivilgesellschaft stellt indes die abstrakte Einheit dar, aus der sich das Publikum rekrutiert. Sie bildet gleichsam den Ort für politisches Engagement und Interessenartikulation (vgl. Kapitel 3.2.3).

schen und auch sozialen Kontexten der Medienrezipienten. Sie umfasst den
Dialog zwischen Rezipient und Text – der Rezipient ist hier noch Mitglied des
Medienpublikums – ebenso wie die auf Betroffenheit basierenden kommunika-
tiven Anschlusshandlungen, durch die der Rezipient zum Mitglied eines Öffentlichkeit konstituierenden Bürgerpublikums wird. Im Prozess der diskursiven
Aneignung geht es also um das In-Beziehung-Setzen europapolitischer Inhalte
mit den jeweiligen lokalen Kontexten. Dies geschieht vor allem auf der Grundlage von Betroffenheit sowie im Rahmen von kommunikativen Praktiken und
Interaktionen. Ebendiese kommunikativen Praktiken, Anschlusshandlungen,
Sinngebungs- und Aneignungsprozesse auf Seiten des ‚europäischen' Publikums
bilden den Gegenstand der im Folgenden zu präsentierenden empirischen Fallstudien zur europäischen Verfassungsdebatte in Frankreich, Italien und
Deutschland.

# TEIL III

## EMPIRISCHE FALLSTUDIEN
## ZUR EUROPÄISCHEN VERFASSUNGSDEBATTE

# 5  Fallstudien zur europäischen Verfassungsdebatte

Am 29. Oktober 2004 unterzeichneten die europäischen Staats- und Regierungschefs einen Vertrag, der eine Verfassung für die Europäische Union begründen und die bis dato gültigen Vertragswerke ersetzen sollte. Dieser Verfassungsvertrag war das Ergebnis des so genannten ‚Post-Nizza-Prozesses', in dem die Frage nach der Finalität der EU konkretisiert und ihre Handlungsfähigkeit nach der europäischen Osterweiterung verbessert werden sollte. Nach der Ausarbeitung des Verfassungstextes durch einen eigens geschaffenen Konvent sowie seiner Unterzeichnung durch die Staats- und Regierungschefs musste dieser europäische Verfassungsvertrag von allen 27 (damals noch 25) Mitgliedstaaten gemäß den jeweiligen nationalen Rechtslagen und Verfahren, das heißt via Abstimmung im Parlament, Volksreferendum oder einer Kombination aus beidem ratifiziert werden. Juristisch war dabei die Zustimmung aller Mitgliedstaaten erforderlich, das heißt eine einzige Ablehnung konnte den gesamten Prozess zum Scheitern bringen und Nachverhandlungen im Europäischen Rat notwendig machen (Vgl. Europäische Gemeinschaften 2005; Shaw 2005) Die den Ratifizierungsprozess begleitende öffentliche Debatte bildet den Untersuchungsgegenstand der empirischen Fallstudien.

## 5.1  Untersuchungsdesign

Im Sinne des übergeordneten Forschungsziels dieser Arbeit, die Bedeutung der Publika und Mediennutzer, also der Unionsbürger, für die Konstituierung von Öffentlichkeit in Europa theoretisch zu fassen sowie die kommunikativen Beteiligungen der Bürger sodann empirisch zu untersuchen, gilt das Hauptaugenmerk der empirischen Fallstudien ebendieser Publikumsebene[229]. Dabei geht es weniger um die Bestimmung und Zusammensetzung des Publikums, das heißt

---

[229] Die Durchführung von Fallstudien als Forschungsstrategie eignet sich hier insofern, als das Vorgehen weitgehend explorativ ist, das heißt es gibt wenig gesichertes Vorwissen über den Untersuchungsgegenstand, sprich die Sinngebungs- und Aneignungsprozesse europäischer Diskurse durch das Publikum gibt (vgl. z.B. Yin 2003: 1).

um die Frage, *wer* an europäischen Diskursen teilnimmt, als vielmehr um das *Wie* der Beteiligung. Im Mittelpunkt steht also die Analyse der spezifischen Betroffenheiten und Deutungsschemata, vermittels derer sich die Menschen den europäischen Verfassungsdiskurs zu Eigen machen und in ihren jeweiligen kulturellen und nationalpolitischen Kontexten lokalisieren. Die Fokussierung eines bestimmten, thematisch abgrenzbaren Diskurses – nämlich der europäischen Verfassungsdebatte – erscheint deshalb sinnvoll, weil öffentliche Diskurse gleichsam die Organisationsstruktur beziehungsweise das sicht- und damit auch untersuchbare Kondensat eines abstrakten Phänomens wie Öffentlichkeit darstellen (vgl. van de Steeg 2004: 4). Wohlgemerkt geht es hier nicht um eine ganzheitliche ‚Überprüfung' des in Kapitel 4 entworfenen pragmatischen Konzepts in der Wirklichkeit. Laut Splichal ist die empirische Untersuchung einer Theorie von Öffentlichkeit, die ja immer auch normative Aspekte beinhaltet, ohnehin nicht möglich, sondern vielmehr können immer nur bestimmte Teilaspekte von Öffentlichkeit entlang spezifischer Fragestellungen analysiert werden (vgl. Splichal 2006: 710). In diesem Sinne geht es hier also um die exemplarische Analyse eines transnationalen europäischen Diskurses – nämlich der EU-Verfassungsdebatte – aus Sicht des Publikums.

Im Folgenden werden zunächst die Forschungsfragen, die methodische Vorgehensweise, die Auswertungsstrategie ebenso wie die aus den Forschungsfragen gebildeten Analyseebenen beschrieben und erläutert. In Kapitel 5.2 geht es dann um die Darstellung der politischen und historischen Hintergründe des europäischen Verfassungsprozesses, sprich die Erarbeitung des Vertrags durch den Verfassungskonvent, den Prozess seiner Ratifizierung und auch seines Scheiterns an den ablehnenden Volksreferenden in Frankreich und den Niederlanden. In Kapitel 5.3 werden schließlich die Beteiligungen, Aneignungs- und Sinngebungsprozesse auf Seiten der Bürger in Frankreich, Italien und Deutschland an beziehungsweise in der europäischen Verfassungsdebatte analysiert[230]. Das abschließende Kapitel 5.4 bietet sodann eine Zusammenschau der Ergebnisse, und es werden darüber hinaus einige Konsequenzen und Schlussfolgerungen aufgezeigt.

---

[230] Ursprünglich umfasste die an der Universität Erfurt eingereichte Promotionsschrift – zur Vervollständigung des Bildes von der EU-Verfassungsdebatte – auch Fallstudien zur Produktion und Inszenierung der Verfassungsdebatte durch die EU und die nationalen Regierungen, zur Vermittlung, Explikation und Kontextualisierung des Verfassungsprozesses durch die Medien (Qualitätszeitungen: *Le Monde, Le Figaro, Libération, Corriere della Sera, La Repubblica, Süddeutsche Zeitung, Frankfurter Allegmeine*) sowie zur Beteiligung der im EU-Verfassungsprozess besonders aktiven zivilgesellschaftlichen Organisation Attac.

### 5.1.1 Forschungsfragen, methodisches Vorgehen und Materialbasis

*„Berücksichtigen Sie die Beschaffenheit der empirischen Welt und bilden Sie eine methodologische Position aus, um diese Berücksichtigung zu reflektieren" (Blumer 1973: 143f.)*

Ausgehend von der Annahme, dass europäische Öffentlichkeit nicht nur durch die Generierung und massenmediale Vermittlung europapolitischer Themen, sondern auch und schlussendlich im kommunikativen Interagieren beziehungsweise Handeln der Menschen – freilich auf der Basis rezipierter Medieninhalte – hervorgebracht und verstetigt wird, besteht das Hauptanliegen dieser Arbeit darin, die Bedeutung des Publikums für die Konstituierung europäischer Öffentlichkeit theoretisch zu fassen sowie seine Beteiligungen und Sinngebungsprozesse in einem weiteren Schritt empirisch zu untersuchen. Anknüpfend an den unter Rekurs auf Dewey entwickelten pragmatischen Ansatz, der europäische Öffentlichkeit in Abhängigkeit von wahrgenommener Betroffenheit und Interdependenz, vom anschließenden Eintritt der Betroffenen in entsprechende Diskurse ebenso wie vom Vorliegen einer Synchronität und Konvergenz der diskutierten Themen und Argumente definiert, zielen die empirischen Fallstudien folgerichtig auf die Analyse der spezifischen Betroffenheiten und Deutungsschemata ab, vermittels derer die Menschen den Verfassungsdiskurs aneignen und in ihren jeweiligen kulturellen Kontexten lokalisieren.

Die forschungsleitenden Fragen lauten wie folgt: Wie fühlen sich die Menschen vom Prozess der europäischen Verfassungsgebung betroffen? Inwiefern nehmen sie die Folgen dieses Prozesses ebenso wie wechselseitige Interdependenzen mit den Menschen beziehungsweise den politischen Vorgängen in den anderen Mitgliedstaaten wahr? Vermittels welcher Argumente und Themenbezüge nehmen sie an der Debatte teil? Und inwiefern ist dabei eine Konvergenz von Themen und Argumentationshaushalten über die Länder hinweg feststellbar? Und schließlich: Wie wird die europäische Verfassungsdebatte von den Bürgern in verschiedenen EU-Ländern kulturell lokalisiert? Das heißt wie wird sie mit den jeweiligen nationalpolitischen oder kulturellen Kontexten in Beziehung gesetzt? Worin bestehen also die länder- und kulturspezifischen Besonderheiten und Differenzen im Rahmen der Sinngebungsprozesse durch das Publikum?

Bei der Beantwortung der forschungsleitenden Fragen wird ein qualitativ-exploratives Vorgehen zu Grunde gelegt[231] beziehungsweise Verfahren aus dem Repertoire der qualitativen Sozialforschung gewählt und die sozialwissenschaftliche Methode des Leitfadeninterviews für die Gespräche mit den Bürgern zum Einsatz gebracht. Qualitative beziehungsweise nicht standardisierte Forschungsmethoden eignen sich hier insofern, als sie hinreichend offen und flexibel sind, um die subjektiven Sinngebungs- und Deutungsprozesse der Menschen und damit die interaktiv und sozial konstruierte Wirklichkeit der europäischen Verfassungsdebatte adäquat explorieren und erfassen zu können (vgl. Blumer 1979: 54f.). Schließlich hat „qualitative Forschung [.] den Anspruch, Lebenswelten ‚von innen heraus' aus der Sicht der handelnden Menschen zu beschreiben. Damit will sie zu einem besseren Verständnis sozialer Wirklichkeit(en) beitragen und auf Abläufe, Deutungsmuster und Strukturmerkmale aufmerksam machen" (Flick/Kardorff/Steinke 2007: 14)[232].

Für die Durchführung der Fallstudien wurden drei europäische Mitgliedstaaten ausgewählt: Frankreich, Italien und Deutschland. Sinnvoll erscheint diese Auswahl – von sprachpragmatischen Motiven einmal abgesehen – vor allem deshalb, weil alle drei Länder Gründungsstaaten der EU sind, also über vergleichbare europapolitische Historien verfügen und darüber hinaus von ähnlichen sozioökonomischen Rahmenbedingungen geprägt sind[233]. Die leitfadengestützten Interviews mit den Bürgern wurden – determiniert durch das französische Referendum am 29. Mai 2005 – zunächst in Frankreich sowie im Anschluss in Italien und in Deutschland geführt[234]. Dabei wurden insgesamt 72 Personen (27 Franzosen, 22 Italiener und 23 Deutsche) zwischen 17 und 84 Jahren während einer Haupterhebungsphase von Mai bis Juli 2005 sowie während einer Nacherhebungsphase zwischen November 2006 und Februar 2007

---

231 Explorativ ist das Vorgehen, insofern es bislang keine vergleichbaren, das Publikum einbeziehenden Studien gibt, sodass „der Fall noch nicht bekannt ist, sondern im Verlauf der Untersuchung konstruiert wird" (Merkens 2007: 295).

232 Dem sozialen Konstruktivismus von Schütz (1971) sowie Berger und Luckmann (1969) zufolge kann soziale Realität ausschließlich über die Sinngebungsprozesse der handelnden Akteure untersucht und rekonstruiert werden. Besteht soziale Realität doch nur in und durch ebendiese interaktiv auszuhandelnden Sinngebungsprozesse. (Vgl. Flick 2007b: 151, 156; Wagner 1999: 27)

233 So stellen Frankreich, Italien und Deutschland mit 59, 57 und 82 Mio. Einwohnern drei der bevölkerungsreichsten EU-Länder dar, und mit ihren Bruttosozialprodukten zwischen 30.200 und 31.900 Dollar pro Kopf verfügen sie über eine vergleichbare volkswirtschaftliche Leistungskraft (vgl. Redaktion Weltalmanach 2007).

234 In Italien und Deutschland war Anfang April bzw. Mitte Mai auf parlamentarischem Weg positiv über die Verfassung abgestimmt worden.

befragt[235]. Die Rekrutierung der Interviewpartner erfolgte im öffentlichen Raum gemäß dem von Glaser und Strauss entwickelten Prinzip des Theoretical Sampling (vgl. Glaser/Strauss 1967: 45ff.)[236]. Die Auswahl der Interviewpartner wurde dementsprechend nach „konkret-inhaltlichen statt abstrakt-methodologischen Kriterien" (Flick 2007a: 163) sowie sukzessive und im Prozess der Datenerhebung und -auswertung getroffen[237]. Das Ziel war dabei eine möglichst große Vielfalt der Perspektiven auf den zu untersuchenden Sachverhalt und somit eine Anreicherung der sich entwickelnden Theorie. Abgeschlossen wurden die Erhebungen gemäß dem Prinzip der theoretischen Sättigung. Das heißt sobald keine zusätzlichen Variationen in den Antworten mehr auftauchten beziehungsweise diese sich zu wiederholen begannen, sodass von weiteren Interviews nichts Neues oder Überraschendes mehr zu erwarten war, wurde das Datenmaterial als gesättigt angesehen und die Erhebung abgeschlossen[238]. (Vgl. ebd.: 158ff.; Glaser/Strauss 1967: 61f., 111f.; Krotz 2005b: 178, 191f.; Merkens 2007: 296) Die zeitliche Abfolge der Forschungsaufenthalte in den drei Ländern (zunächst Frankreich, dann Italien und dann Deutschland)

---

[235] Davon wurden 21 Franzosen, 18 Italiener und 16 Deutsche während der Haupterhebungsphase sowie sechs, vier und sieben weitere Bürger während der Nacherhebungsphase in Paris, Toulouse, Rom, Mailand, Berlin und Erfurt befragt. Bisweilen wurden dabei zwei Personen gleichzeitig gefragt, ein Umstand der die Gesprächsbereitschaft der Interviewten mitunter stimulierte (vgl. dazu auch Flick 2007a: 248ff.). Etwa zwei Drittel der Befragten in jedem Land verfügten über ein abgeschlossenes Hochschulstudium bzw. befanden sich in akademischer Ausbildung; ein Drittel der Interviewpartner verfügte über einen Berufsschulabschluss. Die Notwendigkeit von Nacherhebungen hatte sich sowohl aus dem unerwarteten politischen Verlauf des Ratifizierungsprozesses, sprich der gescheiterten Referenden in Frankreich und den Niederlanden als auch im Prozess der Theorieentwicklung ergeben. Die Interviews wurden in der jeweiligen Landessprache geführt und dauerten zwischen 15 und 45 Minuten. Die Interviewleitfäden stimmten für alle drei Länder weitgehend überein, d.h. während z.B. die Frage nach der persönlichen Einstellung zur EU-Verfassung bzw. einer Abstimmungsentscheidung in Deutschland und Italien hypothetischer Natur war, bezog sie sich in Frankreich auf die tatsächliche Wahlentscheidung im Referendum.
[236] Die Besonderheit des Theoretical Sampling gegenüber anderen Methoden der Stichprobenziehung besteht nach Merkens darin, „dass die Vorstellungen vom Fall am Beginn der Untersuchung noch vage sind und sich erst im Verlauf der Untersuchung herauskristallisieren" (Merkens 2007: 297).
[237] Eine Rolle spielte dabei auch die spontane, in der Praxis recht hohe Bereitschaft, an dem Interview teilzunehmen.
[238] Vor diesem Hintergrund hatte sich auf der Basis des Codierens bzw. Auswertens ebenso wie im Zuge der Theorieentwicklung die Notwendigkeit einer Nacherhebungsphase ergeben. Lieferte doch das Interviewmaterial der ersten Erhebungsphase nicht genügend Anhaltspunkte für die Wahrnehmung von Betroffenheit und Interdependenz.

richtete sich nach der Annahme, dass die öffentlichen Debatten in Frankreich ob des dortigen Volksreferendums groß sein und stimulierende Wirkung auf die Debatten in Italien und Deutschland entfalten würden. Dass das französische Referendum – ebenso wie das niederländische am 1. Juni 2005 – scheitern und so das Ausmaß sowie die Konfliktfärbung der Debatten in allen EU-Ländern derart katalysiert würden, war freilich nicht absehbar. Die obige Annahme jedenfalls wurde dadurch bei Weitem übertroffen. Nun wurde die Wahrnehmung von Betroffenheit und Interdependenz über nationale Grenzen hinweg ebenso wie die Tatsache, dass Konflikte und Krisen die Perzeption von Betroffenheit und Interdependenz und in der Folge die Konstitution von Öffentlichkeit evozieren beziehungsweise ankurbeln können, besonders deutlich.

### 5.1.2 Auswertungsstrategie und Analyseebenen

Die Auswertung des Interviewmaterials[239] erfolgte sowohl gemäß der interpretativ-reduktiven Methode nach Mayring (1991)[240] als auch gemäß der von Bohnsack (1993) formulierten interpretativ-rekonstruktiven Methode[241]. Dabei dienten drei aus den Forschungsfragen abgeleitete Analyseebenen als Referenzpunkte: Die erste Analyseebene umfasst die *Wahrnehmung von Betroffenheit und Interdependenz* im europäischen Verfassungsprozess. Hier gilt es zu klären, inwiefern sich die Menschen vom Prozess der europäischen Verfassungsgebung betroffen fühlen, welche Folgen – auch hypothetischer Natur – sie wahrnehmen, inwiefern sie die EU-Verfassung als ein gesamteuropäisches Projekt ver-

---

[239] Die Tonbandaufnahmen der Interviews wurden wortgetreu und – zur Vermeidung inhaltlicher Verzerrungen – in der jeweiligen Landes- bzw. Interviewsprache transkribiert.

[240] Die strukturierende Inhaltsanalyse, auf die hier rekurriert wird, „hat das Ziel, bestimmte Aspekte aus dem Material herauszufiltern und unter festgelegten Ordnungskriterien einen Querschnitt durch das Material zu legen oder das Material unter bestimmten Kriterien einzuschätzen" (Mayring 1991: 213). Zuweilen wird sie zwar ob ihrer theoriegeleiteten Datenannäherung kritisiert (vgl. Lamnek 1993: 216; Flick 2007a: 416f.), insofern hier aber die Datenerhebung mit der Theorieentwicklung und der Ableitung entsprechender Fragen an das Material sowie der Datenauswertung eng miteinander verknüpft sind, erscheint die strukturierende Inhaltsanalyse als geeignete Methode.

[241] Ausgehend von der Annahme, dass die Alltagserfahrungen der Menschen symbolisch strukturiert und konstruiert sind, geht es hier um die Rekonstruktion ebendieser Konstruktionen durch den Forscher (vgl. Bohnsack 1993: 24). Laut Flick können im Grunde alle Interviewformen zu den rekonstruktiven Verfahren gezählt werden, wird doch „die Rekonstruktion [.] subjektiver Sichtweisen [.] zum Instrument der Analyse sozialer Welten" (Flick 2007a: 83).

stehen, in dem wechselseitige Interdependenzen existieren und generiert werden, und inwiefern sich dies in ihren kommunikativen Anschlusshandlungen niederschlägt (vgl. Kapitel 5.3.1). Die zweite Analyseebene stellt sodann auf eine etwaige *Konvergenz von rekurrierten Themen und Argumenten* im Rahmen der Sinngebungsprozesse durch das Publikum zur Begründung der jeweils eigenen Position gegenüber der EU-Verfassung ab (vgl. Kapitel 5.3.2). Und die dritte Analyseebene rückt schließlich das Vorliegen *kultureller Differenzen bei der Aneigung und Lokalisierung* der Debatte im Sinne spezifischer Betroffenheiten und Deutungsschemata in Frankreich, Italien und Deutschland in den Vordergrund (vgl. Kapitel 5.3.3). Vor diesem Hintergrund wurde das Interviewmaterial zunächst als ein semantischer, wenngleich mehrsprachiger Gesamtkorpus betrachtet und mit Blick auf die ersten beiden Analyseebenen über die Länder hinweg analysiert. Sodann und mit Blick auf die dritte Analyseebene ging es um die Erstellung von ‚lokalen' Interpretationen, also um die Erschließung und Kontrastierung von Länderspezifika beziehungsweise von kulturellen Differenzen.

Auf einer abstrakteren Ebene (Kapitel 5.4) sollen die Ergebnisse der empirischen Fallstudien dazu beitragen, die Mechanismen der Beteiligung der Menschen an europapolitischen öffentlichen Diskursen und damit der Entstehung europäischer Öffentlichkeit aufzuzeigen. Obgleich explorative Forschung in erster Linie spezifische und kontextbezogene Aussagekraft besitzt, so lassen ihre Ergebnisse unter adäquater Berücksichtigung der Umstände und Kontexte der Datengewinnung doch durchaus auch generalisierende Schlüsse für ähnliche Zusammenhänge und Situationen in der Zukunft zu – in diesem Falle für etwaige Mechanismen einer kommunikativen Bürgerbeteiligung ebenso wie für die Entstehung europäischer Öffentlichkeit (vgl. Mayring 2007: 1ff.; Flick 2007a: 522ff.).

## 5.2 Hintergründe zur europäischen Verfassung

Im Folgenden sollen nun einige Hintergründe und Fakten zur europäischen Verfassung zusammengetragen und näher beleuchtet werden. In Kapitel 5.2.1 geht es zunächst um den Weg der Europäischen Union zu einer gemeinsamen Verfassung sowie um die Skizzierung der Kernelemente dieses Verfassungsvertrags. In Kapitel 5.2.2 wird sodann die Ausarbeitung der europäischen Verfassung durch den Konvent zur Zukunft der Europäischen Union fokussiert, wobei sowohl die Beteiligung der Zivilgesellschaft am Konventsverfahren als auch die massenmediale Resonanz des Konvents Berücksichtigung finden werden. In Kapitel 5.2.3 geht es schließlich um den Prozess der Verfassungsratifizierung, der ja bekanntlich an den Non's und Nee's aus Frankreich und den Niederlanden im Sommer 2005 gescheitert ist.

## 5.2.1 Eine Verfassung für Europa

Der Weg zur europäischen Verfassung ist ebenso lang wie der des europäischen Integrationsprozesses. Die Begründung der Europäischen Gemeinschaft für Kohle und Stahl (EGKS) durch die sechs Gründungsmitglieder Frankreich, Deutschland, Niederlande, Belgien, Italien und Luxemburg vor über 50 Jahren bildet gleichsam den Startpunkt für diesen Integrationsprozess. Wohlgemerkt hatte dieser Prozess lange Zeit noch keine politische, sondern vor allem eine ökonomische Konnotation. In diesem Sinne verfolgten sowohl die EGKS als auch die 1957 begründete Europäische Wirtschaftsgemeinschaft (EWG) und die Europäische Atomgemeinschaft (Euratom) in erster Linie das Ziel, einen gemeinsamen europäischen Wirtschaftsraum zu schaffen und zu regeln. Mit dem Vertrag von Maastricht von 1992 galt dieser europäische Binnenmarkt schließlich als vollendet, und dementsprechend beschloss der Vertrag von Maastricht nicht nur die Einführung einer gemeinsamen Euro-Währung für 1999 beziehungsweise 2001, sondern er begründete darüber hinaus auch die Europäische Union (EU) als politische Staatengemeinschaft[242]. Damit hatte der europäische Integrationsprozess nun auch eine politische Dimension erhalten. Das Ende des Kalten Krieges machte zu dieser Zeit allerdings schon absehbar, dass die Europäische Union langfristig auf einer Erweiterung ihrer selbst gen Osten zusteuern würde. Und sofern die bis dato gültigen Vertragswerke ebenso wie der 1997 verabschiedete Vertrag von Amsterdam kaum geeignet erschienen, um der Dynamik einer gleichzeitigen Vertiefung und Erweiterung der EU angemessen Rechnung zu tragen, wurden die Rufe nach einer umfassenden Vertragsreform der EU zusehends lauter. Auf einem Gipfeltreffen in Nizza im Dezember 2000 beschlossen die europäischen Staats- und Regierungschefs schließlich nicht nur eine Charta der Grundrechte für die Unionsbürger[243],

---

[242] Unter dem Dach der Europäischen Union vereinen sich seither drei Säulen: Die erste umfasst Bestimmungen über den gemeinsamen Binnenmarkt, die Wirtschafts- und Währungsunion, die zweite Bestimmungen über eine gemeinsame Außen- und Sicherheitspolitik und die dritte schließlich Bestimmungen über eine Zusammenarbeit im Bereich der Innen- und Justizpolitik (vgl. Europäische Kommission 2005b: 5f.).

[243] Diese Charta besteht aus einer Präambel sowie sieben Kapiteln zur Würde des Menschen, zu Freiheiten, zur Gleichheit, zur Solidarität, zu Bürgerrechten sowie zu justiziellen Rechten

sondern auch beziehungsweise vor allem die Notwendigkeit einer Überarbeitung der bestehenden Rechtsgrundlagen der EU. Die ‚Erklärung über die Zukunft der Europäischen Union' als Ergebnis dieses Gipfeltreffens von Nizza bildet gleichsam den Startpunkt für den Prozess einer europäischen Verfassungsgebung[244]. Im so genannten ‚Post-Nizza-Prozess' verständigt man sich schließlich darauf, einen Verfassungsvertrag zu entwickeln, der die EU auf eine neue rechtliche Basis stellen und alle bis dato gültigen Verträge ersetzen sollte. Der Europäische Rat berief dementsprechend im Dezember 2001 mit seiner Erklärung von Laeken einen Konvent zur Zukunft der Europäischen Union ein, der bis Mitte 2003 einen europäischen Verfassungsvertrag entwickeln und vorlegen sollte. Dieser Verfassungsvertrag als Ergebnis der Konventsarbeit wurde nach einigen Nachverhandlungen schließlich von den Staats- und Regierungschefs akzeptiert und am 29. Oktober 2004 in Rom unterzeichnet. (Vgl. Europäische Kommission 2005b: 5f.; Schmuck 2005a: 58ff.; ders. 2005b: 14ff.; Weidenfeld 2005: 13ff.)

Inhaltlich bedeutet der europäische Verfassungsvertrag zunächst einmal eine Zusammenführung der bis dato gültigen Verträge in ein Gesamtdokument ebenso wie die Integration der Charta der Grundrechte als rechtsverbindlichen Bestandteil[245]. Neuerungen sah der Vertrag vor allem in sechs Punkten vor: Erstens sollte das Prinzip einer doppelten Mehrheit, welche sowohl auf der Zahl der Bürger als auch auf der Zahl der Mitgliedstaaten basiert, im Rahmen

---

und schließlich zu allgemeinen Bestimmungen (vgl. ausführlich Europäische Gemeinschaften 2005: 47ff.).

[244] Die Erklärung von Nizza war allerdings nicht der erste Versuch, den EU-Integrationsprozess in den Rahmen einer Verfassung zu stellen. So gab es Anfang der 1950er Jahre den Verfassungsentwurf einer Europäischen Politischen Gemeinschaft, die das Dach für die Europäische Gemeinschaft für Kohle und Stahl sowie die Europäische Verteidigungsgemeinschaft bilden sollte. Das damalige Scheitern der Verteidigungsgemeinschaft bedeutete jedoch auch das Scheitern einer Verfassungsgebung. 1962 gab es sodann einen weiteren Versuch, eine politische Union auf Verfassungsgrundlage zu kreieren, allerdings wurde dieser durch den deutsch-französischen Freundschaftsvertrag von 1963 ‚ersetzt', und 1979 schließlich arbeitete das EU-Parlament erneut an einem Verfassungsentwurf, der allerdings in den Debatten der nationalen Institutionen versickern sollte. (Vgl. Weidenfeld 2005: 13f.)

[245] Insgesamt besteht der Verfassungsvertrag aus vier Teilen: Der erste Teil enthält die Kernverfassung (Ziele der Union, Unionsbürgerschaft, Zuständigkeiten der Union, Organe, demokratisches Leben, Finanzen, Nachbarn, Zugehörigkeit der Union), der zweite Teil umfasst die Grundrechtecharta, der dritte Teil schließlich Detailbestimmungen einzelner Politikbereiche, und der vierte Teil eine Schlussbestimmung (vgl. Europäische Gemeinschaften 2004a).

europapolitischer Entscheidungsprozesse eingeführt werden[246]. Zweitens sollte das EU-Parlament als einziges Repräsentativorgan mehr Mitspracherechte bei der Gesetzgebung erhalten und für die Wahl des Kommissionspräsidenten zuständig werden – letzteres gleichwohl auf Vorschlag des Europarates, der wiederum die Ergebnisse der Europawahlen zu berücksichtigen hat. Drittens sollte ein Aufforderungsrecht für die Unionsbürger eingeführt werden, wonach die EU-Kommission bei Vorliegen von mindestens einer Million Bürgerstimmen aus verschiedenen Unionsländern dazu veranlasst werden kann, bestimmte Themengebiete zu behandeln beziehungsweise entsprechende Gesetzesvorschläge zu unterbreiten. Viertens sollte die EU-Kommission zum Zwecke ihrer Effizienzsteigerung verkleinert werden, der Ministerrat sollte fünftens in Zukunft öffentlich tagen, und die Benennung dreier Führungspersönlichkeiten – eines Kommissionspräsidenten, eines EU-Außenministers sowie eines hauptamtlich tätigen Präsidenten des Europäischen Rats – sollte sechstens zu einer größere Personalisierung der EU beitragen. (Vgl. Europäische Gemeinschaften 2004a; Schmuck 2005a: 60ff.)

Nach der Vertragsunterzeichnung durch die Staats- und Regierungschefs Ende Oktober 2004 war die europäische Verfassung wohlgemerkt noch nicht in Kraft gesetzt. Vielmehr musste sie dazu noch von allen 27 (damals noch 25) Mitgliedstaaten gemäß der jeweiligen nationalen Rechtslagen und Verfahren, das heißt via Abstimmung im Parlament, Volksreferendum oder einer Kombination aus beidem ratifiziert werden. Juristisch musste diese Ratifizierung durch ausnahmslos alle Mitgliedstaaten erfolgen, sprich eine einzige Ablehnung konnte den gesamten Prozess zum Scheitern bringen und Nachverhandlungen im Europäischen Rat notwendig machen. Mittlerweile ist klar, dass genau dieser Fall eingetreten ist, scheiterte der Ratifizierungsprozess doch an gleich zwei negativen Volksreferenden – nämlich dem französischen sowie dem niederländischen Ende Mai und Anfang Juni 2005. Als Reaktion auf diese ablehnenden Referenden beschloss der Europäische Rat zunächst einmal, grundsätzlich am ursprünglichen Ziel der EU-Verfassung festzuhalten, vorerst allerdings eine Phase der Reflektion einzulegen, sodass in Ruhe über weitere Schritte beraten und über die Bedürfnisse der Bürger nachgedacht werden könne. Während dieser fast zwei Jahre andauernden Reflektionsphase erarbeitete und verabschiedete die EU immerhin unter Regie der Kommunikationskommissarin Margot Wallström ein neues Weißbuch über die Informations- und Kommunikationsstrategie der Europäischen Union. Unter dem Motto ,Plan D' plädierte man

---

[246] Konkret erfordern EU-Beschlüsse demnach eine Mehrheit von 55% der Mitgliedsländer, die mindestens 65% der Bevölkerung auf sich vereinen.

darin für mehr Demokratie, Dialog und Debatte mit den Unionsbürgern (vgl. Kommission der Europäischen Gemeinschaften 2006). Wenngleich dieses Weißbuch nicht explizit als Antwort auf die gescheiterten Verfassungsreferenden ausgewiesen wurde, so sind doch deutliche Parallelen zu der Reaktion der EU auf die Schwierigkeiten der Ratifizierung des Vertrags von Maastricht erkennbar. Damals nämlich stellte man im Gefolge des ablehnenden Volksreferendum in Dänemark sowie der nur hauchdünnen Zustimmung Frankreichs die gesamte Öffentlichkeitsarbeit der EU in Frage und an den Pranger, sodass man in der Konsequenz nicht nur verschiedene Strategiepapiere entwickelte, sondern auch einen eigens für die Informationspolitik der EU zuständigen Kommissar ins Amt berief (vgl. de Clercq 1993: 43ff.; Gramberger 1994: 135ff.; Pex 1998: 13ff.). Was nun den aktuellen Stand beziehungsweise den Fortgang des europäischen Verfassungsprozesses anbelangt, so scheint dieser heute ungewisser denn je. Scheiterte doch der im Juni 2007 in Berlin vorgelegte überarbeitete ‚Reform-Vertrag', der auf einer Regierungskonferenz im Oktober 2007 in Lissabon von den Staats- und Regierungschefs akzeptiert und verabschiedet wurde[247], im Juni 2008 erneut an einem negativem Volksreferendum – diesmal dem der Iren[248]. Die europäischen Staats- und Regierungschefs verständigten sich daraufhin, die noch laufenden Ratifizierungsverfahren trotzdem fortzusetzen, zugleich aber räumte man den Iren im Juni 2009 einige rechtliche Garantien[249] im Falle einer Abhaltung eines neuen Referendums, welches nun im Oktober 2009 abgehalten werden soll, ein.

---

[247] Neuerungen gegenüber dem gescheiterten EU-Verfassungsvertrag sah der Lissabonner Vertrag insofern vor, als er das Prinzip der doppelten Mehrheit erst im Jahr 2014 mit einer Übergangszeit bis 2017 einführte, auf eine Benennung von EU-Symbolen im Vertragstext verzichtete und die Charta der Grundrechte nicht länger als Vertragsbestandteil vorsah, sondern diese durch einen Verweis für alle Unionsländer – Großbritannien ausgenommen – in Kraft setzte. (Vgl. http://www.europadigital.de; Süddeutsche Zeitung vom 20.10.2007)
[248] Zu diesem Zeitpunkt hatten bereits 15 Mitgliedstaaten – darunter auch Frankreich und Großbritannien – positiv über den Lissabonner Vertrag abgestimmt (vgl. http://www.europadigital.de).
[249] Diese rechtlichen Garantien betreffen die militärische Neutralität und Steuerhohheit sowie Irlands Politik in ethischen Fragen (vgl. http://www.europarl.de/view/de/Europa/ Reform-vertrag/Ratifizierung.html).

## 5.2.2 Der Konvent zur Zukunft der Europäischen Union

Einberufen durch die Erklärung von Laeken im Dezember 2001 nahm der Konvent zur Zukunft der Europäischen Union seine Arbeit im Februar 2002 auf. Bis Juli 2003 sollte er den Entwurf eines europäischen Verfassungsvertrags erarbeiten und vorlegen. Das Konventsmandat war dabei in rund 60 Leitfragen konkretisiert und mit der Forderung einer umfassenden Beteiligung der Zivilgesellschaft am Konventsverfahren versehen (vgl. European Council 2001). Der Konvent setzte sich aus insgesamt 105 Mitgliedern zusammen, wobei der ehemalige französische Ministerpräsident Valery Giscard d'Estaing den Vorsitz übernahm. Neben seinen beiden Stellvertretern Giuliano Amato und Jean-Luc Dehaene gab es 15 Vertreter der nationalen Staats- und Regierungschefs, 30 Abgeordnete der nationalen Parlamente, 16 Abgeordnete des Europaparlaments, zwei Mitglieder der EU-Kommission sowie jeweils einen Regierungsvertreter und zwei Parlamentarier der damals zwölf Beitrittskandidaten ebenso wie der Türkei. Als Beobachter wurden darüber hinaus drei Mitglieder des Wirtschaft- und Sozialausschusses, drei Vertreter der europäischen Sozialpartner (Gewerkschaften, Arbeitgeber und Freiberufler), sechs Vertreter des Ausschusses der Regionen sowie der europäische Bürgerbeauftragte eingesetzt. Die Legitimität der Konventsarbeit ebenso wie die seiner Ergebnisse sollte dabei sowohl durch die Beteiligung der Zivilgesellschaft als auch durch eine möglichst große öffentliche Debatte sowie eine entsprechende Resonanz in den Medien gewährleistet werden. In diesem Sinne tagte der Konvent öffentlich, machte sämtliche Dokumente und Sitzungsprotokolle für jedermann zugänglich[250], und es wurde darüber hinaus ein Forum auf dem Internetserver der Europäischen Union eingerichtet, in dem die Bürger ebenso wie zivilgesellschaftliche Organisationen ihre Vorschläge, Interessen und Standpunkte verlautbaren und in den Konvent einbringen konnten[251]. (Vgl. Weidenfeld 2005: 17; Schmuck 2005a: 59f.)

Mit Blick auf den zu erarbeitenden europäischen Verfassungsvertrag verständigten sich die Konventsmitglieder relativ schnell darauf, die bisherigen, in drei Vertragswerken festgeschriebenen Rechtsgrundlagen der EU (Euratom, EG-Vertrag, EU-Vertrag) in einen einzigen Vertrag zusammenzuführen. Dieser Vertrag sollte inhaltlich dem einer Verfassung, juristisch gesehen allerdings dem eines internationalen Vertrags entsprechen[252]. In insgesamt 26 Plenarsitzungen

---

[250] Im Internet unter der Adresse http://www.europa.eu.int/futurum abrufbar.
[251] http://europa.eu.int/futurum/forum_convention/index_de.htm.
[252] Für einen detaillierten Überblick über die einzelnen Arbeitsphasen und Plenartagungen vgl. z.B. Becker/Leiße (2005: 88ff., 106ff., 117ff., 137ff.).

mit über 1800 Wortmeldungen, 386 schriftlichen Beiträgen der Konventsmitglieder für das Plenum sowie 773 weiteren schriftlichen Beiträgen für die verschiedenen Arbeitsgruppen erarbeiteten die Konventsmitglieder den europäischen Verfassungsvertrag, welchen sie am 18. Juli 2003 schließlich dem EU-Ratspräsidenten zur Begutachtung vorlegten. Wenngleich im Rahmen zweier Regierungskonferenzen, die noch über den Zeitpunkt des Beitritts der zehn neuen Mitgliedstaaten im Mai 2004 hinaus andauern sollten, verschiedene Kompromisse in Detailfragen vereinbart werden mussten – etwa mit Blick auf die Sitzverteilung im Europaparlament, die Stimmengewichtung im Ministerrat sowie die Zusammensetzung der Kommission, so blieben doch insgesamt sowohl die Grundstruktur als auch rund 90 Prozent der Konventsvorschläge im endgültigen, und durch die Staats- und Regierungschefs unterzeichneten Verfassungsvertrag enthalten. (Vgl. Europäische Gemeinschaften 2004b: 4ff.; Becker/Leiße 2005: 67ff.; Schmuck 2005a: 60)

Was nun die Beteiligung der Zivilgesellschaft an der Konventsarbeit anbelangt, so können hier sowohl das erwähnte virtuelle Forum im Internet als auch reale Bürger-Anhörungen in den Plenarsitzungen ebenso wie ein europäischer Jugendkonvent, der im Sommer 2002 abgehalten wurde, genannt werden. Für das virtuelle Internetforum ließen sich insgesamt rund 160 Interessengruppen und Organisationen registrieren. Die bis Juni 2002 dort eingegangenen Kommentare, Anregungen und Texte wurden zunächst in vier verschiedene Oberkategorien unterteilt (Politik und öffentliche Körperschaften, Hochschulen und Think Tanks, Wirtschaft und Gesellschaft sowie sonstige Gruppen der Zivilgesellschaft), die sodann durch das Konventssekretariat zu einem Bericht zusammengefasst und in einer der Plenarsitzungen schließlich angehört wurden. Die wesentlichen Punkte dieser Beiträge aus dem Internetforum bezogen sich auf eine Verbesserung der Bürgernähe der EU, eine kontinuierliche Einbeziehung zivilgesellschaftlicher Organisationen in europapolitische Entscheidungsprozesse, eine stärkere Achtung von Grund- und Menschenrechten sowie schließlich auf eine Effizienzsteigerung bei europapolitischem Entscheidungshandeln. (Vgl. Becker/Leiße 2005: 173; CONV 112/02)[253]

---

[253] Für eine empirische Untersuchung der Wahrnehmung einer Verbesserung zivilgesellschaftlicher Partizipation durch die im Forum teilnehmenden Organisationen vgl. Cammaerts (2006). Der Studie zufolge hatten 40% der befragten 50 Organisationen das Gefühl, mit ihren Ideen und Anregungen im Konvent tatsächlich erhört worden zu sein. 38 Prozent äußerten hingegen den Eindruck, dass nur sehr wenige ihrer Punkte erhört worden seien. Ebenso ambivalent fiel dementsprechend die Bewertung des Konventsverfahrens im Allgemeinen sowie der Konventsergebnisse im Speziellen aus: Je stärker der Eindruck war, mit den eigenen Anliegen erhört worden zu sein, desto positiver fiel die Beurteilung des Verfahrens und

Die realen Anhörungen der Zivilgesellschaft wurden im Rahmen von acht thematisch definierten Kontaktgruppen (sozialer Sektor, Umwelt, akademische Kreise und Think Tanks, Bürger und Institutionen, Gebietskörperschaften, Menschenrechte, Entwicklung und Kultur) im Juni 2002 abgehalten. Insgesamt ließen sich dazu 678 Bürger und Organisationen registrieren (vgl. Cammaerts 2006: 233), wobei diese Ihre Anliegen und Standpunkte nach Zuordnung zu einer der acht Kontaktgruppen, nach Benennung eines Sprechers für jede Gruppe sowie nach Zusammenfassung der gemeinsamen Standpunkte in einer Plenarsitzung des Konvents präsentieren und erläutern konnten. Die wesentlichen Anliegen der zivilgesellschaftlichen Akteure umfassen sowohl den Wunsch einer verbesserten Beteiligungsmöglichkeit für die Bürger, mehr Bürgernähe und Transparenz, eine Aufnahme der Grundrechtecharta in die Verfassung als auch eine besondere Berücksichtigung der europäischen Regionen (vgl. Kleger 2004: 112ff.; Becker/Leiße 2005: 175f.). Daneben wurde im Juli 2002 auch ein Europäischer Jugendkonvent einberufen und abgehalten. Zu diesem Anlass trafen sich insgesamt 210 Jugendliche zwischen 18 und 25 Jahren aus allen Mitglieds- und Beitrittsländern, um gemeinsam mit Vertretern des EU-Konvents ihre Vorstellungen von der zukünftigen EU zu diskutieren. Die Ergebnisse dieses viertägigen Jugendkonvents wurden in einer Deklaration zusammengefasst und sodann in einer Plenartagung des Konvents vorgetragen. Im Wesentlichen wünschten sich die Jugendlichen eine Verbesserung von Demokratie und Bürgernähe, eine Reform institutioneller Entscheidungsverfahren, die Aufnahme der Grundrechtecharta in die EU-Verfassung sowie eine europäische Regelung für außen- und sicherheitspolitische Angelegenheiten (vgl. CONV 205/02; Heuser 2005: 29).

Was nun die massenmediale Resonanz des Verfassungskonvents anbelangt, so soll hier auf inhaltsanalytische Untersuchungen jeweils zweier überregionaler Tageszeitungen in Deutschland, Frankreich und Großbritannien zwischen Dezember 2001 und August 2005 von Vetters (2005) sowie von Vetters, Jentges und Trenz (2006) rekurriert werden[254]. Die Ergebnisse dieser Studien zeigen, dass das Berichterstattungsniveau beziehungsweise die verfassungsbezogene

---

seiner Ergebnisse aus, und je schwächer ebendieser Eindruck war, desto negativer fiel die Bewertung aus. (Vgl. Cammaerts 2006: 234ff., 242)

[254] Während die Stichprobe bei Vetters die *Frankfurter Allgemeine Zeitung*, die *Süddeutsche Zeitung*, *Le Monde*, *Le Figaro*, *The Times* und *The Guardian* umfasst und sich auf den Zeitraum von Dezember 2001 bis Dezember 2004 bezieht, beschränkt sich die Stichprobe von Vetters, Jentges und Trenz auf die beiden französischen sowie die deutschen Zeitungen, bezieht sich aber auf den Zeitraum von Dezember 2001 bis August 2005 (vgl. Vetters 2005: 23; Vetters/Jentges/Trenz 2006: 9).

Artikelanzahl während der Konventsarbeit von zwei starken Peaks geprägt ist. So gab es sowohl während der Startphase des Konvents im Februar 2001 als auch zum Zeitpunkt seiner Ergebnispräsentation im Mai und Juni 2003 einen starken Anstieg des Berichterstattungsniveaus in allen untersuchten Zeitungen. Während sich die Zahl der codierbaren Artikel in der finalen Endphase des Konvents etwa auf 1,2 Artikel pro Zeitung und Tag belief, waren dies in der Zeit zwischen den Peaks zum Teil nur fünf codierbare Artikel pro Monat und Zeitung (vgl. Vetters 2005: 20ff.; Vetters/Jentges/Trenz 2006: 9). Wenn man das Berichterstattungsniveau während der Konventsarbeit nun aber in Relation zu demjenigen nach Konventsabschluss setzt, so wird ersichtlich, dass die nachfolgenden politischen Ereignisse und Entwicklungen eine weitaus größere verfassungsbezogene Artikelanzahl produzierten. Das heißt sowohl die Regierungskonferenzen Ende 2003 und Mitte 2004, die Vertragsunterzeichnung im Oktober 2004 und erst recht die ablehnenden Verfassungsreferenden im Sommer 2005 evozierten eine im Vergleich zu den Konvents-Peaks zwei- bis sechsmal größere Artikelanzahl (vgl. ebd.: 10ff.; Vetters 2005: 24)[255].

Abschließend lässt sich mit Blick auf den Verfassungskonvent ebenso wie seine Ansprüche, die Zivilgesellschaft umfassend zu beteiligen und öffentliche Resonanz zu erzeugen, festhalten, dass der Konvent sein Mandat einer zivilgesellschaftlichen Beteiligung zwar formal erfüllte – schließlich konsultierte und hörte er die Unionsbürger tatsächlich an. Doch geschah dies weniger im Rahmen eines kontinuierlichen Prozesses als vielmehr punktuell. Und wie Geiger in diesem Zusammenhang kritisch formuliert, können weder die für die Anhörung der Zivilgesellschaft gebildeten Kontaktgruppen noch die im Internetforum Beteiligten Personen und Organisationen als repräsentativer Querschnitt der europäischen Zivilgesellschaft gewertet werden (vgl. Geiger 2005: 198f.). Was die tatsächliche Berücksichtigung der von den zivilgesellschaftlichen Akteuren eingebrachten Anliegen betrifft, so zeugen verschiedene Aspekte des vom Konvent vorgelegten Verfassungsvertrags tatsächlich von einer solchen Berücksichtigung – so etwa die Integration der Charta der Grundrechte, das Aufforderungsrecht für die Unionsbürger, die Einführung des Prinzips einer doppelten Mehrheit bei europapolitischen Entscheidungsprozessen sowie die Benennung eines EU-Außenministers (vgl. Kapitel 5.2.1). Mit Blick auf die massenmediale Resonanz des Konvents haben die zitierten inhaltsanalytischen Untersuchungen

---

[255] Zur Quantität und Kontinuität der medialen Berichterstattung während des Konvents vgl. auch Kurpas (2007), Packham (2003). Für eine Analyse der durch Joschka Fischers Rede im Mai 2000 ausgelösten Mediendebatte um die Zukunft Europas vgl. Trenz (2007). Für eine weitere Analyse der ‚Fischer-Debatte‘ vgl. auch Esser (2005).

deutlich gemacht, dass die verfassungsbezogene Berichterstattung zu Beginn der Konventsarbeit zwar recht groß war, doch ebbte sie relativ schnell und rapide wieder ab, um dann erst zum Abschluss der Konventsarbeit wieder zuzunehmen. Laut Becker und Leiße kann dieser Verlauf der Berichterstattung vor allem auf den „eher langatmige[n] und technokratische[n] Charakter der Plenarsitzungen, unklare[n] Entscheidungsprozeduren im Konvent selbst sowie [.] [der] Dauer des Konvents insgesamt" (Becker/Leiße 2005: 75; vgl. auch Heuser 2005: 27f.) zurückgeführt werden. Will man diesen eher ernüchternden Eindruck von der öffentlichen Resonanz des Verfassungskonvents noch verstärken, so genügt dazu ein Blick auf die Ergebnisse einer Eurobarometer-Umfrage: Dieser Umfrage zufolge waren nämlich sowohl der Auftrag als auch die Arbeit des Verfassungskonvents selbst nach Abschluss der Konventsarbeit im Juni 2003 noch bei zwei Dritteln der Unionsbürger unbekannt (vgl. Europäische Kommission 2003: 84).

### 5.2.3 Der Ratifizierungsprozess und sein Scheitern

Wie schon erwähnt, musste der europäische Verfassungsvertrag nach seiner Verabschiedung und Unterzeichnung durch die europäischen Staats- und Regierungschefs im Oktober 2004 noch durch alle EU-Mitgliedstaaten ratifiziert werden. Die jeweils anzuwendenden Verfahren variierten dabei von Land zu Land mit den jeweils zu Grunde liegenden nationalen Rechtsgrundlagen. In diesem Sinne war die Durchführung einer Volksbefragung in Irland und Dänemark beispielsweise verfassungsrechtlich vorgeschrieben, wohingegen in Deutschland und in Italien eine parlamentarische Abstimmung über die Verfassungsratifizierung hinreichend war. In einigen Ländern wie zum Beispiel Spanien, Frankreich, den Niederlanden, Großbritannien, Luxemburg, und Polen war ein Volksreferendum zur EU-Verfassung zwar nicht zwingend erforderlich, doch wurde ein solches trotzdem angekündigt und zum Teil auch durchgeführt[256]. Insgesamt stimmten im Verlauf des Ratifizierungsprozesses 20 der 27 EU-Länder über die Verfassung ab – 18 davon positiv[257]. Volksreferenden hatte

---

[256] Im Vorfeld hatte es auch die Forderung gegeben, ein europaweites Referendum über die EU-Verfassung abzuhalten. Insofern das Ergebnis eines solchen Referendum jedoch je nach nationaler Verfassungslage entweder rechtsbindend oder aber unverbindlich wäre, war dieser Vorschlag schon in den Konventsdebatten wieder versickert (vgl. Schmuck 2005a: 65).
[257] Rumänien und Bulgarien hatten bei der Abstimmung über die Verfassung wohlgemerkt keine Wahl, hatte ihr EU-Beitritt am 1.1.2007 doch eine Zustimmung bereits vorausgesetzt (vgl. Bundeszentrale für politische Bildung 2007).

es dabei in vier Ländern gegeben (Spanien, Luxemburg, Frankreich und den Niederlanden), wobei zwei dieser Referenden – das französische und das niederländische – bekanntermaßen negativ ausfielen.

Eingeläutet durch die Abstimmungen der nationalen Parlamente in Litauen und Ungarn Ende 2004, stand mit der spanischen Abstimmung am 20. Februar 2005 das erste Volksreferendum über die EU-Verfassung auf der Agenda. Mit einer großen Mehrheit von fast 77 Prozent stimmten die Spanier dabei positiv über die Verfassung ab[258]. Die Wahlbeteiligung fiel mit gerade einmal 42 Prozent allerdings niedriger aus als bei jeder anderen landesweiten Volksabstimmung im demokratischen Spanien zuvor[259] (vgl. Maurer et al. 2006: 11f.). Bis Mitte Mai 2005 folgten sodann mit parlamentarischen und ebenfalls positiven Verfassungsabstimmungen Slowenien, Griechenland, Italien, Bulgarien, Rumänien, Zypern, die Slowakei, Österreich und Deutschland[260]. Die Slowakei und Deutschland stellen dabei allerdings insofern Sonderfälle dar, als die nationalen Parlamente zwar positiv abstimmten, doch fehlen bis dato die für die Ratifizierung nötigen Unterschriften der jeweiligen Staatsoberhäupter. In beiden Ländern hatte es nämlich Klagen beim obersten Gerichtshof gegen das Parlamentsverfahren – jeweils verknüpft mit einer Forderung nach der Durchführung eines Volksreferendums – gegeben[261]. Die Präsidenten beider Länder hatten daraufhin angekündigt, mit ihren Unterschriften auf die Gerichtsurteile warten zu wollen. Doch sahen die Gerichte angesichts der gescheiterten Referenden in Frankreich und den Niederlanden kurz darauf sowie angesichts der anhaltenden Diskussionen über das weitere Vorgehen im Verfassungsprozess keine Priorität

---

[258] Im Vorfeld des Referendums hatten sowohl die sozialistische Regierung als auch die konservative Opposition massiv für ein Ja zum Verfassungsvertrag geworben. So etwa per Werbeabkommen mit der spanischen Fußball-Profi-Liga sowie der Herausgabe einer Sonder-Briefmarke. Dabei blieb auch die Tatsache, dass Spanien seit EU-Beitritt erhebliche Summen an Subventionen und Fördergeldern aus europäischen Töpfen bekommen hatte, nicht unerwähnt. (Vgl. Maurer et al. 2006: 11f.)

[259] Auch bei Europawahlen war die Wahlbeteiligung in Spanien stets höher ausgefallen. So stimmten 2004 knapp 46% der Wahlberechtigten ab, 1999 waren es noch 63% und 1994 knapp 60% (vgl. http://www.europarl.europa.eu/elections2004/ep-election/sites/de/yourvoice/es/turnout/index.html).

[260] Die parlamentarischen Abstimmungen am 12. und 27. Mai in Deutschland waren um jeweils zwei Wochen vorgezogen worden, insofern man damit ein positives Signal nach Frankreich entsenden wollte, wo sich bereits ein möglicher Wahlsieg der Verfassungsgegner abzeichnete.

[261] In Deutschland hatte der CSU-Abgeordnete Peter Gauweiler eine Beschwerde beim Bundverfassungsgericht über die Rechtmäßigkeit des deutschen Verzichts auf die Durchführung einer Volksbefragung eingereicht.

für die Behandlung dieser Fälle. Und so haben weder die Slowakei doch Deutschland die Ratifizierung der EU-Verfassung abgeschlossen[262]. Am 29. Mai und am 1. Juni 2005 standen sodann das französische und das niederländische Referendum auf der Tagesordnung. In beiden Referenden sprach sich die Mehrheit der Bürger gegen die europäische Verfassung aus. In Frankreich lehnten bei einer Wahlbeteiligung von fast 70 Prozent rund 55 Prozent der französischen Wähler die Verfassung ab[263]. Und in den Niederlanden stimmten bei einer Wahlbeteiligung von etwa 63 Prozent knapp 62 Prozent der Wähler gegen die Verfassung. Zwar war das niederländische Referendum im Gegensatz zum französischen nur konsultativ, doch hatte der niederländische Regierungschef Balkenende im Vorfeld angekündigt, dem Votum der Niederländer Folge zu leisten, sofern die Wahlbeteiligung bei über 30 Prozent liege. (Vgl. ebd.: 23ff., 56ff.)[264] Das französische ebenso wie das niederländische Nein brachten in der Folge den gesamten Ratifizierungsprozess erheblich ins Schwanken beziehungsweise am Ende zum Scheitern. Noch bevor der Europäische Rat allerdings zu einer entsprechenden Krisensitzung zusammentraf, stimmte das lettische Parlament weitgehend unbehelligt von den gescheiterten Referenden Anfang Juni 2005 mit einer großen Mehrheit positiv über die Verfassung ab. Der Europäische Rat beschloss auf seinem Treffen Mitte Juni 2005 schließlich, grundsätzlich am Verfassungsvertrag festhalten zu wollen, zunächst allerdings eine Phase der Reflektion und Debatte über weitere Schritte ebenso wie über die Wünsche und Sorgen der Bürger einzuläuten. Eine endgültige Entscheidung über den Fortgang des Ratifizierungsprozesses wurde dementsprechend nicht getroffen. Und so legten in der Folge einige Regierungen ihre Ratifizierungen auf Eis – so etwa Großbritannien, Dänemark, Polen, Portugal, Schweden und Tschechien, während der Ratifizierungsprozess in anderen Ländern fortgesetzt wurde. In diesem Sinne stimmten sowohl das maltesische Parlament als auch die Mehrheit der luxemburgischen Bürger im Juli 2005 positiv über die EU-

---

[262] Ende Juni 2009 beschloss das deutsche Bundesverfassungsgericht schließlich, dass der (inzwischen Lissabonner) Vertrag mit dem Grundgesetz vereinbar ist, dass die gesetzliche Ausgestaltung der parlamentarischen Beteiligungsrechte allerdings zuvor angepasst werden müsse, und genau dies soll im Herbst 2009 geschehen (vgl. http://www.europarl.de/view/de/Europa/Reformvertrag/Ratifizierung.html).

[263] Nur in 13 der insgesamt 95 Départements auf französischem Festland setzten sich die Befürworter der EU-Verfassung durch. Für eine Darstellung der sich in Bevölkerungsumfragen widerspiegelnden Entwicklung der Zustimmung auf Seiten der französischen Bürger vgl. Maurer et al. (2006: 39ff., 25ff.).

[264] Für eine ausführliche Beschreibung und Analyse der politischen Umstände, die in Frankreich und den Niederlanden zu einem Scheitern der EU-Verfassung in den Referenden geführt haben, vgl. z.B. Maurer et al. (2006: 23ff., 56ff.).

Verfassung ab[265]. Und bis Dezember 2006 wurde die Verfassung weiterhin von den nationalen Parlamenten in Belgien, Estland und Finnland ratifiziert. (Vgl. Bundeszentrale für politische Bildung 2007; Maurer et al. 2006; Schmuck 2005a: 65f.; Shaw 2005: 307f.)

Zusammenfassend lässt sich sagen, dass die Ratifizierung der EU-Verfassung trotz positiver Abstimmung durch 18 Mitgliedstaaten und damit durch über die Hälfte aller Unionsbürger an zwei negativen Referenden gescheitert ist – nämlich dem französischen sowie dem niederländischen. Wie es mit dem europäischen Verfassungsprozess insgesamt weitergehen soll, ist auch weiterhin eine offene Frage. Der nach zweijähriger Denkpause neu aufgesetzte Reformvertrag, der Lissabonner Vertrag, scheiterte nämlich im Juni 2008 erneut an einem negativen Volksreferendum – diesmal dem der Iren. Nach Zusicherung einiger rechtlicher Garantien[266] für die Iren, soll im Oktober 2009 ein neues irisches Referendum über den Lissabonner Vertrag abgehalten werden.

## 5.3 Die europäische Verfassungsdebatte aus Sicht des Publikums

Im Folgenden geht es nun um die Perspektiven, die kommunikativen Sinngebungs- und Aneignungsprozesse des Publikums auf und an der europäischen Verfassungsdebatte. Entsprechend der drei aus den Forschungsfragen abgeleiteten Analyseebenen werden in Kapitel 5.3.1 zunächst die Wahrnehmung von Betroffenheit und Interdependenz im europäischen Verfassungsprozess ebenso wie die kommunikativen Anschlusshandlungen der Menschen fokussiert. Auf der zweiten Analyseebene geht es in Kapitel 5.3.2 sodann um die etwaige Konvergenz der von den Befragten in Frankreich, Italien und Deutschland rekurrierten Themen und Argumente. Und in Kapitel 5.3.3 werden schließlich die kulturellen Differenzen im Sinne spezifischer Betroffenheiten und Deutungsschemata in den drei Untersuchungsländern Frankreich, Italien und Deutschland herausgearbeitet.

---

[265] Bei einer Wahlbeteiligung von beinahe 87% hatten sich immerhin 56,6% der Luxemburger für die europäische Verfassung ausgesprochen (vgl. Bundeszentrale für politische Bildung 2007).

[266] Diese rechtlichen Garantien umfassen Zusagen, dass der Lissabon-Vertrag weder die militärische Neutralität und Steuerhoheit noch Irlands Politik in ethischen Fragen beeinträchtigen würde (vgl. http://www.europarl.de/view/de/Europa/Reformvertrag/Ratifizierung.html).

5.3.1   Wahrnehmung von Betroffenheit und Interdependenz

Im Rahmen des für Europa entwickelten Öffentlichkeitsbegriffs wurden die Wahrnehmung von Betroffenheit und Interdependenz durch gemeinsame Problemzusammenhänge und europapolitische Entscheidungen sowie der Eintritt in entsprechende Diskurse zum Existenzkriterium erhoben. Europäische Öffentlichkeit entsteht genau dort, wo Individuen innerhalb eines geteilten Handlungsraums wechselseitige Interdependenz erfahren, indirekte Handlungsfolgen als relevant wahrnehmen – sei es ob ihrer positiven oder negativen, realen oder vermuteten Natur – und ihre Betroffenheit in ihren kommunikativen Anschlusshandlungen debattieren. In diesem Sinne geht es hier um die Perzeption von  Betroffenheit durch den Prozess der europäischen Verfassungsgebung, um die Thematisierung dieses Prozesses und seiner Konsequenzen in den kommunikativen Interaktionen mit anderen sowie um die Wahrnehmung des Verfassungsprozesses als ein gesamteuropäisches, wechselseitige Interdependenzen produzierendes Projekt.

Mit Blick auf die allgemeine Wahrnehmung des Verfassungsprozesses ebenso wie die kommunikativen Anschlusshandlungen der befragten Bürger war zunächst einmal offensichtlich, dass die französischen Bürger das Thema EU-Verfassung schon lange vor dem dort angesetzten Referendum als sehr präsent wahrnahmen und im Gespräch mit Freunden, Verwandten und Kollegen entsprechende Pro- und Contra-Argumente ausloteten und debattierten. In Italien und Deutschland hingegen wurde eine verfassungsbezogene Debatte weniger zum Zeitpunkt der parlamentarischen Abstimmungen im eigenen Land – Anfang April beziehungsweise Mitte Mai 2005 – als vielmehr kurz vor dem französischen Referendum sowie ganz massiv nach seinem Scheitern wahrgenommen. Spätestens ab diesem Zeitpunkt nämlich wurde der Verfassungsprozess als ein gesamteuropäisches Projekt, und nunmehr Problem, wahrgenommen, in dem alle Unionsländer von den Ratifizierungsentscheidungen der jeweils anderen Länder abhängen. Die nachstehenden Interviewausschnitte spiegeln die stimulierende Wirkung des französischen Referendums auf die Wahrnehmung der Debatte ebenso wie die kommunikativen Anschlusshandlungen der Befragten wider[267]:

„On en a parlé plus que des autre élections. Hier j'ai été à une cérémonie le matin d'un garçon qui faisait sa première communion: on a parlé du Référen-

---

[267] Bei den Zitaten werden die Abkürzungen F für Frankreich, I für Italien und D für Deutschland verwendet.

dum pendant déjeuner, j'ai été invité à dîner et on a parlé du Référendum pendant une bonne demi heure. Rarement les Françaises se sont autant passionnés pour un vote – rarement. C'est vraiment – on en parle beaucoup. Et dans ma famille on en a parlé aussi" (Frau, 60, F)[268].

„Le truc c'est que depuis décembre j'écoute France Interne le matin – la radio. Tous les jours le même programme, et le truc c'est que depuis décembre tous les intervenants viennent parler de la Constitution Européenne. Il n'y a pas les attentats en Iraq ou un autre sujet clé d'actualité. Pendant cinq mois j'ai eu l'impression qu'on parlait que de ça et j'ai trouvé ça un peu exagéré quoi. Mais bon, en même temps c'est très bon, parce qu'il y a eu vraiment un débat en France sur l'Europe et que tout le monde a été obligé de s'impliquer, de réfléchir si voter Oui ou Non. Voilà" (Frau, 23, F)[269].

„On en a beaucoup parlé pour savoir qui votait Oui et qui votait Non. Et puis on discutait entre nous, pour mieux voter, parce qu'on n'a pas lu la Constitution. Donc, on essayé d'avoir un avis entre nous quoi" (Frau 27, F)[270].

„La votazione nel senato italiano era come una notizia, ma molto breve. [...] Se ne parla di più adesso, perché è successo un terremoto politico. Se non fosse successo un terremoto politico non se ne avesse parlato nemmeno assolutamente. Ci abbiamo parlato adesso, perché c'è un problema" (Mann, 55, I)[271].

---

[268] [„Mehr als über andere Wahlen haben wir darüber [das Referendum] geredet. Gestern Morgen war ich auf der Kommunion eines kleinen Jungen: während des Mittagessens haben wir über das Referendum gesprochen; dann war ich zum Abendessen eingeladen, und eine gute halbe Stunde haben wir über das Referendum geredet. Selten haben sich die Franzosen so sehr für eine Wahl begeistert – selten. Es ist wirklich, wir haben viel darüber gesprochen"].
[269] [„Die Sache ist die, dass ich seit Dezember morgens France Interne – den Radiosender – höre. Jeden Tag dasselbe Programm, und die Sache ist die, dass seit Dezember alle Teilnehmer über die europäische Verfassung reden. Es gibt nichts zu den Attentaten im Irak oder zu anderen wichtigen aktuellen Ereignissen. Seit fünf Monaten – so kommt es mir vor – wird von nichts anderem mehr geredet, und das finde ich ein bisschen übertrieben. Aber gut, zugleich ist das auch sehr gut, denn es gibt wirklich eine Debatte über Europa in Frankreich, und außerdem muss jeder sich einbringen und überlegen, ob er mit Ja oder Nein abstimmen soll. Voilà"].
[270] [„Wir haben viel geredet um herauszufinden, wer mit Ja und wer mit Nein abstimmt. Danach haben wir miteinander diskutiert, um eine bessere Wahl zu treffen, weil wir die Verfassung nicht gelesen haben. Also, wir haben versucht, uns eine Meinung zu bilden"].
[271] [„Die Abstimmung im italienischen Senat war wie eine Notiz, sehr kurz. Jetzt spricht man mehr darüber, weil es ein politisches Erdbeben gegeben hat. Wenn es dieses politische Erdbeben nicht gegeben hätte, dann hätte man überhaupt nicht darüber gesprochen. [...] Wir haben jetzt darüber gesprochen, weil es ein Problem gibt"].

„Das wurde hier eher nur so am Rande registriert. Überhaupt habe ich von einer Debatte hier in Deutschland eigentlich gar nichts mitbekommen. Wohl aber nachdem die Verfassung in Frankreich und den Niederlanden abgelehnt wurde. Da wurde das hier natürlich viel stärker in den Medien aufgegriffen, und ich habe auch mit Freunden darüber gesprochen" (Frau, 26, D).

„Also wir haben schon viel in der Familie über dieses Debakel diskutiert. Schließlich sind wir alle betroffen, und es ist eben nicht egal, wie es in Frankreich, Holland oder England aussieht. Denn das wirkt ja überall hinein. Insofern haben wir im Rahmen des Verfassungsprozesses eindeutig mehr über Europa gesprochen als zuvor" (Frau, 63, D).

Wie bereits angeklungen, wurde die Wahrnehmung von Betroffenheit durch den europäischen Verfassungsprozess vor allem durch die negativen Referenden in Frankreich und den Niederlanden hervorgerufen und katalysiert. So wurden die Verfassungsablehnungen entweder mit Besorgnis über den Fortgang des Ratifizierungs- und Integrationsprozesses oder – zumindest in Italien und Deutschland – mit Verärgerung darüber aufgenommen, dass nun Menschen, die man gar nicht per Wahlmandat legitimiert hat, über ein gemeinsames Projekt entscheiden. Während Verfassungsbefürworter die negativen Abstimmungen vornehmlich als Schlag gegen Europa, den europäischen Integrationsprozess beziehungsweise alle übrigen Europäer werteten, zeigten sich Verfassungskritiker dagegen erfreut, dass der Ratifizierungsprozess nun endlich gestoppt wurde[272].

„C'è una scontentezza nel fatto che qualcun altro che noi non abbiamo eletto decida per noi" (Frau, 35, I)[273].

„Wir haben von zu Hause aus gesagt, dass die Franzosen hoffentlich Nein sagen, und wir waren hoch erfreut, dass die Niederländer auch Nein gesagt haben. […] Also wenn wir hätten wählen dürfen, was ich nach wie vor nicht gut fand, dass wir nicht wählen dürfen, dann hätte ich auch mit Nein gestimmt" (Frau, 69, D).

---

[272] In diesem Zusammenhang äußerten sowohl die italienischen als auch die deutschen Bürger eine generelle Unzufriedenheit darüber, dass sie selbst nicht über die Verfassung abstimmen durften.
[273] [„Es ist unbefriedigend, dass jemand anderes, den wir nicht gewählt haben, für uns entscheidet"].

„Riguardo ai Referendum in Francia ed Olanda siamo un po' preoccupati, perché significa un po' una battuta del resto o per tutto il processo della ratificazione della Costituzione Europa. [...] Anche c'erano manifesti a Roma per dire se tu conosci un amico francese digli di votare Si al Referendum" (Mann, 36, I)[274].

„Hintergangen habe ich mich gefühlt durch diese Abstimmungen in Frankreich und Holland. Wir wurden ja hier gar nicht gefragt. Wir mussten das akzeptieren, was andere für uns entscheiden" (Mann, 24, D).

Wechselseitige Interdependenzen im Ratifizierungsprozess wurden allerdings nicht nur in Italien und Deutschland wahrgenommen, sie wurden zum Teil auch in Frankreich antizipiert und als bedenkenswert für die individuelle Wahlentscheidung deklariert. So wies ein französischer Interviewpartner etwa darauf hin, dass ein negatives Votum aus Frankreich eine Art Dominoeffekt auslösen könnte, sodass andere Länder dem französischen Beispiel womöglich folgten – das müsse in Betracht gezogen werden[275]. Andere französische Befragte wiesen darauf hin, dass Frankreich als Gründungsmitglied der EU eine gewisse Verantwortung trage und zudem einen Ruf zu verlieren habe. Sofern das Referendumsergebnis also tatsächlich europäisch sei, müsse eine Wahlentscheidung auch auf der Grundlage europäischer und nicht etwa nationalpolitischer Beweggründe gefällt werden. Einige französische Interviewpartner äußerten auch Unmut über die zeitliche Versetztheit der nationalen Ratifizierungen beziehungsweise Referenden. Als Franzose wähle man nämlich mit dem so früh angesetzten Referendum gleichsam ins ,Nichts' hinein, während die anderen Unionsbürger erst einmal abwarten und zuschauen könnten, was passiert, ehe sie selbst eine Entscheidung treffen und abstimmen müssten. Abhilfe hätte dem nur ein europaweites Referendum verschafft.

„Je sais que le problème si la France vote Non c'est que peut-être certains pays vont suivre. Donc ça pose question" (Mann, 60, F)[276].

---

[274] [„Mit Blick auf die Referenden in Frankreich und Holland sind wir ein bisschen besorgt, denn sie bedeuten einen Schlag gegen den Rest bzw. gegen den gesamten Prozess der Ratifizierung der europäischen Verfassung. [...] In Rom gab es auch Demonstrationen mit der Botschaft: Wenn Du einen französischen Freund kennst, dann sag ihm, dass er mit Ja abstimmen soll im Referendum"].

[275] Verfassungsgegner stuften einen solchen Dominoeffekt als wünschenswert ein.

[276] [„Ich weiß, dass das Problem, wenn Frankreich mit Nein abstimmt, darin besteht, dass bestimmte Länder folgen werden. Also das schürt Fragen"].

„Le problème c'est que en France on fait un Référendum pour l'Europe, et les Françaises ils votent pour autre choses. […] C'est dommage, alors que le résultat est vraiment européen" (Frau, 24, F)[277].

„Mais j'aurais mieux aimé quand on vote cette Constitution européenne que tous les pays votent ensemble et non faire cette honte pour la France. Ça c'est très mauvais. Pourquoi ? On a attendu juger la France pour faire voter les autres. Ce n'est pas bien. […] Moi, je dirais que tous les pays auraient dû voter le même jour. Comme ça il n'aurait pas attendre celui qui fait ça etc. […] Mais nous – on ne sait pas. On vote dans le néant quand même" (Frau, 66, F)[278].

Was die wahrgenommenen und vermuteten Folgen der gescheiterten Referenden anbelangt, so wurden diese in den kommunikativen Anschlusshandlungen der Menschen reflektiert und diskutiert. Neben einer relativen und auch bei den Politikern und in der Medienberichterstattung beobachteten Ratlosigkeit in Bezug auf die Frage, wie es nun mit der Verfassung und dem europäischen Integrationsprozess weitergehen soll und was die Konsequenzen der Verfassungsablehnungen sind, wurden sowohl negative als auch positive Folgen erörtert. Zu den als positiv perzepierten Handlungsfolgen sind zum einen der Eindruck zu zählen, dass Europa nun endlich wieder zum Gesprächsthema geworden und ins Bewusstsein der Menschen vorgedrungen ist, sowie zum anderen die Hoffnung, dass die Bürger in Zukunft stärker und früher in europapolitische Entscheidungen einbezogen werden müssen. Zu den als negativ wahrgenommenen beziehungsweise antizipierten Folgen kann vor allem die Befürchtung gezählt werden, dass der europäische Integrationsprozess nun ins Stocken oder dergestalt in den Rückwärtsgang geraten könnte, dass „womöglich der gesamte europäische Gedanke baden geht" (Mann, 30, D)[279].

---

[277] [„Das Problem ist, dass wir in Frankreich ein Referendum zu Europa abhalten. Und die Franzosen, die stimmen über andere Sachen ab. Das ist eine Schande, weil doch das Ergebnis tatsächlich europäisch ist"].
[278] [„Aber ich hätte es besser gefunden, wenn alle Länder zusammen über diese europäische Verfassung abgestimmt hätten und man Frankreich nicht diese Blamage zugemutet hätte. Das ist sehr schlimm. Warum? Man hat das französische Votum abgewartet, um danach die anderen abstimmen zu lassen. Das ist nicht gut. […] Ich würde sagen, dass alle Länder am gleichen Tag hätten abstimmen sollen. So hätte man nicht abwarten müssen, was der eine oder der andere macht etc. Aber wir – man weiß es nicht. Wir wählen ins Nichts hinein"].
[279] Im Rahmen der kommunikativen Anschlusshandlungen über die erhofften und befürchteten Konsequenzen der Verfassungsablehnung wurde auch über mögliche Ursachen spekuliert. Z.B. wurden die negativen Verfassungsvoten als Ventil für die Unzufriedenheit über die

„Ich finde es gar nicht so schlecht, dass dieser ganze Prozess nun ein bisschen ausgebremst wurde. Denn es hat eine Diskussion heraufbeschworen – das heißt es gibt noch Menschen, die sich für so etwas interessieren bzw. es gibt eine demokratische Basis. Dass man sich einfach mal wieder mit dem Thema Europa auseinandersetzt. Denn wenn das alles nur so durchrauscht, wie es in Deutschland der Fall war, dann macht sich ja kein Mensch Gedanken darüber" (Frau, 25, D).

„Ich kann mich erinnern, dass meine Frau und ich, ohne auf einen bestimmten Schluss zu kommen, gesagt haben ‚Ja, was hat das jetzt eigentlich für Konsequenzen?' […] Ich hatte nicht den Eindruck, dass irgendwer in den Medien – entweder wollte man es nicht oder man war nicht präpariert – mal ein Statement abgegeben hat, was eigentlich die Konsequenzen sind. […] Ich muss ganz ehrlich sagen, ich hätte sehr starke Angst davor, wenn so etwas kommt wie, ich glaube der italienische Sozialminister war es, der dann meinte ‚Jetzt müssen wir zurück zur Lira'. Super, also das wäre der Hammer. Also ich meine, ich bin bestimmt kein EU-Fan in jeder Hinsicht, aber das wäre ein so massiver Rückschritt. Das wäre der Gau. Insofern habe ich eigentlich mehr Angst davor, dass jetzt irgendwelche Leute am Rad drehen und die Sache wirklich überspannen und irgendwo Sorge haben vor ihren eigenen Wählern, sodass sie den absoluten Rückwärtsgang einlegen" (Mann, 39, D).

In Italien und in Deutschland – zum Teil auch in Frankreich – wurden darüber hinaus häufig sowohl die Aufklärung beziehungsweise die Informationspolitik über die konkreten Verfassungsinhalte als auch über die möglichen Konsequenzen einer implementierten oder abgelehnten Verfassung als unzureichend beklagt. So wünschte sich ein junger Franzose zum Beispiel eine Art Simulation, bei der die EU in 20 Jahren einmal mit und einmal ohne Verfassung demonstriert wird.

„Ich weiß gar nicht, wie man an den Verfassungstext hätte kommen sollen. Übers Internet? Naja wahrscheinlich. […] Warum ist das eigentlich so, dass der Bürger da die Initiative ergreifen muss? In gewisser Weise es ja schon so, dass wenn es jetzt ratifiziert worden wäre – es ist ein Meilenstein in irgendeiner Form. Man hätte vorher besser die Konsequenzen aufzeigen sollen" (Mann, 39, D).

---

Tatsache gewertet, dass man bislang in Sachen EU-Politik – insbesondere in Bezug auf die EU-Osterweiterung – so gut wie keine Mitspracherechte habe.

„On aurait dû faire une simulation peut-être. Créer une image de ce que sera dans 20 ans si on avait accepté ou pas la Constitution. Montrer le pour et le contre" (Mann, 17, F)[280].

Neben dieser als unzureichend empfundenen Informationspolitik äußerten viele französische Bürger auch den Eindruck, dass die Medien ebenso wie die Politiker viel zu stark auf eine Verfassungsbefürwortung hin berichtet und appelliert hätten. So habe man mit dem Referendum zwar die Möglichkeit einer Wahlentscheidung zugesprochen bekommen, aber zugleich sei man aufgefordert worden, unbedingt mit Ja abzustimmen.

„Moi j'ai ressenti ce qu'il y'avait beaucoup plus de messages pour voter Oui que pour voter Non. Enormément dans la presse, à la radio, à la télé on voit énormément de monde et beaucoup pour le vote Oui" (Frau, 24, F)[281].

„Le problème c'est que au niveau français on a Chirac, le président, qui nous dit qu'on va avoir un Référendum, mais lui comme tous les média et comme tous les politiciens disent: Oui, vous avez le choix, mais à partir du moment vous votez Oui. [...] C'est ça qu'on nous a dit: Il y a un Référendum, vous avez le choix de parole, mais il faut voter Oui" (Mann, 23, F)[282].

Zusammenfassend lässt sich mit Blick auf die erste Analyseebene zweierlei festhalten: Zunächst einmal waren die allgemeine Wahrnehmung der Verfassungsgebung ebenso wie die Wahrnehmung von Betroffenheit und Interdependenz im Verfassungsprozess sowohl im eigenen als auch in den anderen Ländern maßgeblich durch die jeweilige Abstimmungsart bestimmt. Das heißt die Aufmerksamkeit für das Geschehen in Ländern mit Referendum war größer als für

---

[280] [„Man hätte vielleicht eine Simulation machen sollen. Ein Bild davon kreieren, wie es in 20 Jahren aussähe, wenn man diese Verfassung akzeptiert hätte oder nicht. Das Für und das Wider aufzeigen"].

[281] [„Ich hatte das Gefühl, dass es viel mehr Botschaften dafür gab, mit Ja abzustimmen als mit Nein. In der Presse, im Radio und im Fernsehen hat man enorm viele Leute gesehen, und ganz viele waren für ein Ja"].

[282] [„Das Problem ist, dass wir hier in Frankreich Chirac haben, den Präsidenten, der uns sagt, dass man ein Referendum abhalten wird, aber er – genau wie alle Medien und alle Politiker – sagt: Ja, Ihr habt die Wahl, aber wenn es soweit ist, dann stimmt Ihr mit Ja ab' [...]. Es ist so, dass man uns sagt: ,Es gibt ein Referendum, Ihr habt das Recht der Rede, aber Ihr müsst mit Ja abstimmen"].

dasjenige in Ländern ohne Referendum[283]. Und zweitens provozierten die Debatten in denjenigen Ländern mit Referendum – insbesondere bei erhöhtem Konfliktpotential beziehungsweise ungewissem Referendumsausgang sowie erst recht im Falle einer negativen Abstimmung[284] – die Aufmerksamkeit in anderen Ländern, sprich die Wahrnehmung von Betroffenheit und Interdependenz sowie die Beteiligung an entsprechenden Debatten. In diesem Sinne ließen die gescheiterten Referenden in Frankreich und den Niederlanden den Verfassungsprozess als ein gemeinsames Projekt beziehungsweise als ein gemeinsames Problem erscheinen, in dem Betroffenheit und wechselseitige Interdependenz produziert und erfahrbar wurden, sodass mögliche Konsequenzen von den Bürgern reflektiert und diskutiert wurden.

### 5.3.2 Konvergenz von Themen und Argumentationshaushalten

In diesem Kapitel beziehungsweise auf der zweiten Analyseebene geht es um die von den Befragten mit Blick auf die EU-Verfassung rekurrierten Themenfelder und Argumente. Im Vordergrund steht hier also die Frage, *wie* die Menschen an der Verfassungsdebatte teilnehmen, wie sie sie aneignen und mit welchen Themenbezügen und Argumenten sie ihre Position gegenüber der Verfassung erklären und begründen. Im Sinne des für Europa erarbeiteten Öffentlichkeitsbegriffs wird dabei auf eine etwaige Konvergenz von Themen und Argumentationshaushalten[285] über die Länder hinweg abgestellt. Dazu wird zunächst ein kurzer Überblick über die assoziierten und als relevant wahrgenommenen Themenfelder gegeben, und sodann werden die herangezogenen Argumente dergestalt systematisiert, dass einerseits zwischen Pro- und Contra-Argumenten sowie andererseits – hier wird auf eine Arbeit von David Easton (1965) zurück-

---

283 Daneben war die Aufmerksamkeit für das Geschehen in anderen Ländern immer dann groß, wenn persönliche Kontakte dorthin bestanden. In diesen Fällen wurden politische Entwicklungen und Wahlentscheidungen mit den entsprechenden Kollegen, Bekannten oder Verwandten diskutiert, und z.T. wurden auch die Medien des jeweiligen Landes rezipiert.

284 Für eine vergleichende Betrachtung der politischen Kampagnen im Vorfeld der Verfassungsratifizierung in Spanien, Frankreich und den Niederlanden vgl. z.B. Maurer et al. (2006: 11ff.).

285 Der Terminus ‚Argumentationshaushalt' verweist auf die Gesamtheit der in den Untersuchungsländern vorkommenden Argumente. Es geht also nicht um Homogenität mit Blick auf die Häufigkeit und Gewichtung der rekurrierten Argumente in den verschiedenen Ländern, sondern es geht um Vollständigkeit. Zur normativen Plausibilität einer solchen Forderung nach Vollständigkeit im Unterschied zu einer Forderung nach Homogenität vgl. auch Peters/Wessler (2006: 134).

gegriffen[286] – zwischen einer utilitaristischen und einer affektiven Dimension unterschieden wird.

Wichtig ist zunächst einmal die Erkenntnis, dass das subjektiv empfundene Wissen um die konkreten Inhalte des Verfassungsvertrags in allen drei Untersuchungsländern recht gering war. So hatten die Befragten den Verfassungstext zumeist – wenn überhaupt – nur ansatz- oder ausschnittsweise beziehungsweise sekundär gelesen, stuften sie ihn doch als zu komplex, zu juristisch und viel zu umfangreich ein[287].

> „Also, ich habe mal in einem Paragraphen dieser Verfassung gelesen – ich bin Ingenieur und kein Politiker oder Jurist – und ich muss ganz ehrlich sagen, ich habe kein Wort verstanden. Wie soll das denn, bitte entschuldigen Sie meinen Ausdruck, der einfache Mann […] verstehen?" (Mann, 54, D).

> „Moi, je suis allé sur l'Internet pour regarder le texte de la Constitution, pour avoir les avis des hommes politiques. Parce que si on me dit : Est-ce que vous êtes d'accord avec 400 pages de texte? C'est impossible! Comme ça je n'ai pas envie de voter. On ne peut pas dire si ça c'est bon ou pas. Il faut forcement qu'il y a quelqu'un qui nous passe une analyse au dessus de ça. Personne l'a lu complètement. Mois, j'ai lu les cinq premières pages et c'est déjà compliqué. Il faut être un juriste" (Mann, 54, F)[288].

Vor diesem Hintergrund ist es wenig verwunderlich, dass die Bandbreite der von den Befragten angeführten Themen und Argumente überaus groß ausfällt. Mit Blick auf die Themenfelder lässt sich konstatieren, dass diese von eher allgemeinem Europabezug denn von konkretem Verfassungsbezug geprägt waren. So thematisierten sowohl die französischen als auch die italienischen und deutschen Befragten erstens den möglichen Fortgang des *europäischen Integrationspro-*

---

[286] Easton führte diese Systematik im Rahmen einer Untersuchung zur bürgerlichen Unterstützung von politischen Institutionen ein (vgl. Easton 1965).

[287] Entsprechend zeigen Eurobarometer-Daten, dass sich im Juni 2004 nur 34% der französischen, 31% der italienischen und 30% der deutschen Befragten gut über die Verfassung informiert fühlten (auf die gesamte EU bezogen waren es weniger als ein Drittel) (vgl. Europäische Kommission 2004b: 3f.).

[288] [„Also ich bin ins Internet gegangen, um den Verfassungstext anzuschauen und um die Meinungen der Politiker zu haben. Weil wenn man mir sagt: Sind Sie einverstanden mit diesen 400 Seiten Text? Das ist unmöglich! So habe ich keine Lust abzustimmen. Wir können nicht beurteilen, ob das gut ist oder nicht. Man braucht dringend jemanden, der eine Tiefenanalyse dazu abgibt. Niemand hat sie komplett gelesen. Ich habe die ersten fünf Seiten gelesen, und das ist schon kompliziert. Man muss Jurist sein"].

*zesses* – und zwar einerseits in Bezug auf seine als unklar empfundene Finalität und Richtung sowie andererseits in Bezug auf die errungenen europäischen Werte wie Frieden, Wohlstand und Gemeinschaftlichkeit. Ein zweites Themenfeld betrifft sodann die äußeren *Grenzen der Europäischen Union.* Hier thematisierten die Befragten sowohl den möglichen EU-Beitritt der Türkei als auch die Osterweiterung, bei deren Beschlussfassung man als Bürger gerne konsultiert worden wäre und deren Realisierung man als zu schnell beziehungsweise zu früh bewertete. Als drittes Themenfeld lässt sich schließlich die *soziale Dimension Europas* ausmachen. Äußerten doch viele Befragte die Befürchtung einer abwärts gerichteten Anpassung der Lebensstandards an die neuen Mitgliedsländer oder eine Abwanderung von Arbeitsplätzen gen Osten. Daneben sah man durch die EU-Verfassung einer Liberalisierung des europäischen Binnenmarkts nach angelsächsischem Vorbild Vorschub geleistet, sodass globale Marktkräfte in der Folge ungefiltert auf die Lebensbedingungen in Europa einwirken könnten. Diese drei Themenfelder – Integration, Grenzen, Soziales Europa – bilden gleichsam den Rahmen für die im Folgenden darzustellenden Argumentationshaushalte.

Wie schon das Themenspektrum, so stellte sich auch das Spektrum der mit Blick auf die Verfassung in Anschlag gebrachten Argumente als recht breit gefächert dar. Eine Differenzierung entlang der Dimensionen Pro und Contra sowie utilitaristisch und affektiv erweist sich in diesem Sinne als ein geeignetes Instrument der Systematisierung (vgl. Easton 1965: 124ff.). Auf der affektiven, also durch emotionale und ideologische Beweggründe geprägten Pro-Seite lassen sich zunächst einmal der Verweis auf die im EU-Integrationsprozess errungenen Werte wie Frieden und Freiheit, das Empfinden Europas als Heimat, Zukunft und Solidargemeinschaft sowie das Gefühl, europäisch zu sein, ansiedeln. Ebendiese Werte und Errungenschaften gelte es, weiter auszubauen und nicht etwa zu gefährden, indem man den Integrationsprozess mit einer Verfassungsablehnung ausbremse. Auf der utilitaristischen, also zweckrationalistisch, ökonomisch oder interessengeleiteten Pro-Seite lässt sich hingegen der Verweis auf eine überfällige Neuordnung der gesetzlichen Basis der EU verorten. So könne eine gemeinsame Verfassung die Effizienz, Handlungsfähigkeit und Demokratie in einem erweiterten Europa sichern helfen, sodass Europa in der Folge eine gestärkte Position im Weltgefüge – insbesondere mit Blick auf die USA, China und Indien – gewinnen und zudem die Herausforderungen der Globalisierung besser bewältigen könne.

„En plus, une chose qui m'a fait voter Oui c'est que les Américains ils ont extrêmement peur d'une Europe forte. Je pense que c'est une bonne raison pour voter Oui" (Mann, 54, F)[289].

Auf der affektiven Contra-Seite kann zunächst einmal das generelle Unbehagen über die unklare Finalität und die unklaren Außengrenzen der Europäischen Union verortet werden. So sahen die Befragten in einer Verfassungsimplementierung eine Art Freifahrtschein in ungewisse und sodann nicht mehr beeinflussbare Integrationsrichtungen. In diesem Zusammenhang wurde vor allem auf einen möglichen und vornehmlich kritisch beurteilten EU-Beitritt der Türkei verwiesen.

„Je ne connais pas des limites de l'Europe, pour le moment on ne connaît pas les frontières. Donc, tant que je ne connais pas ces choses je peux pas voter Oui" (Frau, 60, F)[290].

Im Feld der affektiven Contra-Argumente lassen sich darüber hinaus das negativ assoziierte Bild eines neoliberalen Marktmodells, dem man mit der Verfassung Vorschub geleistet sah[291], ebenso wie solche Argumente ansiedeln, die den generellen Sinn einer gemeinsamen Verfassung in Frage stellen. So seien die Länder Europas zu divers und zu different als dass man sie jemals unter das Joch einer gemeinsamen Verfassung pressen könne und dürfe. Stattdessen müsse die EU ein freiwilliges Staatenbündnis bleiben und nicht etwa dem Vorbild der Vereinigten Staaten von Amerika nacheifern.

„Naja, dass Europa zusammengehört, ist sicher. Aber nicht unter dem Joch eines politischen Denkens, und noch weniger unter dem Joch einer gemeinsamen Verfassung, die gar nicht dazu dienen kann und dienen wird, alle Denkweisen und Gesellschaften zusammenzuführen. Das muss eine freiwillige und demokratische Wahl der Toleranz gegenüber anderen Kulturen und Denkweisen und trotzdem das Gleiche tun wollen sein" (Mann, 54, D).

---

[289] [„Und dann, eine Sache, die mich hat Ja wählen lassen, ist, dass die Amerikaner extrem Angst vor einem starken Europa haben. Ich denke, dass das ein guter Grund ist, mit Ja abzustimmen"].
[290] [„Ich kenne die Grenzen von Europa nicht, im Moment kennen wir nicht die Grenzen. Also, solange ich diese Dinge nicht kenne, kann ich nicht mit Ja abstimmen"].
[291] Die Zuordnung dieses Arguments zum affektiven Contra-Feld erfolgte aufgrund der Annahme, dass hinter diesem Argument v.a. ideologische Beweggründe stehen.

Einige Befragte führten schließlich auch die Gefahr eines allmählichen Ver-schmelzens der europäischen Kulturen bei einer weiter voranschreitenden eu-ropäischen Integration ins Feld. Ein solches Szenario gelte es, mit einer Verfas-sungsablehnung zu verhindern.

> „Je pense qu'on aurait mieux fait de ne pas créer l'Europe. […] Il ne faut pas chercher de faire un seul pays pour toute la planète. […] J'espère surtout que un jour il n'y a pas une planète appelé France ou appelé Angleterre et ce qu'il y a plus que un pays sur la planète. Je pense qu'au final on tu la différence de chaque pays" (Mann, 17, F)[292].

Zu guter Letzt kann im Feld der affektiven Contra-Argumente auch die generel-le Unzufriedenheit über zu wenig Mitspracherechte bei großen europapoliti-schen Entscheidungen angesiedelt werden. So sei man mit Blick auf die Oster-weiterung gerne konsultiert und nicht vor vollendete Tatsachen gestellt worden. Und deshalb könne man den reibungslosen Fortgang des Integrationsprozesses nach Gusto der europapolitischen Herrschaftsträger nun nicht einfach absegn-nen. Vielmehr müsse man die Politiker mit einer Verfassungsablehnung gleich-sam zum Zuhören und Nachdenken über die Bedürfnisse der Bürger zwingen. Im Feld der utilitaristischen Contra-Argumente lassen sich schließlich auch solche Argumente ansiedeln, die sich um soziale Fragen und Ängste gruppieren. Dazu zählen etwa die Befürchtung eines Absinkens des sozialen Lebensstan-dards oder einer Abwanderung von Arbeitsplätzen in die neuen Mitgliedstaaten. Katalysiert wurde diese Befürchtung unter anderem durch die 2005 geplante Dienstleistungsrichtlinie, die das Herkunftslandprinzip bei der Besoldung von Dienstleistungen innerhalb der EU durchsetzen wollte. Daneben lassen sich hier auch solche Argumente verorten, die die Verfassung als schlechten Kom-promiss, die Möglichkeit ihrer Nachverhandlung als gegeben, den Zeitpunkt ihrer Implementierung als verfrüht und die Informationsmaßnahmen durch Politiker und Medien als unzureichend bewerteten. Interessant ist auf der Seite der Contra-Argumente die Tatsache, dass viele Befragte hier klarstellten, dass sie zwar gegen die EU-Verfassung, aber ganz und gar pro-europäisch eingestellt seien.

---

[292] [„Ich denke, man hätte besser daran getan, Europa nicht zu kreieren. […] Man darf nicht versuchen, ein einziges Land für den ganzen Planeten zu machen. Ich hoffe vor allem, dass es eines Tages nicht einen Planeten gibt, der sich Frankreich oder England nennt, und dass es mehr als ein Land auf diesem Planeten gibt. Ich denke, dass man am Ende die Verschieden-artigkeit der Länder töten wird"].

„Avec l'élargissement c'est logique ce qu'on va avoir une adaptation de niveau sociale. Ça c'est un désavantage de l'Europe" (Mann, 28, F)[293].

„Man muss ja auch berücksichtigen, dass das alles sehr schnell ging, dass vieles nicht richtig durchdacht ist und dass es eigentlich mehr oder weniger in Europa drunter und drüber geht. Seien es jetzt die Arbeitsplätze, die Auslagerungen von Firmen, die Globalisierung und dergleichen mehr. Das hier einfach ein Fliesenleger oder Klempner aus Polen reinkommen kann, sich einen 1-Euro-Job besorgen kann – so ungefähr. [...] Also ich hätte gegen diese Verfassung gestimmt, weil die ganzen Arbeitsplätze durcheinander sind, der ganze Haushalt ist durcheinander, wir zahlen auf Teufel komm raus da hinein, die können verlagern, wohin sie wollen – die großen Firmen, die können auch ruhig Manko machen in den anderen Ländern, das können die hier wiederum abrechnen, die können mit Billiglöhnen arbeiten. Und wir als Nettozahler, als größter Nettozahler, unser Geld geht dann auch noch da rüber, dann können die immer billige Löhne haben im Verhältnis zu uns. Und dann sind die Arbeitsplätze weg, so einfach ist das" (Frau, 69, D).

„Moi je suis profonde européenne. Mais je ne veux pas cette Constitution. J'ai voté Non, parce ce que d'abord l'Europe n'est pas prêt" (Frau, 60, F)[294].

Die nachstehende Tabelle fasst die von den befragten Bürgern angeführten Argumente noch einmal überblicksartig zusammen:

---

[293] [„Mit der Erweiterung ist es logisch, dass wir eine Anpassung des sozialen Niveaus haben werden. Das ist ein Nachteil von Europa"].
[294] [„Ich bin zutiefst europäisch. Aber diese Verfassung will ich nicht. Ich habe mit Nein abgestimmt, weil Europa noch nicht bereit dafür ist"].

*Tabelle 1:* Argumentationshaushalte in der europäischen Verfassungsdebatte

|  | Pro | Contra |
|---|---|---|
| **Affektiv** | ■ Frieden<br>■ Freiheit<br>■ Heimat<br>■ Zukunft<br>■ Europäisch sein<br>■ Europäischer Gedanke<br>■ Brüderlichkeit/Solidarität<br>■ Integrationsprozess fortsetzen | ■ Finalität der EU unklar<br>■ Grenzen der EU unklar<br>■ Möglicher Türkei-Beitritt<br>■ Neoliberales Marktmodell<br>■ Kulturelle Differenzen erhalten<br>■ Kulturelle Differenzen zu groß<br>■ Erweiterung ohne Bürgerbefragung<br>■ Bürger ohne Mitspracherecht |
| **Utilitaristisch** | ■ Mehr Effizienz & Handlungsfähigkeit<br>■ Mehr Demokratie<br>■ Gesetzliche Basis schaffen<br>■ Position der EU in der Welt stärken<br>■ Gemeinsam stark gegen USA/Asien<br>■ Gemeinsam die Herausforderungen der Globalisierung bestehen | ■ Arbeitsplatzabwanderung<br>■ Anstieg der Arbeitslosigkeit<br>■ Absinken des Sozialstandards<br>■ Schlechter Kompromiss<br>■ Nachverhandlungen möglich<br>■ Schlechtes Timing (zu früh)<br>■ Schlechte Informationspolitik |

Insofern die Bürger den Prozess der europäischen Verfassungsgebung spätestens seit den gescheiterten französischen und niederländischen Referenden als gemeinsames und wechselseitige Interdependenzen produzierendes Projekt wahrnahmen, reflektierten und diskutierten sie auch mögliche Beweggründe für die Wahlentscheidungen der Menschen in den anderen Ländern. So vermuteten die Bürger mit Pro-Perspektive zumeist nationalpolitische oder ökonomische, also utilitaristische und zudem wenig verfassungsbezogenen Beweggründe gepaart mit einem mangelndem europäischen Geist oder mangelnder affektiver EU-Bindung. Verfassungsgegner hingegen attribuierten vor allem verfassungsbezogenen Motive, indem sie die ablehnenden Referendumsvoten nicht als generelle Absage an die EU, sondern als Votum für ein anderes – zum Beispiel ein sozialeres – Europa werteten.

„Credo che sia stato un po' forzato dalla situazione economica. In senso che si dice ci sono pochi soldi, ci sono dei problemi – è colpa dell'Europa. È anche una cosa un po' superficiale, però è cosi" (Mann, 33, I)[295].

„Soweit ich weiß, ging es schon darum, was die eben ganz speziell wollten, was ihr Land betrifft. Das heißt, in dem Moment haben die erstmal an sich selber gedacht und dann erst an Europa. Also und das – entweder wir sind Europa oder wir sind einzelne Länder" (Frau, 27, D).

„Das Problem ist wahrscheinlich, dass diese ablehnende Haltung, vor allem auch in Frankreich, dazu gedient hat, den nationalen Politikern eins auszuwischen. Ich glaube gar nicht mal, dass das so viel mit Europa zu tun hat" (Mann, 51, D).

Ein Aspekt, der die Offenheit und Durchlässigkeit der verschiedenen Öffentlichkeitsarenen füreinander eindrucksvoll illustriert, ist das Auftauchen einer rhetorischen Referenz in allen drei Untersuchungsländern. So tauchte der ‚polnische Klempner' als Symbol für die Angst vor einer Arbeitsplatzabwanderung gen Osten als Folge der geplanten Dienstleistungsrichtlinie sowohl in den Ausführungen der französischen als auch der italienischen und der deutschen Bürger auf. Damit wird das von Jürgen Habermas geforderte Kriterium eines ‚osmotischen Aufsaugens' von Diskursbeiträgen aus den jeweils anderen Öffentlichkeitsarenen, welches er als Voraussetzung für die Möglichkeit einer Diskussion von gleichen Themen zur gleichen Zeit und unter gleichen Relevanzgesichtspunkten – also für eine europäische Öffentlichkeit – erachtet, gleichsam erfüllt (vgl. Habermas 2001: 12). Die Prominenz dieses ‚polnischen Klempners' spiegelt sich auch in der Tatsache wider, dass die polnische Tourismusbehörde im Juni 2005 Plakate druckte, auf denen ein attraktiver Klempner vor polnischer Kulisse mit dem Ausspruch ‚Ich bleibe in Polen, kommt zahlreich hierher' für Polen als Reiseziel warb.

---

[295] [„Ich glaube, dass das ein bisschen der ökonomischen Situation geschuldet ist. In dem Sinne, dass man sich sagt, man hat wenig Geld zur Verfügung, es gibt viele Probleme – das ist die Schuld von Europa. Das ist auch eine etwas oberflächliche Sache, aber so ist es"].

*Abbildung 1:* Werbekampagne der polnischen Tourismusbehörde[296]

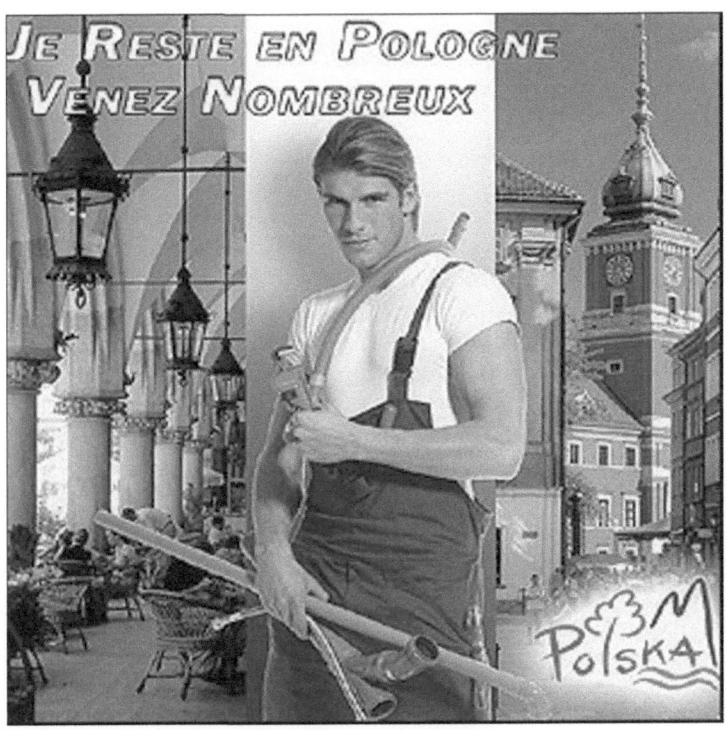

Was nun die Frage einer Konvergenz von Themen und Argumentationshaushalten im Rahmen der Sinngebungsprozesse durch das Publikum in Frankreich, Italien und Deutschland anbelangt, so kann diese als gegeben und für den Fall der europäischen Verfassungsdebatte als bestätigt angesehen werden. Die genannten Themenfelder und Argumente tauchten in allen drei Untersuchungsländern auf, sodass hier eine Konvergenz im Sinne einer Vollständigkeit der in den verschiedenen Ländern rekurrierten Themen und Argumente attestiert werden kann[297]. Trotz dieser gefundenen Konvergenz – und dies wird Thema

---

[296] In französischer Sprache wurde das Plakat insofern produziert, als damit v.a. auf das negative Referendum in Frankreich ebenso wie die Thematisierung des ‚polnischen Klempners' in der Debatte reagiert werden sollte.
[297] Zur normativen Plausibilität einer solchen Forderung nach Vollständigkeit im Unterschied zu einer Forderung nach Homogenität vgl. Peters/Wessler (2006: 134).

des nachstehenden Kapitels zu den kulturellen Differenzen bei der Aneignung
und Lokalisierung der EU-Verfassungsdebatte sein – waren allerdings auch
spezifische Differenzen in den Themenbezügen und Gewichtungen einzelner
Themen und Aspekte zwischen den Ländern auszumachen.

### 5.3.3   Kulturelle Differenzen bei der Aneignung und Lokalisierung

Kulturelle Lokalisierung, verstanden als die Aneignung transkultureller Medienangebote in den lokalen und von unterschiedlichen Kulturen geprägten Lebenswelten der Menschen, öffnet den Blick für bestehende Differenzen im
Prozess des Sich-zu-Eigen-Machens von transnationalen Diskursen. Das Moment der kulturellen Lokalisierung zeichnet sich durch ein Aufeinandertreffen
des Diskurses des Translokalen mit dem des Lokalen aus, und dementsprechend geht es auf der dritten Analyseebene um das In-Beziehung-Setzen der
europäischen Verfassungsdebatte mit den spezifischen nationalpolitisch, kulturell und auch lokal geprägten Alltagswelten der Bürger in den Untersuchungsländern. Im Fokus stehen hier also die länder- und kulturspezifischen Besonderheiten und Unterschiede in den Sinngebungsprozessen des Publikums. Die
‚lokalen' Auswertungen und Kontrastierungen des Interviewmaterials haben
einige, wenngleich keine drastischen Differenzen in den Betroffenheiten, The-
menreferenzen und Deutungsschemata der befragten Bürger aufgedeckt. Neben
ein paar spezifischen Aspekten für jedes Land sind vor allem einige spezifische
Gemeinsamkeiten zwischen Frankreich und Deutschland im Unterschied zu
Italien ersichtlich geworden. In diesem Sinne hebt sich Italien sozusagen ab,
bestehen die gefundenen Differenzen in der Aneignung und kommunikativen
Beteiligung der Menschen von und an der EU-Verfassungsdebatte doch stärker
zwischen Italien und den anderen beiden Ländern – also Deutschland und
Frankreich – als zwischen Deutschland und Frankreich.

Mit Blick auf die spezifischen Kontextualisierungen der Verfassungsdebatte durch die italienischen Bürger konnten drei Aspekte herausgearbeitet werden.
Der wohl augenfälligste Aspekt betrifft das thematische und vorrangig negativ
belegte In-Beziehung-Setzen der EU-Verfassung mit dem Thema Euro beziehungsweise dem Eindruck einer umfassenden Verteuerung der Lebenshaltungs-
kosten seit der Euro-Einführung. So habe die gemeinsame europäische Währung vor allem negative Auswirkungen auf den eigenen Lebensstandard gezei-
tigt, und sofern dies ein unerwünschter Nebeneffekt des europäischen Integrationsprozesses darstelle, könne man die EU-Verfassung als neuerlichen Schritt
im Integrationsprozess nun nicht einfach gutheißen und absegnen. Zwar wurde

das Thema Euro zumeist zur Begründung einer verfassungskritischen Position herangezogen, doch wiesen einige Befragte – nichtsdestotrotz und ungefragt auf das Thema Euro rekurrierend – darauf hin, dass die vermeintliche Euro-Krise kein europäisches, sondern ein rein italienisches Problem darstelle – nämlich eine nationale Wirtschaftskrise. Und dementsprechend dürfe die Schuld dafür nicht einfach im europäischen Integrationsprozess gesucht oder gar auf die EU-Verfassung projiziert werden.

> „L'Euro – noi in Italia la moneta che avevamo prima si è raddoppiata con l'Euro, il valore. Quindi il Parlamento ha ratificato, ma se avessimo dovuto fare un Referendum in Italia sicuramente vinceva il No. Perché con l'Euro adesso c'è poco da spendere. [...] Purtroppo – una volta con mille lire – adesso sono a punto un euro. Gli stipendi, i pensioni – si riusciva a vivere meglio di oggi" (Mann, 67, I)[298].

> „A noi con l'Europa ci pesa all'Euro. Molto ci pesa. Quando non cera l'Europa non c'era l'Euro ed allora abbiamo nostalgia della Lira. Perché si spendeva meglio, ci bastava. Ed adesso non basta più" (Frau, 80, I)[299].

Der zweite spezifische Aspekt in den Sinngebungsprozessen der italienischen Bürger betrifft den Rekurs auf die christlichen Wurzeln Europas. So hätte man diese im Verfassungstext gerne erwähnt gefunden, denn als einen wesentlichen Teil des europäischen Geistes müsse man ebendiese christlichen Wurzeln aufrechterhalten und fixieren, damit sie auch an spätere Generationen weitergegeben werden können[300].

---

[298] [„Der Euro – wir in Italien mit der Währung, die wir vorher hatten, das hat sich verdoppelt mit dem Euro, der Wert. Also, das Parlament hat ratifiziert, aber wenn es in Italien ein Referendum gegeben hätte, dann hätte mit Sicherheit das Nein gewonnen. Denn mit dem Euro jetzt haben wir wenig Geld zur Verfügung. [...] Leider – damals mit tausend Lire – jetzt sind das genau ein Euro. Die Gehälter, die Pensionen – wir konnten besser leben als heute"].

[299] [„Für uns, mit Europa, ist der Euro eine große Last. Eine sehr große Last. Als es Europa nicht gab, gab es auch keinen Euro, und seitdem haben wir Sehnsucht nach der Lira. Weil man besser leben konnte, es war ausreichend. Und jetzt reicht es nicht mehr aus"].

[300] Die Tatsache, dass die italienischen Befragten Bezüge zu den christlichen Wurzeln Europas herstellten, schließt nicht aus, dass eine solche Kontextualisierung in den anderen Ländern nicht auch hätte stattfinden können bzw. zu einem anderen Zeitpunkt stattgefunden hat. Nichtsdestotrotz, so lässt sich unter Rekurs auf Puza (2004: 403) sagen, spielt Religiosität in der italienischen Gesellschaft eine im Vergleich zu Deutschland und Frankreich sehr wichtige Rolle.

„Io penso che in questo mancato riferimento alle radici cristiane o comunque
alle radici cristiane ebraiche [...] c'è forse stato un po' un rallentare lo slancio
ideale che deve avere l'Europa, ma dobbiamo mantenerlo alto per il futuro dei
nostri bambini" (Mann, 46, I)[301].

Der dritte, wenngleich weniger verfassungs- oder europabezogene Aspekt betrifft schließlich die Skepsis vieler Italiener gegenüber den nationalen Medienangeboten. So sei es überaus schwierig geworden, sich in Italien objektiv über
politische Angelegenheiten und Entwicklungen zu informieren. Insbesondere
vor dem Hintergrund der Tatsache, dass die italienischen Medien weitgehend
von einer Person – nämlich dem italienischen Ministerpräsidenten und Medien-
unternehmer Silvio Berlusconi – beherrscht und beeinflusst würden. In diesem
Sinne wurde die als mangelhaft empfundene Information über die Inhalte der
EU-Verfassung, die ja auch in Deutschland und Frankreich anzutreffen war, in
Italien mit der Einschätzung verknüpft, dass die italienischen Medien nicht nur
wenig objektiv berichteten, sondern den Menschen regelrecht die Teilhabe am
europäischen Verfassungsprozess verwehrt hätten.

„Cioè noi siamo vivendo proprio sotto un regime d'oscurantismo dove né i
mezzi della comunicazione, né la televisione, né i quotidiani – ad eccezione di
qualcuno ovviamente – rendono partecipe il popolo di questa Costituzione
Europea" (Mann, 50, I)[302].

Was nun die spezifischen Aneignungsweisen und Kontextualisierungen durch
die französischen und deutschen Bürger anbelangt, so lassen sich hier weniger
Differenzen als vielmehr spezifische Gemeinsamkeiten im Unterschied zu Italien ausmachen. Im Wesentlichen betreffen diese Gemeinsamkeiten zwei Aspekte beziehungsweise assoziierte Themenfelder, die sowohl von den französischen als auch von den deutschen Befragten stark, wenngleich mit leicht ver-
schobenen Schwerpunktsetzungen, rekurriert wurden. Der erste Aspekt betrifft
die auffallend häufige und zumeist kritisch konnotierte Bezugnahme auf einen
möglichen EU-Beitritt der Türkei. So äußerten sowohl die französischen als

---

[301] [„Ich glaube, dass in dieser fehlenden Referenz zu den christlichen Wurzeln oder überhaupt zu den hebräischen Wurzeln [...] vielleicht eine Verlangsamung des idealen Schwungs
steckte, den Europa haben muss. Aber wir müssen das hochhalten für die Zukunft unserer
Kinder"].
[302] [„Also wir leben hier regelrecht unter einem Regime der Verdunkelung, wo die Medien,
weder das Fernsehen, noch die Tageszeitungen – einige offenbar ausgenommen – das Volk
an dieser europäischen Verfassung teilhaben lassen"].

auch die deutschen Bürger Besorgnis dahingehend, dass eine Verfassungsimplementierung womöglich und insbesondere vor dem Hintergrund der weitgehend ungewissen Finalität der Europäischen Union eine Art Freifahrtschein für den EU-Beitritt der Türkei bedeuten könne.

> „J'ai peur de plein de choses comme le chômage forcement et surtout de la grande question de la Turquie. Qu'est-ce qu'on va faire avec la Turquie? Quand même c'est la grande question de l'avenir. Et mois j'ai pas voté pour qu'il l'utilise comme passage à l'Orient, que ils font tout leurs bases militaires. Moi j'ai pas du tout envie de tout ça" (Frau, 21, F)[303].

Der zweite, für Frankreich und Deutschland spezifische Aspekt betrifft sodann die soziale Dimension Europas – und zwar mit Blick auf den Erhalt von Arbeitsplätzen, die Funktionstüchtigkeit sozialer Sicherungssysteme sowie den Schutz vor negativen Globalisierungsfolgen durch europapolitische Maßnahmen. In diesem Zusammenhang wurde die EU-Osterweiterung als eine Gefahr für die Arbeitsmarktsituation im Sinne einer Abwanderung von Jobs gen Osten ebenso wie als Bedrohung für den sozialen Lebensstandard in Gestalt einer abwärts gerichteten Anpassung an die neuen Mitgliedstaaten gewertet. Im Unterschied zu den Deutschen rekurrierten die französischen Befragten in diesem Zusammenhang allerdings stärker auf die geplante europäische Dienstleistungsrichtlinie. Darüber hinaus spielte in den Ausführungen der Befragten in Frankreich – und dies kann als französische Besonderheit gewertet werden – das als Bedrohung perzepierte Bild eines neoliberalen Marktmodells nach angelsächsischem Vorbild eine überaus große Rolle. So kam hier die Einschätzung zum Tragen, dass die EU-Verfassung den Weg für ein neoliberales Europa ebne, das weder durch sozial- noch durch beschäftigungspolitische Kompetenzen zu kompensieren sei, sodass die Globalisierung einen sozial ungefilterten Zugriff auf die Lebensbedingungen der Unionsbürger erhalte. Während die soziale Dimension der EU in Deutschland also stärker unter dem Eindruck einer Arbeitsplatzabwanderung gen Osten diskutiert wurde, geschah dies in Frankreich stärker mit Blick auf die negativen Folgen der Globalisierung.

> „Naja, man merkt von diesem ganzen Öffnen der Grenzen, dass es den Arbeitsplatz anbelangt. Denn die können ja jetzt von den Ausländern mehr rein-

---

[303] [„Ich habe vor vielen Dingen Angst – Arbeitslosigkeit natürlich, aber vor allem vor der großen Frage der Türkei. Was wird man mit der Türkei machen? Das ist die große Frage der Zukunft. Und ich habe nicht gewählt, damit das als Passage zum Orient genutzt wird, dass sie da ihre Militärbasen aufstellen. Auf das alles habe ich keine Lust"].

lassen, die können sich billige Arbeitskräfte holen, und unsereins muss gucken, wo er bleibt. [...] Also man sieht das bei meinem Mann auf der Arbeit. Die haben schon gesagt, dass in zwei Jahren der Tarifvertrag ausläuft, und ob sie ihn verlängern oder ob es überhaupt wieder einen gibt, das wissen sie eben nicht, weil sie dann die Leute auch von dort herholen können. Also in Sachen Arbeit merkt man es am meisten" (Frau, 27, D).

Zusammenfassend lässt sich für die kulturellen Differenzen im Rahmen der Verfassungsaneignung durch die italienischen, französischen und deutschen Bürger festhalten, dass sich Unterschiede im Sinne spezifischer Themenassoziationen beziehungsweise Bedeutungszuweisungen stärker zwischen Italien und Deutschland beziehungsweise Frankreich als zwischen Deutschland und Frankreich zeigten. In diesem Sinne hebt sich Italien von den anderen beiden Ländern ab, denn die EU-Verfassung wurde dort mit Themen verknüpft, die in Frankreich und Deutschland gar nicht vorkamen – Euro, christliche Wurzeln, Klage über eine mangelnde Glaubwürdigkeit der nationalen Medien. In den Sinngebungsprozessen der französischen und deutschen Befragten finden sich hingegen spezifische Gemeinsamkeiten. So wurde die Verfassung dort stark mit dem Thema Türkeibeitritt sowie mit der sozialen Dimension Europas in Beziehung gesetzt. Vor dem Hintergrund des entfalteten pragmatischen Ansatzes europäischer Öffentlichkeit, welches im Rahmen der Publikumsdimension auf eine diskursive Aneignung europäischer Diskurse im Sinne ihrer kulturellen Lokalisierung verweist und damit der Tatsache Rechnung trägt, dass europäische Diskurszusammenhänge netzwerkartig in ganz verschiedenen nationalpolitischen und kulturellen Kontexten wurzeln, konnte auf der dritten Analyseebene also gezeigt werden, wie die Menschen in Frankreich, Italien und Deutschland die Verfassungsdebatte mit ihren spezifischen Kontexten in Beziehung setzen, sprich aneignen und lokalisieren. Die gefundenen Differenzen müssen dementsprechend als Charakteristikum beziehungsweise Wesensmerkmal europäischer öffentlicher Kommunikation verstanden und theoretisch integriert werden. Die postulierte Konvergenz von Themen und Argumenten erscheint vor diesem Hintergrund zwar sinnvoll und notwendig – schließlich geht es ja um die Identifizierung eines europäischen öffentlichen Kommunikations*zusammenhangs*. Doch darf diese Konvergenz-Forderung nicht mit überzogenen Homogenitätsansprüchen – eher mit dem Anspruch auf Vollständigkeit von Themen- und Konvergenzhaushalten – belegt werden. Denn nur so kann sie offen und ergänzbar bleiben für beziehungsweise durch gegebene kulturelle Differenzen in den Aneignungs- und Sinngebungsprozessen europapolitischer Gegenstände durch das Publikum.

## 5.4 Zusammenfassung und einige Konsequenzen

Im voran stehenden Kapitel 5 ging es um die Darstellung der empirischen Fall-studien zur europäischen Verfassungsdebatte beziehungsweise die den Ratifizie-rungsprozess begleitende öffentliche Debatte in Frankreich, Italien und Deutschland. Im Sinne des übergeordneten Forschungsziels, die Bedeutung der Publika und Mediennutzer, also der Unionsbürger, für die Konstituierung von Öffentlichkeit in Europa einmal theoretisch zu fassen sowie die Aneignungs- und Sinngebungsprozesse der Bürger empirisch zu untersuchen, ging es im Anschluss an den erarbeiteten pragmatischen Begriff europäischer Öffentlich-keit um die Analyse der spezifischen Betroffenheiten und Deutungsschemata, vermittels derer sich die Menschen den EU-Verfassungsdiskurs zu Eigen ma-chen und in ihren jeweiligen kulturellen, politischen und sozialen Kontexten lokalisieren. Die Forschungsfragen stellten dementsprechend auf die Wahrneh-mung von Betroffenheit und Interdependenz vom und im europäischen Verfas-sungsprozess, auf eine etwaige Konvergenz der im Rahmen der Aneignungs- und Sinngebungsprozesse durch die Bürger rekurrierten Themen und Argu-mente über die Länder hinweg sowie schließlich auf kulturelle Differenzen und Besonderheiten in den Aneignungs- und Lokalisierungspraktiken der Bürger zwischen den Ländern ab. Aus den Forschungsfragen sowie in Anlehnung an den entwickelten pragmatischen Ansatz, der die Wahrnehmung von Betroffen-heit und Interdependenz, den Eintritt in entsprechende Diskurszusammenhän-ge sowie das Vorliegen einer Synchronität und Konvergenz von diskutierten Themen und Argumenten postuliert, wurden drei Ebenen der Datenanalyse abgeleitet[304]: Die erste Analyseebene – Wahrnehmung von Betroffenheit und Interdependenz – bezog sich auf die Fragen, wie die Menschen sich vom EU-Verfassungsprozess betroffen fühlen und inwiefern sie wechselseitige Interde-pendenzen mit den Entwicklungen in den anderen Unionsländern wahrnehmen

---

[304] Wörtlich lauteten die Forschungsfragen wie folgt (vgl. Kapitel 5.1.1): Wie fühlen sich die Menschen vom Prozess der europäischen Verfassungsgebung betroffen? Inwiefern nehmen sie die Folgen dieses Prozesses ebenso wie wechselseitige Interdependenzen mit den Men-schen beziehungsweise den politischen Vorgängen in den anderen Mitgliedstaaten wahr? Vermittels welcher Argumente und Themenbezüge nehmen sie an der Debatte teil? Und inwiefern ist dabei eine Konvergenz von Themen und Argumentationshaushalten über die Länder hinweg feststellbar? Und schließlich: Wie wird die europäische Verfassungsdebatte von den Bürgern in verschiedenen EU-Ländern kulturell lokalisiert? Das heißt wie wird sie mit den jeweiligen nationalpolitischen oder kulturellen Kontexten in Beziehung gesetzt? Worin bestehen also die länder- und kulturspezifischen Besonderheiten und Differenzen im Rahmen der Sinngebungsprozesse durch das Publikum?

(vgl. Kapitel 5.3.1). Die zweite Analyseebene fokussierte die Frage einer etwaigen Konvergenz von Themen- und Argumentationshaushalten in den Ausführungen der befragten Bürger über die drei Länder hinweg (Kapitel 5.3.2). Und die dritte Analyseebene bezog sich schließlich auf die Frage nach kulturellen Differenzen bei der Aneignung und Lokalisierung der Verfassungsdebatte zwischen den drei Untersuchungsländern (Kapitel 5.3.3). Mit Blick auf die Ergebnisse fiel zunächst einmal die Tatsache ins Auge, dass der unerwartete politische Verlauf der Verfassungsratifizierung, sprich die gescheiterten Referenden in Frankreich und in den Niederlanden, die öffentlichen Debatten – und damit den Untersuchungsgegenstand – erheblich katalysierten und vergrößerten. So stellte der europäische Verfassungsprozess nun einen echten Problemzusammenhang dar, der die Wahrnehmung von Betroffenheit und Interdependenz ebenso wie den Eintritt in entsprechende Diskurse regelrecht provozierte. Vor diesem Hintergrund konnten im Rahmen der Sinngebungsprozesse durch das ‚europäische' Publikum sowohl die Wahrnehmung von Betroffenheit und Interdependenz als auch der Eintritt in entsprechende Diskurszusammenhänge ebenso wie eine Konvergenz von Themen und Argumenten über die drei Länder hinweg festgestellt werden. Die von den Bürgern herangezogenen Themenfelder *EU-Integration*, *Grenzen der EU* und *Soziales Europa* bildeten dabei den Rahmen für die in Anschlag gebrachten Pro- und Contra-Argumente. Abgesehen von der gefundenen Konvergenz der diskutierten Themen und Argumente, die wohlgemerkt im Sinne von Vollständigkeit und nicht etwa im Sinne von Homogenität erfasst wurde, kann die Synchronität der diskutierten Themen und Argumente insofern als gegeben betrachtet werden, als es sich bei der Verfassungsdebatte offenbar um einen zeitlich und sachlich zusammenhängenden Diskurs handelte. Das heißt das Thema EU-Verfassung wurde nicht etwa um große Zeitabstände versetzt in den drei Ländern, sondern vielmehr in einem zeitlichen Zusammenhang und mit wechselseitigen sachlichen Bezügen diskutiert. Mit Blick auf die kulturellen Differenzen bei der Aneignung und Lokalisierung der Debatte durch die befragten Bürger konnten einige Besonderheiten und Unterschiede in den Diskussionen, Lokalisierungen und Gewichtungen zwischen den Ländern herausgearbeitet werden. So wurde die EU-Verfassung in Italien mit deutlich anderen thematischen Bezügen diskutiert als in Frankreich und Deutschland, die sich in dieser Hinsicht recht ähnlich waren. In diesem Sinne stellten die italienischen Bürger Bezüge zum Euro, zu den christlichen Wurzeln Europas ebenso wie zur Unglaubwürdigkeit der eigenen Medien her, wohingegen die französischen und deutschen Bürger stark auf einen möglichen, vorwiegend negativ konnotierten EU-Beitritt der Türkei ebenso wie auf die soziale Dimension Europas – in Gestalt einer Arbeitsplatzabwanderung beziehungsweise abwärts gerichteten Anpassung der Lebensstandards an die neuen Mitgliedsländer – herstellten. Hier konnte also gezeigt werden, dass und inwiefern trotz grenzüberschreitender Diskussion derselben Themen und Argumente länderspezifische Färbungen und Kontextualisierungen auf der Aneignungs- beziehungsweise Publikumsseite gegeben sind und sozusagen als spezifisches Charakteristikum europäischer öffentlicher Kommunikation gewertet werden müssen. Dementsprechend – so lässt sich unter Rekurs auf Bernhard Peters sagen – verweisen die gefundenen kulturellen Differenzen in den Aneignungspraktiken der französischen, italienischen und deutschen Bürger auf die tiefer liegenden Strukturen beziehungsweise den *kulturellen Unterbau* europapolitischer öffentlicher Kommunikation, der eben nicht allein aus homogenisierbaren Medienmärkten und -organisationen besteht (vgl. Peters 2007: 363). Die gefundenen kulturellen Differenzen und Besonderheiten verweisen somit auf die Notwendigkeit, europäische Öffentlichkeit nicht als ein homogenes, die nationalen Öffentlichkeiten gleichsam überlagerndes, holistisches Konstrukt zu verstehen. Sondern vielmehr geht es darum, europäische Öffentlichkeit als ein plurales, hybrides und in ganz verschiedenen nationalkulturellen, politischen und auch sozialen Kontexten wurzelndes, also translokales Konstrukt zu begreifen und entsprechend zu untersuchen.

Abschließend und auf einer abstrakteren Ebene kann für die empirischen Fallstudien festgehalten werden, dass die Verfassungsdebatte gezeigt hat, dass und inwiefern Krisen und Konflikte, denn nichts anderes haben die gescheiterten französischen und niederländischen Referenden ausgelöst, die Wahrnehmung von Betroffenheit und Interdependenz bei den Bürgern ebenso wie das Stattfinden europäischer Öffentlichkeit evozieren und ankurbeln können. Der EU-Verfassungsprozess – oder besser gesagt sein Scheitern – hat also ein Moment europäischer Öffentlichkeit hervorgebracht. Die Menschen nahmen dabei ihre länderübergreifende Interdependenz und Betroffenheit unabhängig davon wahr, ob in ihrem Land ein Verfassungsreferendum stattfand oder nicht, sie traten in entsprechende Diskurse ein und wurden so zu Mitgliedern eines Öffentlichkeit konstituierenden Bürgerpublikums.

Will man nun einige Konsequenzen aus der Analyse der EU-Verfassungsdebatte ableiten, so lässt sich zunächst einmal sagen, dass der Prozesse einer politischen Verfassungsgebung immer auch symbolischen Charakter für eine Gesellschaft hat. Schließlich geht es dabei nicht nur um die künftige politische Konstitution eines gemeinsamen Handlungsraums, sondern auch um die Konstitution einer politischen Gesellschaft. In diesem Sinne können Verfassungsdebatten laut Calhoun auch als eine Art "arena of cultural creativity and reproduction in which society is imagined and thereby made real and shaped by the ways in which it is understood" (Calhoun 2003: 249; vgl. auch Fossum/Trenz 2005: 7) bezeichnet werden. Konkret hat die europäische Verfassungsdebatte als Untersuchungsgegenstand und dabei insbesondere der unerwartete Verlauf des Ratifizierungsprozesses gezeigt, dass Krisen und Konflikte das Stattfinden öffentlicher Kommunikation antreiben und auf lange Sicht förderlich für die reflexive Selbst-Bewusstwerdung einer europäischen Gesellschaft im Rahmen kollektiver Lernprozsse, sprich für die Herausbildung einer europäischen kollektiven Identität ebenso wie für den europäischen Integrationsprozess sein können (vgl. Soysal 2001: 169; auch Kapitel 2.3.3). Der europäische Verfassungsprozess hat Europa also als einen geteilten Handlungsraum, in dem wechselseitige Abhängigkeiten bestehen und fortlaufend generiert werden, sicht- und erfahrbar gemacht. Und es kann angenommen werden, dass kollektive Lernprozesse über die bestehenden wechselseitigen Interdependenzen im Verlauf europapolitischer öffentlicher Kommunikation in Gang gesetzt werden. Praktisch beziehungsweise politisch gesehen hat der Ratifizierungsprozess der europäischen Verfassung deutlich gemacht, dass die Unionsbürger durchaus ein Interesse daran haben, die Weiterentwicklung der EU aktiv mitzugestalten und ein Mitspracherecht bei wichtigen europapolitischen Entscheidungen einzufordern. Mitunter wurde die EU-Verfassung zwar als Ventil oder besser gesagt als Projektionsfläche für alle möglichen, zum Teil wenig verfassungsbezogenen Fragen, Interessen, Themen und Ängste genutzt. Doch kann das offenkundige Unbehagen der EU-Bürger über zu wenig Mitspracherechte, welches sich in den ablehnenden Referenden in Frankreich und den Niederlanden 2005 sowie schließlich in Irland im Frühsommer 2008 Luft machte, auch als Chance auf eine wirkliche Politisierung der EU im Sinne einer verbesserten Einbeziehung und Berücksichtigung der Bürger verstanden werden. Diese Chance zu nutzen, liegt allerdings in der Hand der politischen Entscheidungsträger, müssen diese den Protest der EU-Bürger doch tatsächlich ernst nehmen und sie in Zukunft stärker und vor allem regelmäßiger in europapolitische Entscheidungen einbeziehen. Denn wie Knoke treffend formuliert, haben politische Systeme, die dauerhaft ohne jegliche Rückkopplung mit ihren Bürgern auszukommen versuchen, beste Chancen, ihre Macht und Legitimität zu verlieren (vgl. Knoke 1990: 7).

# 6 Schluss: Europäische Öffentlichkeit – Öffentlichkeit ohne Publikum?

Die Frage ‚Europäische Öffentlichkeit – Öffentlichkeit ohne Publikum?' ist eigentlich – so dürfte im Argumentationsverlauf dieser Arbeit deutlich geworden sein – eine rhetorische Frage. Als sozial beziehungsweise kommunikativ konstruierter Interaktionsraum kann europäische Öffentlichkeit gar nicht ohne Publikum sein. Denn sie wird erst durch die kommunikativen Praktiken und Interaktionen der Menschen – freilich zumeist auf der Basis rezipierter Medieninhalte – hervorgebracht und tradiert. Vor dem Hintergrund dieser Annahme, dass es eben nicht nur die Generierung und massenmediale Vermittlung europapolitischer Inhalte, sondern schlussendlich die kommunikativen Anschlusshandlungen der Menschen sind, die europäische Öffentlichkeit herstellen, bestand das Hauptanliegen der Arbeit darin, die Publikumsebene und seine Bedeutung für die Konstituierung europäischer Öffentlichkeit einmal genauer zu beleuchten, sprich theoretisch zu fassen und empirisch zu untersuchen. Der Weg zur Erreichung dieses zweischneidigen, einerseits theoretisch und andererseits empirisch orientierten Forschungsziels soll hier noch einmal nachgezeichnet werden, und darüber hinaus sollen sowohl die Brauchbarkeit, die Aussagekraft als auch einige normative Aspekte des entwickelten pragmatischen Ansatzes europäischer Öffentlichkeit weitergehend reflektiert und mit Blick auf etwaige Forschungsperspektiven kontextualisiert werden.

Im ersten Teil dieses Buches, der sich mit den *Grundlagen, Kontextualisierungen und Zugängen* zum Forschungsfeld beschäftigte, wurde Öffentlichkeit zunächst einmal als ein kommunikativer Raum für die Zirkulation von Ideen und Argumenten sowie für die Aushandlung von Interessen und Meinungen definiert. Als legitimatorischer Resonanzboden für die politischen Entscheidungsträger erfüllt Öffentlichkeit Transparenz- und Vermittlungsfunktionen zwischen politischen Herrschaftsträgern und Zivilgesellschaft. Sie ermöglicht demokratische Legitimation und Kontrolle, sorgt für gesellschaftliche Integration, Selbstorganisation, -erfahrung und -reflektion, und sie kann darüber hinaus kollektive Lernprozesse in Gang setzten. Öffentlichkeit gehört somit zur Grundausstattung jeder Demokratie, und sofern auch die Europäische Union für sich selbst den Anspruch erhebt, ein demokratisches politisches Gebilde darzustellen, kann sie auf Öffentlichkeit nicht verzichten. Es ist ebendiese demokratische Unverzichtbarkeit, die die Suche und Konzeptualisierung einer europäischen Öffentlichkeit vorantreibt und bedeutsam macht.

Normative Öffentlichkeitsmodelle unterscheiden sich – so wurde in Kapitel 2.2 herausgearbeitet – sowohl mit Blick auf ihre Funktionszuweisungen an Öffentlichkeit als auch mit Blick auf ihre Vorstellungen darüber, ob und inwiefern die Menschen am politischen Prozess und Diskurs beteiligt sein sollen. Während das liberal-repräsentative Modell die Beobachtungs- und Transparenzfunktion von Öffentlichkeit in den Vordergrund rückt, die repräsentative Abbildung gesellschaftlich virulenter Themen im Spiegel der Öffentlichkeit beziehungsweise in den Massenmedien postuliert, dabei aber die Bedeutung und Wirkkraft von Öffentlichkeitsformen jenseits der Massenmedien weitgehend unberücksichtig lässt beziehungsweise unterschätzt, die Beteiligung der Zivilgesellschaft auf den Wahlakt beschränkt und keine Aussagen über das *Wie* öffentlicher Kommunikationsprozesse trifft, setzt das Diskursmodell der Öffentlichkeit deutlich andere Schwerpunkte. So betont das diskursive Modell, welches vor allem durch die Arbeiten von Jürgen Habermas (1996, 1998) geprägt ist, stärker den Prozesscharakter von Öffentlichkeit, belegt den öffentlichen Diskurs mit speziellen normativen Forderungen – zum Beispiel mit der Gleichheit der Teilhabe sowie einer wechselseitigen Bezugnahme auf die Argumente der jeweils anderen – und fasst die Partizipation der Zivilgesellschaft insgesamt weiter, nämlich im Sinne einer kontinuierlichen Beteiligung der Bürger am politischen Prozess und Diskurs. Für die Erklärung von Öffentlichkeit in modernen Massengesellschaften erscheint das Diskursmodell insofern angemessener, als es sowohl die Pluralität und Vielfältigkeit als auch die Bedeutung und Wirkkraft von Öffentlichkeitsformen jenseits der Massenmedien zu berücksichtigen und zu implementieren weiß. Nichtsdestotrotz – so die Kritik – sieht es die kommunikativen Beteiligungen der Menschen vornehmlich als auf den Krisenfall sowie auf zivilgesellschaftliche Assoziationen und Bewegungen begrenzt. Die lebensweltliche Basis von Öffentlichkeit, sprich die Bedeutung der kommunikativen Anschlusshandlungen und Aneignungspraktiken der Menschen in ihrem Alltag bleiben dabei jedoch weitgehend unreflektiert. Vor dem Hintergrund dieser Überlegungen wurde argumentiert, dass eine Theorie von Öffentlichkeit – egal, ob sie für den nationalen oder den transnationalen Kontext gedacht ist – die soziale Realität nur dann adäquat greifen und erklären kann, wenn sie auch die kommunikativen Alltagspraktiken auf Seiten des Publikums berücksichtigt und reflektiert. Der Rekurs auf Cultural Studies-orientierte sowie sozialkonstruktivistische Ansätze, die ebendiese soziale Konstruiertheit von Realität – und damit von Öffentlichkeit – auf der Basis von Medienrezeption betonen, erscheint dementsprechend und insbesondere mit Blick auf die Forschungsziele dieser Arbeit überaus hilfreich.

In Kapitel 2.3 ging es sodann um die Diskussion einiger Aspekte von Öffentlichkeit in modernen Massengesellschaften. Dabei wurde herausgestrichen, dass Öffentlichkeit angesichts zunehmender Digitalisierungs-, Differenzierungs- und Transnationalisierungstendenzen kaum mehr im Singular oder als ein homogenes Gebilde gedacht werden kann. Sondern stattdessen muss Öffentlichkeit als ein plurales und hybrides Konstrukt vielzähliger nationaler, subnationaler und auch transnationaler Kommunikationsräume verstanden werden, die einander überlappen oder miteinander verwoben sein können. Bestimmen lassen sich diese Öffentlichkeiten über ihre Bezugsobjekte, die Reichweite ihrer Diskurse ebenso wie die darin behandelten Themen. Integration und Verständigung werden in derart pluralen, fragmentierten und entgrenzten Öffentlichkeiten keineswegs unmöglich. Vielmehr bleibt Verständigung – so wurde aus einer philosophisch-hermeneutischen Perspektive heraus argumentiert – immer dann möglich, wenn es geteilte Gegenstände gibt, an denen sich Kommunikation entzünden kann. Die unterschiedlichen und zum Teil konträren Perspektiven auf diese Gegenstände sind dabei nicht hinderlich für das Stattfinden von Kommunikation, sondern sie sind im Gegenteil konstitutiv sowohl für die Gegenstände selbst als auch für das entsprechende Gespräch. Die Integration von Öffentlichkeit ist demnach gut im Modus des Konflikts vorstellbar, sodass Integration weniger als Schließung oder Homogenisierung, sondern als Entgrenzung von Sinnhorizonten, Weltanschauungen und Kommunikationsmodi zu begreifen ist. Die zunehmende Pluralisierung, Fragmentierung und Entgrenzung[305] von Öffentlichkeit stellen in diesem Sinne zwar eine Herausforderung, aber kein grundsätzliches Hindernis für die Möglichkeit und das Gelingen öffentlicher Kommunikation – weder auf nationaler noch auf transnationaler europäischer Ebene – dar.

Vor dem Hintergrund der Betrachtung einiger Strukturmerkmale sowie existierender Erklärungsansätze europäischer Öffentlichkeit (supranationale europäische Öffentlichkeit, Europäisierung nationaler Öffentlichkeiten, Netzwerk themen- und ereigniszentrierter Teilöffentlichkeiten) wurde in Kapitel 3 dann herausgearbeitet, dass die Konzeptualisierung europäischer Öffentlichkeit zuvorderst einer Loslösung von territorialstaatlichen, sprachlichen, mediensys-

---

[305] Während Pluralisierung und Entgrenzung auf die Vervielfachung bzw. die Herausbildung spezialisierter Kommunikationsräume verweisen, meint Entgrenzung die Öffnung lokal, regional oder national bezogener Kommunikationsräume hin zu Europa oder dem Globalen (vgl. Kapitel 2.3.3).

temischen und kulturellen Entitäten beziehungsweise Referenzpunkten bedarf. Nur so können einem die Linien transnationaler öffentlicher Vernetzungen, die eben durchaus quer zu solchen Entitäten verlaufen, tatsächlich in den Blick geraten. Statt also europäische Öffentlichkeit an territoriale Gebiete oder überzogene, selbst im Nationalstaat kaum anzutreffende Homogenitätsanforderungen hinsichtlich gemeinsamer Medien, Sprachen und Kulturen zu binden und in der Folge die Nicht-Existenz europäischer Öffentlichkeit zu postulieren, wurde argumentiert, dass eine transnationale Öffentlichkeit in Europa grundsätzlich möglich ist. Das heißt sie muss nicht an den für Europa typischen Strukturbedingungen wie der sprachlichen, medialen oder kulturellen Heterogenität scheitern, und sie kann darüber hinaus durchaus demokratische Funktionen und gesellschaftliche Integration leisten. Beschreiben lässt sich europäische Öffentlichkeit am besten als ein Netzwerk themen- und ereigniszentrierter Teilöffentlichkeiten, bei dem die Menschen über ihre eigenen nationalen Medien und aus ihren eigenen nationalpolitischen und -kulturellen Kontexten heraus teilnehmen können. Nichtsdestotrotz – so die Kritik – zeichnen sich alle drei skizzierten Erklärungsansätze ebenso wie die entsprechenden empirischen Studien europäischer öffentlicher Kommunikationsprozesse durch einen außerordentlichen Medienzentrismus aus. Die Rolle der Publika und Mediennutzer, also der Unionsbürger, und ihrer Aneignungspraktiken bleibt dabei sowohl theoretisch als auch empirisch weitgehend unterbelichtet.

Im zweiten, mit *Theoretisierung europäischer Öffentlichkeit* überschriebenen Teil des Buches wurde unter Rekurs auf John Deweys (1927) pragmatischen Begriff der Öffentlichkeit schließlich ein dreidimensionaler Ansatz europäischer Öffentlichkeit entwickelt, der sowohl den Raumbezug öffentlicher Kommunikationsprozesse in Europa, die politischen Zielfunktionen als auch die Publikumsebene umfasst. Europäische Öffentlichkeit wurde dabei als ein dynamisches und translokales Netzwerk themen- und ereigniszentrierter Teilöffentlichkeiten definiert, das durch europäische Diskurse konstituiert wird und genau dann existiert, wenn eine Konvergenz und Synchronität der diskutierten Themen und Argumente anzutreffen ist und wenn die Unionsbürger ihre Betroffenheit und Interdependenz von und in europapolitischen Entscheidungs- und Problemzusammenhängen wahrnehmen und in entsprechende Diskurse eintreten. Europäische Öffentlichkeit ist somit losgelöst von territorialstaatlichen, mediensystemischen, sprachlichen und kulturellen Entitäten denkbar. Sie entsteht im Gefolge eines Handlungs- oder Problemzusammenhangs beziehungsweise genau dort, wo Individuen innerhalb eines geteilten Handlungsraums wechselseitige Interdependenzen erfahren, indirekte Handlungsfolgen als relevant wahrnehmen und ihre Betroffenheit in kommunikativen Anschlusshandlungen diskutieren. Sie ist translokal und transkulturell angelegt, insofern sie in ganz unterschiedlichen nationalpolitischen, medialen, kulturellen und sozialen Kontexten wurzelt, sodass in der Konsequenz unterschiedliche, zum Teil konträre Perspektiven, (Re-) Produktionen und auch Kontextualisierungen resultieren. Die Kontroversität europapolitischer öffentlicher Debatten ist dabei nicht hinderlich, sondern im Gegenteil förderlich für das Stattfinden europäischer Öffentlichkeit und damit auch für den Prozess der Integration europäischer Gesellschaften. In diesem Sinne wurde in den Kapiteln 2.3.2 und 2.3.3 argumentiert, dass sich die Herausbildung ebenso wie die Konsolidierung europäischer kollektiver Identität, Demokratie und Zivilgesellschaft – die Konstituenten europäischer Integration – im Prozess öffentlicher Kommunikation und kollektiven Lernens über die alltägliche Relevanz des europapolitischen Horizonts vollziehen. Die notwendige Voraussetzung für die Entstehung europäischer Öffentlichkeit ist dabei freilich die Sichtbarkeit und Sichtbarmachung der Folgen europäischer Problem- und Entscheidungszusammenhänge – eine Aufgabe, die sowohl den EU-Kommunikatoren als auch den Massenmedien zugerechnet werden kann. Letztere scheinen diese Voraussetzung gemäß den in Kapitel 3.3 zitierten Inhaltsanalysen zur Europäisierung nationaler Medienangebote in zunehmendem Maße zu erfüllen. Ausschlaggebend für die Entstehung und Realisierung europäischer Öffentlichkeit sind allerdings nicht allein die Generierung oder die massenmediale Vermittlung europapolitischer Themen, sondern schlussendlich die diskursiven Aneignungsprozesse und Anschlusshandlungen der Publika und Mediennutzer in ihrem Alltag. Zusammenfassend lässt sich für den entwickelten pragmatischen Ansatz also festhalten, dass dieser den Kommunikationsraum Europa nicht als einen Gegensatz zu nationalen, regionalen oder anderen transnationalen Öffentlichkeiten begreift. Sondern stattdessen postuliert er ein Sowohl-Als-Auch verschiedener Kommunikationsräume, die gleichzeitig bestehen, ineinander übergehen und miteinander verschachtelt sein können. Bestimmen lassen sie sich über ihre Bezugsobjekte – zum Beispiel die EU oder nationale politische Institutionen – ebenso wie über die Dichte und Reichweite der sie konstituierenden Diskurse. Zur Disposition steht hier also nicht ein Entweder-Oder beziehungsweise ein schlichtes Nebeneinander von Öffentlichkeiten, sondern vielmehr das Zusammenspiel beziehungsweise das Ineinanderwachsen vielzähliger Teilöffentlichkeiten, die durch regionale, nationale und transnationale Diskurse konstituiert werden. Die Publika und Mediennutzer ebenso wie die nationalen Medienanbieter müssen dabei zusehends zwischen den jeweiligen lokalen Alltagswelten und Kontexten sowie den verschiedenen Bezugspunkten der entsprechenden Diskurse vermitteln. Und in diesem Vermittlungs- und Abgrenzungsprozess werden sowohl das Lokale als auch das Globale beziehungsweise das Nationale und das Europäische fortwährend (re)produziert und aktualisiert.

Was nun die erste Dimension des pragmatischen Ansatzes – die Raumdimension europäischer Öffentlichkeit – anbelangt, so wurde dieser unter Rekurs auf soziologische Raumkonzepte im Sinne eines diskursiv konstituierten und abgesteckten Interaktionsraums beschrieben. Dieser kristallisiert in einem über transnationale Diskurse generierten, über verschiedene Medienarenen vermittelten und in unterschiedlichen kulturellen Kontexten verwurzelten sozialen Konstrukt, welches Europa aus der Vogelperspektive als ein Netzwerk verdichteter Kommunikation mit einer zu den Randbereichen hin abfallenden Interaktionsdichte erscheinen lässt. Die Verwendung einer Netzwerkmetapher ermöglicht es dabei, sowohl die Unregelmäßigkeit und Dynamik als auch die Offenheit europapolitischer öffentlicher Kommunikationsprozesse greifbar zu machen.

Die politischen Zielfunktionen europäischer Öffentlichkeit, welche die zweite Dimension des pragmatischen Ansatzes bilden, orientieren sich an denen diskursiver Demokratie- und Öffentlichkeitstheorien. Sie umfassen neben einer wechselseitigen Beobachtung und Kontrolle von europapolitischen Herrschaftsträgern und Unionsbürgern die Thematisierung gesellschaftlich virulenter Interessen und Problemlagen, die Legitimierung europäischen Entscheidungshandelns, eine demokratische Willensbildung im Prozess kollektiven Lernens sowie schließlich die Integration und Orientierung der europäischen Gesellschaftsmitglieder. Im Sinne Deweys und in Abgrenzung zum Habermas'schen Diskursmodell wurde dabei weniger auf die Erzielung eines rationalen Konsenses als Ergebnis öffentlicher Kommunikation, sondern vielmehr auf den Prozess des kreativen Problemlösungshandelns und kollektiven Lernens im öffentlichen Diskurs abgestellt. Von einem pragmatischen Standpunkt aus wurde argumentiert, dass europäische Öffentlichkeit die genannten Zielfunktionen durchaus erfüllen kann. Allerdings wird sich ihre Funktionstüchtigkeit kaum an bestimmten institutionellen Arrangements ablesen lassen, sondern vielmehr kann sie nur retrospektiv beziehungsweise situations- und sachspezifisch beurteilt werden. Das heißt sie muss sich immerfort aufs Neue und in Bezug auf konkrete europapolitische Themen, Probleme und Entscheidungsbereiche bewähren und beweisen.

Was schließlich die Publikumsebene beziehungsweise die dritte Dimension des pragmatischen Ansatzes betrifft, so ist das Publikum in der erarbeiteten Definition europäischer Öffentlichkeit bereits enthalten. Wurden die Entstehung und die Existenz europäischer Öffentlichkeit doch an die Betroffenheitswahrnehmungen ebenso wie an die kommunikativen Anschlusshandlungen der Menschen gekoppelt. Ausgehend von der Annahme, dass (europäische) Öffentlichkeit heute vor allem massenmedial organisiert und vermittelt ist, wurde unter Einnahme einer Prozessperspektive zwischen Medienpublika (audiences) einerseits und Bürgerpublika (publics) andererseits unterschieden. Während sich Medienpublika aus den Rezipienten einzelner Medienangebote zusammensetzen, werden diese Rezipienten genau dann zu Öffentlichkeit konstituierenden Bürgerpublika, wenn sie anfangen, sich von europapolitischen Problem- und Handlungszusammenhängen betroffen zu fühlen und in entsprechende Diskurse eintreten. Die Einnahme einer Prozessperspektive auf den Zusammenhang von Medien- in Bürgerpublika ermöglicht es somit, den Medienkonsum als ein potentielles Moment von Öffentlichkeit und Bürgerschaft zu fassen. Auf der Grundlage von Medienrezeption können Menschen demnach ihre Betroffenheit von europapolitischen Sachverhalten, Problemlagen oder Entscheidungen wahrnehmen und sich veranlasst fühlen, in entsprechende Diskurszusammenhänge einzutreten, sprich die rezipierten Inhalte im Rahmen ihrer kommunikativen Anschlusshandlungen zu verarbeiten und damit zu Mitgliedern eines Öffentlichkeit konstituierenden Bürgerpublikums zu werden. Die Zusammensetzung der Bürgerpublika variiert dabei ebenso wie die emergierenden Teilöffentlichkeiten zeitlich und sachlich mit den Handlungsfolgen und wahrgenommenen Betroffenheiten. Das ,europäische' Publikum ist somit nicht länger konsistent mit territorialstaatlichen Grenzen oder Medienreichweiten, sondern stattdessen ist es fragmentiert und formiert sich immerfort aufs Neue, also situationsspezifisch, themen- und ereignisbezogen. Das Konzept einer diskursiven Aneignung europapolitischer Debatten, welches sodann im Anschluss an Cultural Studies-orientierte Überlegungen zur Medienaneignung entwickelt wurde, verweist dementsprechend auf den Prozess einer argumentativ gestützten Auseinandersetzung mit den Inhalten medienvermittelter europäischer Diskurse ebenso wie auf deren kulturelle Lokalisierung in den jeweiligen politischen, kulturellen und auch sozialen Kontexten der Unionsbürger. Diskursive Aneignung umfasst also sowohl die Rezeption europapolitischer Medieninhalte als auch die auf Betroffenheit basierenden Anschlusshandlungen, durch die die Rezipienten zu Mitgliedern eines Öffentlichkeit konstituierenden Bürgerpublikums werden. Die Untersuchung ebendieser kommunikativen Beteiligungen, Sinngebungs- und Aneignungsprozesse auf Seiten des europäischen Publikums bildeten den Gegenstand der empirischen Fallstudien.

Die im dritten Teil der Arbeit präsentierten *empirischen Fallstudien* zur europäischen Verfassungsdebatte beziehungsweise die den Ratifizierungsprozess im Jahre 2005 begleitende öffentliche Debatte in Frankreich, Italien und Deutschland stellten in Anlehnung an das theoretische Gerüst auf die Wahrnehmung von Betroffenheit und Interdependenz im Prozess der europäischen Verfassungsgebung ebenso wie auf eine Konvergenz der diskutierten Themen und Argumente sowie schließlich auf die kulturellen Differenzen in den Sinngebungs- und Aneignungsprozessen der befragten französischen, italienischen und deutschen Bürger ab. Offensichtlich war zunächst einmal die Tatsache, dass der unerwartete politische Verlauf der Ratifizierung, sprich die gescheiterten Referenden in Frankreich und den Niederlanden, die öffentlichen Debatten – und damit den Untersuchungsgegenstand – erheblich katalysierten und vergrößerten. So stellte der Verfassungsprozess nun einen echten Problemzusammenhang dar, der die Wahrnehmung von Betroffenheit und Interdependenz ebenso wie den anschließenden Eintritt in entsprechende Diskurszusammenhänge auch in den Ländern, in denen kein Referendum stattfand, provozierte. Vor diesem Hintergrund konnten im Rahmen der Sinngebungsprozesse durch das europäische Publikum sowohl eine Konvergenz von Themen und Argumenten über die drei Länder hinweg als auch spezifische Differenzen in den Lokalisierungen und Gewichtungen zwischen den Ländern festgestellt und herausgearbeitet werden. Im Rahmen dieser kulturellen Differenzen stellten die italienischen Befragten etwa Themenbezüge her, die in Frankreich und Deutschland gar nicht vorkamen, wohingegen die französischen und deutschen Interviewten das Thema EU-Verfassung mit recht ähnlichen Themenbezügen diskutierten. Zusammenfassend lässt sich sagen, dass der Fall der europäischen Verfassungsdebatte mit den gescheiterten Referenden in Frankreich und den Niederlanden nicht nur die Wahrnehmung von Betroffenheit und wechselseitiger Interdependenz ebenso wie die Beteiligung an entsprechenden Diskursen auf Seiten der Bürger greifbar werden ließ. Sondern darüber hinaus hat die Verfassungsdebatte deutlich gemacht, dass und inwiefern Krisen und Konflikte – denn nichts anderes haben die gescheiterten Referenden ausgelöst – das Stattfinden europäischer Öffentlichkeit evozieren und antreiben können. So hat der Prozess der europäischen Verfassungsgebung oder besser gesagt sein Scheitern ein Moment europäischer Öffentlichkeit generiert.

Im Sinne einer Forschungsperspektive wäre nun weitergehend zu diskutieren beziehungsweise zu untersuchen, was nach einer solchen themen- und ereignisbezogenen fallweisen Emergenz europäischer Öffentlichkeit, die ja im theoretischen Konzept bereits angelegt ist und die mit der Analyse eines spezifischen, zeitlich begrenzten Diskurses in gewisser Weise bedient wurde, passiert beziehungsweise wie die jeweiligen Themen danach diskutiert werden. Unter Einnahme einer Langfristperspektive könnte dementsprechend erforscht werden, ob und inwiefern solche Momente europäischer Öffentlichkeiten im Zeitverlauf häufiger oder in kürzeren Abständen auftauchen[306]. Normativ gesehen wäre eine solche zunehmend häufige Existenz europäischer Öffentlichkeit wünschenswert. Wohlgemerkt aber wird die Existenz europäischer Öffentlichkeit aus pragmatischer Perspektive kaum an bestimmten institutionellen Arrangements wie zum Beispiel einem bestimmten Repräsentanzniveau europapolitischer Themen in den Massenmedien oder der Etablierung eines europaweiten Mediensystems abzulesen sein. Sondern vielmehr muss sich die Existenz eines sozialen Konstrukts wie europäische Öffentlichkeit immerfort aufs Neue und bezogen auf bestimmte Themen, Problemfelder und Entscheidungsbereiche in den kommunikativen Praktiken und Anschlusshandlungen der Menschen auf der Basis ihrer Medienrezeptionen und Bedeutungskonstruktionen beweisen und bewähren. Für den rechtlich und politisch zunehmend integrierten Handlungsraum EU kann gleichwohl angenommen werden, dass die EU-Institutionen mit ihren europapolitischen Entscheidungen weiterhin und systematisch europäische Themen und europaweite wechselseitige Interdependenzen produzieren werden, sodass die Bürger ihre Betroffenheit von den indirekten Folgen regelmäßig wahrnehmen und sich veranlasst fühlen können, in entsprechende Diskurse einzutreten. Der politisch institutionalisierte Ordnungsrahmen EU sorgt in diesem Sinne für eine nicht ganz so zufällige beziehungsweise in unabsehbar großen Zeitabständen aufflackernde europäische Öffentlichkeit[307]. Für die Unionsbürger kann zudem erwartet werden, dass die Erfahrung einer systematischen Europa-Betroffenheit und wechselseitigen Interdependenz entsprechende Lernprozesse in Gang setzen wird, sodass sich die Wahrscheinlichkeit einer Betroffenheitswahrnehmung und kommunikativen Beteiligung – und damit der Emergenz europäischer Öffentlichkeit – zusehends erhöht. Erwartet werden kann in diesem Zusammenhang auch, dass sich um bestimmte europapolitische Themen- oder Entscheidungsbereiche dauerbeständige Bürgerpublika gruppieren, die sich gezielt über entsprechende Themen auf dem Laufenden halten und an entsprechenden Diskursen teilnehmen – als Beispiel wäre hier eine um das Thema Umweltschutz sowie die zuständigen Entscheidungsinstanzen gruppierte Teilöffentlichkeit denkbar.

Resümierend lässt sich mit Blick auf diese Arbeit festhalten, dass der entwickelte pragmatische Ansatz es möglich gemacht hat, die konstitutive Rolle der

---

[306] Zum Schwellen- versus Episodenmodell der Entstehung europäischer Öffentlichkeit vgl. die Ausführungen von Peters/Wessler (2006: 138ff.) sowie Kapitel 3.3.3.

[307] Genau dies kann indes für globale Öffentlichkeiten angenommen werden, fehlt ihnen doch ein institutionalisierter politischer Bezugrahmen, der regelmäßig entsprechende Themen und Interdependenzen generiert (vgl. dazu z.B. Kantner 2004: 18; Keane 2003: 169; Kettner/Schneider 2000: 369).

kommunikativen Praktiken und medienbasierten Anschlusshandlungen der Menschen auf der Publikumsebene zu berücksichtigen und zu implementieren sowie einer empirischen Untersuchung zuzuführen. Die Massenmedien beziehungsweise ihre Reichweite und ihr europapolitisches Berichterstattungsniveau werden dabei eben nicht zum Dreh- und Angelpunkt erhoben, sodass europäische Öffentlichkeit nicht als eine reine Medienöffentlichkeit (miss)verstanden oder auf eine solche verkürzt wird[308]. Schließlich wurde angenommen, was Dahlgren folgendermaßen ausdrückt: „A viable public sphere cannot exist solely as a media phenomon, but must go via the interaction of civil society" (Dahlgren 1995: 135). Vor dem Hintergrund dieser Annahme, dass es eben nicht allein die Produktion und massenmediale Vermittlung von EU-Themen sind, die ausschlaggebend für die Entstehung europäischer Öffentlichkeit sind, wurde ein gleichermaßen kommunikatives wie handlungstheoretisches Konzept entwickelt, welches die interaktionistische Basis beziehungsweise die Rezeptions- und Aneignungsseite von Öffentlichkeit integriert und das soziale Konstrukt (europäische) Öffentlichkeit als im kommunikativen Handeln der Menschen etabliert und tradiert versteht. Die Realisierung europäischer Öffentlichkeit kann dementsprechend und folgerichtig in vielfältiger Form und über vielfältige, nicht zwangsläufig massenmediale Kanäle gedacht werden. So zum Beispiel über das Internet – eine im Hinblick auf europapolitische Kommunikationsprozesse bislang viel zu wenig beachtete und erforschte Infrastruktur[309]. Im Rahmen der Fallstudien zur EU-Verfassungsdebatte tauchte das Internet jedenfalls verschiedentlich auf, insofern die interviewten Bürger das Internet konsultierten, um sich weitergehend über die Verfassung zu informieren. Neben dem Internet können aber auch weitere Kommunikationsmedien fernab der traditionellen Massenmedien für eine Sichtbarmachung von indirekten Handlungsfolgen sorgen und damit die Voraussetzung für das Stattfinden öffentlichkeitsrelevanter politischer Kommunikation schaffen. So nutzten etwa im Senegal im Wahljahr 2007 junge Menschen ihre Handys, um gegen den senegalesischen Staatschef mobil zu machen. In Tibet organisierten und koordinierten im Frühjahr 2008 Mönche und Studenten ihre Widerstandsbewegungen per Handy und SMS, und im US-amerikanischen Wahlkampf 2008 nutzen zivilgesellschaftliche Organisationen wie ‚Moveon.org' das Mobiltelefon, um per SMS-Versand oder im Rah-

---

[308] Wohlgemerkt kann sich die Untersuchung europäischer öffentlicher Kommunikation zwar empirisch auf die Medienebene beschränken, ihre theoretische Reflektion aber kann dies nicht.

[309] Unter den wenigen wissenschaftlichen Arbeiten zu europapolitischer öffentlicher Kommunikation im Internet können hier die Arbeiten von Koopmans/Zimmermann (2003), Zimmermann (2006), van Os (2004) sowie van Os/Jankowski (2005) genannt werden.

men von Handy-Parties für die Unterstützung der Demokraten zu werben. (Vgl. www.dw-world.de, www.spiegel.de, www.zeit.de) Die genannten Beispiele machen deutlich, dass die traditionellen Massenmedien, deren Bedeutung im Rahmen (europäischer) öffentlicher Kommunikationsprozesse keineswegs geschmälert oder unterbewertet werden soll, nicht länger als einzige beziehungsweise ultimative Instanz für die Sichtbarmachung der indirekten Folgen politischer Problem- und Entscheidungszusammenhänge gewertet werden können. Vielmehr stellen sie lediglich eine, gleichwohl eine sehr bedeutsame Gruppe von Akteuren auf der Medienebene dar, die im Zusammenspiel mit den Akteuren auf der Kommunikatorebene sowie mit den Bürgern auf der Publikumsebene europäische Öffentlichkeit herstellen und tradieren[310].

Insofern eine Beschäftigung mit dem Thema Öffentlichkeit immer auch Fragen der Normativität berührt, soll der entworfene pragmatische Ansatz nun noch einmal im Lichte einiger normativer Aspekte beleuchtet und reflektiert werden. Zunächst einmal ist klar, dass der entworfene Ansatz nicht rein normativ angelegt ist – schließlich versucht er, sozialkonstruktivistische Überlegungen und Annahmen über die kommunikative Konstruiertheit von Öffentlichkeit mit normativen Aussagen über die politischen Zielfunktionen europäischer Öffentlichkeit zu verbinden. So besteht der übergeordnete Sinn von Öffentlichkeit zwar darin, zu einem normativen demokratietheoretischen Diskurs beizutragen – ein Aspekt, dem vor allem im Rahmen der zweiten Dimension zu den politischen Zielfunktionen europäischer Öffentlichkeit Rechnung getragen wird. Aber mit der gleichzeitigen Betonung, dass Öffentlichkeit als soziales beziehungsweise kommunikatives Konstrukt in den Alltagspraktiken der Menschen wurzelt und entsteht, wird hier sozusagen eine Verknüpfung von normativen Ansprüchen mit sozialkonstruktivistischen und Cultural Studies-orientierten Überlegungen bewerkstelligt. Die empirischen Untersuchungen der tatsächlichen kommunikativen Beteiligungen und Aneignungsprozesse auf Seiten des Publikums bedienen vor diesem Hintergrund zwar nur einen Teil der Theo-

---

[310] Wie bereits angedeutet, ist die Bedeutung und Nutzung alternativer Medien im Prozess der Konstituierung europäischer Öffentlichkeit bislang weitgehend unerforscht. Inzwischen gibt es zwar einige Arbeiten zur Rolle des Internet, aber andere Kommunikationsmedien wie etwa das Handy oder (erstaunlicherweise) auch das Fernsehen sind bis dato weitgehend unterbelichtet. Mit Blick auf das Fernsehen im Rahmen europapolitischer Kommunikation kann hier lediglich die Studie von Claes de Vreese (2003) genannt werden. Für eine theoretische Reflektion der Rolle des Fernsehens bei der Etablierung europäischer Öffentlichkeit vgl. Gripsrud (2007).

rie[311], nichtsdestotrotz sind sie weder theoretisch enthoben noch entfremdet. Sondern stattdessen haben sie umgekehrt zu einer Bereicherung und Fortentwicklung der Theorie beigetragen, indem sie nicht nur das konkrete *Wie* der Publikumsbeteiligung illustriert, sondern auch die Folgen der Situiertheit des europäischen Publikums in ganz unterschiedlichen politischen, kulturellen und sozialen Kontexten greifbar gemacht haben. Die in den Lokalisierungen und Gewichtungen der französischen, italienischen und deutschen Bürger sichtbar gewordenen Differenzen haben im theoretischen Rückschluss nämlich die Notwendigkeit eines Verständnisses von europäischer Öffentlichkeit als heterogenes, transkulturelles und translokales Konstrukt noch einmal deutlich unterstrichen. Das heißt die bestehenden Differenzen in den Perspektiven, Interpretationen, Sinngebungs- und Aneigungsprozessen der Bürger müssen als Charakteristikum beziehungsweise Wesensmerkmal europäischer öffentlicher Kommunikation verstanden und entsprechend theoretisch integriert werden. Die in der erarbeiteten Definition europäischer Öffentlichkeit postulierte Konvergenz von Themen und Argumenten erscheint vor diesem Hintergrund zwar normativ plausibel und sinnvoll – schließlich geht es ja um die Identifizierung eines europäischen öffentlichen Kommunikations*zusammenhangs*. Doch darf diese Konvergenz-Forderung nicht mit überzogenen Homogenitätsansprüchen – eher mit dem Anspruch auf Vollständigkeit der Themen- und Argumentationshaushalte – belegt werden, sodass sie offen und ergänzbar bleibt für beziehungsweise durch die Berücksichtigung gegebener kultureller Differenzen in den Aneignungs- und Darstellungsweisen europapolitischer Gegenstände durch die Bürger, die Medien sowie die Kommunikatoren. Genau dieser Erkenntnis kann die Konzeptualisierung europäischer Öffentlichkeit als ein translokales und transkulturelles Netzwerk, welches in den unterschiedlichen Kontexten der Unionsbürger wurzelnd durch unterschiedliche Perspektiven und Färbungen geprägt ist beziehungsweise durch ebendiese unterschiedlichen Perspektiven überhaupt konstituiert wird, gut Rechnung tragen.

Zum Abschluss lässt sich nun sagen, dass der entworfene Ansatz europäischer Öffentlichkeit, insofern er an John Deweys pragmatischen Begriff der Öffentlichkeit, der wohlgemerkt in einem völlig anderen historischen Kontext entwickelt wurde, anknüpft beziehungsweise diesen als theoretische Matrize verwendet, deutlich macht, wie erhellend und hilfreich lange vergessene Klassiker für die Bearbeitung aktueller demokratie- und öffentlichkeitstheoretischer

---

[311] Bei abstrakten Phänomenen wie Öffentlichkeit ist dies laut Splichal auch nicht anders möglich, können doch immer nur bestimmte Aspekte, niemals aber eine ganze Theorie von Öffentlichkeit in der Realität erforscht werden (vgl. Splichal 2006: 710).

Fragestellungen und Probleme sein können[312]. So hat der Rekurs auf Dewey nicht nur die Inklusion des Publikums und seiner konstitutiven Bedeutung ermöglicht und damit den Weg zur Erreichung des Forschungsziels dieser Arbeit geebnet. Sondern darüber hinaus kommt Dewey der Verdienst zu, noch lange vor dem Stattfinden einer wissenschaftlichen Globalisierungsdebatte, die Globalität von Handlungsfolgen erkannt und ein Konzept von Öffentlichkeit entworfen zu haben, welches eben nicht territorial, sondern funktional und kommunikativ angelegt ist, sodass es sich bruchlos auf den transnationalen europäischen Kontext übertragen lässt. Richtungweisend für moderne Massengesellschaften und politische Systeme ist in diesem Sinne auch die Auseinandersetzung zwischen John Dewey und Walter Lippmann über die Beteiligung der Zivilgesellschaft am öffentlichen Diskurs und politischen Prozess. Kann diese Auseinandersetzung doch als „visionäre Vorwegnahme zweier konträrer Reaktionsmöglichkeiten" (Kettner 1998: 46) auf die wahrgenommenen Probleme demokratischer Regierungssysteme im Zeitalter der Globalisierung, Ökonomisierung und kulturellen Heterogenität gewertet werden.

---

[312] Vgl. dazu auch die Arbeit von Andreas Koller (2004: 69).

# Interviewverzeichnis

<u>1) Frankreich:</u>[313]

|     | Alter    | Geschlecht | Ort      | Datum         |
| --- | -------- | ---------- | -------- | ------------- |
| **1.**  | 64 Jahre | Weiblich   | Paris    | 28. Mai 2005  |
| **2.**  | 66 Jahre | Weiblich   | Paris    | 28. Mai 2005  |
| **3.**  | 78 Jahre | Weiblich   | Paris    | 28. Mai 2005  |
| **4.**  | 76 Jahre | Männlich   | Paris    | 28. Mai 2005  |
| **5.**  | 23 Jahre | Weiblich   | Paris    | 28. Mai 2005  |
| **6.**  | 23 Jahre | Männlich   | Paris    | 28. Mai 2005  |
| **7.**  | 60 Jahre | Weiblich   | Paris    | 29. Mai 2005  |
| **8.**  | 60 Jahre | Weiblich   | Paris    | 29. Mai 2005  |
| **9.**  | 24 Jahre | Weiblich   | Paris    | 29. Mai 2005  |
| **10.** | 27 Jahre | Weiblich   | Paris    | 29. Mai 2005  |
| **11.** | 27 Jahre | Weiblich   | Paris    | 30. Mai 2005  |
| **12.** | 27 Jahre | Weiblich   | Paris    | 30. Mai 2005  |
| **13.** | 75 Jahre | Weiblich   | Paris    | 30. Mai 2005  |
| **14.** | 70 Jahre | Männlich   | Paris    | 30. Mai 2005  |
| **15.** | 60 Jahre | Männlich   | Paris    | 30. Mai 2005  |
| **16.** | 35 Jahre | Weiblich   | Paris    | 30. Mai 2005  |
| **17.** | 59 Jahre | Weiblich   | Paris    | 31. Mai 2005  |
| **18.** | 18 Jahre | Weiblich   | Paris    | 01. Juni 2005 |
| **19.** | 17 Jahre | Männlich   | Paris    | 01. Juni 2005 |
| **20.** | 28 Jahre | Männlich   | Paris    | 01. Juni 2005 |
| **21.** | 28 Jahre | Männlich   | Paris    | 01. Juni 2005 |
| **22.** | 59 Jahre | Weiblich   | Toulouse | 18. Nov. 2006 |
| **23.** | 24 Jahre | Weiblich   | Toulouse | 18. Nov. 2006 |
| **24.** | 54 Jahre | Männlich   | Toulouse | 18. Nov. 2006 |
| **25.** | 53 Jahre | Weiblich   | Toulouse | 18. Nov. 2006 |
| **26.** | 26 Jahre | Weiblich   | Toulouse | 19. Nov. 2006 |
| **27.** | 21 Jahre | Weiblich   | Toulouse | 19. Nov. 2006 |

---

[313] Die Namen der Befragten werden hier nicht angegeben, sondern stattdessen durch Zahlen ersetzt. Die im Text (Kapitel 5.3) verwendeten Interviewausschnitte beinhalten lediglich Hinweise auf das Geschlecht, das Alter sowie das Herkunftsland.

2) Italien:

|      | Alter    | Geschlecht | Ort     | Datum           |
|------|----------|------------|---------|-----------------|
| 1.   | 55 Jahre | Männlich   | Rom     | 02. Juni 2005   |
| 2.   | 80 Jahre | Weiblich   | Rom     | 02. Juni 2005   |
| 3.   | 84 Jahre | Männlich   | Rom     | 02. Juni 2005   |
| 4.   | 50 Jahre | Männlich   | Rom     | 03. Juni 2005   |
| 5.   | 46 Jahre | Männlich   | Rom     | 04. Juni 2005   |
| 6.   | 44 Jahre | Weiblich   | Rom     | 04. Juni 2005   |
| 7.   | 35 Jahre | Weiblich   | Rom     | 04. Juni 2005   |
| 8.   | 67 Jahre | Männlich   | Rom     | 04. Juni 2005   |
| 9.   | 57 Jahre | Weiblich   | Rom     | 04. Juni 2005   |
| 10.  | 52 Jahre | Männlich   | Rom     | 04. Juni 2005   |
| 11.  | 78 Jahre | Männlich   | Rom     | 04. Juni 2005   |
| 12.  | 38 Jahre | Weiblich   | Rom     | 05. Juni 2005   |
| 13.  | 33 Jahre | Männlich   | Rom     | 05. Juni 2005   |
| 14.  | 48 Jahre | Männlich   | Rom     | 05. Juni 2005   |
| 15.  | 31 Jahre | Weiblich   | Rom     | 05. Juni 2005   |
| 16.  | 58 Jahre | Weiblich   | Rom     | 05. Juni 2005   |
| 17.  | 30 Jahre | Weiblich   | Rom     | 05. Juni 2005   |
| 18.  | 36 Jahre | Männlich   | Rom     | 05. Juni 2005   |
| 19.  | 35 Jahre | Weiblich   | Mailand | 19. Januar 2007 |
| 20.  | 26 Jahre | Weiblich   | Mailand | 19. Januar 2007 |
| 21.  | 64 Jahre | Weiblich   | Mailand | 19. Januar 2007 |
| 22.  | 32 Jahre | Männlich   | Mailand | 20. Januar 2007 |

3) Deutschland:

|     | Alter    | Geschlecht | Ort    | Datum          |
| --- | -------- | ---------- | ------ | -------------- |
| **1.**  | 51 Jahre | Männlich   | Berlin | 10. Juni 2005  |
| **2.**  | 69 Jahre | Weiblich   | Berlin | 10. Juni 2005  |
| **3.**  | 39 Jahre | Männlich   | Berlin | 11. Juni 2005  |
| **4.**  | 27 Jahre | Männlich   | Berlin | 12. Juni 2005  |
| **5.**  | 25 Jahre | Weiblich   | Berlin | 13. Juni 2005  |
| **6.**  | 64 Jahre | Weiblich   | Berlin | 13. Juni 2005  |
| **7.**  | 54 Jahre | Männlich   | Berlin | 13. Juni 2005  |
| **8.**  | 63 Jahre | Weiblich   | Berlin | 14. Juni 2005  |
| **9.**  | 26 Jahre | Weiblich   | Berlin | 14. Juni 2005  |
| **10.** | 60 Jahre | Weiblich   | Erfurt | 30. Juni 2005  |
| **11.** | 60 Jahre | Männlich   | Erfurt | 30. Juni 2005  |
| **12.** | 66 Jahre | Weiblich   | Erfurt | 10. Juli 2005  |
| **13.** | 68 Jahre | Männlich   | Erfurt | 10. Juli 2005  |
| **14.** | 27 Jahre | Weiblich   | Erfurt | 27. Juli 2005  |
| **15.** | 27 Jahre | Weiblich   | Erfurt | 27. Juli 2005  |
| **16.** | 60 Jahre | Männlich   | Erfurt | 27. Juli 2005  |
| **17.** | 30 Jahre | Männlich   | Erfurt | 02. Feb. 2007  |
| **18.** | 24 Jahre | Männlich   | Erfurt | 02. Feb. 2007  |
| **19.** | 21 Jahre | Weiblich   | Erfurt | 02. Feb. 2007  |
| **20.** | 29 Jahre | Weiblich   | Erfurt | 03. Feb. 2007  |
| **21.** | 30 Jahre | Männlich   | Erfurt | 03. Feb. 2007  |
| **22.** | 38 Jahre | Männlich   | Erfurt | 04. Feb. 2007  |
| **23.** | 30 Jahre | Weiblich   | Erfurt | 04. Feb. 2007  |

**Thematischer Leitfaden Bürgerinterviews:**[314]

1. Bitte stellen Sie sich kurz vor und erzählen Sie, was ‚Europa' für Sie bedeutet.
2. In den letzten Wochen haben Sie vermutlich viel über die europäische Verfassung gehört und gelesen. Können Sie kurz berichten, wie (z.B. über welche Medien, Broschüren oder Veranstaltungen) Sie diese ganze Debatte wahrgenommen haben?
3. Welche Akteure und Sprecher haben Sie in der Debatte wahrgenommen? Welche Nationalität hatten diese Sprecher? Und welche Botschaften und Schlagworte haben Sie vernommen?
4. Inwiefern haben Sie die Ratifizierung der EU-Verfassung durch den Deutschen Bundestag am 27. Mai wahrgenommen?
5. Inwiefern haben Sie die Abstimmungen und Debatten in den anderen EU-Ländern verfolgt und wahrgenommen?
6. Was denken Sie über die negativen Referendumsergebnisse in Frankreich und den Niederlanden? Inwiefern fühlen Sie sich dadurch berührt? Und wie schätzen Sie die Folgen ein?
7. Was denken Sie über die Verfassung? Wie hätten Sie in einem Referendum abgestimmt? Und wie wäre die Begründung für Ihre Entscheidung?
8. Inwiefern ist die EU-Verfassung auch Thema im alltäglichen Gespräch mit Familie, Freunden oder Kollegen?
9. Welche Hoffnungen, Erwartungen, Sorgen oder Ängste assoziieren Sie mit einer europäischen Verfassung?

---

[314] Hier handelt es sich exemplarisch um einen thematischen Leitfaden für die Interviews mit den Bürgern in Deutschland. Die aufgelisteten Fragen wurden je nach Interviewsituation flexibel gehandhabt, und sie stimmten im Wesentlichen für alle Länder überein. Für Frankreich waren die Fragen gleichwohl leicht angepasst im Hinblick auf das dortige Referendum – z.B. war die Frage der Wahlentscheidung dort nicht hypothetischer, sondern realer Natur.

# Literatur

Abromeit, Heidrun/Thomas Schmidt (1998): Grenzprobleme der Demokratie: konzeptionelle Überlegungen. In: Kohler-Koch, Beate (Hrsg.): Regieren in entgrenzten Räumen. Wiesbaden: Westdeutscher Verlag. S. 293-320.

Abromeit, Heidrun (2003): Möglichkeiten und Ausgestaltung einer europäischen Demokratie. In: Klein, Ansgar/Ruud Koopmans/Hans-Jörg Trenz/Ludger Klein/Christian Lahusen/Dieter Rucht (Hrsg.): Bürgerschaft, Öffentlichkeit und Demokratie in Europa. Opladen: Leske + Budrich. S. 31-54.

Ackerman, Bruce (1989): Why Dialogue? In: Journal of Philosophy, 86(1). S. 5-22.

Adam, Silke (2007): Symbolische Netzwerke in Europa. Der Einfluss der nationalen Ebene auf europäische Öffentlichkeit. Deutschland und Frankreich im Vergleich. Köln: Herbert von Halem Verlag.

Adolf, Marian/Cornelia Wallner (2005): Probing the Public Sphere in Europe, Theoretical Problems, Problems of Theory and Prospects for further Communication Research. Paper for the First European Communication Conference, 24.-26.11.2005, Amsterdam.

Albert, Mathias (1998): Entgrenzung und Formierung neuer politischer Räume. In: Kohler-Koch, Beate (Hrsg.): Regieren in entgrenzten Räumen. Opladen/Wiesbaden: Westdeutscher Verlag. S. 49-75.

Alexander, Thomas M. (1987): John Dewey's Theory of Art, Experience, and Nature. The Horizons of Feeling. Albany: State University of New York Press.

Almond, Gabriel A./Sidney Verba (1963): The Civic Culture. Political Attitudes and Democracy in five Nations. Princeton/New Jersey: Princeton University Press.

Anderson, Benedict (1983): Imagined Communities. Reflections on the Origin and Spread of Nationalism. New York: Verso.

Ang, Ien (1991): Desperately seeking the audience. London/New York: Routledge.

Ang, Ien (1999): Radikaler Kontextualismus und Ethnographie in der Rezeptionsforschung. In: Hepp, Andreas/Rainer Winter (Hrsg.): Kultur – Medien – Macht. Cultural Studies und Medienanalyse. Opladen/Wiesbaden: Westdeutscher Verlag. S. 87-104.

Appadurai, Arjun (1998): Modernity at large. Cultural Dimensions of Globalization. Minneapolis/London: University of Minnesota Press.

Arendt, Hannah (1996 [1958]): Vita activa oder vom tätigen Leben. München/Zürich: Piper.

Arnstein, Sherry (1969): A Ladder of Citizen Participation. In: JAIP, 35(4) S. 216-224.

Atton, Chris (2002): Alternative Media. London/Thousand Oaks/New Delhi: Sage.

Augé, Marc (1995): Non-Places. Introduction to the Anthropology of Supermodernity. London: Verso.

Baden, Christian (2004): Die politische Kommunikation der Europäischen Kommission im Erweiterungsprozess. Integration durch Kommunikation am Beispiel Polen. Unveröffentlichte Magisterarbeit: Erlangen.

Baerns, Barbara/Juliana Raupp (2000): Defizite der Forschung und Öffentlichkeitsdefizite in Europa. In: Baerns, Barbara/Juliana Raupp (Hrsg.): Information und Kommunikation in Europa. Forschung und Praxis. Berlin: Vistas Verlag. S. 39-60.

Barber, Benjamin (1984): Strong Democracy. Participatory Politics for a New Age. Berkeley: University of California Press.

Beck, Klaus (2003): No Sense of Place? Das Internet und der Wandel von Kommunikationsräumen. In: Funken, Christiane/Martina Löw (Hrsg.): Raum – Zeit – Medialität. Interdisziplinäre Studien zu neuen Kommunikationstechnologien. Opladen: Leske + Budrich. S. 119-138.

Beck, Klaus (2006): Computervermittelte Kommunikation im Internet. München: Oldenbourg.

Beck, Ulrich (1997): Was ist Globalisierung? Irrtümer des Globalismus – Antworten auf Globalisierung. Frankfurt a.M.: Suhrkamp.

Beck, Ulrich (2002): The Cosmopolitan Perspective: Sociology in the Second Age of Modernity. In: Vertovec, Steven/Robin Cohen (Hrsg.): Conceiving Cosmopolitanism. Theory, Context, and Practice. Oxford: Oxford University Press. S. 61-85.

Becker, Peter/Olaf Leiße (2005): Die Zukunft Europas. Der Konvent zur Europäischen Union. Wiesbaden: VS Verlag für Sozialwissenschaften.

Beetz, Michael (2005): Die Rationalität der Öffentlichkeit. Konstanz: UVK Verlagsgesellschaft.

Beierwaltes, Andreas (1998): Sprachenvielfalt in der EU – Grenze einer Demokratisierung Europas? Zentrum für Europäische Integrationsforschung.

Beierwaltes, Andreas (1999): Demokratie und Medien. Der Begriff der Öffentlichkeit und seine Bedeutung für die Demokratie in Europa. Baden-Baden: Nomos.

Bender, Peter (1997): Europa als Gegenstand der politischen Kommunikation – eine vergleichende Untersuchung der Informations- und Öffentlichkeitsarbeit von Europäischer Kommission, Europäischem Parlament und Regierungen ausgewählter Mitgliedstaaten. Basel: Dissertation.

Benhabib, Seyla (1991): Modelle des öffentlichen Raums: Hannah Arendt, die liberale Tradition und Jürgen Habermas. In: Soziale Welt, 42(2). S. 147-165.

Benhabib, Seyla (1992): Models of Public Space: Hannah Arendt, the liberal Tradition, and Jürgen Habermas. In: Calhoun, Craig (Hrsg.): Habermas and the public sphere. Cambridge/Massachusetts/London: MIT Press. S. 73-98.

Bennett, W. Lance/Robert M. Entman (2001): Mediated Politics: An Introduction. In: Bennett, Lance W./Robert M. Entman (Hrsg.): Mediated Politics. Communication and the Future of Democracy. Cambridge: Cambridge University Press. S. 1-29.

Benz, Arthur (1998a): Ansatzpunkte für ein europafähiges Demokratiekonzept. In: Kohler-Koch, Beate (Hrsg.): Regieren in entgrenzten Räumen. Opladen/Wiesbaden: Westdeutscher Verlag. S. 345-368.

Benz, Arthur (1998b): Postparlamentarische Demokratie? Demokratische Legitimation im kooperativen Staat. In: Greven, Michael Th. (Hrsg.): Demokratie – eine Kultur des Westens? Opladen: Leske + Budrich. S. 201-222.

Berger, Peter L./Thomas Luckmann (1969): Die gesellschaftliche Konstruktion der Wirklichkeit. Eine Theorie der Wissenssoziologie. Frankfurt a.M.: Fischer.

Berkel, Barbara (2006): Konflikt als Motor europäischer Öffentlichkeit. Eine Inhaltsanalyse von Tageszeitungen in Deutschland, Frankreich, Großbritannien und Österreich. Wiesbaden: VS Verlag für Sozialwissenschaften.

Berking, Helmuth (1998): ‚Global Flows and Local Cultures'. Über die Rekonfiguration sozialer Räume im Globalisierungsprozeß. In: Berliner Journal für Soziologie, 8(3). S. 381-392.

BITKOM (2007): Internet. Fast jeder fünfte Mensch ist online. Bundesverband Informationswirtschaft Telekommunikation und Neue Medien e.V. In: http://www.bitkom.org/46074_46069.aspx (18.06.2009).

Blöbaum, Bernd (2000): Strukturwandel des Journalismus – Strukturwandel von Öffentlichkeit. In: Jarren, Otfried/Kurt Imhof/Roger Blum (Hrsg.): Zerfall der Öffentlichkeit? Wiesbaden: Westdeutscher Verlag. S. 135-147.

Blumer, Herbert (1973): Der methodologische Standort des Symbolischen Interaktionismus. In: Arbeitsgruppe Bielefelder Soziologen – Alltagswissen, Interaktion und gesellschaftliche Wirklichkeit. Reinbek bei Hamburg: Rowohlt. S. 80-146.

Blumer, Herbert (1979): Methodologische Prinzipien empirischer Wissenschaft. In: Gerdes, Klaus (Hrsg.): Explorative Sozialforschung. Einführende Beiträge aus ‚Natural Sociology' und Feldforschung in den USA. Stuttgart: Enke. S. 41-62.

Bohman, James (1996): Public Deliberation. Pluralism, Complexity, and Democracy. Cambridge/Massachusetts/London: MIT Press.

Bohnsack, Ralf (1993): Rekonstruktive Sozialforschung: Einführung in die Methodologie und Praxis qualitativer Forschung. Opladen: Leske + Budrich.

Boisvert, Raymond D. (1998): John Dewey. Rethinking Our Time. Albany: State University of New York Press.

Brüggemann, Michael (2005): How the EU constructs the European public sphere: Seven Strategies of Information Policy. In: Javnost/The Public, 12(2). S. 57-74.

Brüggemann, Michael/Stefanie Sifft/Katharina Kleinen-von Königslöw/Bernhard Peters/Andreas Wimmel (2006): Segmentierte Europäisierung – Trends und Muster der Transnationalisierung von Öffentlichkeit in Europa. In: Langenbucher; Wolfgang R./Michael Latzer (Hrsg.): Europäische Öffentlichkeit und medialer Wandel. Eine transdisziplinäre Perspektive. Wiesbaden: VS Verlag für Sozialwissenschaften. S. 214-231.

Brüggemann, Michael (2008): Europäische Öffentlichkeit durch Öffentlichkeitsarbeit? Die Infor-mationspolitik der Europäischen Kommission. VS Verlag für Sozialwissenschaften.

Brüggemann, Michael/Hagen Schulz-Forberg (2008): Towards a Pan-European Public Sphere? A Typology of Transnational Media in Europe. In: Wessler, Hartmut/Bernhard Peters/Michael Brüggemann/Katharina Kleinen-von Königslöw/Stefanie Sifft (Hrsg.): Transnationalization of Public Spheres. Basingstoke: Palgrave Macmillan. S. 78-94.

Brüggemann, Michael/Andreas Hepp/Katharina Kleinen-von Königslöw/Hartmut Wessler (2008, im Ersch.): Transnationale Öffentlichkeit in Europa: Forschungsstand und Perspektiven. In: Publizistik, 53(3).

Bucher, Hans-Jürgen (2002): Internet und globale Kommunikation. Ansätze eines Strukturwandels der Öffentlichkeit? In: Hepp, Andreas/Martin Löffelholz (Hrsg.): Grundlagentexte zur transkulturellen Kommunikation. Konstanz: UVK Verlagsgesellschaft. S. 500-530.

Bühl, Achim (1996): Cybersociety – die virtuelle Gemeinschaft. In: Bulmahn, Edelgard (Hrsg.): Informationsgesellschaft – Medien – Demokratie. Marburg: BdWi-Verlag. S. 156-167.

Bühl, Achim (1997): Die virtuelle Gesellschaft. Ökonomie, Politik und Kultur im Zeichen des Cyberspace. Opladen: Westdeutscher Verlag.

Bundeszentrale für politische Bildung (2007): Ratifizierung der Verfassung. In: http://www.bpb.de/thmen/R9O5GA„0,Der_Ratifizierungsprozess_im_%DCberblick.html (30.10.2007).

Buse, Michael/Wilfried Nelles/Reinhard Oppermann (1978): Determinanten politischer Partizipation: Theorieansatz und empirische Überprüfung am Beispiel der Stadtsanierung Andernach. Meisenheim am Glan: Hain.

Calhoun, Craig (Hrsg.) (1992): Habermas and the Public Sphere. Cambridge/Massachusetts/London: MIT Press.

Calhoun, Craig (2000): Social theory and the public sphere. In: Turner, Brian S. (Hrsg.): The Blackwell Companion to Social Theory. Oxford: Blackwell. S. 429-470.

Cammaerts, Bart (2006): The eConvention on the Future of Europe: Civil society and the Use of the Internet in European Decision-making Processes. In: European Integration, 28(3). S. 225-245.

Carey, James W. (1992): Communication as Culture. Essays on Media and Society. New York/London: Routledge.

Caspary, William R. (2000): Dewey on Democracy. Ithaca/London: Cornell University Press.

Cassirer, Ernst (1969): Newton und Leibnitz. In: Cassirer, Ernst (Hrsg.): Philosophie und exakte Wissenschaft. Kleine Schriften. Frankfurt a.M.: Klostermann. S. 132-164.

Castells, Manuel (1994): Space of Flows – Raum der Ströme. Eine Theorie des Raums in der Informationsgesellschaft. In: Noller, P./W. Prigge/K. Ronneberger (Hrsg.): Stadt-Welt. Über die Globalisierung städtischer Milieus. Frankfurt a.M u.a.: Campus. S. 121-134.

Castells, Manuel (1996): The Rise of the Network Society. Oxford: Blackwell.

Castells, Manuel (2001): Der Aufstieg der Netzwerkgesellschaft. Teil 1 der Trilogie: Das Informationszeitalter. Opladen: Leske + Budrich.

Chadwick, Andrew/Philip N. Howard (Hrsg.) (2008): Routledge Handbook of Internet Politics. New York: Routledge.

Chambers, Iain (1996): Migration, Kultur, Identität. Tübingen: Stauffenburg.

Christiansen, Thomas (1995): Gemeinsinn und Europäische Integration. Strategien zur Optimierung von Demokratie- und Integrationsziel. In: Steffani, Winfried/Uwe Thaysen (Hrsg.): Demokratie in Europa. Zur Rolle der Parlamente. Opladen: Westdeutscher Verlag. S. 50-64.

Clark, Wayne (2000): Activism in the public sphere: exploring the discourse of political participation. Burlington: Ashgate.

Closa, Carlos (2001): Requirements of a European Public Sphere: Civil Society, Self, and the Institutionalization of Citizenship. In: Eder, Klaus/Bernhard Giesen (Hrsg.): European Citizenship between National Legacies and Postnational Projects. Oxford: Oxford University Press. S. 180-201.

Cohen, Jean L./Andrew Arato (1992): Civil Society and Political Theory. Cambridge/Massachusetts/London: MIT Press.

Cohen, Joshua (1989): Deliberation and Democratic Legitimacy. In: Hamlin, Alan/Philip Pettet (Hrsg.): The Good Polity: Normative Analysis of the State. Cambridge, MA: Blackwell. S. 17-34.

Cohen, Joshua (1998): Democracy and Liberty. In: Elster, John (Hrsg.): Deliberative Democracy. Cambridge: Cambridge University Press. S. 185-231.

CONV 112/02: Zusammenfassung der Beiträge für das Forum. Europäischer Konvent: Brüssel. 17. Juni 2002.

CONV 205/02: Schlussdokument des Europäischen Jugendkonvents. Europäischer Konvent: Brüssel, 12. Juli 2002.

Dahlgren, Peter (1991): Introduction. In: Dahlgren, Peter/Colin Sparks (Hrsg.) (1991): Communication and Citizenship. Journalism and the public sphere. London: Routledge. S. 1-24.

Dahlgren, Peter (1995): Television and the Public Sphere. Citizenship, Democracy and the Media. London/Thousand Oaks/New Delhi: Sage.

Dahlgren, Peter (2001): The Public Sphere and the Net: Structure, Space, and Communication. In: Bennett, Lance W./Robert M. Entman (Hrsg.): Mediated Politics. Communication and the Future of Democracy. Cambridge: Cambridge University Press. S. 33-55.

Dahlgren, Peter (2005a): The Internet, Public Spheres, and Political Communication: Dispersion and Deliberation. In: Political Communication, 22(2). S. 147-162.

Dahlgren, Peter (2005b): The Public Sphere: Linking the Media and Civic Culture. In: Rothenbuhler, Eric W./Mihai Coman (Hrsg.): Media Anthropology. Thousand Oaks/London/New Delhi: Sage. S. 318-327.

Dahlgren, Peter (2006a): Doing citizenship. The cultural origins of civic agency in the public sphere. In: European Journal of Cultural Studies, 9(3). S. 267-286.

Dahlgren, Peter (2006b): Civic participation and practices: Beyond 'deliberative democracy'. In: Carpentier, Nico/Pille Pruulmann-Vengerfeldt/Kaarle Nordenstreng/Maren Hartmann/Peeter Vihalemm/Bart Cammaerts (Hrsg.): Researching media, democracy and participation. The intellectual work of the 2006 European media and communication doctoral summer school. Tartu: Tartu University Press. S. 23-33.

Dahlgren, Peter (2009): Media and Political Engagement. Citizens, Communication and Democracy. Cambridge: Cambridge University Press.

Davidson, Donald (1990): Wahrheit und Interpretation. Frankfurt a.M.: Suhrkamp.

Dayan, Daniel (2005): Mothers, midwives and abortionists: genealogy, obstetrics, audiences and publics. In: Livingstone, Sonia (Hrsg.): Audiences and Publics: When cultural engagement matters for the public sphere. Bristol: Intellect. S. 43-76.

de Beus, Jos/Jeannette Mak (2001): The Missing European Public: A Note on the Ethics and Politics of Contemporary European Integration since Nice. In: Acta Politica 4. S. 339-357.

de Clercq, Willy (1993): Überlegungen zur Informations- und Kommunikationspolitik der Europäischen Gemeinschaft. In: pr magazine, 5/93. S. 253-272.

Delanty, Gerard (2005): The quest of European identity. In: Eriksen, Erik Oddvar (Hrsg.): Making the European Polity. Reflexive integration in the EU. London/New York: Routledge. S. 127-142.

Delanty, Gerard/Chris Rumford (2005): Rethinking Europe. Social theory and the implications of Europeanization. London/New York: Routledge.

de Vreese, Claes (2003): Framing Europe. Television news and European integration. Amsterdam: Aksant Academic Publishers.

Dewey, John (1916): Democracy and Education. An Introduction to the Philosophy of Education. New York: Macmillan.

Dewey, John (1920): Reconstruction in Philosophy. New York: Holt.

Dewey, John (1927): The Public and its Problems. New York: Holt.

Dewey, John (1938): Logic: The Theory of Inquiry. New York: Holt.

Dewey, John (1996): Die Öffentlichkeit und ihre Probleme. Berlin/Wien: Philo Verlagsgesellschaft.

Doerr, Nicole (2005): Sprache ist nicht das Problem. Die Sozialforen als Testfall für eine zukünftige europäische Öffentlichkeit. In: Berliner Debatte Initial, Heft 4. S. 93-105.

Doerr, Nicole (2006): Thinking democracy and public space across borders. The case of multilingual democracy in the European Social Forums. Paper proposal to the XIV ISA World Congress of Sociology, 23-28 July 2006, Durban.

Donges, Patrick/Otfried Jarren (1999): Politische Öffentlichkeit durch Netzkommunikation? In: Kamps, Klaus (Hrsg.): Elektronische Demokratie? Perspektiven politischer Partizipation. Opladen/Wiesbaden: Westdeutscher Verlag. S. 85-108.

Donges, Patrick (2000): Technische Möglichkeiten und soziale Schranken elektronischer Öffentlichkeit. Positionen zur elektronischen Öffentlichkeit und ihr Bezug zu Öffentlichkeitsmodellen: In: Jarren, Otfried/Kurt Imhof/Roger Blum (Hrsg): Zerfall der Öffentlichkeit? Wiesbaden: Westdeutscher Verlag. S. 255-265.

Downey, John/Natalie Fenton (2003): New media, counter publicity and the public sphere. In: New Media & Society, 5(2). S. 185-202.

Dubiel, Helmut (1997): Unversöhnlichkeit und Demokratie. In Heitmeyer, Wilhelm (Hrsg.): Was hält die Gesellschaft zusammen? Frankfurt a.M.: Suhrkamp. S. 425-444.

Dubiel, Helmut (1999): Integration durch Konflikt? In: Friedrichs, Jürgen/Jadodzinski, Wolfgang (Hrsg.): Soziale Integration. Sonderheft 39 der Kölner Zeitschrift für Soziologie und Sozialpsychologie. S. 132-143.

Dürrschmidt, Jörg (2002): Globalisierung. Bielefeld: Transcript Verlag.

Dykhuizen, George (1973): The Life and Mind of John Dewey. Carbondale: Southern Illinois University Press.

Easton, David (1965): A Framework for Political Analysis. Englewood Cliffs: Prentice-Hall.

Eder, Klaus/Kai-Uwe Hellmann/Hans-Jörg Trenz (1998): Regieren in Europa jenseits öffentlicher Legitimation? Eine Untersuchung zur Rolle von politischer Öffentlichkeit in Europa. In: Kohler-Koch, Beate (Hrsg.): Regieren in entgrenzten Räumen. Opladen/Wiesbaden: Westdeutscher Verlag. S. 321-344.

Eder, Klaus (1999): Integration durch Kultur? Das Paradox der Suche nach einer europäischen Identität. In: Viehoff, Reinhold/Rien T. Segers (Hrsg.): Kultur, Identität, Europa: über die Schwierigkeiten und Möglichkeiten einer Konstruktion. S. 147-179.

Eder, Klaus (2000): Konstitutionsbedingungen einer transnationalen Gesellschaft in Europa. Zur nachholenden Modernisierung Europas. In: Heyder, Wolfgang/Thomas Schaber (Hrsg.): Demokratisches Regieren in Europa? Zur Legitimation einer europäischen Rechtsordnung. Baden-Baden: Nomos. S. 87-102.

Eder, Klaus/Cathleen Kantner (2000): Transnationale Resonanzstrukturen in Europa. Eine Kritik der Rede vom Öffentlichkeitsdefizit. In: Bach, Maurizio (Hrsg.): Die Europäisierung nationaler Gesellschaften. Wiesbaden: Westdeutscher Verlag. S. 306-331.

Eder, Klaus/Cathleen Kantner/Hans-Jörg Trenz (2000): Transnationale Öffentlichkeit und die Strukturierung politischer Kommunikation in Europa. Antrag auf Förderung eines Forschungsvorhabens im Rahmen des DFG-Schwerpunkts Regieren in Europa.

Eder, Klaus (2001): Integration through Culture? The Paradox of the Search for ι European Identity. In: Eder, Klaus/Bernhard Giesen (Hrsg.): European Citizenship between National Legacies and Postnational Projects. Oxford: Oxford University Press. S. 222-244.

Eder, Klaus/Cathleen Kantner (2002): Interdiskursivität in der europäischen Öffentlichkeit. In: Berliner Debatte Initial 13, 5/6. S. 79-88.

Eder, Klaus (2004): Europäische Öffentlichkeit und multiple Identitäten – das Ende des Volksbegriffs? In: Franzius, Claudio/Ulrich K. Preuß (Hrsg.) (2004): Europäische Öffentlichkeit. Baden-Baden: Nomos. S. 61-77.

Eder, Klaus (2005): Building the EU's social constituency: exploring the dynamics for public claims-making and collective representation in Europe. DFG-Projektantrag, Berlin.

Eder, Klaus (2006): Europe's Borders. The Narrative Construction of the Boundaries of Europe. In. European Journal of Social Theory, 9(2). S. 255-271.

Eder, Klaus (2007): The public sphere and European democracy. Mechanisms of democratisation in the transnational situation. In: Fossum, John Erik/Philip Schlesinger (Hrsg.): The European Union and the Public Sphere. A communicative space in the making? London/New York: Routledge. S. 44-64.

Eilders, Christiane/Katrin Voltmer (2003): Zwischen Deutschland und Europa. Eine empirische Untersuchung zum Grad von Europäisierung und Europa-Unterstützung der meinungsführenden deutschen Tageszeitungen. In: Medien & Kommunikationswissenschaft, 51(2). S. 250-270.

Eilders, Christiane/Katrin Voltmer (2004): Zwischen Marginalisierung und Konsens: Europäische Öffentlichkeit in Deutschland. In: Eilders, Christiane/Friedhelm Neidhardt/Barbara Pfetsch (Hrsg.): Die Stimme der Medien. Pressekommentare und politische Öffentlichkeit in der Bundesrepublik. Wiesbaden: VS Verlag für Sozialwissenshaften. S. 358-385.

Eilders, Christiane/Uwe Hasebrink/Anja Herzog (2006): Das aktive Publikum. Institutionalisierung zivilgesellschaftlicher Kontrolle des Fernsehens auf europäischer Ebene. In: Langenbucher; Wolfgang R./Michael Latzer (Hrsg.): Europäische Öffentlichkeit und medialer Wandel. Eine transdisziplinäre Perspektive. Wiesbaden: VS Verlag für Sozialwissenschaften. S. 330-351.

Eimeren, Birgit van/Beate Frees (2006): Schnelle Zugänge, neue Anwendungen, neue Nutzer? ARD/ZDF-Online-Studie 2006. In: Media Perspektiven, 8/2006. S. 402-415.

Einstein, Albert (1960): Vorwort. In: Jammer, Max: Das Problem des Raumes. Die Entwicklung der Raumtheorien. Darmstadt: Wissenschaftliche Buchgesellschaft. S. XII-XVII.

Eriksen, Erik Oddvar (2004): Conceptualizing European Public Spheres. General, segmented and strong publics. Arena Working Paper 3/04. In: http://www.arena.uio.no/publications/wp_04_03.pdf (12.01.2006).

Eriksen, Erik Oddvar (2005): An Emerging European Public Sphere. In: European Journal of Social Theory, 8(3). S. 341-363.

Esser, Frank (2005): Auf der Suche nach einer europäischen Öffentlichkeit: Inhaltsanalyse der Debatte über eine EU-Verfassung in europäischen Tageszeitungen. Marburg: Tectum.

Etzioni, Amitai (1969): Elemente einer Makrosoziologie. In: Zapf, Wolfgang (Hrsg.): Theorien des sozialen Wandels. Köln/Berlin: Kiepenheuer & Witsch. S. 147-176.

European Council (2001): The Future of the European Union – Laeken Declaration, SN 273/01, Laeken, 15. December 2001.

Europäische Gemeinschaften (2004a): Eine Verfassung für Europa. Luxemburg: Amt für Veröffentlichungen der Europäischen Gemeinschaften.

Europäische Gemeinschaften (2004b): Eine Verfassung für Europa. Eine Darstellung für die Bürger. Luxemburg: Amt für Veröffentlichungen der Europäischen Gemeinschaften.

Europäische Gemeinschaften (2005): Vertrag über eine Verfassung für Europa. Luxemburg: Amt für Veröffentlichungen der Europäischen Gemeinschaften.

Europäische Kommission (2001): Wie die Europäer sich selbst sehen. Aktuelle Themen im Spiegel der öffentlichen Meinung. Luxemburg: Amt für Veröffentlichungen der Europäischen Gemeinschaften.

Europäische Kommission (2003): Eurobarometer. Die öffentliche Meinung in der Europäischen Union. Bericht Nr. 59. Brüssel: Generaldirektion für Presse und Kommunikation.

Europäische Kommission (2004a): Eurobarometer. Die öffentliche Meinung in der Europäischen Union. Bericht Nr. 60. Brüssel: Generaldirektion für Presse und Kommunikation.

Europäische Kommission (2004b): Flash Eurobarometer 159/2: The Future European Constitution. Brüssel: Generaldirektion für Presse und Kommunikation.

Europäische Kommission (2005a): Eurobarometer. Die öffentliche Meinung in der Europäischen Union. Bericht Nr. 63. Brüssel: Generaldirektion für Presse und Kommunikation.

Europäische Kommission (2005b): Wie funktioniert die Europäische Union? Ihr Wegweiser zu den Organen und Einrichtungen der EU. Brüssel: Generaldirektion Presse und Kommunikation.

Europäische Kommission (2006): Die Europäer und ihre Sprachen. Eurobarometer Spezial 243. Brüssel: Generaldirektion Presse und Kommunikation.

Ferree, Myra Marx/William Anthony Gamson/Jürgen Gerhards/Dieter Rucht (2002a): Shaping Abortion Discourse. Democracy and the Public Sphere in Germany and the United States. Cambridge: Cambridge University Press.

Ferree, Myra Marx/William A. Gamson/Jürgen Gerhards/Dieter Rucht (2002b): Four models of the public sphere in modern democracies. In: Theory and Society 31. S. 289-324.

Festenstein, Matthew (1997): Pragmatism and Political Theory. Cambridge: Polity Press.

Festenstein, Matthew (2004): Deliberative Democracy and Two Models of Pragmatism. In: European Journal of Social Theory, 7(3). S. 291-306.

Finke, Barbara/Knodt, Michèle (2005): Einleitung. Zivilgesellschaft und zivilgesellschaftliche Akteure in der Europäischen Union. In: Knodt, Michèle/Finke, Barbara (Hrsg.): Europäische Zivilgesellschaft Konzepte, Akteure, Strategien. Wiesbaden: VS Verlag für Sozialwissenschaften. S. 11-28.

Fisher, Dana R./Larry M. Wright (2001): On Utopias and Dystopias: Towards an Understanding of the Discourse Surrounding the Internet. In: Journal of Computer-Mediated Communication (JCMC) 6(2). (http://jcmc.indiana.edu/vol6/issue2/fisher.html (21.10.2007)).

Fiske, John (1987): Television Culture. London/New York: Routledge.

Flick, Uwe (1991): Stationen des qualitativen Forschungsprozesses. In: Flick, Uwe/Ernst v. Kardorff/Heiner Keupp/Lutz v. Rosenstiel/Stephan Wolff (Hrsg.): Handbuch Qualitative Sozialforschung. München: Psychologie-Verlags-Union. S. 148-173.

Flick, Uwe (2004): Design und Prozess qualitativer Forschung. In: Flick, Uwe/Ernst von Kardorff/Ines Steinke (Hrsg.): Qualitative Sozialforschung. Ein Handbuch. Reinbek bei Hamburg: Rowohlt Taschenbuch Verlag. S. 252-265.

Flick, Uwe (2005): Wissenschaftstheorie und das Verhältnis von qualitativer und quantitativer Forschung. In: Mikos, Lothar/Claudia Wegener (Hrsg.): Qualitative Medienforschung. Ein Handbuch. Konstanz: UVK. S. 20-28.

Flick, Uwe (2007a): Qualitative Sozialforschung. Eine Einführung. Reinbek bei Hamburg: Rowohlt Taschenbuch Verlag.

Flick, Uwe (2007b): Konstruktivismus. In: Flick, Uwe/Ernst von Kardorff/Ines Steinke (Hrsg.): Qualitative Sozialforschung. Ein Handbuch. Reinbek bei Hamburg: Rowohlt Taschenbuch Verlag. S. 150-164.

Flick, Uwe/Ernst von Kardorff/Ines Steinke (2007): Was ist qualitative Forschung? Einleitung und Überblick. In: Flick, Uwe/Ernst von Kardorff/Ines Steinke (Hrsg.): Qualitative Sozialforschung. Ein Handbuch. Reinbek bei Hamburg: Rowohlt Taschenbuch Verlag. S. 13-29.

Fossum, John Erik/Hans-Jörg Trenz (2005): The EU's fledging society: From deafening silence to critical voice in European constitution making. Centre for European Studies, University of Oslo, Working Paper No. 19.

Foucault, Michel (1994): Archäologie des Wissens. Frankfurt a.M.: Suhrkamp.

Foucault, Michel (2001): Die Ordnung des Diskurses. Frankfurt a. M.: Fischer.

Franz, Barbara (2000): Öffentlichkeitsrhetorik: Massenmedialer Diskurs und Bedeutungswandel. Wies-baden: DUV Deutscher Universitäts-Verlag.

Fraser, Nancy (1992): Rethinking the Public Sphere: A Contribution to the Critique of Actually Existing Democracy. In: Calhoun, Craig (Hrsg.): Habermas and the public sphere. Cambridge/Massachusetts/London: MIT Press. S. 109-142.

Fraser, Nancy (2001): Die halbierte Gerechtigkeit: Schlüsselbegriffe des postindustriellen Sozialstaats. Frankfurt a.M.: Suhrkamp.

Fraser, Nancy (2005): Die Transnationalisierung von Öffentlichkeit. In: http://www.republicart.net/disc/publicum/fraser01_de.htm (10.10.2005).

Fritzler, Marc/Günther Unser (2001): Die Europäische Union. Bonn: Bundeszentrale für politische Bildung.

Fuchs, Peter (1992): Die Erreichbarkeit der Gesellschaft. Zur Konstruktion und Imagination gesellschaftlicher Einheit. Frankfurt a.M.: Suhrkamp.

Fuchs, Dieter (2000): Demos und Nation in der Europäischen Union. In: Klingemann, Hans-Dieter/Friedhelm Neidhardt (Hrsg.): Zur Zukunft der Demokratie: Herausforderungen im Zeitalter der Globalisierung. Berlin: Sigma. S. 215-236.

Fuhse, Jan (2005): Constructing a European ,Demos' – a struggling identity with fuzzy boundaries. In: epsNet Kiosk Plus: THE NET Journal of Political Science, 3(1). S. 49-58.

Gadamer, Hans-Georg (1990 [1960]): Wahrheit und Methode. Grundzüge einer philosophischen Hermeneutik. Band 1, Gesammelte Werke. Tübingen: Mohr.

Gadamer, Hans-Georg (1993 [1959]): Vom Zirkel des Verstehens. In: ders. (Hrsg.): Hermeneutik II. Wahrheit und Methode. Ergänzungen. Band 2, Gesammelte Werke. Tübingen: Mohr. S. 57-65.

Gerhards, Jürgen/Friedhelm Neidhardt (1991): Strukturen und Funktionen moderner Öffentlichkeit. Fragestellungen und Ansätze. In: Müller-Dohm, Stefan/Klaı Neumann-Braun (Hrsg.): Öffentlichkeit, Kultur, Massenkommunikation. Beiträge zur Medien- und Kommunikationssoziologie. Oldenburg: BIS-Verlag. S. 31-89.

Gerhards, Jürgen (1993a): Westeuropäische Integration und die Schwierigkeiten der Entstehung einer europäischen Öffentlichkeit. In: Zeitschrift für Soziologie, 22(2). S. 96-110.

Gerhards, Jürgen (1993b): Neue Konfliktlinien in der Mobilisierung öffentlicher Meinung. Eine Fallstudie. Opladen: Westdeutscher Verlag.

Gerhards, Jürgen (1994): Politische Öffentlichkeit. Ein system- und akteurstheoretischer Bestimmungsversuch. In: Neidhardt, Friedhelm (Hrsg.): Öffentlichkeit, öffentliche Meinung, soziale Bewegung. Kölner Zeitschrift für Soziologie und Sozialpsychologie, Sonderheft 34. Wiesbaden: Westdeutscher Verlag. S. 77-105.

Gerhards, Jürgen (1996): Reder, Schweiger, Anpasser und Missionare. Eine Typologie öffentlicher Kommunikationsbereitschaft und ein Beitrag zur Theorie der Schweigespirale. In: Publizistik, 41(1). S. 1-14.

Gerhards, Jürgen (1997): Diskursive versus liberale Öffentlichkeit. Eine empirische Auseinandersetzung mit Jürgen Habermas. In: Kölner Zeitschrift für Soziologie und Sozialpsychologie 49. S. 1-34.

Gerhards, Jürgen/Friedhelm Neidhardt/Dieter Rucht (1998): Zwischen Palaver und Diskurs: Strukturen und öffentliche Meinungsbildung am Beispiel der deutschen Diskussion zur Abtreibung. Opladen/Wiesbaden: Westdeutscher Verlag.

Gerhards, Jürgen/Jörg Rössel (1999): Niveaus, Bestimmungsgründe und politische Folgen der Transnationalisierung verschiedener Teilsysteme der Gesellschaft. In: Claudia Honegger/Stefan Hradil/Franz Taxler (Hrsg.): Grenzenlose Gesellschaft? Verhandlungen des 29. Kongresses der Deutschen Gesellschaft für Soziologie. Band 1. Opladen: Leske + Budrich. S. 644-660.

Gerhards, Jürgen (2000a): Das Öffentlichkeitsdefizit der EU: Theoretische Überlegungen und empirische Befunde. In: Baerns, Barbara/Juliana Raupp (Hrsg.): Information und Kommunikation in Europa. Forschung und Praxis. Berlin: Vistas Verlag. S. 46-60.

Gerhards, Jürgen (2000b): Europäisierung von Ökonomie und Politik und die Trägheit der Entstehung einer europäischen Öffentlichkeit. In: Bach, Maurizio (Hrsg.): Die Europäisierung nationaler Gesellschaften. Wiesbaden: Westdeutscher Verlag. S. 277-305.

Gerhards, Jürgen (2001): A missing European public sphere. In: Kohli, Martin/Mojca Novak (Hrsg.): Will Europe work? Integration, employment and the social order. London/ New York: Routledge. S. 147-158.

Gerhards, Jürgen (2002): Das Öffentlichkeitsdefizit der EU im Horizont normativer Öffentlichkeitsmodelle. In: Kaelble, Hartmut/Martin Kirsch/Alexander Schmidt-Gernig (Hrsg.): Transnationale Öffentlichkeit und Identität im 20. Jahrhundert. Frankfurt a.M.: Campus. S. 135-158.

Gerhardt, Hartwig (1995): Stationen internationaler Kommunikation vom 17.-19. Jahrhundert. In: Erbring, Lutz (Hrsg.): Kommunikationsraum Europa. Konstanz: Ölschläger. S. 291-302.

Geser, Hans (1998): Auf dem Weg zur Neuerfindung der politischen Öffentlichkeit. Das Internet als Plattform der Medienentwicklung und des soziopolitischen Wandels. In: http://socio.ch/intcom/t_hgeser06.htm#B (14.03.2007).

Giddens, Anthony (1981): A Contemporary Critique of Historical Materialism. Bd. 1: Power, property and the state. London: Macmillan.

Giddens, Anthony (1992): Die Konstitution der Gesellschaft. Grundzüge einer Theorie der Strukturierung. Frankfurt a.M./New York: Campus.

Giddens, Anthony (1995): Konsequenzen der Moderne. Frankfurt a.M.: Suhrkamp.

Giddens, Anthony (2003): The Globalization of Modernity. In: Held, David/Anthony McGrew (Hrsg.): The Global Transformations Reader. An Introduction to the Globalization Debate. Cambridge: Polity Press. S. 60-66.

Giesen, Bernhard (1999): Kollektive Identität. Die Intellektuellen und die Nation 2. Frankfurt a.M.: Suhrkamp.

Glaser, Barney G./Anselm L. Strauss (1967): The discovery of grounded theory. Strategies for qualitative research. Chicago: Aldine.

Glotz, Peter (1995): Integration und Eigensinn: Kommunikationsraum Europa – eine Chimäre? In: Erbring, Lutz (Hrsg.): Kommunikationsraum Europa. Konstanz: Ölschläger. S. 17-26.

Glotz, Peter (2003): Interkulturelle Kommunikation. Vortrag vor der GPRA-Veranstaltung zur EU-Erweiterung am 9. Mai 2003 in Berlin.

Glotz, Peter (2004): Warum brauchen wir eine europäische Öffentlichkeit? In: Franzius, Claudio/Ulrich K. Preuß (Hrsg.): Europäische Öffentlichkeit. Baden-Baden: Nomos. S. 22-29.

Gottwald, Franzisca (2006): Gesundheitsöffentlichkeit. Entwicklung eines Netzwerkmodells für Journalismus und Public Relations. Konstanz: UVK.

Gramberger, Marc R. (1994): Die Öffentlichkeitsarbeit der EG. In: Kleinsteuber, Hans J./Torsten Rossmann (Hrsg.): Europa als Kommunikationsraum. Akteure, Strukturen und Konfliktpotentiale. Opladen: Leske + Budrich. S. 135-143.

Gramberger, Marc R./Ingrid Lehmann (1995): UN und EU: Machtlos im Kreuzfeuer der Kritik? Informationspolitik zweier internationaler Organisationen im Vergleich. In: Publizistik, 40(2). S. 186-204.

Gramberger, Marc R. (1997): Die Öffentlichkeitsarbeit der Europäischen Kommission 1952-1996. PR zur Legitimation von Integration? Baden-Baden: Nomos.

Grimm, Dieter (1995): Does Europe need a Constitution? In: European Law Journal, 1(3). S. 282-302.

Gripsrud, Jostein (2007): Television and the European Public Sphere. In: European Journal of Communication, 22(4). S. 479-492.

Große Peclum, Marie-Luise (1990): Gibt es den europäischen Fernsehzuschauer? Fernsehnutzung in einem internationalisierten Programmangebot. In: Zeitschrift für Kulturaustausch, Nr. 40. S. 185-194.

Guéhenno, Jean-Marie (1994): Das Ende der Demokratie. München/Zürich: Artemis & Winkler.

Gutmann, Amy/Dennis Thompson (1996): Democracy and Disagreement. Cambridge, MA: Harvard University Press.

Habermas, Jürgen (1982): A Reply to my Critics. In: Thompson, John B./David Held (Hrsg.): Habermas: Critical Debates. Cambridge: MIT Press. S. 219-283.

Habermas, Jürgen (1987a): Theorie des kommunikativen Handelns. Band 1. Handlungsrationalität und gesellschaftliche Rationalisierung. Frankfurt a.M.: Suhrkamp.

Habermas, Jürgen (1987b): Theorie des kommunikativen Handelns. Band 2. Zur Kritk der funktionalistischen Vernunft. Frankfurt a.M.: Suhrkamp.

Habermas, Jürgen (1990 [1962]): Strukturwandel der Öffentlichkeit: Untersuchu ;en zu einer Kategorie der bürgerlichen Gesellschaft. Frankfurt a.M.: Suhrkamp.

Habermas, Jürgen (1991): Erläuterungen zur Diskursethik. Frankfurt a.M.: Suhrkamp.

Habermas, Jürgen (1996): Die Einbeziehung des Anderen. Studien zur politischen Theorie. Frankfurt a.M.: Suhrkamp.

Habermas, Jürgen (1998 [1992]): Faktizität und Geltung. Beiträge zur Diskurstheorie des Rechts und des demokratischen Rechtsstaats. Frankfurt a.M.: Suhrkamp.

Habermas, Jürgen (2001a): Warum braucht Europa eine Verfassung? Nur als politisches Gemeinwesen kann der Kontinent seine in Gefahr geratene Kultur und Lebensform verteidigen. In: DIE ZEIT 21/2001.

Häberle, Peter (2000): Gibt es seine europäische Öffentlichkeit? Berlin: de Gruyter.

Hagen, Lutz M./Markus Mayer (1998): Der direkte Draht zur Politik? Formen und Inhalte der Online-Nutzung im Hinblick auf die Entstehung politischer Öffentlichkeit. In: Hagen, Lutz M. (Hrsg.): Online-Medien als Quellen politischer Information. Empirische Studien zur Nutzung von Internet und Online-Diensten. Opladen: Westdeutscher Verlag. S. 94-129.

Hagstotz, Werner (1981): Betroffenheit und kollektives Handeln im ländlichen Raum. Empirisch-theoretische Studie über Bürgerinitiativen im Konflikt um Planung und Bau der Neubaustrecke Mannheim – Stuttgart. Frankfurt a.M.: Haag + Herchen.

Hall, Stuart (1980): Encoding and Decoding in TV-Discourse. In: Hall, Stuart/Dorothy Hobson/Andrew Lowe/Paul Willis (Hrsg.): Culture, Media, Language. London: Hutchinson. S. 128-138.

Hans-Bredow-Institut (Hrsg.) (2002): Internationales Handbuch Medien 2002/2003. Baden-Baden: Nomos.

Harcourt, Wendy (2000): World Wide Women and the Web. In: Gauntlett, David (Hrsg.): Web.Studies: Rewiring Media Studies for the Digital Age. London: Arnold. S. 150-158.

Hartmann, Maren (2008): Domestizierung 2.0: Grenzen und Chancen eines Medienaneignungskonzepts. In: Winter, Carsten/Andreas Hepp/Friedrich Krotz (Hrsg.): Theorien der Kommunikationswissenschaft. Wiesbaden: VS Verlag für Sozialwissenschaften. S. 401-416.

Hasebrink, Uwe (2003): Nutzungsforschung. In: Bentele, Günter/Hans-Bernd Brosius/Otfried Jarren (Hrsg.): Öffentliche Kommunikation. Handbuch Kommunikations- und Medienwissenschaft. Wiesbaden: Westdeutscher Verlag. S. 101-127.

Held, David (1991): Between State and Civil Society: Citizenship. In: Andrews, Geoff (Hrsg.): Citizenship. London: Lawrence and Wishart. S. 19-25.

Held, David (1995): Democracy and the Global Order. From the Modern State to Cosmopolitan Governance. Cambridge: Polity Press.

Heming, Ralf (1997): Öffentlichkeit, Diskurs und Gesellschaft: Zum analytischen Potential und zur Kritik des Begriffs der Öffentlichkeit bei Habermas. Wiesbaden: DUV.

Hepp, Andreas (1999): Cultural Studies und Medienanalyse. Eine Einführung. Opladen/Wiesbaden: Westdeutscher Verlag.

Hepp, Andreas (2004): Netzwerke der Medien. Medienkulturen und Globalisierung. Wiesbaden: VS Verlag für Sozialwissenschaften.

Hepp, Andreas (2005): Kommunikative Aneignung. In: Mikos, Lothar/Claudia Wegener (Hrsg.): Qualitative Medienforschung. Ein Handbuch. Konstanz: UVK. S. 67-79.

Hepp, Andreas/Waldemar Vogelgesang (2005): Medienkritik der Globalisierung. Die kommunikative Vernetzung der globalisierungskritischen Bewegung am Beispiel von Attac. In: Hepp, Andreas/Friedrich, Krotz/Carsten Winter (Hrsg.): Globalisierung der Medienkommunikation. Eine Einführung. Wiesbaden: VS Verlag für Sozialwissenschaften. S. 229-259.

Hepp, Andreas (2006a): Transkulturelle Kommunikation. Konstanz: UVK.

Hepp, Andreas (2006b): Translokale Medienkulturen: Netzwerke der Medien und Globalisierung. In: Hepp, Andreas/Friedrich Krotz/Shaun Moores/Carsten Winter (Hrsg.): Konnektivität, Netzwerk, Fluss: Konzepte gegenwärtiger Medien-, Kommunikations- und Kulturtheorie. Wiesbaden: VS Verlag für Sozialwissenschaften. S. 43-68.

Hepp, Andreas/Hartmut Wessler (2008): Political Discourse Cultures: Reflections on the Explanation of a Segmented European Public Sphere. Bremen: Unveröffentlichtes Manuskript.

Hepp, Andreas/Hartmut Wessler (2009): Politische Diskurskulturen. Überlegungen zur empirischen Erklärung segmentierter europäischer Öffentlichkeit. In: M&K Medien- und Kommunikationswissenschaft, 57(2). S. 174-197.

Hickman, Larry A. (Hrgs.) (1998): Reading Dewey. Interpretations for a postmodern generation. Bloomington u.a.: Indiana University Press.

Hickman, Larry A./Thomas M. Alexander (Hrsg.) (1998): The Essential Dewey. Volume 1. Pragmatism, Education, Democracy. Bloomington/Indianapolis: Indiana University Press.

Hilf, Willibald (1990): Der Europäische Fernseh-Kulturkanal – Verhandlungsstand, kulturpolitischer Auftrag und Programmphilosophie. In: Zentrum für Kunst und Medientechnologie Karlsruhe (Hrsg.): Die Medien in Europa. Karlsruhe: ZKM. S. 113-127.

Hix, Simon (1999): The Political System of the European Union. Houndmills/Basingstoke/Hampshire/London: Macmillan.

Höflich, Joachim R. (1997): Zwischen massenmedialer und technisch vermittelter interpersonaler Kommunikation – der Computer als Hybridmedium und was die Menschen damit machen. In: Beck, Klaus/Gerhards Vowe (Hrsg): Computernetze – ein Medium öffentlicher Kommunikation? Berlin: Wiss.-Verlag Spiess. S. 85-104.

Höflich, Joachim R. (1998): Computerrahmen und Kommunikation. In: Prommer, Elizabeth/Gerhard Vowe (Hrsg.): Computervermittelte Kommunikation. Öffentlichkeit im Wandel. Konstanz: UVK. S. 141-174.

Hölscher, Lucian (1979): Öffentlichkeit und Geheimnis. Eine begriffsgeschichtliche Untersuchung zur Entstehung der Öffentlichkeit in der frühen Neuzeit. Stuttgart: Klett-Cotta.

Hohendahl, Peter Uwe (2000): Öffentlichkeit – Geschichte eines kritischen Begriffs. Stuttgart/Weimar: Verlag J. B. Metzler.

Hollihn, Frank A. (1978): Partizipation und Demokratie: Bürgerbeteiligung am kommunalen Planungsprozeß? Baden-Baden: Nomos.

Holly, Werner (2001): Der sprechende Zuschauer. In: Holly, Werner/Ulrich Püschel/Jörg Bergmann (Hrsg.): Der sprechende Zuschauer. Wie wir uns Fernsehen kommunikativ aneignen. Wiesbaden: Westdeutscher Verlag. S. 11-24.

Holtz-Bacha, Christina (1998): Fragmentierung der Gesellschaft durch das Internet? In: Gellner, Wienand/Fritz von Korff (Hrsg.): Demokratie und Internet. Baden-Baden: Nomos. S. 219-226.

Holtz-Bacha, Christina (2006): Medienpolitik für Europa. Wiesbaden. VS Verlag für Sozialwissenschaften.

Honneth, Axel (1999): Demokratie als reflexive Kooperation. John Dewey und die Demokratietheorie der Gegenwart. In: Brunkhorst, Hauke/Peter Niesen (Hrsg.): Das Recht der Republik. Frankfurt a.M.: Surhkamp. S. 37-65.

Horkheimer, Max (1967): Zur Kritik der instrumentellen Vernunft. Frankfurt a.M.: Fischer.

Hug, Detlef Matthias (1997): Konflikte und Öffentlichkeit. Zur Rolle des Journalismus in sozialen Konflikten. Opladen: Westdeutscher Verlag.

Imhof, Kurt (1993): Öffentlichkeit und Gesellschaft. In: Schanne, Michael/Peter Schulz (Hrsg.): Journalismus in der Schweiz. Fakten, Reflexionen, Perspektiven. Aarau: Sauerländer. S. 45-68.

Imhof, Kurt (1996): Eine Symbiose: Soziale Bewegungen und Medien. In: Imhof, Kurt/Peter Schulz (Hrsg.): Politisches Raisonnement in der Informationsgesellschaft. Zürich: Seismo Verlag. S. 165-186.

Imhof, Kurt/Romano Gaetano (1996): Die Diskontinuität der Moderne. Zur Theorie des sozialen Wandels. Frankfurt a.M. u.a..: Campus.

Imhof, Kurt (2003): Der normative Horizont der Freiheit. ‚Deliberation' und ‚Öffentlichkeit': zwei zentrale Begriffe der Kommunikationswissenschaft. In: Langenbucher, Wolfgang R. (Hrsg.): Die Kommunikationsfreiheit der Gesellschaft. Die demokratischen Funktionen eines Grundrechts. Publizistik, Sonderheft 4/2003. Wiesbaden: Westdeutscher Verlag. S. 25-57.

Jäger, Wieland/Marion Baltes-Schmitt (2003): Jürgen Habermas. Einführung in die Theorie der Gesellschaft. Wiesbaden: Westdeutscher Verlag.

James, William (1994): Der Pragmatismus. Hamburg: Felix Meiner Verlag.

Jammer, Max (1960): Das Problem des Raumes. Die Entwicklung der Raumtheorien. Darmstadt: Wissenschaftliche Buchgesellschaft.

Jarren, Otfried (1998): Internet – neue Chancen für die politische Kommunikation? In: Aus Politik und Zeitgeschichte, 40. S. 13-21.

Jarren, Otfried/Patrick Donges (2002): Politische Kommunikation in der Mediengesellschaft. Eine Einführung. Band 1: Verständnis, Rahmen und Strukturen. Wiesbaden: Westdeutscher Verlag.

Joas, Hans (1992a): Pragmatismus und Gesellschaftstheorie. Frankfurt a.M.: Suhrkamp.

Joas, Hans (1992b): Die Kreativität des Handelns. Frankfurt a.M.: Suhrkamp.

Joas, Hans (1997): Die Entstehung der Werte. Frankfurt a.M.: Suhrkamp.

Jörke, Dirk (2003): Demokratie als Erfahrung. John Dewey und die politische Philosophie der Gegenwart. Wiesbaden: Westdeutscher Verlag..

Kaelble, Hartmut/Martin Kirsch/Alexander Schmidt-Gernig (2002): Zur Entwicklung transnationaler Öffentlichkeiten und Identitäten im 20. Jahrhundert. Eine Einleitung. In: Kaelble, Hartmut/Martin Kirsch/Alexander Schmidt-Gernig (Hrsg.): Transnationale Öffentlichkeiten und Identitäten im 20. Jahrhundert. Frankfurt/New York: Campus. S. 7-33.

Kaletka, Christoph (2003): Die Zukunft politischer Internetforen. Eine Delphi-Studie. Münster: LIT Verlag.

Kant, Immanuel (1923): Werke. Hrsg. Von Ernst Cassirer, Band VI: Schriften 1790-1796. Berlin.

Kantner, Cathleen (1997): Deweys pragmatistischer Begriff der Öffentlichkeit und seine Renaissance in aktuellen Debatten. In: Berliner Debatte Initial, 8(6). S. 119-129.

Kantner, Cathleen (2003): Waiting for an European ‚Progressive Era'. The European Public Sphere and its Problems. In: http://www.arena.uio.no/events/papers/Kantner-paper.pdf (17.02.2005).

Kantner, Cathleen (2004): Kein modernes Babel. Kommunikative Voraussetzungen europäischer Öffentlichkeit. Wiesbaden: VS Verlag für Sozialwissenschaften.

Kantner, Cathleen (2006): What is a European Identity? The Emergence of a Shared Ethical Self-Understanding in the European Union. EUI Working Paper RSCAS No. 2006/28.

Katz, Elihu (1996): And Deliver Us from Segmentation. In: The Annals 546. S. 22-33.

Keane, John (2003): Global Civil Society? Cambridge: Cambridge University Press.

Kelly, Mary/Gianpietro Mazzoleni/Denis McQuail (Hrsg.) (2004): The Media in Europe: the Euromedia Research Group. London u.a.: Sage.

Keppler, Angela (1994): Tischgespräche. Über Formen kommunikativer Vergemeinschaftung am Beispiel der Konversation in Familien. Frankfurt a.M.: Suhrkamp.

Kepplinger, Hans Matthias/Verena Martin (1986): Die Funktion der Massenmedien in der Alltagskommunikation. In: Publizistik 31. S. 118-128.

Kettner, Matthias (1998): John Deweys demokratische Experimentiergesellschaft. In: Brunkhorst, Hauke (Hrsg.): Demokratischer Experimentalismus. Politik der komplexen Gesellschaft. Frankfurt a.M.: Suhrkamp. S. 44-66.

Kettner, Matthias/Maria-Luise Schneider (2000): Öffentlichkeit und entgrenzter politischer Handlungsraum: Der Traum von der ‚Weltöffentlichkeit' und die Lehren des europäischen Publizitätsproblems. In: Brunkhorst, Hauke/Matthias Kettner (Hrsg.): Globalisierung und Demokratie. Wirtschaft, Recht, Medien. Frankfurt a.M.: Suhrkamp. S. 369-411.

Kielmansegg, Peter Graf (1996): Integration und Demokratie. In: Jachtenfuchs, Markus/Beate Kohler-Koch (Hrsg.): Europäische Integration. Opladen: Leske + Budrich. S. 47-71.

Klaus, Elisabeth (1998): Öffentlichkeit als gesellschaftlicher Selbstverständigungsprozeß. In: Imhof, Kurt/Peter Schulz (Hrsg.): Kommunikation und Revolution. Zürich: Seismo Verlag. S. 131-149.

Kleger, Heinz (Hrsg.) (2004): Der Konvent als Labor. Texte und Dokumente zum europäischen Verfassungsprozess. Münster: LIT Verlag.

Klein, Ansgar (2001): Der Diskurs der Zivilgesellschaft. Politische Kontexte und demokratietheoretische Bezüge der neueren Begriffsverwendung. Opladen: Leske + Budrich.

Kleinen-von Königslöw, Katharina (2007): What makes an integrated public sphere? Applying the concept of the research on the European public sphere to the national public sphere of Germany. In: Carpentier, Nico/Pille Pruulmann-Vengerfeldt/Kaarle Nordenstreng/Maren Hartmann/Peeter Vihalemm/Bart Cammaerts/Hannu Nieminen (Hrsg.): Media, technologies and democracy in an enlarged Europe. Tartu: Tartu University Press. S. 219-234.

Kleinen-von Königslöw, Katharina (2008): Die Arenen-Integration nationaler Öffentlichkeiten. Am Beispiel der deutschen Öffentlichkeit. Dissertation: Jacobs University Bremen.

Kleinsteuber, Hans J. (1994): Zum Kontext von Raum, Kommunikation und Rundfunk. In: Kleinsteuber, Hans. J./T. Rossmann (Hrsg.) Europa als Kommunikationsraum. Akteure, Strukturen und Konfliktpotenziale in der europäischen Medienpolitik. Opladen: Leske + Budrich. S. 9-58.

Kleinsteuber, Hans J. (1995): Faktoren der Konstitution von Kommunikationsräumen. Konzeptionelle Gedanken am Beispiel Europa. In: Erbring, Lutz (Hrsg.): Kommunikationsraum Europa. Konstanz: Ölschläger. S. 41-50.

Klemm, Michael (2000): Zuschauerkommunikation. Formen und Funktionen der alltäglichen kommunikativen Fernsehaneignung. Frankfurt a.M. u.a.: Peter Lang.

Knoblauch, Herbert (1995): Kommunikationskultur: die kommunikative Konstruktion kultureller Kontexte. Berlin/New York: de Gruyter.

Knodt, Michèle/Barbara Finke (Hrsg.) (2005): Europäische Zivilgesellschaft. Konzepte, Akteure, Strategien. Wiesbaden: VS Verlag für Sozialwissenschaft. S. 11-28.

Knoke, David (1990): Political Networks. The Structural Perspective. New York/Melbourne: Cambridge University Press.

Kohler-Koch, Beate (Hrsg.) (1998): Regieren in entgrenzten Räumen. Wiesbaden: Westdeutscher Verlag.

Kohler-Koch, Beate (1999): The Evolution and Transformation of European Governance. In: Kohler-Koch, Beate/Rainer Eising (Hrsg.): The Transformation of Governance in the European Union. London: Routledge. S. 14-35.

Kohli, Martin (2002): Die Entstehung einer europäischen Identität: Konflikte und Potentiale. In: Kaelble, Hartmut/Martin Kirsch/Alexander Schmidt-Gernig (Hrsg.): Transnationale Öffentlichkeiten und Identitäten im 20. Jahrhundert. Frankfurt/New York: Campus. S. 111-134.

Koller, Andreas (2004): Strukturwandel von Öffentlichkeit in Westeuropa und den USA. Theoretische, metatheoretische und empirische Rekonstruktion und transatlantische Integration der Klassiker. Dissertation, Zürich.

Kommission der Europäischen Gemeinschaften (2006): Weißbuch über eine Europäische Kommunikationspolitik. Brüssel.

Koopmans, Ruud/Jessica Erbe (2003): Towards a European Public Sphere? Vertical and Horizontal Dimensions of Europeanised Political Communication. Discussion Paper SP IV 2003-403. Wissenschaftszentrum Berlin für Sozialforschung (WZB).

Koopmanns, Ruud/Ann Zimmermann (2003): Internet: A New Potential for European Political Communication? Discussion Paper SP IV 2003-402. Wissenschaftszentrum Berlin für Sozialforschung (WZB).

Kopper, Gerd G. (1997): Europäische Öffentlichkeit – Ansätze für ein internationales Langzeitprojekt. In: Kopper, Gerd G. (Hrsg.): Europäische Öffentlichkeit. Entwicklung von Strukturen und Theorie. Berlin: Vistas Verlag. S. 9-16.

Krappmann, Lothar (1971): Soziologische Dimensionen der Identität: Strukturelle Bedingungen für die Teilnahme an Interaktionsprozessen. Stuttgart: Klett-Cotta.

Kriesi, Hans-Peter (1992): Öffentlichkeit und soziale Bewegung in der Schweiz – ein Musterfall? In: Schäfers, Bernhard (Hrsg.): Lebensverhältnisse und soziale Konflikte im neuen Europa. Frankfurt a.M.: Campus. S. 576-585.

Kristeva, Julia (2000): Crisis of the European Subject. New York: Other Press.

Krotz, Friedrich (1992): Kommunikation als Teilhabe. Der ‚Cultural Studies Approach'. In: Rundfunk und Fernsehen, 40(3). S. 412-431.

Krotz Friedrich (1995): Elektronisch mediatisierte Kommunikation. In: Rundfunk und Fernsehen, 43(4). S. 445-462.

Krotz, Friedrich (1997): Hundert Jahre Verschwinden von Raum und Zeit? Kommunikation in den Datennetzen in der Perspektive der Nutzer. In: Beck, Klaus/Gerhard Vowe (Hrsg.): Computernetze – ein Medium öffentlicher Kommunikation? Berlin: Wiss.-Verlag Spiess. S. 105-126.

Krotz, Friedrich (1998a): Öffentlichkeit aus Sicht des Publikums. In: Jarren, Otfried/Friedrich Krotz (Hrsg.): Öffentlichkeit unter Viel-Kanal-Bedingungen. Baden-Baden/Hamburg: Nomos. S. 95-117.

Krotz, Friedrich (1998b): Digitalisierte Medienkommunikation: Veränderungen interpersonaler und öffentlicher Kommunikation. In: Neverla, Irene (Hrsg.): Das Netz-Medium. Kommunikationswissenschaftliche Aspekte eines Mediums in Entwicklung. Opladen/Wiesbaden: Westdeutscher Verlag. S. 113-135.

Krotz, Friedrich (1999): Gesellschaftliches Subjekt und kommunikative Identität: Zum Menschenbild der Cultural Studies. In: Hepp, Andreas/Rainer Winter (Hrsg.): Kultur – Medien – Macht. Cultural Studies und Medienanalyse. Opladen/Wiesbaden: Westdeutscher Verlag. S. 119-128.

Krotz, Friedrich (2000): Öffentlichkeit und medialer Wandel. Sozialwissenschaftliche Überlegungen zu der Verwandlung von Öffentlichkeit durch das Internet. In: Faulstich, Werner/Knut Hickethier (Hrsg.): Öffentlichkeit im Wandel. Neue Beiträge zur Begriffserklärung. Bardowick: Wissenschaftlicher Verlag. S. 210-223.

Krotz, Friedrich (2001a): Die Mediatisierung kommunikativen Handelns. Der Wandel von Alltag und sozialen Beziehungen, Kultur und Gesellschaft durch die Medien. Opladen: Westdeutscher Verlag.

Krotz, Friedrich (2001b): Symbolischer Interaktionismus und die Kommunikationsforschung. Zum hoffnungsvollen Stand einer schwierigen Beziehung. In: Rössler, Patrick/Uwe Hasebrink/Michael Jäckel (Hrsg.): Theoretische Perspektiven der Rezeptionsforschung. München: Verlag Reinhard Fischer. S. 73-95.

Krotz, Friedrich (2003): Medien als Ressource der Konstitution von Identität. Eine konzeptionelle Klärung auf der Basis des Symbolischen Interaktionismus. In: Winter, Carsten/Tanja Thomas/Andreas Hepp (Hrsg.): Medienidentitäten – Identität im Kontext von Globalisierung und Medienkultur. Köln: Herbert von Halem Verlag. S. 27-48.

Krotz, Friedrich (2005a): Von Modernisierungs- über Dependenz- zu Globalisierungstheorien. In: Hepp, Andreas/Friedrich Krotz/Carsten Winter (Hrsg.): Globalisierung der Medienkommunikation. Eine Einführung. Wiesbaden: VS Verlag für Sozialwissenschaften. S. 21-43.

Krotz, Friedrich (2005b): Neue Theorien entwickeln. Eine Einführung in die Grounded Theory, die Heuristische Sozialforschung und die Ethnographie anhand von Beispielen aus der Kommunikationsforschung. Köln: Herbert von Halem Verlag.

Krotz, Friedrich (2007): Mediatisierung: Fallstudien zum Wandel von Kommunikation. Wiesbaden: VS Verlag für Sozialwissenschaften.

Krotz, Friedrich (2009): Mediatization: A Concept With Which to Grasp Media and Societal Change. In: Lundby, Knut (Hrsg.): Mediatization. Concept, Changes, Consequences. New York: Peter Lang. S. 21-40.

Kunelius, Risto/Colin Sparks (2001): Problems with a European Public Sphere: An Introduction. In: 'The European Public Sphere: Dreams and Realities', Javnost – the Public, Nr.1 2001. S. 5-20.

Kurpas, Sebastian (2007): Der Europäische Reformkonvent im Spiegel der Qualitätspresse – Beispiel einer europäischen Öffentlichkeit? Dissertation: Tübingen.

Lamnek, Siegfried (1993): Qualitative Sozialforschung. Band 2. Methoden und Techniken. Weinheim: Beltz. Psychologische Verlagsunion.

Lash, Scott (1990): Sociology of Postmodernism. London/New York: Routledge.

Latzer, Michael/Florian Saurwein (2006): Europäisierung durch Medien: Ansätze und Erkenntnisse der Öffentlichkeitsforschung. In: Langenbucher, Wolfgang R./Michael Latzer (Hrsg.): Europäische Öffentlichkeit und medialer Wandel. Eine transdisziplinäre Perspektive. Wiesbaden: VS Verlag für Sozialwissenschaften. S. 10-44.

Laudien, Arne (2006): Internet. In: Hans-Bredow-Institut (Hrsg.): Medien von A bis Z. Wiesbaden: VS Verlag für Sozialwissenschaften. S. 159-164.

Leggewie, Claus (1998): Demokratie auf der Datenautobahn. Oder: Wie weit geht die Zivilisierung des Cyberspace? In: Leggewie, Claus/Christa Maar (Hrsg.): Internet & Politik. Von der Zuschauer- zur Beteiligungsdemokratie? Köln: Bollmann Verlag. S. 15-51.

Leibnitz, Gottfried Wilhelm (1904): Hauptschriften zur Grundlage der Philosophie. Herausgegeben von Ernst Cassirer. Leipzig.

Leroy, Pascale/Karen Siune (1994): The Role of Television in European Elections: The Cases of Belgium and Denmark. In: European Journal of Communication, 9(1). S. 47-69.

Liebert, Ulrike (2003): Transformation europäischen Regierens. Grenzen und Chancen transnationaler Öffentlichkeit. In: Klein, Ansgar/Ruud Koopmans/Hans-Jörg Trenz/Ludger Klein/Christian Lahusen/Dieter Rucht (Hrsg.): Bürgerschaft, Öffentlichkeit und Demokratie in Europa. Opladen: Leske + Budrich. S. 75-100.

Lindberg, Leon N./Stuart A. Scheingold (1970): Europe's Would-be Polity. Patterns of Change in the European Community. Englewood Cliffs: Prentice-Hall.

Lingenberg, Swantje (2004): Die Öffentlichkeitsarbeit des Europäischen Parlaments und ihr Beitrag zum Prozess der Konstituierung einer europäischen Öffentlichkeit. Eine Fallstudie am Beispiel der Informationsbüros für Deutschland und Italien. Münster: Magisterarbeit.

Lingenberg, Swantje (2006a): The audience's role in constituting the European public sphere. A theoretical approach based on the pragmatic concept of John Dewey. In: Carpentier, Nico/Pille Pruulman Vengerfeldt/Kaarle Nordenstreng/Maren Hartmann/Peeter Vihalemm/Bart Cammaerts (Hrsg.): Researching media, democracy and participation. The intellectual work of the 2006 European media and communication doctoral summer school. Tartu: Tartu University Press. S. 121-132.

Lingenberg, Swantje (2006b): The European public sphere and its audience. Citizens' participation in the European Constitutional debate. In: Bertelli, Dominique/Jean-Therry Julia (Hrsg.): Démocratie participative en Europe. Toulouse: Corep. S. 52-59.

Lingenberg, Swantje (2006c): Die Öffentlichkeitsarbeit des Europäischen Parlaments und die europäische Öffentlichkeit. Der Einfluss kultureller Differenzen auf die europapolitische Kommunikation in Deutschland und Italien. In: Medienwissenschaft Schweiz, 1+2 2006. S. 41-51.

Lingenberg, Swantje (2008): Europäische Öffentlichkeit aus Publikumssicht. Ein pragmatischer Ansatz mit Fallstudien zur europäischen Verfassungsdebatte. In: Medien & Zeit, Heft 3/2008. S. 43-57.

Lippmann, Walter (1925): The phantom public. New York: Harcourt, Brace and Company.

Littlejohn, Stephen W./Karen A. Foss (2005): Theories of Human Communication. Southbank u.a.: Thomson Wadsworth.

Livingstone, Sonia/Peter Lunt (1994): Talk on television. Audience participation and public debate. London/New York: Routledge.

Livingstone, Sonia (2005): On the relation between audiences and publics. In: Livingstone, Sonia (Hrsg.): Audiences and Publics: When cultural engagement matters for the public sphere. Bristol: Intellect. S. 17-41.

Llanque, Markus (2003): Der Republikanismus: Geschichte und Bedeutung einer politischen Theorie. In: Berliner Debatte Initial, 14. S. 3-15.

Lodge, Juliet (1996): The European Parliament. In: Andersen, Svein/Kjell A. Eliassen (Hrsg.): The European Union: How Democratic is it? London: Sage. S. 187-214.

Löw, Martina (2001): Raumsoziologie. Frankfurt a.M.: Suhrkamp.

Löw, Martina/Silke Steets/Sergej Stoetzer (2007): Einführung in die Stadt- und Raumsoziologie. Opladen/Bloomfield Hills: Verlag Barbara Budrich.

Lyotard, Jean François (1986 [1979]): Das postmoderne Wissen. Ein Bericht. Graz/Wien: Böhlau Edition Passagen.

Luhmann, Niklas (1979): Öffentliche Meinung. In: Langenbucher, Wolfgang (Hrsg.): Politik und Kommunikation. Über die öffentliche Meinungsbildung. München/Zürich: R. Piper & Co. Verlag. S. 29-61.

Luhmann, Niklas (1984): Soziale Systeme. Grundriß einer allgemeinen Theorie. Frankfurt a.M.: Suhrkamp.

Luhmann, Niklas (1991a): Soziologische Aufklärung 2. Aufsätze zur Theorie der Gesellschaft. Opladen: Westdeutscher Verlag.

Luhmann, Niklas (1991b): Die Unwahrscheinlichkeit der Kommunikation. In: ders.: Soziologische Aufklärung 3. Soziales System, Gesellschaft, Organisation. Opladen: Westdeutscher Verlag. S. 25-34.

Luhmann, Niklas (1995): Inklusion und Exklusion. In: Luhmann, Niklas: Soziologische Aufklärung 6. Die Soziologie und der Mensch. Opladen: Westdeutscher Verlag. S. 237-264.

Luhmann, Niklas (1996): Die Realität der Massenmedien. Opladen: Westdeutscher Verlag.

Luhmann, Niklas (1997): Die Gesellschaft der Gesellschaft. Frankfurt a.M.: Suhrkamp.

Maier-Rabler, Ursula (1992): In Sense of Space. Überlegungen zur Operationalisierung des Raumbegriffs für die Kommunikationswissenschaft. In: Hömberg, Walter/Michael Schmolke (Hrsg.): Zeit, Raum, Kommunikation. München: Ölschläger. S. 357-370.

Maletzke, Gerhard (1963): Psychologie der Massenkommunikation. Theorie und Semantik. Hamburg: Hans-Bredow-Institut.

Manheim, Ernst (1933): Die Träger der öffentlichen Meinung. Studien zur Soziologie der Öffentlichkeit. Brünn/Prag/Leipzig/Wien: Verlag Rudolf M. Rohrer.

Marcinkowski, Frank (1993): Publizistik als autopoietisches System. Politik und Massenmedien. Eine systemtheoretische Analyse. Opladen: Westdeutscher Verlag.

Marschall, Stefan (1999a): Öffentlichkeit und Volksvertretung. Theorie und Praxis der Public Relations von Parlamenten. Opladen/Wiesbaden: Westdeutscher Verlag.

Marschall, Stefan (1999b): Alte und neue Öffentlichkeiten. Strukturmerkmale politischer Öffentlichkeit im Internet. In: Kamps, Klaus (Hrsg.): Elektronische Demokratie? Perspektiven politischer Partizipation. Opladen/Wiesbaden: Westdeutscher Verlag. S. 109-126.

Massey, Doreen (1992): A Place called Home? In: New Formations, Nr. 17. S. 3-15.

Massey, Doreen (2006): Keine Entlastung für das Lokale. In: Berking, Helmuth (Hrsg.): Die Macht des Lokalen in einer Welt ohne Grenzen. Frankfurt/New York: Campus. S. 25-31.

Maturana, Humberto R. (1985): Erkennen. Die Organisation und Verkörperung von Wirklichkeit. Braunschweig/Wiesbaden: Vieweg.

Maurer, Andreas (2002): Parlamentarische Demokratie in der Europäischen Union. Der Beitrag des Europäischen Parlaments und der nationalen Parlamente. Baden-Baden: Nomos.

Maurer, Andreas et al. (2006): Die Ratifikationsverfahren zum EU-Verfassungsvertrag. Wege aus der Krise II. Diskussionspapier der FG 1, SWP Berlin.

Mayring, Philipp (1991): Qualitative Inhaltsanalyse. In: Flick, Uwe/Ernst v. Kardorff/Heiner Keupp/Lutz v. Rosenstiel/Stephan Wolff (Hrsg.): Handbuch Qualitative Sozialforschung. München: Psychologie Verlagsunion. S. 209-213.

Mayring, Philipp (1993): Einführung in die qualitative Sozialforschung: eine Anleitung zu qualitativem Denken. Weinheim: Psychologie Verlags Union.

Mayring, Philipp (2007): Generalisierung in qualitativer Forschung. In: Forum Qualitative Sozialforschung 8(3). (http://www.qualitative-research.net/fqs-texte/3-07/07-3-26-d.htm (12.10.2007)).

Mazzoleni, Gianpietro (2008): Mediatization of Politics. In: Donsbach, Wolfgang (Hrsg.): The International Encyclopedia of Communication. Blackwell Publishing, 2008.

McKee, Alan (2005): The Public Sphere: An Introduction. Cambridge: Cambridge University Press.

McLeod, Jack M./Scheufele Dietram A./Moy Patricia (1997): Community, communication and participation: The role of mass media and interpersonal discussion in local political participation. Paper presented at the International Communication Association Convention, Montréal/Canada.

McLuhan, Marshall (1967): Understanding Media: the Extension of Man. London: Spheres Books.

Mead, George Herbert (1987): Die objektive Realität der Perspektiven. In: Mead, George Herbert (Hrsg.): Gesammelte Aufsätze. Volume 2. Frankfurt a.M. Suhrkamp. S. 211-224.

Mead, George Herbert (1995): Geist, Identität und Gesellschaft aus der Sicht des Sozialbehaviorismus. Frankfurt a.M.: Suhrkamp.

Meckel, Miriam (1994): Fernsehen ohne Grenzen? Europas Fernsehen zwischen Integration und Segmentierung. Opladen: Westdeutscher Verlag.

Melucci, Alberto (1989): Nomads of the Present: Social Movement and Identity Needs in Contemporary Society. London: Hutchinson Radius.

Merkens, Hans (2007): Auswahlverfahren, Sampling, Fallkonstruktion. In: Flick, Uwe/Ernst von Kardorff/Ines Steinke (Hrsg.): Qualitative Sozialforschung. Ein Handbuch. Reinbek bei Hamburg: Rowohlt Taschenbuch Verlag. S. 286-299.

Merten, Klaus (1987): Öffentlichkeit. In: Görlitz, Alexander/Rainer Prätorius (Hrsg.): Handbuch der Politikwissenschaft: Grundlagen, Forschungsstand, Perspektiven. Reinbek bei Hamburg: Rowohlt Taschenbuch Verlag. S. 332-337.

Merten, Klaus (1999): Öffentlichkeit in systemtheoretischer Perspektive. In: Szyszka, Peter (Hrsg.): Öffent-lichkeit: Diskurs zu einem Schlüsselbegriff der Organisationskommunikation. Opladen/Wiesbaden: Westdeutscher Verlag. S. 49-66.

Meyer, Christoph O. (2000): Towards a European Public Sphere? Transnational Investigative Journalism and the European Commission's Resignation. In: Baerns, Barbara/Juliana Raupp (Hrsg.): Information und Kommunikation in Europa. Forschung und Praxis. Berlin: Vistas Verlag. S. 107-127.

Meyer, Christoph O. (2002): Europäische Öffentlichkeit als Kontrollsphäre. Die Europäische Kommission, die Medien und politische Verantwortung. Berlin: Vistas Verlag.

Meyer, Martin Federico (2005): The Europeanization of national public spheres. Political discourses in Germany, Spain and the United Kingdom. MA-Thesis, Cambridge.

Mikos, Lothar (2001): Rezeption und Aneignung – eine handlungstheoretische Perspektive. In: Rössler, Patrick/Uwe Hasebrink/Michael Jäckel (Hrsg.): Theoretische Perspektiven der Rezeptionsfor-schung. München: Verlag Reinhard Fischer. S. 59-71.

Mintz, Sidney W. (1988): The Power of Sweetness and the Sweetness of Power. 8th Duijker Lecture. Deventer: Van Loghum Slaterus.

Moores, Shaun (2006): Ortskonzepte in einer Welt der Ströme. In: Hepp, Andreas/Friedrich Krotz/Shaun Moores/Carsten Winter (Hrsg.): Konnektivität, Netzwerk, Fluss. Konzept gegenwärtiger Medien- und Kommunikations- und Kulturtheorie. Wiesbaden: VS Verlag für Sozialwissenschaften. S. 189-205.

Morin, Edgar (1988): Europa denken. Frankfurt a.M.: Campus.

Morley, David (1980): The Nationwide Audiences: Structure and Decoding. Television Monograph. London: BFI.

Morley, David (1988): Family Television: Cultural power and domestic leisure. London: Routledge.

Morley, David/Roger Silverstone (1990): Domestic Communication: Technologies and Meanings. In: Media, Culture & Society, 12(1). S. 31-55.

Morley, David/Roger Silverstone (1991): Communication and Context: Ethnographic Perspectives on the Media Audience. In: Jensen, Klaus B./Nicholas W. Jankowski (Hrsg.): A Handbook of Qualitative Methodologies for Mass Communication Research. London: Routledge. S. 149-162.

Morley, David (1992): Television, Audiences and Cultural Studies. London/New York: Routledge.

Morley, David/Kevin Robins (1995): Spaces of Identity. Global Media, Electronic Landscapes and Cultural Boundaries. London/New York: Routledge.

Morley, David (1996): Medienpublika aus der Sicht der Cultural Studies. In: Hasebrink, Uwe/Friedrich Krotz (Hrsg.): Die Zuschauer als Fernsehregisseure? Zum Verständnis individueller Nutzungs- und Rezeptionsmuster. Baden-Baden: Nomos. S. 37-51.

Morley, David/Kevin Robins (2002): Globalisierung als Identitätskrise. In: Hepp, Andreas/Martin Löffelholz (Hrsg.): Grundlagentexte zur transkulturellen Kommunikation. Konstanz: UVK. S. 533-560.

Mouffe, Chantal (2005): On the Political. London: Routledge.

Müller-Dohm, Stefan/Klaus Neumann-Braun (2006): Demokratie und moralische Führerschaft. Die Funktion praktischer Kritik für den Prozess partizipativer Demokratie. In: Imhof, Kurt/Roger Blum/Heinz Bonfadelli/Otfried Jarren (Hrsg.): Demokratie in der Mediengesellschaft. Wiesbaden: VS Verlag für Sozialwissenschaften. S. 98-116.

Münch, Richard (1995): Das Projekt Europa. Zwischen Nationalstaat, regionaler Autonomie und Weltgesellschaft. Frankfurt a.M.: Suhrkamp.

Mutz, Diana C./Mondak, Jeffrey J. (2006) The workplace as a context for cross-cutting political discourse. In: Journal of Politics, 68(1). S. 140-155.

Nagl, Ludwig (1998): Pragmatismus. Frankfurt/New York: Campus.

Nanz, Patrizia/Jens Steffek (2005): Legitimation durch Deliberation? Die Rolle der Zivilgesellschaft in der supranationalen Politik. In: Knodt, Michèle/Barbara Finke (Hrsg.): Europäische Zivilgesellschaft. Konzepte, Akteure, Strategien. Wiesbaden: VS Verlag für Sozialwissenschaften. S. 79-102.

Nanz, Patrizia (2007): Multiple Voices: An Interdiscursive Concept of the European Public Sphere. In: Fossum, John Erik/Philip Schlesinger/Geir Ove Kværk (Hrsg.): Public Sphere and Civil Society? Transformations of the European Union. Arena Report, No. 2/07. S. 11-27.

Nassehi, Armin (1997): Inklusion, Exklusion, Integration, Desintegration. Die Theorie funktionaler Differenzierung und die Desintegrationsthese. In: Heitmeyer, Wilhelm (Hrsg.): Was hält die Gesellschaft zusammen? Frankfurt a.M.: Suhrkamp. S. 113-148.

Negt, Oskar/Alexander Kluge (1972): Öffentlichkeit und Erfahrung. Zur Organisationsanalyse von bürgerlicher und proletarischer Öffentlichkeit. Frankfurt a.M.: Suhrkamp.

Neidhardt, Friedhelm (1994a): Öffentlichkeit, öffentliche Meinung, soziale Bewegungen. In: Neidhardt, Friedhelm (Hrsg.): Öffentlichkeit, öffentliche Meinung, soziale Bewegung. Kölner Zeitschrift für Soziologie und Sozialpsychologie, Sonderheft 34/1994. Wiesbaden: Westdeutscher Verlag. S. 7-41.

Neidhardt, Friedhelm (1994b): Jenseits des Palavers. Funktionen politischer Öffentlichkeit. In: Wunden, Wolfgang (Hrsg.): Öffentlichkeit und Kommunikationskultur. Beiträge zur Medienethik, Band 2. Hamburg/Stuttgart: J.F. Steinkopf Verlag. S. 19-30.

Neidhardt, Friedhelm (1994c): Die Rolle des Publikums. Anmerkungen zur Soziologie politischer Öffentlichkeit. In: Derlien, Hans-Ulrich/Uta Gerhardt/Fritz W. Scharpf (Hrsg.): Systemrationalität und Partialinteresse. Festschrift für Renate Mayntz. Baden-Baden: Nomos. S. 315-328.

Neidhardt, Friedhelm/Ruud Koopmans/Barbara Pfetsch (2000): Konstitutionsbedingungen politischer Öffentlichkeit: Der Fall Europa. In: Klingemann, Hans-Dieter/Friedhelm Neidhardt (Hrsg.): Zur Zukunft der Demokratie: Herausforderungen im Zeitalter der Globalisierung. Berlin: Sigma. S. 263-293.

Neidhardt, Friedhelm (2006): Europäische Öffentlichkeit als Prozess. Anmerkungen zum Forschungsstand. In: Langenbucher; Wolfgang R./Michael Latzer (Hrsg.): Europäische Öffentlichkeit und medialer Wandel. Eine transdisziplinäre Perspektive. Wiesbaden: VS Verlag für Sozialwissenschaften. S. 46-61.

Neuberger, Christoph/Christoph Nuernbergk/Melanie Rischke (2007): Weblogs und Journalismus: Konkurrenz, Ergänzung oder Integration? In: Media Perspektiven, 2/2007. S. 96-112.

Neubert, Stefan (1998): Erkenntnis, Verhalten und Kommunikation. John Deweys Philosophie des ‚experience' in interaktionistisch-konstruktivistischer Interpretation. Berlin: Waxmann.

Noelle-Neumann, Elisabeth (1972): Die Schweigespirale. Öffentliche Meinung – unsere soziale Haut. München/Zürich: Pieper.

Oehmichen, Ekkehardt/Christian Schröter (2006): Internet im Medienalltag: Verzögerte Aneignung des Medienangebots. Ergebnisse der Online-Nutzer-Typologie in der ARD/ZDF-Online-Studie. In: Media Perspektiven, 8/2006. S. 441-449.

Packham, Kathrin (2003): Konstitutionalisierung als Motor europäischer Öffentlichkeit? Der Konvent in der Medienberichterstattung der Mitgliedstaaten. In: Liebert, Ulrike/Josef Falke/Kathrin Packham/Daniel Allnoch (Hrsg.): Verfassungsexperiment: Europa auf dem Weg zur transnationalen Demokratie? Münster: Lit Verlag. S. 255-275

Pateman, Carole (1970): Participation and Democratic Theory. Cambridge: Cambridge University Press.

Pellizzoni, Luigi (2003): Knowledge, Uncertainty, and the Transformation of the Public Sphere. In: European Journal of Social Theory, 6(3). S. 327-355.

Peters, Bernhard (1993): Die Integration moderner Gesellschaften. Frankfurt a.M.: Suhrkamp.

Peters, Bernhard (1994): Der Sinn von Öffentlichkeit. In: Neidhardt, Friedhelm (Hrsg.): Öffentlichkeit, öffentliche Meinung, soziale Bewegung. Kölner Zeitschrift für Soziologie und Sozialpsychologie, Sonderheft 34/1994. Wiesbaden: Westdeutscher Verlag. S. 42-76.

Peters, Bernhard (1999): Nationale und transnationale Öffentlichkeiten – eine Problemskizze. In: Claudia Honegger/Stefan Hradil/Franz Taxler (Hrsg.): Grenzenlose Gesellschaft? Verhandlungen des 29. Kongresses der Deutschen Gesellschaft für Soziologie. Band 1. Opladen: Leske + Budrich. S. 661-674.

Peters, Bernhard (2001): Deliberative Öffentlichkeit. In: Wingert, Lutz/Klaus Günther (Hrsg.): Die Öffentlichkeit der Vernunft und die Vernunft der Öffentlichkeit. Festschrift für Jürgen Habermas. Frankfurt a.M.: Suhrkamp. S. 655-677.

Peters, Berhard (2002): Die Leistungsfähigkeit heutiger Öffentlichkeit – einige theoretische Kontroversen. In: Imhof, Kurt/Otfried Jarren/Roger Blum (Hrsg.): Integration und Medien. Wiesbaden: Westdeutscher Verlag. S. 23-35.

Peters, Bernhard (2005): Public discourse, identity and the problem of democratic legitimacy. In: Eriksen, Erik Oddvar (Hrsg.): Making the European Polity. Reflexive integration in the EU. London/New York: Routledge. S. 84-123.

Peters, Bernhard/Hartmut Wessler (2006): Transnationale Öffentlichkeiten – analytische Dimensionen, normative Standards, soziokulturelle Produktionsstrukturen. In: Imhof, Kurt/Roger Blum/Heinz Bonfadelli/Otfried Jarren (Hrsg.): Demokratie in der Mediengesellschaft. Wiesbaden: VS Verlag für Sozialwissenschaften. S. 125-144.

Peters, Bernhard (2007): Der Sinn von Öffentlichkeit. Herausgegeben von Hartmut Wessler. Mit einem Vorwort von Jürgen Habermas. Frankfurt a.M.: Suhrkamp.

Pex, Peter (1998): Report on the communication policy in the European Union. Committee on Culture, Youth, Education and the Media. A4-0115/98.

Pfetsch, Barbara (1998): Akteure und Institutionen. Bürger – Publikum. In: Jarren, Otfried/Ulrich Sarcinelli/Ulrich Saxer (Hrsg.): Politische Kommunikation in der demokratischen Gesellschaft. Ein Handbuch. Opladen/Wiesbaden: Westdeutscher Verlag. S. 406-413.

Plake, Klaus/Daniel Jansen/Birgit Schuhmacher (2001): Öffentlichkeit und Gegenöffentlichkeit im Internet. Politische Potenziale der Medienentwicklung. Wiesbaden: Westdeutscher Verlag.

Pollak, Johannes (1998): Zur politischen Identität der europäischen Staatengemeinschaft. Frankfurt/Berlin/Bern/New York/Paris: Lang.

Pöttker, Horst (2001): Öffentlichkeit als gesellschaftlicher Auftrag. In: Pöttker, Horst (Hrsg.): Öffentlichkeit als gesellschaftlicher Auftrag. Klassiker der Sozialwissenschaft über Journalismus und Medien. Konstanz: UVK. S. 9-31.

Pries, Ludger (2008): Die Transnationalisierung der sozialen Welt. Frankfurt a.M.: Surhkamp.

Putnam, Hilary (1992): A Reconsideration of Deweyan Democracy. In: Dies. (Hrsg.): Renewing Philosophy. Cambridge. Harvard University Press. S. 180-200.

Putnam, Hilary (1994): Pragmatism: An Open Question. Oxford: Blackwell.

Puza, Richard (2004): Auf dem Weg zu einem europäischen Religionsrecht. In: Fürst, Walter/Joachim Drumm/Wolfgang M. Schröder (Hrsg.): Ideen für Europa. Christliche Perspektiven der Europapolitik. Hamburg/Münster: LIT Verlag. S. 401-433.

Raupp, Juliana (1999): Zwischen Akteur und System. Akteure, Rollen und Strukturen von Öffentlichkeit. In: Szyszka, Peter (Hrsg.): Öffentlichkeit: Diskurs zu einem Schlüsselbegriff der Organisationskommunikation. Opladen/Wiesbaden: Westdeutscher Verlag. S. 113-130.

Raupp, Juliana (2004): Medialisierung von Politik durch politische PR. In: Röttger, Ulrike (Hrsg.): Theorien der Public Relations. Grundlagen und Perspektiven der PR-Forschung. Wiesbaden: VS Verlag für Sozialwissenschaften. S. 217-237.

Redaktion Weltalmanach (Hrsg.) (2007): Der Fischer Weltalmanach 2007. Zahlen, Daten, Fakten. Frankfurt a.M.: Fischer.

Reid, Elizabeth (1995): Virtual Worlds: Culture and Imagination. In: Jones, Steven G. (Hrsg.): Cyber-Society: Computer-mediated Communication and Community. Thousand Oaks: Sage. S. 164-183.

Requate, Jörg/Martin Schulze Wessel (2002): Europäische Öffentlichkeit: Realität und Imagination einer appellativen Instanz. In: Requate, Jörg/Martin Schulze Wessel (Hrsg.): Europäische Öffentlichkeit. Transnationale Kommunikation seit dem 18. Jahrhundert. Frankfurt a.M.: Campus. S. 11-39.

Rheingold, Howard (1994): Virtuelle Gemeinschaft: Soziale Beziehungen im Zeitalter des Computers. Bonn/Paris/Reading: Addison-Wesley.

Rilling, Rainer (1997): Internet und Demokratie. In: WSI-Mitteilungen, 50(3). S. 194-205.

Risse, Thomas (2002): Zur Debatte um die (Nicht-)Existenz einer europäischen Öffentlichkeit. Was wir wissen, und wie es zu interpretieren ist. In: Berliner Debatte Initial 13, Heft 5/6. S. 15-23.

Risse, Thomas/Marianne van de Steeg (2003): An Emerging European Public Sphere? Theoretical Clarification and Empirical Indicators. Paper presented to the conference on the 'Europeanisation of Public Spheres, Political Mobilisation, Public Communication and the European Union', Science Center Berlin, June 20-22, 2003.

Risse, Thomas (2003): An Emerging European Public Sphere? Theoretical Clarification and Empirical Indicators. Paper presented to the Annual Meeting of the European Union Studies Association (EUSA), Nashville TN, March 27-30, 2003.

Risse, Thomas (2004): Auf dem Weg zu einer europäischen Kommunikationsgemeinschaft: Theoretische Überlegungen und empirische Evidenz. In: Franzius, Claudio/Ulrich K. Preuß (Hrsg.): Europäische Öffentlichkeit. Baden-Baden: Nomos. S. 139-153.

Robertson, Roland (1992): Globalization: Social Theory and Global Culture. London/ Newsbury Park/New Delhi: Sage.

Robertson, Roland (1995): Glocalization: Time-Space and Homogeneity-Heterogeneity. In: Featherstone, Mike/Scott Lash/Roland Robertson (Hrsg.): Global Modernities. London/Thousand Oaks/New Delhi: Sage. S. 15-30.

Rödel, Ulrich (1996): Mediatisierte Öffentlichkeit. Ist die Zivilgesellschaft noch zu retten? In: Maresch, Rudolf (Hrsg.): Medien und Öffentlichkeit. Positionierungen, Symptome, Simulationsbrüche. Boer. S. 66-76.

Rogg, Arne (2003): Demokratie und Internet. Der Einfluss von computervermittelter Kommunikation auf Macht, Repräsentation, Legitimation und Öffentlichkeit. Opladen: Leske + Budrich.

Rorty, Richard (1982): Consequences of Pragmatism. Essays 1972-1980. Minneapolis: University of Minnesota Press.

Rorty Richard (1989): Kontingenz, Ironie und Solidarität. Frankfurt a.M.: Surhkamp.

Rorty, Richard (1992): Cosmpolitanism Without Emancipation: A Response to Lyotard. In: Lash, Scott/Jonathan Friedmann (Hrsg.): Modernity and Identity. Oxford: Blackwell. S. 59-72.

Rosenthal, Sandra B. (2002): Habermas, Dewey, and the democratic self. In: Aboulafia, Mitchell/Myra Bookman/Catherine Kemp (Hrsg.): Habermas and Pragmatism. London/New York: Routledge. S. 210-222.

Rössler, Patrick (1997): Agenda-Designing als individuelle Realitätskonstruktion. Massenmedien, soziale Netzwerke und die politische Tagesordnung der Rezipienten. In: Bentele, Günter/Michael Haller (Hrsg.): Aktuelle Entstehung von Öffentlichkeit: Akteure – Strukturen – Veränderungen. Konstanz UVK. S. 349-365.

Rössler, Patrick (1998): Medienabhängigkeit und politische Ordnung. Der Erklärungskraft des Dependenzkonzepts in einem veränderten Kommunikationsgefüge. In: Gellner, Winand/Fritz von Korff (Hrsg.): Demokratie und Internet. Baden-Baden: Nomos. S. 205-218.

Rötzer, Florian (2002): Telepolis: Virtuelle Welten – reale Gewalt. Hannover: Heise.

Rumford, Chris (2003): European Civil Society or transnational Social Space? Conceptions of Society in Discourses of EU Citizenship, Governance and the Democratic Deficit: An Emerging Agenda. In: European Journal of Social Theory, 6(1). S. 25-43.

Rust, Holger (1977): Massenmedien und Öffentlichkeit. Eine soziologische Analyse. Berlin: Verlag Volker Spiess.

Sarcinelli, Ulrich (1998): Politikvermittlung und Demokratie: Zum Wandel der politischen Kommunikationskultur. In: Sarcinelli, Ulrich (Hrsg.): Politikvermittlung und Demokratie in der Mediengesellschaft. Beiträge zur politischen Kommunikationskultur. Opladen/Wiesbaden: Westdeutscher Verlag. S. 11-23.

Scharpf, Fritz W. (1999a): Demokratieprobleme in der europäischen Mehrebenenpolitik. In: Merkel, Wolfgang/Andreas Busch (Hrsg.): Demokratie in Ost und West. Für Klaus von Beyme. Frankfurt a.M.: Suhrkamp. S. 672-294.

Scharpf, Fritz W. (1999b): Regieren in Europa. Effektiv und demokratisch? Frankfurt a.M.: Campus.

Schenk, Michael/Patrick Rössler (1994): Das unterschätzte Publikum. In: Neidhardt, Friedhelm (Hrsg.): Öffentlichkeit, öffentliche, soziale Bewegung. Kölner Zeitschrift für Soziologie und Sozialpsychologie, Sonderheft 34/1994. Wiesbaden: Westdeutscher Verlag. S. 261-295.

Schimank, Uwe (1996): Theorien gesellschaftlicher Differenzierung. Opladen: Leske + Budrich.

Schlesinger, Philip (1991): Media, State and Nation. Political Violence and Collective Identities. London: Sage.

Schlesinger, Philip (1999): Changing Spaces of Political Communication: The Case of the European Union. In: Political Communication, 16(3). S. 263-279.

Schmalz-Bruns, Rainer (1995a): Reflexive Demokratie. Die demokratische Transformation moderner Politik. Baden-Baden: Nomos.

Schmalz-Bruns, Rainer (1995b): Selbstorganisation, Selbstregulierung, Selbstverwirklichung: Die Idee der Öffentlichkeit im Spiegel moderner Demokratietheorien. In: Göhler, Gerhard (Hrsg.): Macht der Öffentlichkeit – Öffentlichkeit der Macht. Baden-Baden: Nomos. S. 39-84.

Schmalz-Bruns, Rainer (1999): Deliberativer Supranationalismus. Demokratisches Regieren jenseits des Nationalstaates. In: Zeitschrift für Internationale Beziehungen, 6(2). S. 185-244.

Schmidt, Siegfried J. (1994): Die Wirklichkeit des Beobachters. In: Merten, Klaus/Siegfried J. Schmidt/Siegfried Weischenberg (Hrsg.): Die Wirklichkeit der Massenmedien. Eine Einführung in die Kommunikationswissenschaft. Opladen: Westdeutscher Verlag.

Schmuck, Otto (2005a): Auf dem Weg zur Europäischen Verfassung. In: Bundeszentrale für politische Bildung (Hrsg.): Europäische Union, Nr. 279. S. 58-67.

Schmuck, Otto (2005b): Motive, Leitbilder und Etappen der europäischen Einigung. In: Bundeszentrale für politische Bildung (Hrsg.): Europäische Union, Nr. 279. S. 7-18.

Schneider, Falko (1992): Öffentlichkeit und Diskurs: Studien zur Entstehung, Struktur und Form der Öffentlichkeit im 18. Jahrhundert. Bielefeld: Aisthesis Verlag.

Schroer, Markus (2003): Raumgrenzen in Bewegung. Zur Interpenetration realer und virtueller Räume. In: Funken, Christiane/Martina Löw (Hrsg.): Raum – Zeit – Medialität. Interdisziplinäre Studien zu neuen Kommunikationstechnologien. Opladen: Leske + Budrich. S. 217-236.

Schroer, Markus (2006): Räume, Orte, Grenzen. Auf dem Weg zu einer Soziologie des Raums. Frankfurt a.M.: Suhrkamp.

Schubert, Klaus (2003): Innovation und Ordnung. Grundlagen einer pragmatistischen Theorie der Politik. Münster: LIT Verlag.

Schudson, Michael (1992): Was there ever a public sphere? If so, when? Reflections on the American case. In: Calhoun, Craig (Hrsg.): Habermas and the public sphere. Cambridge/Massachusetts/London: MIT Press. S. 143-163.

Schulz, Winfried (1999): Politische Kommunikation. Theoretische Ansätze und Ergebnisse empirischer Forschung. Opladen: Westdeutscher Verlag.

Schultz, Tanjev (2002): Große Gemeinschaft und Kunst der Kommunikation. Zur Sozialphilosophie von John Dewey und ihrem Revival im Public Journalism. In: Imhof, Kurt/Otfried Jarren/Roger Blum (Hrsg.): Integration und Medien. Wiesbaden: Westdeutscher Verlag. S. 36-55.

Schumpeter, Joseph A. (1943): Capitalism, Socialism and Democracy. New York u.a.: Harper & Brothers.

Schütz, Alfred (1971): Gesammelte Aufsätze. Band 1 – Das Problem der sozialen Wirklichkeit. Den Haag: Nijhoff.

Sennett, Richard (1996 [1983]): Verfall und Ende des öffentlichen Lebens. Die Tyrannei der Intimität. Frankfurt a.M.: Fischer.

Shaw, Jo (2005): The Constitutional Treaty and the Question of Ratification: Unscrambling the Consequences and Identifying the Paradoxes. In: Fossum, John Erik (Hrsg.): Constitutional processes in Canada and the EU compared. Arena Report, Nr. 8/05. S. 307-334.

Shotter, John (1993): Conversational Realities. London/Thousand Oaks/New Delhi: Sage.

Siebenhaar, Hans-Peter (1994): Europa als audiovisueller Raum. Ordnungspolitik des grenzüberschreitenden Fernsehens. Opladen: Leske + Budrich.

Sievert, Holger (1998): Europäischer Journalismus. Theorie und Empirie aktueller Medienkommunikation in der Europäischen Union. Opladen: Westdeutscher Verlag.

Silverstone, Roger (1990): Television and everyday life: towards an anthropology of the television audience. In: Ferguson, Marjorie (Hrsg.): Public communication: the new imperatives. London: Sage. S. 173-189.

Simmel, Georg: (1992): Soziologie. Untersuchungen über die Form der Vergesellschaftung. In: Rammstedt, Ottheim (Hrsg.): Georg Simmel Gesamtausgabe, Band 11. Frankfurt a.M.: Suhrkamp.

Sjurts, Ines (2002): Integration der Wertschöpfungsketten im globalen Medienmarkt – eine Analyse und Erklärung der Strategien der größten Medienkonzerne der Welt. In: Hans-Bredow-Institut (Hrsg.): Internationales Handbuch Medien 2002/2003. Baden-Baden: Nomos. S. 75-87.

Sleeper, Ralph W. (1986): The Necessity of Pragmatism. John Dewey's Conception of Philosophy. New Haven: Yale University Press.

Smismans, Stijn (2002): 'Civil Society' in European Institutional Discourses. Cahiers Européens de Sciences Po, 4/2002.

Smismans, Stijn (2005): Europäische Institutionen und Zivilgesellschaft: Diskurse und Interessen. In: Knodt, Michèle/Barbara Finke (Hrsg.): Europäische Zivilgesellschaft. Konzepte, Akteure, Strate-gien. Wiesbaden: VS Verlag für Sozialwissenschaften. S. 105-128.

Soysal, Yasmin (2001): Changing Boundaries of Participation in European Public Spheres: Reflections on Citizenship and Civil Society. In: Eder, Klaus/Bernhard Giesen (Hrsg.): European Citizenship between National Legacies and Postnational Projects. Oxford: Oxford University Press. S. 159-179.

Splichal, Slavko (2006): In search of a strong European public sphere: some critical observations on conceptualizations of publicness and the (European) public sphere. In: Media, Culture & Society, 28(5). S. 695-714.

Statham, Paul/Julie Firmstone/Emily Gray (2005): The Impact of EU 'Constitutionalism' on Public Claims-making over Europe: A Research Outline. European Political Communication, Working Paper Series ISSN 1477-1373, Issue 10/05.

Steffani, Winfried (1995): Das Demokratie-Defizit der Europäischen Union. Die Rolle der Parlamente nach dem Urteil des Bundesverfassungsgerichts vom 12. Oktober 1993. In: Steffani, Winfried/Uwe Thaysen (Hrsg.): Demokratie in Europa: Zur Rolle der Parlamente. Opladen: Westdeutscher Verlag. S. 33-49.

Street, John (1997): Remote Control? Politics, Technology and ‚Electronic Democracy'. In: European Journal of Communication, 12(1). S. 27-42.

Strömbäck, Jessper/Frank Esser (2009): Shaping Politics: Mediatization and Media Interventionism. In: Lundby, Knut (Hrsg.): Mediatization. Concept, Changes, Consequences. New York: Peter Lang. S. 205-223.

Suhr, Martin (1994): John Dewey zur Einführung. Hamburg: Junius Verlag.

Taylor, Charles (2004): Modern Social Imaginaries. Durham u.a.: Duke University Press.

Tenscher, Jens/Siegmar Schmidt (2004): „So nah und doch so fern" – Empirische Befunde zur massenmedialen Beobachtung und Bewertung des europäischen Integrationsprozesses in einer Grenzregion. In: Hagen, Lutz M. (Hrsg.): Europäische Union und mediale Öffentlichkeit. Theoretische Perspektiven und empirische Befunde zur Rolle der Medien im europäischen Einigungsprozess. Köln: Herbert von Halem Verlag. S. 212-237.

Tietz, Udo (2001): Verstehen versus Missverstehen. Re- und Dekonstruktion des hermeneutischen Negativismus. In: Dialektik: Zeitschrift für Kulturphilosophie, Heft 2. S. 45-59.

Tietz, Udo (2002): Die Grenzen des ‚Wir'. Eine Theorie der Gemeinschaft. Frankfurt a.M.: Suhrkamp.

Tietz, Udo (2004): Vernunft und Verstehen. Perspektiven einer integrativen Hermeneutik. Berlin: Parerga Verlag.

Tobler, Stefan (2006): Deliberation und transnationale Öffentlichkeit. Eine Prozessperspektive demo-kratischer Öffentlichkeit. In: Imhof, Kurt/Roger Blum/Heinz Bonfadelli/Otfried Jarren (Hrsg.): Demokratie in der Mediengesellschaft. Wiesbaden: VS Verlag für Sozialwissenschaften. S. 161-181.

Tomlinson, John (1999): Globalization and Culture. Cambridge: Polity Press.

Trenz, Hans-Jörg (2000): Korruption und politischer Skandal in der EU. Auf dem Weg zu einer europäischen politischen Öffentlichkeit? In: Bach, Maurizio (Hrsg.): Die Europäisierung nationaler Gesellschaften. Wiesbaden: Westdeutscher Verlag. S. 332-359.

Trenz, Hans-Jörg (2002): Zur Konstitution politischer Öffentlichkeit in Europa. Zivilgesellschaftliche Subpolitik oder schaupolitische Inszenierung? Baden-Baden: Nomos.

Trenz, Hans-Jörg (2003): Einführung: Auf der Suche nach einer europäischen Öffentlichkeit. In: Klein, Ansgar/Ruud Koopmans/Hans-Jörg Trenz/Ludger Klein/Christiane Lahusen/Dieter Rucht (Hrsg.): Bürgerschaft, Öffentlichkeit und Demokratie in Europa. Opladen: Leske + Budrich. S. 161-168.

Trenz, Hans-Jörg/Ansgar Klein/Ruud Koopmans (2003): Demokratie-, Öffentlichkeits- und Identitätsdefizite in der EU: Diagnose und Therapiefähigkeit. In: Klein, Ansgar/Ruud Koopmans/Hans-Jörg Trenz/Ludger Klein/Christiane Lahusen/Dieter Rucht (Hrsg.): Bürgerschaft, Öffentlichkeit und Demokratie in Europa. Opladen: Leske + Budrich. S. 7-19.

Trenz, Hans-Jörg (2004): Media Coverage on European Governance. Exploring the European Public Sphere in National Quality Newspapers. In: European Journal of Communication, 19(3). S. 291-319.

Trenz, Hans-Jörg (2005a): The European public sphere: contradictory findings in a diverse research field. In: http://www.arena.uio.no/events/papers/TRENZFEB05.pdf (17.02.2005).

Trenz, Hans-Jörg (2005b): Soziologische Perspektiven: Auf der Suche nach der europäischen (Zivil-) Gesellschaft. In: Bieling, Hans-Jürgen/Marika Lerch (Hrsg.): Theorien europäischer Integration. Wiesbaden: VS Verlag für Sozialwissenschaften. S. 373-397.

Trenz, Hans-Jörg (2005c): Europa in den Medien. Die europäische Integration im Spiegel nationaler Öffentlichkeiten. Frankfurt/New York: Campus.

Tresch, Anke/Carolina G. de Miguel (2003): Europeanisation of Public Spheres: a regional perspective. Paper presented at the International Conference 'Europeanisation of Public Spheres? Political Mobilisation, Public Communication, and the European Union', Wissenschaftszentrum Berlin für Sozialforschung (WZB), June 20-22, 2003.

Uebersax, Peter (1991): Betroffenheit als Anknüpfung für Partizipation: Herleitung eines Modells der Betroffenenbeteiligung mit besonderer Behandlung des Aspekts örtlicher Betroffenheit. Basel/Frankfurt: Helbing und Lichtenhahn.

Urry, John (2000): Sociology beyond Societies. Mobilities for the Twenty-First Century. London: Routledge.

Urry, John (2003): Global Complexity. Oxford: Blackwell.

van de Steeg, Marianne (2000): Analysis of the Dutch and Spanish Newspaper Debates on EU Enlargement with Central and Eastern European Countries: Suggestions for a Transnational European Public Sphere. In: Baerns, Barbara/Juliana Raupp (Hrsg.): Information und Kommunikation in Europa. Forschung und Praxis. Berlin: Vistas Verlag. S. 61-106.

van de Steeg, Marianne (2003): Bedingungen für die Entstehung von Öffentlichkeit in der EU. In: Klein, Ansgar/Ruud Koopmans/Hans-Jörg Trenz/Ludger Klein/Christiane Lahusen/Dieter Rucht (Hrsg.): Bürgerschaft, Öffentlichkeit und Demokratie in Europa. Opladen: Leske + Budrich. S. 169-190.

van de Steeg, Marianne (2004): Does a public sphere exist in the EU? An Analysis of the Content of the Haider Case. EUI Working Paper SPS No. 2005/5.

van Os, Renée (2004): Investigating the concept of European Public Sphere in an online environment. Paper presented at: International conference 'New directions in European media and society' ESA Research Network Sociology of Mass Media & Communications. Thessaloniki, 5-7 November 2004.

van Os, Renée/Nicholas W. Jankowski (2005): European public sphere: Conceptual foundation for investigating the role of the Internet during the 2004 EP election. Paper prepared for the special issue of 'Questions de Communication'. European political party websites during the European election campaign 2004. In: http://oase.uci.ru.n~vanos/Van%20Os%20&%20Jankowski,%20article%20QdC%20engl.%20def.pdf (30.09.2005).

Verba, Sidney/Norman H. Nie (1972): Participation in America. Political democracy and social equality. Chicago/London: University of Chicago Press.

Vester, Heinz-Günter (1993): Soziologie der Postmoderne. München: Quintessenz-Verlag.

Vetters, Regina (2005): The EU-Convention and the European Public Sphere. An Analysis of the Media Coverage in Germany and Great Britain. Paper presented at the 9th Annual CGES Graduate Student Conference 'The European Project: Opportunities and Challenges', BMW Center for German and European Studies, Georgetown University, Washington, DC, February 18-19, 2005.

Vetteprs, Regina/Erik Jentges/Hans-Jörg Trenz (2006): Exploring the EU's social constituency: patterns of public claims-making in constitutional debates in France and Germany. Arena Centre for European Studies. Working Paper No. 18, December 2006.

Virilio, Paul (1996): Fluchtgeschwindigkeit. München/Wien: Hanser.

Villa, Dana R. (1992): Postmodernism and the public sphere. In: American Political Science Review, 86(3). S. 712-721.

Volkmer, Ingrid (2002): Sphären transkultureller Öffentlichkeit. In: Hepp, Andreas/Martin Löffelholz (Hrsg.): Grundlagentexte zur transkulturellen Kommunikation. Konstanz: UVK. S. 819-834.

Volkmer, Ingrid (2003a): Jenseits des ‚Globalen' und ‚Lokalen': Strukturen politischer Öffentlichkeit im Zeitalter der globalen Netzwerk-Gesellschaft. In: Wiedemann, Dieter/Jürge Lauffer (Hrsg.): Die medialisierte Gesellschaft. Beiträge zur Rolle der Medien in der Demokratie. Bielefeld: AJZ Druck & Verlag. S. 41-56.

Volkmer, Ingrid (2003b): Dialectical Spaces in the Global Public Sphere: Media Memories across Generations. Working Paper, The Joan Shorenstein Center on the Press, Politics and Public Policy.

Volkmer, Ingrid (2005): Kulturvergleichende Studien. In: Mikos, Lothar/Claudia Wegener (Hrsg.): Qualitative Medienforschung. Ein Handbuch. Konstanz: UVK. S. 232-240.

Volkmer, Ingrid (2007): Governing the ‚Spatial Reach'? Spheres of Influence and Challenges to Global Media Policy. In: International Journal of Communication, Heft 1, 2007. S. 56-73.

Wagner, Hans-Joachim (1999): Rekonstruktive Methodologie: Georg Herbert Mead und die qualitative Sozialforschung. Opladen: Leske + Budrich.

Walkenhorst, Heiko (1999): Europäischer Integrationsprozeß und europäische Identität: Die politische Bedeutung eines sozialpsychologischen Konzepts. Baden-Baden: Nomos.

Walzer, Michael (1992): Zivile Gesellschaft und amerikanische Demokratie. Berlin: Rotbuch-Verlag.

Weaver, David H./Jian-Hua Zhu/Lars Willnat (1992): The Bridging Function of Interpersonal Communication in Agenda-Setting. In: Journalism Quarterly, Vol. 69. S. 856-867.

Weber, Max (1972 [1921]): Wirtschaft und Gesellschaft: Grundriß der verstehenden Soziologie. Tübingen: Mohr.

Weidenfeld, Werner (2005): Europa eine zuverlässige Ordnung geben: Weichenstellungen für den künftigen Integrationsprozess. In: Weidenfeld, Werner (Hrsg.): Die Europäische Verfassung in der Analyse. Gütersloh: Verlag Bertelsmann Stiftung. S. 13-25.

Wessler, Hartmut (1999a): Öffentlichkeit als Prozess. Deutungsstrukturen und Deutungswandel in der deutschen Drogenberichterstattung. Opladen/Wiesbaden: Westdeutscher Verlag.

Wessler, Hartmut (1999b): Die Öffentlichkeit der Public Relations. Plädoyer für ein normatives Basiskonzept. In: Szyszka, Peter (Hrsg.): Öffentlichkeit: Diskurs zu einem Schlüsselbegriff der Organisationskommunikation. Opladen/Wiesbaden: Westdeutscher Verlag. S. 165-182.

Wessler, Hartmut (2002): Multiple Differenzierung und kommunikative Integration – Symbolische Gemeinschaften und Medien. In: Imhof, Kurt/Otfried Jarren/Roger Blum (Hrsg.): Integration und Medien. Wiesbaden: Westdeutscher Verlag. S. 56-76.

Wessler, Hartmut/Katharina Kleinen-v. Königslöw/Michael Brüggemann/Stefanie Sifft/ Andreas Wimmel (2005): Together We Fight? Piecemeal Europeanization in the Public

Discourse on Military Interventions. Paper presented at the First European Communication Conference, Amsterdam, November 24-26, 2005.

Wessler, Hartmut/Bernhard Peters/Michael Brüggemann/Katharina Kleinen-von Königslöw/Stefanie Sifft (2008): The Transnationalization of Public Spheres. Basingstoke: Palgrave Macmillan.

Westbrook, Robert B. (2000): John Dewey und die Logik der Demokratie. In: Joas, Hans (Hrsg.): Philosophie der Demokratie. Frankfurt a.M.: Suhrkamp. S. 341-361.

Westerbarkey, Joachim (1999): Öffentlichkeit und Nicht-Öffentlichkeit. Thesen, Paradoxien und Folgerungen. In: Szyszka, Peter (Hrsg.): Öffentlichkeit: Diskurs zu einem Schlüsselbegriff der Organisationskommunikation. Opladen/Wiesbaden: Westdeutscher Verlag. S. 147-155.

Wilson, Francis G. (1933): Concepts of Public Opinion. In: American Political Science Review, 27(2). S. 371-391.

Wimmel, Andreas (2004): Transnationale Diskurse. Zur Analyse politischer Kommunikation in der europäischen Medienöffentlichkeit. In: Zeitschrift für Internationale Beziehungen, 11(1). S. 7-25.

Wimmer, Jeffrey (2007): (Gegen-)Öffentlichkeiten in der Mediengesellschaft: Analyse eines medialen Spannungsverhältnisses. Wiesbaden: VS Verlag für Sozialwissenschaften.

Winter, Carsten (2005): Cultural Studies. In: Mikos, Lothar/Claudia Wegener (Hrsg.): Qualitative Medienforschung. Ein Handbuch. Konstanz: UVK. S. 50-57.

Winter, Carsten/Tanja Thomas/Andreas Hepp (Hrsg.) (2006): Medienidentitäten: Identität im Kontext von Globalisierung und Medienkultur. Köln: Herbert von Halem Verlag.

Yin, Robert K. (2003): Case Study Research. Design and Methods. Thousand Oaks/London/New Delhi: Sage.

Zimmermann, Ann (2006): Demokratisierung und Europäisierung online? Massenmediale politische Öffentlichkeit im Internet. Unveröffentlichte Dissertation: Freie Universität Berlin.

Zürn, Michael (2000): Democratic Governance beyond the Nation-State. European Journal of Inter-national Relations, 6(2). S. 183-221.

# Index